Combat-Digest

Das Handbuch für den Combat-Schützen

Jan Boger

Combat-Digest

**Waffen und Munition;
Trainings- und Sicherheits-Zubehör;
Übungsabläufe**

Motorbuch Verlag Stuttgart

Einbandgestaltung: Siegfried Horn

ISBN 3-87943-993-1

1. Auflage 1984
Copyright © by Motorbuch Verlag, Postfach 1370, 7000 Stuttgart 1.
Eine Abteilung des Buch- und Verlagshauses Paul Pietsch GmbH & Co. KG.
Sämtliche Rechte der Verbreitung – in jeglicher Form und Technik – sind vorbehalten.
Satz und Druck: Druckerei Maisch + Queck, 7016 Gerlingen
Bindung: Großbuchbinderei E. Riethmüller, 7000 Stuttgart.
Printed in Germany.

Inhalt

Vorwort

Ein Digest zum Combatschießen?

›Combatschießen‹ – der praxisbezogene Gebrauch von Handfeuerwaffen – hat in den vergangenen Jahren in Europa so weite Verbreitung gefunden, daß es als Begriff kaum noch erklärt werden muß. Innerhalb von eineinhalb Jahrzehnten hat es die am Althergebrachten klebende Form des Übungsschießens in den Sicherheitsorganen, bei Polizei, Armee und Spezialverbänden in Bewegung gebracht und ist Bestandteil dieser Ausbildung geworden. Im zivilen Sektor ist das Combatschießen als Alternative zum reinen Sportschießen, als ›Kampfsportart‹ – ähnlich dem Karate oder Judo – entwickelt worden. Wettkämpfe und internationale Meisterschaften gehören in dieser Sparte bereits zum Alltäglichen, wiewohl sich die traditionellen Schützenvereine und ihre Bundesorgane darum bemühen, Abstand und Kluft aufzubauen. Das gebrauchsmäßige Schießen mit Faustfeuerwaffen – mit seinen hohen Anforderungen an Kondition, Körperbeherrschung und Reaktionsfähigkeit – ist trotz allem noch vielen Sportschützen suspekt, geht es doch letztendlich darum, hier das Schießen auf Menschen zu trainieren!

Bewußt oder unbewußt auf diesen Vorwurf eingehend, wurde in jüngster Vergangenheit versucht, eine Differenzierung in die Umschreibung des Combatschießens einzubringen: Man sprach vom ›Verteidigungstraining‹ oder ›Defensiven Schießen‹ im Gegensatz zum ›Angriffsschießen‹. Man war bemüht, sich vom militärischen Bereich abzusetzen und hat die entsprechenden Betonungen auf die Abwehr eines kriminellen Angriffs gelegt. Oft genug waren diese Verklausulierungen nicht nur irreführend, sondern bei genauem Nachdenken auch sich selbst entwertende Argumentationen. Wo begann der Angriff, wo endete die Verteidigung? War ein Jagdpächter, der bei der Pirsch auf eine bewaffnete und verdächtige Person stieß

und sich nun unter Ausnützung von Deckungen und mit schußbereiter Waffe vorarbeitete, ein Angreifer oder ein Verteidiger?

Natürlich – und es tut gut, dies nicht zu vergessen! – handelt es sich beim Combatschießen um eine Form des Waffengebrauchs, die auf den oft tödlichen Einsatz der Kurz- oder Langwaffe gegen Menschen abzielt. Als Form der Waffenhandhabung, deren Hauptaspekt im instinktiven Bereich liegt, ist es aus dem polizeilichen Übungsschießen in Großbritannien und den USA entstanden – dieser Hinweis allein sollte ausreichen, um auf den legalistischen Bezug, auf die Gefahrenabwehr und die Verteidigung gegen kriminelle Übergriffe, hinzuweisen. Leider ist in der allgemeinen, auch publizistischen Behandlung des Combatschießens dieser wichtige Grundaspekt in den Hintergrund getreten, weil das reine Schießen, das schnelle Ziehen und Treffen sehr lange im Vordergrund stand. Daß Combatschießen viel mehr ist und die Aspekte der Eigensicherung, der Waffen-, Munitions- und Ausrüstungsfrage und vieles andere umfaßt, wird oft vergessen. Es ist natürlich Überlebenstraining, und ein Blick in eine Zeitung – selbst in die seriöseste – überzeugt sehr schnell von der Tatsache, daß wir in einer sehr gewaltvollen Zeit leben, in der es angebracht ist, zur Selbstverteidigung bereit und geübt zu sein.

Im Vordergrund aber steht die Tatsache, daß ein umfassendes Training im Combatschießen sich vor allem mit dem richtigen Verhalten in einer Gefahrensituation beschäftigt, mit dem Vermeiden von Situationen, in denen nur noch gezielt tödlich geschossen werden muß. Ein Blick auf die Festnahmestatistik guter Spezialeinsatzkommandos der Polizeien verschiedener Länder zeigt, daß eine konzentrierte und zweckgebundene Combatschießausbildung dazu geführt hat, daß viel weniger geschossen wird. In Momenten, wo der normale Streifenbeamte, besonders der Unerfahrene, schon längst den Rückgriff auf die

Anwendung tödlicher Gewalt getätigt hätte, besaßen die Combat-Trainierten jenes ›Mehr‹ an Selbstvertrauen, Wissen, Kondition und Überlegenheit, um die Festnahme auch ohne tödlichen Schußwaffengebrauch durchzuführen. Gerade unter diesem Gesichtspunkt ist es fragwürdig, ob das sportliche Combatschießen, wie es in Vereinen und auf Wettkämpfen betrieben wird, sich nicht schon längst vom eigentlichen Verteidigungsziel und vom Praxisbezug entfernt hat. Da sind superschnelle Holster mit Beinriemen zu sehen, Zeitmesser und handgefertigte ›Custom-Combatwaffen‹, mit denen sich kein auf sein Überleben Bedachter in eine wirkliche Gefahrensituation begeben würde. Die Betonung auf das schnelle Zielen-Schießen entspricht kaum der Straßenrealität und hat – wie der Verfasser bereits an anderer Stelle betont hat – das Einstudieren von Reflexen zur Folge, die im Verteidigungs- und Einsatzfall fatale Folgen zeitigen. Dem sportlichen ›Combat‹-Schießen soll daher in der vorliegenden Publikation wenig Raum eingerückt werden – zentrales Thema bleibt die praxisbezogenen Einsatzmöglichkeiten von Waffen, Munition und Ausrüstung, die realitätsnahen Trainingsmöglichkeiten und ihre Hilfsmittel.

Ein Digest?

Es soll nicht verschwiegen werden, daß die Anregung zur vorliegenden Publikation aus den USA kam. Den dort in unregelmäßigen Abständen erscheinenden ›Law Enforcement Handgun Digest‹, eine Übersicht über Waffen und Zubehör, bot eine Art Rahmen für einen mehr auf Europa und die deutschsprachigen Länder bezogenen Leitfaden an: Basierend auf Praxiserfahrungen, Testreihen und Versuchen sollten die derzeitigen Waffen, Holster und Zubehörteile unter die Lupe genommen werden. Den meisten Lesern im deutschsprachigen Raum ist ein Zugang zu der reichhaltigen amerikanischen Fachliteratur verschlossen, viele Erzeugnisse des internationalen Marktes bleiben unbekannt oder sind auf dem hiesigen Markt nicht erhältlich. Anderes wird als das Nonplusultra angesehen, nur weil es an Vergleichswerten fehlt. So ist dieser Digest in erster Linie ein Leitfaden durch die Produkte und Anwendungsmöglichkeiten.

Als im Frühjahr 1976 das Buch ›Combatwaffen, Combatschießen, Combattaktik‹ im Motorbuch-Verlag erschien, konnte es sich nur auf den technischen Entwicklungsstand des vorhergehenden Jahres beziehen. Damals gab es auf dem Gebiet der Gebrauchspistolen und -revolver kaum Neues: Die Heckler & Koch P9S und Sig Sauers P220 waren die seit vielen Jahren ersten Neuerscheinungen, die auch einen gewissen Erfolg verbuchen können. Seitdem ist die Entwicklung – nicht nur bedingt durch das polizeiliche Umdenken im Zuge der Terrorismusbekämpfung – erheblich ins Fließen geraten. Dem gilt es Rechnung zu tragen, und ein kritischer Blick soll daher den Neuheiten auf dem Faustfeuerwaffenmarkt gelten. Die grundsätzliche Erwägungen zum Combatschießen, das Wie und Wo des Trainings ist in dem erwähnten Buch und in dem Nachfolgewerk ›Combat-Training für den Ernstfall‹ genügend behandelt worden. Der Digest hat eine andere Zielrichtung: Entscheidungshilfe zu sein bei der Anschaffung von Waffen und Holstern, einen Überblick zu geben über das Nützliche und das viele Unnötige, was eine aus dem Boden geschossene Industrie dem Käufer anbietet. Der Aspekt von Combatumbauten, ›Gesundschrumpfungen‹ und ähnlichen Modifikationen soll nicht vernachlässigt werden.

Notgedrungen ist dieses Buch ein sehr persönliches: Meine eigenen Erfahrungen mit bestimmten Waffen und Hilfsmitteln kommen darin zum Ausdruck sowie auch die von Kollegen und Freunden. Der Digest ist eine Art Zusammenfassung von Gesprächen, Feld-Tests und Vergleichen der letzten zehn Jahre, von Hospitationen und Besuchen bei Polizeien und Spezialeinheiten in verschiedenen Teilen der Welt – sei es nun bei den israelischen Sicherheitskräften, den deutschen SEKs, den SWAT-Teams von New York, L. A. oder San Francisco, den FBI-Lehrgängen oder der Waffenwerkstatt der Marinescharfschützen in Quantico.

Der Inhalt wird einigen Firmen nicht gefallen. Anders als die US-Waffenzeitschriften, die von ihren Anzeigen leben, war von Anfang an beschlossen, daß keine ›Hofberichterstattung‹ erfolgen wird. Keiner der Tests wurde mit von den Firmen zur Verfügung gestellten Testwaffen geschossen, sondern mit solchen, die über den normalen Handel erhältlich waren. Ähnlich auch die anderen Bereiche. Zwar wurde 1981 bei den verschiedensten Holsterfirmen um Testexemplare und Informationsmaterial angefragt, aber die Beurteilung richtete sich nicht danach, wer wieviel geliefert hatte. Schon die Vorauswahl richtete sich nach den Erfahrungen, die mit den Produkten verschiedener Hersteller bereits in der Vergangenheit gemacht wurden. Die im Verlauf dieser Publikation gemachten Urteile und die zur Anwendung kommenden Kriterien und Maßstäbe können unweigerlich nur die Meinung der Autoren darstellen – sie erheben keinen Anspruch auf Unfehlbarkeit, Alleingültigkeit oder Vollständigkeit. Da es sich in vieler Hinsicht um Erfahrungswerte handelt, die zudem noch auf die unterschiedlichen Anwendungsbereiche und Einsatzrealität der Betroffenen zurückgehen, bleibt die Sicht des Digests letztlich subjektiv. Andere Personen mögen andere Erfahrungen gemacht oder zu anderen Erkenntnissen gekommen sein – wir respektieren dies und sind über jede konstruktive Kritik erfreut.

Trotz dieser Einschränkungen hat die Herausgabe eines Digests mit dem Schwerpunkt Combatschießen Vorteile für den Leser, welche die eingangs erwähnte Hofberichterstattung (oder die vom Hersteller herausgegebenen Anpreisungen) nicht liefern können – die kritische Auseinandersetzung mit den tatsächlichen Notwendigkeiten und Bedürfnissen eines ganz besonderen Bereichs, in dem sich Fehler und Fehlverhalten tragisch auswirken können. Der Digest soll hier als Denkanstoß dienen, und wenn negative Bemerkungen über die eine oder andere Waffe bzw. über Zubehörteile und Ausrüstungsgegenstände fallen, so soll hier eine schon längst fällige Auseinandersetzung eingeleitet werden.

Ein Digest zeichnet sich aber neben der Analyse von Produkten auch durch eine Ansammlung von artikelartigen Beiträgen aus, die zu bestimmten Aspekten Stellung nehmen und die Materialaufgliederung flankieren. Bei den Artikeln wurde bewußt auf recht hitzig debattierte Problembereiche eingegangen, die in jüngster Zeit von behördlichen wie zivilen Combatschützen aufgegriffen wurden. Als Beispiel sei hier die Frage nach Custom-Umbauten, die Verwendung der Polizeiflinte oder die Diskussion um eine sachgerechte Ausbildung genannt, zu der verschiedene Autoren Stellung nehmen werden.

Der Schwerpunkt des gesamten Leitfadens liegt auf dem im deutschsprachigen Raum (im gesetzlichen Rahmen) erhältlichen Waffen- und Ausrüstungsspektrum. Im Gegensatz zu den bisherigen zwei Combatbüchern werden daher Maschinenpistolen, Sturmgewehre usw. wegfallen. Nicht zuletzt kann dadurch dem Sektor der Faustfeuerwaffen mehr Platz eingeräumt werden.

Dieser Digest soll eine Art Wegweiser sein; er stellt nicht den Anspruch, andere Bücher zu ersetzen, die sich eingehender mit Waffen- und Munitionstechnik bzw. mit anderen Aspekten des Schießens befassen. Da die Mehrzahl der Combatschützen und Waffenbesitzer keine ›Dipl. Ing.‹ sind, haben wir bewußt darauf verzichtet, Waffen ›bis in die Schraube‹ zu erklären oder Seiten mit ballistischen Berechnungen anzufüllen. Der wissensdurstige Leser kann solche Informationen aus den entsprechenden Fachbüchern entnehmen. Auch bei den technischen Angaben haben wir uns bemüht, kurzgefaßt wesentliche Vergleichswerte zu bieten, welche die Waffenauswahl erleichtern können. Maße wurden leicht nach oben oder unten abgerundet, um nicht ›sieben Stellen hinterm Komma‹, wie im Mathematikunterricht, zu erhalten. Wenn nicht anders angegeben, gelten alle Gewichtsmaße an Revolvern und Pistolen ›nackt‹, d. h. die Waffe im ungeladenen Zustand, aber mit Magazin. Es ist immer wieder erstaunlich, wie sehr Firmenangaben von der Realität abweichen, ganz zu schweigen von Verkaufskatalogen, die nur Einsteins Diktum zu unterstreichen scheinen, daß der Mensch irrt, solange er mißt. Geringfügige Gewichtsabweichungen können z. B. durch die Griffschalen hervorgerufen werden.

Bei den Preisangaben, die hier nur als Orientierungspunkt gelten sollen, war dies sogar noch schwieriger: genommen wurden die Preise aus dem Jahre 1982, wobei erhebliche Schwankungen durch den Dollarkurs und seine Berg- und Talfahrten bedingt waren. Auch die unterschiedlichen Angebote verschiedener Firmen lassen aufhorchen. Wir haben versucht, durch Preisräume an verschiedenen Beispielen darzustellen, zu welchen Preisen unterschiedliche Firmen die gleiche Waffe zum gleichen Zeitpunkt verkauften. Der potentielle Käufer tut gut daran, sich beim Kauf seines

Stücks vorher eingehend zu erkundigen und verschiedene Angebote zu vergleichen. Er kann dadurch oft mehr als einhundert Mark sparen.

Den vielen, die an der Entstehung dieses Digests mitgeholfen haben, sei hier ausdrücklich und herzlich gedankt. Nicht alle können oder wollen genannt werden. Es gab Anregungen, Kritik, Hinweise und unzählige Gesprächsstunden, ohne die dieses Buch nie entstanden wäre. Es gab Tester und vorher nichtsahnende Combatschützen, die mit wunden Händen vom Stand heruntertraten, nachdem sie die eine oder andere Waffe bis zum ›geht nicht mehr‹ erprobt hatten, oder wieder einmal als Versuchskaninchen für eine ›besonders dolle‹ Laborierung herhalten mußten.

Einige Firmen kamen uns bei der Informationssuche sehr entgegen, andere glänzten durch Schweigen – wir haben trotzdem versucht, ihnen allen Gerechtigkeit widerfahren zu lassen. Von den vielen, die mithalfen, seien hier einige besonders hervorgehoben: Neben den Mit-Autoren des Digests seien Joe ›Buckie‹ Rackley, Bob Weaver, Gerd Hundegger, Jim Shults vom ›Gung-Ho‹-Magazin, ›Ossi‹, ›Stacho‹ und Günther Braun besonders bedankt. Klaus Wudewitz hat sich um die Endfassung des Manuskripts verdient gemacht. Die Anregung zu diesem Digest und manch unterstützendes Wort kam von Melvin ›Moti‹ Bluestein, seine Erfahrungen steuerte Avraham Barnea bei – beide aus Israel. ›Gus‹ Fisher von den Marines in Quantico brachte sein Wissen um Holster, .45er Customizing und Schrotflinten ein.

Gewidmet ist dieses Buch den Männern der Spezialeinheiten, der SEKs, MEKs, PSKs, SWAT-Teams, CIRTs, ›Jamam's‹, GSGs – und wie die Abkürzungen alle heißen. Viele von ihnen haben mit ihren Tips und Erfahrungen an diesem Buch mitgearbeitet. Wo immer ich hinkam, ob nach Tel Aviv, Los Angeles, Frankfurt, New York, Berlin, Stuttgart, Rom oder ›sonstwo‹, immer traf ich auf freundschaftliche und herzliche Aufnahme und stellte fest, daß wir zwar verschiedene Sprachen sprechen, aber die gleichen Probleme hatten: Fehlende Planstellen, knausrige Beschaffer, zu wenig Lohn, eine ›liberale‹ Presse und Polizeichefs, und Politiker die zwar die Spezialeinheiten bei Gelingen ihrer Einsätze als ›ihr Werk‹ herausstellten und die Lorbeeren einheimsten, den Letzten aber von den Hunden beißen ließen, wenn irgendetwas schief gelaufen war.

Frühjahr 1984   Jan Boger

Combatschießtraining sollte Bewegung, taktische Elemente der Eigensicherung und der Ausnützung von Deckung, aber auch überlegtes Handeln und instinktive Reaktionen beinhalten. Nicht zuletzt aber körperliche Anstrengung – wie man auf diesem Schnappschuß während einer Trainingsszene sieht!

I. Faustfeuerwaffen

Es tut sich einiges auf dem Faustfeuerwaffensektor! In den letzten Jahren ist eine Fülle neuer Modelle auf dem Markt erschienen, nachdem sich in den fünfziger und sechziger Jahren vergleichsweise wenig auf diesem Sektor ereignet hatte: Im Bereich der Pistolen waren, bis auf wenige Modelle (Smith & Wesson M 39 und 59), die gebräuchlichsten und weitverbreiteten Typen Waffenentwicklungen der Vorkriegszeit. Auch einige Nachkriegsmodelle, zumeist östlicher Provenienz, waren direkt von erprobten Pistolen ›abgekupfert‹, wie z. B. das Beispiel der ungarischen ›Tokagypt‹ zeigt, die hierzulande auch als ›Firebird‹ in den Händen von RAF-Terroristen traurige Berühmtheit erlangte. Die großen europäischen Firmen, wie Walther, FN oder Beretta, sahen auch kaum Veranlassung, außerhalb ihrer im Weltkrieg bestätigten Modellreihen herumzuexperimentieren. Die Polizeibewaffnungen der Nachkriegszeit konnte auf große Restbestände aus den Kriegsjahren zurückgreifen, ein anderer Markt war kaum vorhanden.

Erst das Ende der sechziger Jahre auflebende Interesse am praktischen, verteidigungsbezogenen Schießen setzte neue Impulse. Im Zuge der steigenden Tendenz politischer und profitorientierter Höchstkriminalität erwachte auch die Polizeibewaffnung und -ausbildung aus ihrem Dornröschenschlaf. Neue Anforderungen wurden an die Seitenwaffe gestellt. Die deutschen Ausschreibungen um die Anschaffung einer neuen Polizeipistole haben – bei all ihrer Zweifelhaftigkeit in den Kriterien von Rahmenforderungen und Auswahl – auch im Ausland großes Interesse bewirkt. Während hierzulande (mitunter zu Recht!) über Art und Weise der Tests und der Beschaffungsbürokratie gelästert wurde, war man in den USA und besonders in der dortigen Fachliteratur sehr aufmerksam und voll des Lobes – wobei nicht zuletzt der Mythos der deutschen Effizienz beitrug, der sich noch auf der anderen Seite des Atlantik erhalten hat. Während jahrelang in der amerikani-

schen Fachwelt über den europäischen und besonders deutschen Hang zur DA-Pistole gespöttelt worden ist (in den Worten Coopers: »Eine Antwort auf ein Problem, das sich gar nicht stellt.«) wurde man nun hellhörig. »Da muß doch was dran sein!«, schien man sich in den USA zu sagen. Die Vermutung liegt nahe, daß die Forderung nach

einem Spannabzug bei den JSSAP-Auswahlkriterien für eine neue Dienstpistole der US-Streitkräfte durch die hiesigen Entwicklungen beeinflußt war. Ihrerseits bewirkten die JSSAP-Versuche einen neuen Entwicklungsschub in der Waffenindustrie, der zu einer Vielzahl neuer Waffenmodelle amerikanischer und europäischer Firmen führte. Die

Eine Faustfeuerwaffe ist in erster Linie Verteidigungswaffe: Als Primärwaffen benutzen Spezialeinheiten zur Terrorismus- und Verbrechensbekämpfung Flinten, Maschinenpistolen oder wie hier das 7,62 mm Nato G 3. Deshalb hat dieser Beamte, in dessen Spezialeinheit die Angehörigen eine freie Waffenwahl haben, als Seitenwaffe einen .357 Magnum Highway Patrolman gewählt, der eine ballistische und waffenmäßige Ergänzung zu den anderen Dienstwaffen bietet.

Forderung des JSSAP-Kataloges nach einer möglichst hohen Magazinkapazität resultierte in einem Umdenken verschiedener Firmenleitungen: Während jahrelang nur die FN High Power mit einem zweireihigen, dreizehnschüssigen Magazin ausgestattet war, hat ein potentieller Käufer nun eine große Auswahl von Pistolenmodellen, die dieses Merkmal besitzen und teilweise Magazinkapazitäten aufweisen, von denen man früher nur träumen konnte.

Auch in anderen Bereichen hat sich die Marktlage erstaunlich verändert: Vor fünfzehn Jahren hatte ein Liebhaber des Kalibers .45 ACP nur die Auswahl zwischen den Coltmodellen und einigen formgleichen Nachbauten. Dank der .45er Profilierung im Combatschießen haben sich nun verschiedene Firmen dieser Patrone angenommen. In den letzten Jahren sind auch DA-Systeme entwickelt worden und erfreuen sich wachsender Beliebtheit. In ähnlicher Weise kann ein Trend zu den kleinen, mannstopstarken Taschenwaffen beobachtet werden: Vor wenigen Jahren war man noch auf 7,65 mm-, 6,35 mm- oder 9 mm kurz-Pistolen beschränkt, wenn man eine kleine Waffe zum verdeckten Führen suchte – oder man mußte den teuren Weg einer Custom-Modifikation in Kauf nehmen, um eine P 38 oder FN M 35 ›gesundschrumpfen‹ zu lassen. Heute hat sich eine ganze Reihe von Firmen entweder auf seriengefertigte Teile zur Verkleinerung des Originalmodells oder auf ›Taschenpistolen‹ in den combatgerechten Kalibern 9 mm Para und .45 ACP spezialisiert.

In ähnlicher Weise sind Customteile, wie verlängerte Sicherungsflügel, Visierungen, Griffe usw., aus dem Bereich des Exotischen und Teuren herausgetreten. Für die meisten gängigen Waffentypen gibt es erschwingliche Teile und Zubehör in einer solchen Vielzahl, daß der Käufer kaum noch den Überblick behalten kann.

Man kann mit Fug und Recht von einer Art ›Explosion‹ auf dem Faustfeuerwaffensektor sprechen. Die Produktpalette ist in Bewegung geraten, und selbst gute Fachzeitschriften haben es schwer, ihre Leser ständig über die Neuerscheinungen auf dem laufenden zu halten – ohne dabei einfach die Angaben der Hersteller herzubeten. In den USA und in einem geringeren Maße auch in Europa hat sich gleichzeitig neben dem zivilen Waffenmarkt ein produktorientierter Zeitschriftenbereich organisiert, der in den letzten fünf Jahren zu einem Dschungel von Publikationen zum Thema Waffen, Combatschießen, Polizeiausrüstungen usw. geführt hat. Die wenigsten Zeitschriften dieser Art liefern tatsächlich ›Information‹. Zumeist handelt es sich um gut verpackte Werbung, auf Hochglanzpapier, mit reißerischen Photos versehen – dazwischen eingestreut der eine oder andere allgemeine Artikel. Eine kritische Auseinandersetzung mit den jeweils groß angekündigten Testwaffen und ihrer tatsächlichen Qualität findet nicht statt. Zum anderen werden immer wieder die gleichen Themen ›aufgebraten‹, wie ›9 mm vs. .45‹, ›Revolver versus Automatic‹ oder ›Round ups‹ (Dies sind Zusammenstellungen der gängigen Modelle, die für einen Zweck oder ein Kaliber erhältlich sind – ohne daß tatsächlich ein Wertvergleich stattfindet!). Es gibt nur wenige Publikationen, die aus diesem Schema herausfallen, die in Kalifornien jährlich erscheinende ›Handgun Tests‹ ist eines der wenigen Hefte, deren Anschaffung sich lohnt. Wer einmal eine Übersicht über die während eines Jahrgangs erscheinenden Artikel der gängigen amerikanischen Journale hat, dem fallen die erwähnten ständigen Wiederholungen auf, auch unterscheiden sich die verschiedenen Publikationen in ihren Aussagen und Inhalten kaum. Die Abhängigkeit von den Inserenten ist offenkundig. Wer sich tatsächlich informieren will und sich nicht nur an gefälligen Photos berauschen möchte, der kann den Kauf oder die Subskription von Heften wie ›Guns & Ammo‹, ›Gun World‹, ›Guns‹, ›The American Handgunner‹ ruhigen Gewissens unterlassen. Auch die Testberichte der in Europa recht teuren Magazinreihe ›Soldier of Fortune‹ sind nur Augenwischerei. Mit vielen von den gleichen Verlagen herausgegebenen ›Digests‹ verhält es sich ähnlich – sie sind zudem nur eine Sammlung bereits erschienener Artikel und oft genauso aussagekräftig wie ein Verkaufskatalog.

Ein potentieller Käufer hat es schwer, sich durch den Wust an Neuem und Altem auf dem Faustfeuerwaffenmarkt zurechtzufinden. Welche Waffe sollte er kaufen, welches Zubehör? Lohnt sich eine Custom-Ausstattung, verstellbare Visierung? Worauf ist zu achten?

Wir haben versucht, in den nachfolgenden Kapiteln einige Antworten auf diese Fragen zu geben und Entscheidungshilfen zu liefern. Aber bevor zu den Einzelheiten geschritten wird einige grundsätzliche Erläuterungen aus der Sicht des Autors und seiner Freunde, die an diesem Teil des Buches mitgearbeitet haben. Unsere Vorstellungswelt und unser Verhalten ist wesentlich von Film und Fernsehen geprägt – mehr als wir bereit sind, zuzugeben!

Auf der Leinwand oder Bildröhre haben Faustfeuerwaffen Wunderdinge zu verrichten. Der oder die Helden schießen ohne nachzuladen, treffen aus der Hüfte, auch wenn sie auf dem Kopf stehen, erledigen Bösewichte auf einhundert Meter mit dem instinktiven Deutschuß aus der dahineilenden Postkutsche heraus. Unser Held, ob er nun Starsky, Hutch, James Bond oder Charles Bronson heißt, geht zumeist im Alleingang gegen eine ganze Horde Bösewichte vor, schlägt sich schießend durch ein wahres Gebäudelabyrinth, das einen Combatkeller als Erholungsort erscheinen läßt, und er trifft immer! Die Übeltäter reißt es beim Treffer aus einem Zwei-Zoll .38er aus den Stiefeln, als hätte eine 155 mm-Feldhaubitze vor ihnen eingeschlagen. Unsere Helden arbeiten ohne Netz und doppelten Boden: Haben sie einen bewaffneten, wild um sich schießenden und allem Anschein nach auch noch geistesgestörten Täter gestellt, so folgen sie ihm, allein und nur mit einer Faustfeuerwaffe ausgerüstet, über Dächer, durch Keller und in Hochhäuser. Brav und tapfer und äußerst eindrucksvoll auf der Leinwand – aber mit der Realität hat dies nur wenig zu tun.

Eine Faustfeuerwaffe ist in erster Linie eine *Verteidigungswaffe*. Unabhängig von Magazingröße, Lauflänge und Kaliber ist sie stets ein Kompromiß, bei dem Umstände wie Tragbarkeit und Bequemlichkeit als Seitenwaffe Rechnung getragen wurde. Sowohl im militärischen wie auch polizeilichen oder zivilen Bereich ist die Pistole oder der Revolver das letzte Mittel, auf das erst zurückgegriffen wird, wenn alle anderen Mittel versagt haben (oder nicht zur Hand sind). Rein grundsätzlich gesehen würde niemand auf eine Faustfeuerwaffe mit ihren Beschränkungen als Kampfmittel zurückgreifen, wenn er die Möglichkeit hätte, andere Waffen mit mehr Feuerkraft und größerer Treffergenauigkeit einzusetzen. Eine Maschinenwaffe mit Gewehrmunition, eine Mpi oder eine Schrotflinte bieten mehr Möglichkeiten, ihr Wirkungsbereich ist größer, als Mittel der Einschüchterung sind sie ungleich höher anzusiedeln als die Faustfeuerwaffe. Folgerichtig würde auch jeder normale Denkende – stände er vor einem Problem wie dem Nachsetzen nach einer Gruppe bewaffneter Gewalttäter – auf den ›größeren Knüppel‹

zurückgreifen. Im polizeilichen Bereich hat man endlich auch diesen Gedankengang nachvollzogen und beordert im Fall einer drohenden bewaffneten Konfrontation eine Spezialeinheit an den Schauplatz, die mit einem umfangreichen Waffenarsenal ausgerüstet ist. Auch hier ist die Pistole am Koppel nur letztes Mittel für den Notfall. Funkstreifenbesatzungen, die z. B. zu einem Banküberfall gerufen werden, sind berechtigt, die Flinte oder Mpi als Primärwaffe zu benutzen. Wenn dies trotzdem nicht immer geschieht, so mehr aus falscher Selbsteinschätzung der Betroffenen oder aus der geringen Vertrautheit mit diesen Waffen – viele Beamte haben aufgrund ihrer geringen oder falsch orientierten Ausbildung Angst (!) vor dem Griff zur Langwaffe, die sie lediglich mal in der Grundausbildung in der Hand gehabt haben.

Wir Combatschützen, die wir laufend mit großkalibrigen Waffen üben, haben ein anderes Problem – da wir unter Schießstandbedingungen durchaus in der Lage sind, Treffer auf eine fünfzig Meter entfernte Mannscheibe mit Sicherheit zu plazieren, verschiebt sich unser Realitätsbezug. Wir überschätzen die Wirkungsmöglichkeiten unserer ›Lieblinge‹. Zudem versuchen wir ständig, durch neue Übungen an die Grenzen der Fähigkeiten zu stoßen. Zusatzausrüstungen, Custom-Modifikationen und ähnliches dienen dazu, Nachladezeiten zu verkürzen, neue Rekorde aufzustellen und Möglichkeiten auszuloten, die kaum noch in Verbindung mit den tatsächlichen Umständen eines notwehrbedingten Schußwaffengebrauchs stehen. Der überwiegende Teil aller Schußwaffenzwischenfälle – mehr als 75%! – spielt sich innerhalb weniger Sekunden in einem Bereich unter sieben Meter ab. Bei diesem Abstand spielt die Visierung keine Rolle. Mehr als 85% der Kämpfe ist nach zwei, drei Schuß beendet, wobei diese Zahl die Summe der von allen Beteiligten abgegebenen Schüsse darstellt. Magazinkapazität und Nachladegeschwindigkeit sind also zweitrangig – oder? Wer mit einer Faustfeuerwaffe ausgerüstet mehr als zwei bewaffneten Angreifern gegenübersteht, ist ohnehin bis über beide Ohren in Schwierigkeiten – seine Chancen, den Angriff zumindest unverletzt zu überstehen, sind null – ganz gleich, wie schnell er von einem Ziel zum anderen wechseln kann, ganz gleich wie groß sein Magazininhalt ist. Wer aus fünfzig Meter Entfernung mit einer Langwaffe beschossen wird, hat gleichfalls wenig

Aussicht auf Erreichung seiner Pensionierungsgrenze, wenn er sich nicht sofort in Deckung begibt. Den Feuerkampf aufzunehmen, erscheint aussichtslos. Wozu also Parcours, bei denen sich der Schütze aus dem Auto rollen läßt und sich bis zur letzten Scheibe durchschlägt?

Hier klafft eine Diskrepanz zwischen Wirklichkeit und Schießstandsimulation, zwischen unseren Ansprüchen an uns selbst und unsere Waffen und dem, was tatsächlich auf der Straße passiert. Dessen sollten wir uns von Zeit zu Zeit bewußt werden. Auch bei der Waffenauswahl ist es gut, auf dem Boden der Tatsachen zu stehen:

Für eine Gebrauchswaffe sollte immer als oberstes Prinzip Einfachheit und Unkompliziertheit gelten. – ›Kiss!‹ (›Keep it simple, stupid!‹)

Je mehr an einer Waffe herumgedoktort wurde, je mehr Zubehör und Accessoires aufgesetzt werden, desto empfindlicher und störanfälliger ist das Endprodukt. Überzüchtete Wettkampf-Waffen eignen sich kaum für den täglichen Einsatz, und vieles, was im sportlichen Combatschießen Punkte und Zeitgewinn produziert, ist in der rauhen Wirklichkeit eher hinderlich. Entsprechende Beispiele werden noch erwähnt.

Trotzdem spielt ein weiterer Faktor in der Waffen- und Zubehörauswahl genauso wie in der Gestaltung des Trainings mit: Der Schütze soll Vertrauen zu seiner Waffe und zu sich selbst gewinnen können. Der eigentliche gedankliche Hintergrund bei der Gestaltung vieler Parcours ist weniger die Simulation von Schußwaffeneinsätzen als die Zusammenstellung einer Kette von Übungen, die die Handhabung und Fertigkeit mit der Waffe schulen. Der Schütze soll eine gewisse Sicherheit im Umgang mit der Schußwaffe erlangen und ein Stadium erreichen, wo er unter Zeitdruck präzise reagiert und Leistungen erbringt. Ausbildungsziel ist, ein gesundes und berechtigtes Selbstvertrauen im Umgang mit der Schußwaffe zu erreichen, das Fehl- und Überreaktionen vermeidet.

Das gleiche gilt für die Waffe und ihre Ausstattung. Der Besitzer muß in der Lage sein, sie entsprechend seiner anatomischen Veranlagungen zu benutzen. Wenn es dazu z. B. eines anderen Griffes bedarf, so ist dieses Zubehör absolut legitim. Ist seine Handform oder Fingerlänge derart, daß er z. B. bei der HK

P 9S schlecht den Spannabzug in seiner vorderen Stellung betätigen kann, so wäre es ein Unding, ihm zu dieser Waffe zu raten. Eine Faustfeuerwaffe muß ›bequem‹ in der Hand liegen, ihre Bedienelemente müssen logisch und erreichbar angeordnet sein. Es gibt Schützen, die kommen mit dem Rückstoß der .45 ACP-Patrone einfach nicht klar, und es gibt andere, für die besteht kein Unterschied, ob sie nun mit einer 9 mm Para oder einer .45er schießen. Der Schütze darf nicht unterbewußt Hemmungen oder Angst vor dem Schußknall, vor Mündungsblitz oder Rückstoß haben – er muß in jeder Hinsicht zur Waffe und zu seiner eigenen Fähigkeit, sie zu beherrschen, Vertrauen haben.

Ein solches ›vertrauensbildendes‹ Element ist z. B. die hohe Magazinkapazität seiner Selbstladepistole, besonders, wenn sie zu den neueren Serien mit zweireihiger Patronenanordnung und einem Volumen von vierzehn oder mehr Schuß gehört. Rein taktisch betrachtet, reichen die sechs Schuß einer Revolvertrommel in über 95% aller denkbaren Fälle völlig aus. Aber es gibt Waffenbenutzer, die mit dem unstillbaren Trauma behaftet sind, ihnen könnte im entscheidenden Moment die Munition ausgehen – zu ihnen gehört auch der Autor. Und da sind fünfzehn Patronen in der Waffe oder eine Anzahl Reservemagazine ein sanftes Ruhekissen. Man sollte sich keine Illusionen machen – im Ernstfall hat man kaum Zeit oder Gelegenheit, alles ›rauszuballern‹. Sind mehr als zwei Angreifer vorhanden, hat man größere Probleme als die Zeit des Nachladens. Im üblichen Notwehrfall und im Rahmen der erwähnten kurzen Entfernungen ist nach zwei, drei Schuß Schluß – so oder so! Im anderen Fall hätte man erhebliche Schwierigkeiten, einem Staatsanwalt zu erklären, warum man in Notwehr das ganze Magazin in einen Angreifer geleert hat. Selbst mit dem vom Gesetzgeber eingeräumten situations- und streßbedingten Überschreiten der Verhältnismäßigkeitsgrenze in der Abwehr des tätlichen Angriffs ist dann kein Gericht mehr zu überzeugen!

Aber: Eine hohe Magazinkapazität schafft ein ruhiges Gefühl, es vermindert vielleicht auch die Anzahl der übrigen mitgeführten Reservemagazine. Wer die entsprechende Handgröße hat und mit den dickeren Griffen der ›Fünfzehnschüsser‹ auskommt, warum sollte er nicht?

Ähnlich verhält es sich auch mit der verstellbaren Visierung – bei einer reinen Gebrauchswaffe zur Selbstverteidigung ist eine verstellbare Visierung überflüssig. Bei den gebotenen Entfernungen des praktischen Schußwaffeneinsatzes ist es völlig unwichtig, ob die Waffe auf 25 m zehn Zentimeter unter dem Haltepunkt liegt, ob darüber oder daneben. Der Einsatz wird in 95% aller Fälle unter zehn Meter Entfernung erfolgen und der Schütze wird kaum in der Lage sein, auf die Visierung zurückzugreifen. Als Gebrauchswaffe wird sie nur mit einer normalen, standardmäßigen Munition bestückt sein, deren Trefferlage nicht vom Herkömmlichen abweicht. Diesen Umständen wird z. B. bei der behördlichen Waffenbeschaffung Rechnung getragen: Die meisten europäischen Polizeien, Sicherheitsbehörden oder Armeen rüsten ihre Träger mit Faustfeuerwaffen aus, die nur über eine feststehende Visierung verfügen. Auch der zivile Waffenträger sollte kurz in sich gehen, bevor er sich zur Anschaffung einer Pistole oder eines Revolvers entschließt. Braucht er ein verstellbares Visier? In den meisten Fällen nicht. Es sei denn, seine Verteidigungswaffe soll auf dem Schießstand des öfteren geschossen werden und so auch als Sportwaffe fungieren. Dann ist ein variables Visier legitim, zumal wenn der Träger mit eigenen Laborierungen experimentiert. Aber auch hier gilt: Weniger ist besser als mehr! Die hohen Kontrastvisierungen der Combat-Matchwaffen sind bei einer Waffe, die täglich getragen werden soll, falsch am Platz; ihre hervorstehenden scharfen Kanten werden schnell beschädigt oder fügen ihrerseits dem Träger und seiner Kleidung (beim verdeckten Tragen) Schaden zu. Es gibt genügend Visiereinrichtungen mit einer flachen, abgerundeten Außenform, zur Not muß man selbst mit der Feile und Brünierungsmittel ›Hand anlegen‹.

Wie diese kurzen einführenden Beispiele zeigen, ist die Auswahl einer Faustfeuerwaffe ein schwieriges Unterfangen, das durch die Vielzahl der Modelle und der beschreibenden Publikationen nicht einfacher gemacht wird. Ein allgemeingültiges Bewertungssystem für Faustfeuer- und Verteidigungswaffen kann man nicht erstellen. Es ist oft genug versucht worden und hat sich ebenso oft als Augenwischerei entlarvt. Maße und Trefferbilder, V_0-Werte und Abzugsgewichte sagen wenig aus – die meisten Waffen schießen ohnehin genauer als ihre Besitzer. Die anatomischen Unterschiede von Träger zu Träger lassen jedes Bewertungssystem nach Größen, Ausmaße und Formen zur Farce werden.

Firmennamen bedeuten schon längst keine Qualität mehr. Zum einen haben viele bisher zweitrangige Hersteller längst ihre Kinderkrankheiten überwunden, zum andern scheinen sich einige traditionell renommierte Markenhersteller auf ihren Lorbeeren auszuruhen; da sie um ihren Absatz offensichtlich nicht zu fürchten brauchen, glauben sie sich erlauben zu können, ›Schund‹ auf den Markt zu werfen. Hier gilt es, sorgfältig ein wachsames Auge auf das einzelne Produkt zu werfen und nicht ›blind‹ zu kaufen. In der heutigen absatzorientierten Geschäftswelt ist Vertrauen ein Fremdwort.

.45 versus 9 mm Para

Einige Gedanken zum Thema ›Mannstop-Wirkung‹

Der Konflikt war vorhersehbar: Als das amerikanische Abenteuer-Magazin ›Soldier of Fortune‹ im Februar 1980 über die bis dahin geheimen Tests der amerikanischen Streitkräfte zur Anschaffung einer 9 mm Para-Pistole als Ersatz für das alte Schlachtroß .45 Colt Government M 1911 berichtete, ging ein Aufschrei der Entrüstung durch die Spalten der dortigen Fachzeitschriften. Man hatte gewagt, an einem der heiligsten Güter der Nation zu rühren – aus der Sicht amerikanischer Sport- und Combatschützen. Jahrelang hatten Fachzeitschriften und Bücher Kapazitäten wie Jeff Cooper oder Ray Chapman zu Wort kommen lassen, die das Loblied der .45 ACP gesungen hatten, bis auch der letzte Pistolero zwischen Alaska und New Mexico von der fast religiösen Überzeugung besessen war, daß nur die .45 ACP in der Lage war, einen angreifenden Zwei-Meter-Mann im vollen Lauf zu stoppen, ihn niederzuwerfen und für jegliche weitere böse Absicht unschädlich zu machen! Glaubte man Cooper und seiner Fan-Gemeinde, so war die 9 mm Para-Patrone ein trostloser Ersatz für eine ›richtige‹ Pistolenpatrone und tendierte in ihrer Wirkungsweise irgendwo im Nahbereich der 6,35 mm. Gerade hatte die gute alte ›Colt .45er‹ eine ungeahnte Renaissance mit dem Aufkommen und der breiten Popularität des Combatschießens erfahren, da entschieden die Götter im Pentagon, daß die M 1911 A1, seit 70 Jahren Standardwaffe der U.S. Streitkräfte, veraltet sei und einer 9 mm-Pistole weichen müsse – und das, nachdem jahrelang so erfolgreich gegen die 9 mm Para ›angestunken‹ worden war!

Zur Freude der Waffenzeitschriften und ihrer Redakteure war die Resonanz auf die Testserien und Empfehlungen des ›Joint Services Small Arms Program‹ (›JSSAP‹) groß. Seit Jahren waren nicht so viele Leserzuschriften eingegangen! Angesichts der jüngsten Explosion auf dem amerikanischen Zeitschriftenmarkt, die jedes Jahr neue Waffen- oder Combatjournale, neue Schützen- und Survivalmagazine gebracht hatte, war es langsam schwer geworden, die Heftseiten zu füllen. Die einzelnen Magazine begannen sich mehr und mehr zu gleichen, bestimmte Artikelthemen und Testberichte tauchten immer wieder auf. Doch nun war Abhilfe in Sicht! Ein Hinweis auf einen Bericht über die JSSAP-Versuche ließen die Auflagenhöhe nach oben schnellen, die alten Berichte über die ›Stopping-Power‹, der .45 gegenüber der 9 mm, konnten wieder hervorgeholt und aufgewärmt werden. Dieser oder jener Fachmann sprachen sich für oder gegen die 9 mm aus, regten damit wieder Zuschriften an, die wiederum veröffentlicht werden konnten. Wen kümmerte es, daß die gleichen Argumente wieder und wieder auftauchten? Da wurde zum xten Mal über die Hatcher-Versuche berichtet oder Erlebnisse erzählt, wie ein einziger .45-Treffer den Gegner aus den Stiefeln riß. Auf der anderen Seite wurde immer wieder mit der weiten Verbreitung der 9 mm Para argumentiert und mit den hohen Verlustzahlen im Zweiten Weltkrieg, die auf die Verwendung von 9 mm Para MPis zurückgeführt werden können.

Die Debatte um 9 mm vs. .45 ist schon längst keine sachliche Diskussion, sondern eine Glaubensfrage geworden, welche mit der gleichen Heftigkeit umfochten wird wie der mittelalterliche Streit um die Geschlechtsfrage bei Engeln. Vorrangig bei der Ergebnislosigkeit solcher Konflikte, die hier durchaus auch als Beispiel für ähnliche Entwicklungen in Europa (etwa um die neue deutsche Polizeipistole) angeführt wird, ist der Umstand, daß die amtlichen Beschaffer und Behörden von ganz anderen Kriterien ausgehen als Endverbraucher und Combatschützen. Abgesehen von der ballistischen Problematik, die hier noch einmal zurückgestellt werden soll, lagen bei der JSSAP-Erprobung Umstände vor, welche sowohl den eigentlichen Hintergrund der geplanten Umrüstung erhellen, als auch die Ergebnisse in ein fragwürdiges Licht rücken. Am Anfang stand das Bemühen der U.S. Air Force, einen Ersatz für ihre Smith & Wesson-Revolver der Typenreihe Modell 10 oder 15 im Kaliber .38 special zu finden. Als Verteidigungswaffe für Piloten, Bodenpersonal und Wachmannschaften ließ die .38-Patrone, selbst in der verstärkten USAF-Ladung (genannt PGU 12/B), viel zu wünschen übrig. Gleichzeitig waren die Revolver – entgegen landläufigen Meinungen – nicht sehr robust, litten unter den starken Laborierungen und konnten bei Verschmutzung genausogut Ladehemmung haben wie eine Pistole. Als Ersatz bot sich die 9 mm-Pistole mit einem doppelreihigen Magazin und einer daher gesteigerten Kapazität auf 13 oder mehr Schuß an. In den fünfziger und sechziger Jahren hatten Teilstreitkräfte der USA bereits 9 mm-Pistolen erprobt, u. a. prüfte die Navy 1968 eine Vierzehn-Schuß-Version der S & W M 39 in ›stainless steel‹, aus der drei Jahre später die zivile Version M 59 entsprang.

Es gab eine Reihe guter Argumente für die Einführung einer Pistole mit hoher Magazinkapazität in einem militärischen Verband, u. a. die hohe Feuerkraft (doppelt so viel Munition in der Waffe wie in einem .38-Revolver oder in der .45-Pistole!), die auch bei ungeübten Soldaten eine höhere Trefferwahrscheinlichkeit erwarten läßt. Außerdem fehlt es im militärischen Bereich immer an Ersatzmagazinen. Die 9 mm-Patrone ist weitverbreitet und besonders im Nato-Bereich und auf eventuellen zukünftigen Kriegsschauplätzen vertreten.

Das Problem begann mit der Ankoppelung eines Komitees an die USAF-Untersuchungen: Die Tests, die auf der Luftwaffenbasis Eglin in Florida geschossen wurden, sollten plötzlich im Rahmen des neugeschaffenen JSSAP-Komitees für alle anderen Teilstreitkräfte Gültigkeit haben. Bereits einmal in der Geschichte amerikanischer Heeres-

bewaffnung hatte eine ähnliche Abfolge von Erprobungen zur Einführung einer ganz und gar unbrauchbaren Waffe geführt: dem M 16-Gewehr von Colt, das ursprünglich weniger als Combatwaffe für den Infanterie-Einsatz denn als Polizeiwaffe für die USAF-Wachmannschaften der Flughäfen gedacht war. Als die Army im Frühjahr 1980 die Erkenntnisse der Testreihen von Eglin überprüfte und sich die Mühe machte, die Testverfahren zu beobachten, mußte sie feststellen, daß einige Grundbedingungen nicht erfüllt waren, daß die zur Verwendung gekommene Munition kaum dem Nato-Standard entsprach, daß die Härtetests in Schnee, Kälte und Dreck unvollständig waren und es kurz gefaßt keine genügend schlüssigen Resultate über Zuverlässigkeit und Verwendungsfähigkeit der neuen Pistolenmodelle im Vergleich zu den herkömmlichen M 1911 A1 und S & W M 10 gab. Äußerst fragwürdig blieb auch der ›Pflichtenkatalog‹, der u. a. verlangte, daß jede Waffe die Möglichkeit haben mußte, mit einem Schalldämpfer versehen zu werden, oder daß (trotz Spannabzug) ein Sicherungshebel (möglichst noch beidseitig!) für Daumenbetätigung vorhanden zu sein hatte. Hier hatten offensichtlich einige Bürokraten nicht ihre Hausaufgaben gemacht und völlig übersehen, daß die modernen Pistolen der DA-Klasse durchaus auf einen solchen Sicherungshebel verzichten konnten. Letztlich erlaubte die Vorschrift sogar ein höheres Gesamtgewicht als bei der zu ersetzenden .45-Pistole – obwohl doch ein wesentliches Argument des Neubeschaffungsprogramms das hohe Eigengewicht der M 1911 A1 war!

Völlig außer acht gelassen wurde die Belastung des Logistik- und Instandsetzungsapparates, welche bereits bei der existierenden .45-Waffe mit ihrer geringen Anzahl von Einzelteilen Schwierigkeiten hatte, auftretende Ausfälle termingerecht zu korrigieren. Die zur Einführung in Frage stehende DA-Pistole hätte noch mehr Teile, wäre komplizierter im Aufbau und würde eine wesentlich höhere Herausforderung an die ohnehin (durch das M 16 A1) überlasteten Waffenmeister der einzelnen Einheiten stellen. Hier existiert ein wesentlicher Unterschied zum zivilen oder polizeilichen

Markt: Letztere haben in der Instandsetzungs- und Nachschubfrage kaum Probleme, verglichen mit denen einer Armee-Einheit in der Kampfzone! Militärwaffen sollten unter allen Umständen dem Kiss-Prinzip entsprechen, was ausgeschrieben heißt »Keep it simple, stupid!«. Der Durchschnittssoldat der westlichen Armeen hat weder Interesse, Zeit noch Fähigkeit zum vorsichtigen und pfleglichen, besonders aber fachgerechten Umgang mit seiner Dienstwaffe. Die M 1911 A1 setzt da ein hervorragendes Beispiel an einfachem Aufbau und Zuverlässigkeit in allen Lebens- und Gefechtslagen.

Grundsätzliches zur Diskussion um die Mannstopp-Wirkung von 9 mm und .45 ACP: Es steht außer Zweifel, daß die .45 ACP – besonders mit rasanten Laborierungen – eine hervorragende Aufhaltekraft besitzt und daß die 9 mm Para-Patrone mit einem normalen Vollmantelgeschoß aufgrund der Geschoßform und ihrer höheren Fluggeschwindigkeit zwar sehr durchschlagsstark ist, aber oft nur einen Teil ihrer Auftreffenergie an das Zielobjekt abgibt. Die ballistischen Werte, wie Fluggeschwindigkeit und Auftreffenergie (V_o und E_o, an der Mündung gemessen), haben nur bedingt Aussagekraft über die tatsächliche Wirkung des jeweiligen Geschosses in einem menschlichen Körper. Keine mathematische Formel, kein theoretischer Ansatz oder Versuchsbeschuß auf Medien wie nasser Lehm, Telefonbücher, Kunststoff-Gelee usw. können die Wirklichkeit simulieren. Zu viele Variablen existieren im tatsächlichen Feuergefecht, als daß dies im Laborversuch aussage- und beweiskräftig durchgeführt werden könnte. Selbst der Beschuß von Leichen oder Leichenteile (wie er tatsächlich bei Heeresversuchen in verschiedenen Ländern erfolgt ist) bleibt mangelhaft. Es fehlen der Innendruck des lebenden pulsierenden Körpers und die Nervenreaktionen. Ballistische Werte können nur entfernten Anhalt über die Wirksamkeit von Patronen geben. Auf der Vergleichsskala besitzen drei hier als Beispiel angeführte Pistolen eine sehr ähnliche Auftreffenergie, geschossen mit der jeweiligen VM-Armeemunition des Herstellerlandes (USA, Belgien, UdSSR):

Pistole	Colt M 1911 A1	FN HP M 35	Tokarev TT-33
Kaliber	.45 ACP	9 mm × 19 Para	7,62 mm × 25 P
V_0	253 m/sec	354 m/sec	420 m/sec
E_0	51,5 mkp	51,0 mkp	49 mkp

Von den rein terminalballistischen Werten der Auftreffenergie unterscheiden sich diese drei Patronen kaum: Trotz erheblich unterschiedlicher Geschoßgeschwindigkeit liegt der Eo-Wert im Bereich der 50 mkp-Marke, jedoch wissen wir, daß die Mannstop-Wirkung äußerst verschieden ist – nicht nur zwischen 9 mm Para und .45 ACP, aber auch im Vergleich zur 7,62 + 25 (die mit der 7,63 mm Mauser identisch ist). Gerade die letzte Patronensorte hatte in früheren Zeiten einen sehr gefürchteten Kampfwert. In ihrem Kapitel ›Stopping Power‹ berichten Altmeister Fairbairn und Sykes 1942* von ihren Erfahrungen bei der Stadtpolizei von Shanghai in den zwanziger und dreißiger Jahren, einer Zeit, wo es nicht gerade friedlich in dieser von Europäern und Orientalen bevölkerten Hafenstadt zuging. In einigen Fällen hatten selbst mehrere Torsotreffer mit .45 ACP und .455 Webley nicht den gewünschten Erfolg – auf der anderen Seite wurde ein Mann durch einen Armtreffer aus einer Mauser C 96 sofort außer Gefecht gesetzt (wobei der Arm medizinisch nicht mehr zu retten war). Nach Fairbairn und Sykes genügte es, daß der Verdacht, 7,63 mm-Mauserpistolen wären im Spiel, nur geäußert wurde, um die beteiligten Beamten in hektische Suche nach schußfester Ausrüstung zu treiben.

Die beiden Altmeister des Combatschießens, die mit ihren Erfahrungen die Ausbildung von britischen und amerikanischen Kommandotruppen, von dem CIA-Vorgänger ›Office for Strategic Services‹ und dem FBI beeinflußt hatten, führten die Wirkungsweise der 7,63 mm Mauser auf ihre hohe Geschoßgeschwindigkeit zurück, obwohl sie zur Kategorie der Vollmantelprojektile gehörte – wie 9 mm Para, .45 ACP und .455 Webley. Auch Fairbairn und Sykes aber sahen sich außerstande, endgültig Schlüssiges über die zu garantierende Stoppwirkung verschiedener Patronen auszusagen. Aber auch ihre Versuche zur Energieabgabe von Faustfeuerwaffen und ihrer Geschosse zeigten, daß der ›Schlag‹, den ein auftreffendes Projektil abgibt, gering einzuschätzen ist. Jeder, der einen Treffer auf eine ballistische Schutzweste überstanden hat – und die französische GIGN läßt ihre Beamten ›nur so zur Gewöhnung‹

* in englischer Sprache ist dieses ›Erstwerk‹ aus dem Bereich des Combatschießens, ›Shooting to Live‹ in Neuauflage beim Paladin-Verlag, Boulder, Colorado erschienen.

mit einer Schutzweste versehen beschießen – weiß, daß das Auftreffen selbst einer .45 ACP oder eines .357 Magnum-Teilmantelgeschosses nicht so ungeheuerlich ist, wie man vermuten würde – die Wirkung liegt im Bereich eines mäßig geführten Fauststoßes.

Aus der Physik wissen wir, daß es rein unmöglich für eine Bewegungsenergie ist, sich nur in eine Richtung zu entwickeln – beim Abschuß einer Feuerwaffe entwickelt sich nach hinten (Rückstoß!) die gleiche Energie wie in Geschoßrichtung. Sehr viel mehr Energie, als das was wir beim Schuß in der Hand spüren, kann ein Geschoß nicht besitzen – nur die geringere Auftrefffläche und die Form des Projektils konzentriert die Energieabgabe auf einen Punkt, während er sich durch Waffenform und -griff auf die gesamte Hand aufgliedert.

Die Mannstopwirkung wird neben der Auftreffenergie noch von verschiedenen berechenbaren Faktoren bestimmt, z. B. der Geschoßform und dem Geschoßverhalten (Aufpilzung, Zerlegung, Taumeleffekt) nach Eintritt in den Körper, und von unberechenbaren Variablen wie des Körpergewichts, des nervlichen und körperlichen Zustandes des Getroffenen, seiner Gesamtkonstitution und der genauen Eindringstelle des Geschosses bzw. der Form und Art des Wundkanals. Nach bisherigen medizinischen Aussagen ist eine Auftreffenergie von 14–20 mkp durchaus in der Lage (z. B. als 7,65 mm-Geschoß!), die Kampfunfähigkeit eines Gegners zu erreichen: ein Laborergebnis, welches nur die Theoretiker überzeugen könnte. Hierbei wurde von der Verletzungskraft eines solchen Geschosses ausgegangen – und obwohl niemand bestreiten wird, daß man selbst mit einer 6,35 mm-›Salonpistole‹ jemanden schwer verletzten (sogar töten) kann, würde sich kein Combatschütze mit einer solchen Bewaffnung in eine gefahrenträchtige Situation begeben. Das erwähnte Laborergebnis war eine der Ursachen für die weite Verbreitung von 7,65 mm-Pistolen seit den dreißiger Jahren bei Polizei und Armee in Europa. Jeder Praktiker aber kennt die traurige Wahrheit um diese Patrone und weiß von der strafenden Verachtung, mit dem selbst ein streunender Hund auf ein 7,65 mm-Geschoß ›mittschiffs‹ reagiert. Bei der Auswahl einer gefechtsmäßigen Pistolen- und Maschinenpistolenmunition bleibt die reine Aufhaltekraft nur ein Faktor unter mehreren. Der im Polizei- und Zivilbereich nicht so erwünschte

Durchschlag des Geschosses, für den die 9 mm Para berühmt ist, hat im Infanteriegefecht durchaus sein Gutes: Die 9 mm wird mit Deckungsmaterial wie Türen, Fahrzeugwände und Holz besser fertig als die .45. Der moderne Soldat ist auch anders als der philippinische Moro-Aufständische (dem die .45 ACP ihre Einführung verdanken soll) mit Ausrüstung, Kleidung und oft auch mit ballistischer Schutzweste bedeckt. Auch hier ist die Penetrationsfähigkeit der 9 mm Para erwünscht, während mehrere Praxisbeispiele davon zeugen können, daß ein .45-Geschoß zwar einen enormen Schlag an das Opfer abgegeben hat, jedoch von Tascheninhalten, MPi-Magazinen oder Flakwesten abgelenkt wurde.

Ein Beispiel aus jüngster Zeit: Bei der Festnahme einer Terroristin in Norddeutschland eröffnete die Dame sofort das Feuer mit einer .45 Colt Government. Das erste Geschoß traf einen Streifenpolizisten in die Brust, wurde dort jedoch von dem nach guter schutzmännischer Manier getragenen Bündel von Strafmandatsformularen, Notizbuch und Papieren abgelenkt und in seiner Wirkung gebremst. Der Mann kam mit einigen oberflächlichen Verletzungen und schmerzenden Rippen davon. Sein Kollege, der das Feuer erwiderte, traf mit einem 9 mm-Geschoß den Unterarm der wild um sich Schießenden. Der resultierende Schußbruch der Knochen mit Absplitterungen führte zur sofortigen Kampfunfähigkeit.

Wenn es allein Geschoßgeschwindigkeit wäre, welche die Aufhaltekraft bestimmt, dann läge die .223 (5,56 mm)-Armeepatrone des amerikanischen M 16 A1-Sturmgewehres ganz oben auf der Mannstopskala. Tatsächlich wurden bei Einführung dieser Waffe und ihrer Munition wahre Wunderdinge berichtet, die sich in der Realität jedoch nicht bewahrheiten sollten. Ganz abgesehen von der fragwürdigen ballistischen Leistung der Patrone im Hinblick auf Flugstabilität bei Seitenwind oder Hindernissen in der Flugbahn, war es mit der Schockwirkung der Hochrasanzgeschosse auch nicht weit her. Zwar hatten Laborversuche an Schweinen, Ziegen, Schafen erhebliche Gewebszerstörungen und oft sofort eintretenden Nervenschock ergeben, aber im Gefecht sah es etwas anders aus: Angreifer, die mit mehreren Torsotreffern weiterkämpften, wurden aus Vietnam und Nahost berichtet. Aufschlußreicher als die ›Nachsuche‹ im Gewirr der ballistischen Werte und Daten ist eine Berücksichtigung der Verfassung des Opfers, des Menschen, der von einem oder mehreren Geschossen getroffen wurde. An dieser Stelle sollen keine Empfehlungen gegeben werden, wohin man den Angreifer im Verteidigungsfall zu schießen habe, um maximale Wirkung zu erreichen. Solche Angaben gehören nicht in ein im öffentlichen Handel erhältliches Buch, und der Verfasser ist sich bewußt, daß er mit der Beschreibung des Combatschießens, von Munitionsarten und ähnlichem ohnehin einen sehr prekären Hochseilakt des ethisch und juristisch Vertretbaren unternimmt. Bestimmte Aussagen wird der Leser daher hier vergebens suchen; was bleibt sind allgemeingültige Erklärungen, die einen Denkprozeß anregen und Hintergründe aufklären sollen.

Die Wirkung eines Treffers ist in erster Linie vom psychischen und physischen ›Tatzeit-Zustand‹ des Betroffenen abhängig. Ob ihn ein Geschoß umwirft oder er es ohne erkennbare Wirkung ›schluckt‹, hängt weitaus mehr als bisher berücksichtigt von dem Zusammenwirken geistiger (Erregung, vorbereitene Gemütsverfassung, Konzentration, Angriffswillen etc.) und körperlicher (Muskelanspannung und Durchblutung des Gewebes, Puls, Ein- oder Ausatmungsphase, Gesamtgewicht, Muskel- und Knochenbau, Lokalisation des Treffers und Verlauf des Wundkanals) Faktoren ab. Bildhaft gesprochen: Wer unerwartet beim Zeitungslesen an der Straßenecke von einer 7,65 mm getroffen wird, der ›überschlägt‹ sich eher als ein entschlossener Angreifer, der in eine .357 Magnum hineinläuft.

Daß Geschoßgröße und -gewicht einen Einfluß auf die Mannstop-Wirkung haben, ist unbestritten, aber eine Garantie auf 100% Neutralisation eines Angreifers kann noch nicht einmal das 12 gauge Flintenlaufgeschoß bieten: Das New York City Police Department kann aus seiner Statistik allein fünf Fälle aufbieten, in denen angreifende Täter nach Torso-Treffern durch ›Slugs‹ noch zurückschießen oder flüchten konnten. Auch Hochrasanz-Laborierungen oder Hohlspitzgeschosse bieten nicht diese Gewähr. Genügend Beispiele lassen sich aufzählen, in denen selbst mehrere Treffer mit Stauchgeschossen oder rasanten Jagdpatronen keinen sofortigen ›Eindruck‹ auf einen Angreifer hinterließen. Beim notwehrbedingten Einsatz einer Schußwaffe aber zählen noch andere Faktoren: Werden Unbeteiligte durch Durchschüsse oder Querschläger gefährdet? Hier bieten die Stauchgeschosse und Kegelstumpf-Halbmantel-Pro-

jektile größere Chancen, daß das Geschoß im Körper der Zielperson stecken bleibt, als die militärische VM-Patrone.

Der Käufer einer Verteidigungswaffe ist hierzulande durch gesetzliche Rahmenbedingungen stark in seiner Waffen- und Munitionsauswahl beengt, einige sehr gute Kombinationen von Waffe

und Munition sind für ihn nicht erhältlich. Ganz abgesehen von der möglichen Mannstop-Wirkung einer großkalibrigen Schußwaffe aber bedingen noch andere Faktoren seine Waffenauswahl, die durch sein spezifisches Bedürfnis, seine eigene Konstitution, Schießkünste etc. gebildet werden. Von diesen Faktoren soll im nachfolgenden die Rede sein.

Die Waffenauswahl: Pistole oder Revolver?

Die Frage nach den Vor- und Nachteilen der beiden Waffentypen ist uralt, der Streit, welcher Waffe der Vorzug gegeben werden sollte, gehört zu den liebsten Themen in der Waffenliteratur und den entsprechenden Zeitschriften. Eine schlüssige Antwort, wirklich überzeugende Argumente konnten bisher noch nicht erbracht werden. Je nach individueller Eigenart ist dem einen Schützen der Revolver, dem anderen die Selbstladepistole lieber. Eine einleitende Ge-

genüberstellung der wesentlichen Eigenschaften ist bereits in dem ersten Buch des Verfassers über Combatschießen* erfolgt, nachstehend nun eine Art Checkliste über die wesentlichen Faktoren beider Typen in der Gegenüberstellung.

---

* Jan Boger: *Combatschießen, Combatwaffen, Combattaktik*, Motorbuchverlag Stuttgart 1977.

	Revolver	Pistole
Mechanismus:	manuell über Fingerdruck, munitionsunabhängig, störunanfällig bei Versagern	Selbstladewaffe, mechanisch, durch Rückstoßausnutzung, munitionsabhängig im Rahmen der Gasdruckwerte
Magazinkapazität:	5–6 Patronen	6–15, in Einzelfällen mehr Patronen
Funktion:	Spannabzug	versch. Ausführungen, SA und DA
Schwerpunkt:	vor oder oberhalb des Abzugs	oberhalb bzw. hinter dem Abzug (Magazin!)
Griff:	beliebige Formen, breite Variationsmöglichkeiten	Variationsmöglichkeiten nur innerhalb des Bereichs von Griffschalen, Form abhängig durch Magazin im Griffstück
Sicherungen:	keine (mit Ausnahmen)	Griffstück, Abzugs-, Hammer- und Schlagbolzensicherungen, oft kombiniert. Einige Modelle mit Blockierung bei Entnahme des Magazins (-sicherung). Entspannvorrichtung statt Sicherung bei neueren Modellen
Nachladen:	problematisch, versch. Ladehilfen wie Streifen, Speedloader	über Reservemagazin, sehr schnell
Form:	Revolver durch Trommel oft breiter als Selbstladepistole	sehr gute Trageeigenschaften besonders bei Innenbundholster durch flache Form

»Here is looking at ya', babe!« – Die psychologische Wirkung eines Revolvers kann durch den Anblick der Trommelbohrungen mit der geladenen Munition (hier ein Bleiflachkopf-Halbmantel und Hohlspitzgeschosse) noch verstärkt werden – wie bei diesem .357 Combat Magnum mit 2½-Zoll-Lauf, der auch in einer großen Hand nicht klein wirkt.

In der Hand des gleichen Schützen ein .38 Spl. Snubnose von S & W (Modell No. 36 Chiefs Special), der wie ein Spielzeug wirkt. Die Drohwirkung eines solchen Taschenrevolvers bleibt äußerst fraglich, dessen muß sich der Träger beim ›Ansprechen‹ (Waffendrohung) eines Angreifers bewußt sein.

Beide Waffentypen sind auf ihre Art anfällig gegen Verschmutzung und können bei Hülsenaufstauchung und -riß, bei ausgeblasenen Zündhütchen usw. Ladehemmungen erfahren. Die Behauptung, daß der Revolver gegen Verschmutzung von außen unempfindlicher als die Pistole ist, hat sich bei Sand- und Schlammtests nicht bewiesen. Kleinste Fremdkörper, die zwischen Trommel und Rahmen eingedrungen sind, können den Revolver außer Gefecht setzen. Im Vergleich dazu sind die modernen Selbstladepistolen durch ihre Außenform und wenigen Öffnungen besser als ihr Ruf, der noch durch die Erfahrungen mit der Pistole 08 und ähnlichen frühen Modellen geprägt war. Die Pistole kann die größere Feuerkraft und schnellere Schußfolge aufweisen. Bei den Combatwettkämpfen tritt daher der überwiegende Teil der Teilnehmer mit Selbstladewaffen an. Besonders die vorgespannte Pistole hat gegenüber dem Revolver erhebliche Vorteile.

Es bleibt umstritten, ob der Revolver tatsächlich bediensicherer als die Selbstladepistole ist – genügend Unfälle sind mit beiden Waffentypen erfolgt. Allem Anschein nach aber haben es Anfänger leichter, mit dem Revolver umzugehen

und in der fehlerfreien Bedienung wie treffsicherem Schießen unter Schießstandbedingungen erfolgreich zu sein. Trotzdem ist auch in der Bundesrepublik der Trend zur Selbstladepistole unter den Combatschützen zu spüren. In den USA, wo die Mehrzahl der Polizeibeamten mit Revolvern ausgestattet ist, erfolgte in den letzten fünf Jahren ein merklicher Wechsel zur ›Automatic‹. Neue Munitionssorten und weite Verbreitung von Spannabzugsmodellen haben diese Entwicklung beeinflußt. Dazu kommt, daß sowohl die Patrone 9 mm Parabellum wie die .45 ACP in bezug auf Leistung und Beherrschbarkeit beim Abschuß gute Kompromisse darstellen: Von der Lautstärke und vom Rückstoß her liegen sie unter der .357 Magnum und nur wenig über der .38 Spl. Die geringere Aufhaltekraft der 9 mm wird in den Augen vieler Polizisten durch die höhere Magazinkapazität ausgeglichen, während die .45 ACP in den Vereinigten Staaten immer noch der Gegenstand vieler Mannstop-Legenden ist. Wie das vorstehende Kapitel zeigt, hat dort die Kontroverse um die Kaliber .45 und 9 mm Parabellum ähnlich starke Schlagzeilen verursacht wie hierzulande der ›Religionsstreit‹ zwischen Revolver-

Auch die Drohwirkung einer Pistole ist nicht zu verachten, besonders, wenn es sich um die .45 ACP Colt Mk IV handelt! Entscheidend bei der Waffendrohung ist aber das entschlossene Auftreten des Trägers.

Persönliches Testverfahren, um die passende Waffe zur Selbstverteidigung zu finden: Aus 7,5 m je eine Doublette auf zwei Mannscheiben in schnellstmöglicher Zeit abgeben. Bei diesem Verfahren bekommt man sehr schnell das richtige Gefühl, ob Waffe, Kaliber und Griff ›stimmen‹. Hier eine HK P9S, 9 mm Para bei der ersten Doublette: Während die erste Hülse noch über der Waffe in der Luft fliegt, hat der Schütze die Pistole zur Abgabe des zweiten Schusses ausgerichtet.

Kriterium Nr. 1:
Der Träger und Schütze – sein Bedürfnis

Erstes und wichtigstes Element zur Waffenauswahl ist das Bedürfnis des zukünftigen Benutzers der Schußwaffe. Unter Bedürfnis soll hierbei nicht das von Genehmigungsbehörde überstrapazierte nachweispflichtige ›Bedürfnis zum Führen einer Faustfeuerwaffe‹ verstanden sein, sondern Situation, Umstände und Verwendungszweck, welche die Auswahl der Faustfeuerwaffe bestimmen *sollten*. Es heißt hier ›sollten‹, weil bewußt oder unbewußt oft ganz andere Faktoren den Käufer einer Verteidigungswaffe beeinflussen. Neben den Eindrücken aus Film und Fernsehen, aus Waffenzeitschriften und dem mehr oder weniger sachkundigen Rat des Verkäufers wird der zukünftige Schußwaffenbesitzer oft durch seine Mentalität, Stammtischgeschwafel im Schützen- oder Jagdverein oder durch reine Äußerlichkeiten der Waffe zum Kauf eines Modells, eines Typs oder einer Kalibergröße gebracht, welche überhaupt nicht seinem tatsächlichen Bedürfnis entspricht.

Ein Beispiel: Im Besitz des Autors befindet sich ein wunderschöner ›Highway Patrol‹, der gebraucht, aber in fast fabrikneuem Zustand erworben wurde. Der Erstbesitzer gehörte zur Klasse jener Waffenliebhaber, die nach dem Motto »je größer, desto bum!« eine möglichst große, bullige Waffe mit Magnum-Kaliber zu ihren Schätzen zählen wollen. Egal, was gebraucht wird, Hauptsache M-A-G-N-U-M muß es sein! Und da das Modell 19 oder 66 von Smith & Wesson noch viel zu sehr nach einer .38er aussieht, mußte es unbedingt das Modell 28 ›Highway Patrolman‹ sein, mit N-Rahmen und vier Zoll langem Lauf, denn erst der sieht richtig nach M-A-G-N-U-M aus! Folgerichtig machte der Revolver auch seine Runde. Am Stammtisch, im Verein und in Jägerkreisen, bei Freunden und auf Parties wurde er herumgereicht und gebührend bestaunt. Der Erstbesitzer sonnte sich in der Bewunderung, die seiner Waffe gezollt wurde, und wurde nicht müde, sie jedem zu zeigen und mit ehrfurchtheischender Stimme darauf hinzuweisen, daß es sich um einen ›Magnumrevolver‹ handelt. Jedoch: Auf der Jagd erwies sich das gute Stück bald als zu schwer und klobig für unseren stolzen Besitzer und auf dem Schießstand sah man unseren Mann nach dem ersten Tag

und Pistolenanhängern. Nach allem vorhergehendem – welche Waffe und Munition sollten Sie benützen?

Waffentyp:
Revolver/Pistole – Die Waffe und das Modell, das Sie problemlos beherrschen und mit dem Sie die besten Trefferergebnisse bei der Abgabe zweier schnell aufeinanderfolgender Doubletten erbringen können. Zu welcher Waffe haben Sie das meiste Vertrauen?

Größe/Lauflänge:
Entsprechend Ihres Bedürfnisses und ihrer tagtäglichen Situation, ›wieviel

Waffe‹ (Ausmaße – Gewicht) können Sie physisch am Körper tragen, verdeckt führen, ohne aufzufallen und sich in Ihrem körperlichem Empfinden einzuschränken? Wieviel Waffe sind Sie bereit, tagtäglich mitzuführen?

Kaliber:
Da Mannstop-Wirkung sehr viel mit der Größe des Geschosses und seiner Auftreffgeschwindigkeit zu tun hat – das größtmögliche Kaliber und diejenige Laborierung, die Sie uneingeschränkt beherrschen und mit dem Sie die besten Trefferergebnisse erbringen.

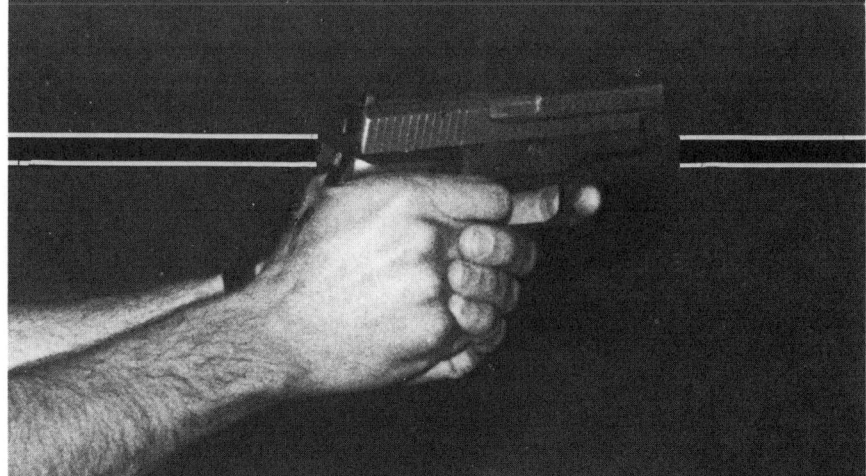

Rückstoßverhalten der P 6 mit 9 mm Para Geco VM: Die Linie zeigt, wie die Waffe durch den Rückstoß aus der Zielgeraden gehoben wird.

17

Rückstoß ist ein Element des Schießens, der nicht nur durch Kalibergröße oder Laborierung bestimmt wird, sondern auch vom Waffengewicht, von der Lauflänge und der Schwerpunktlage der Faustfeuerwaffe abhängig ist. Wie er vom Schützen wahrgenommen wird, hängt von der Griffform und der Handgröße, von der Festigkeit des Zugriffs und letztlich von der Anschlagsart des Schützen ab. Hier ein .44 Magnum Ruger Blackhawk in der ersten und letzten Phase des Rückstoßes. Typisch das ›roll back‹-Verhalten des SA-Revolvers, dessen Griff ein Rollen in der Hand erlaubt. Bei diesem einhändigen Zielanschlag fängt der Schütze den Rückstoß der Waffe nicht nur im Handgelenk, sondern auch im Ellbogen auf. Um den Schlag zu absorbieren, wird der Unterarm nicht ›verriegelt‹, sondern so locker gehalten, daß er abknicken kann.

kaum noch – Lautstärke und Rückstoß waren eben Magnum-mäßig. Die Waffe wechselte schließlich ihren Besitzer, gemeinsam mit einer angebrochenen Munitionsschachtel, die unser ›Magnumliebhaber‹ zusammen mit der Waffe erworben hatte.

Hier soll nun nicht gegen die Besitzer von Magnum-Waffen gewettert werden – die .357 (oder .44er) Patrone ist eine herrliche, Mannstop-wirksame Munition mit großen Variationsmöglichkeiten. Sie wird nicht umsonst von vielen Polizeibeamten und Sicherheitsleuten – auch in der Bundesrepublik! – als Verteidigungsmittel bevorzugt. Zur Jagd, als Allroundwaffe in einem landwirtschaftlichen Gelände, als Verteidigungsmittel für die Autobahnpolizei – die Anwendungsbreite der .357, .41 und .44 Magnum öffnet viele Alternativen, besonders unter Berücksichtigung unterschiedlicher Geschoßformen und Munitionslaborierungen. Aber nicht wenige Magnum-Träger kennen diese Variationsmöglichkeiten kaum, bestücken ihre Waffen mit Standardmunition und haben große Schwierigkeiten, mit Rückstoß, Knall und Mündungsblitz klarzukommen. Andere besitzen zwar einen solchen Revolver, doch sind die Chancen, daß er seinen Besitzer wirklich schützt, gleich Null: Weil die Waffe zu schwer ist, ruht das gute Stück in der Schreibtischschublade, im Safe oder sonstwo, nur getragen wird sie nicht. Warum sollte man auch einen .357 Highway Patrolmen mit sich führen, wenn man den ganzen Tag in Bürogebäuden hockt und selbst der Wagen in der Tiefgarage parkt. Käme es tatsächlich zu einem Schußwaffeneinsatz, so entständen dem Schützen große Probleme: Er müßte die Durchschlagskraft der Patrone berücksichtigen, die Unbeteiligte in angrenzenden Räumen gefährdet. Der Knall würde – vielleicht mit permanenter Gehörschädigung – weit über der Schmerzgrenze liegen, der Mündungsblitz kurzfristig blenden. Und wo sollte diese Waffe geführt werden – unter dem Anzug?

Ähnlich verhält es sich mit Pistolen: Wenn schon die bundesdeutsche Polizei *alle* Beamten – ob Schutz- oder Kriminalpolizei, ob weibliche oder männliche Angehörige – mit *einem* Waffentyp ausrüstet, muß der zivile Waffenträger nicht unbedingt diesem Trend folgen. Man muß nicht unbedingt mit einer .45 Colt Gold Cup unter dem Jackett herumlaufen, um den Umständen entsprechend adäquat bewaffnet zu sein. Weniger ist oft mehr – und besonders im urbanen Arbeitsbereich von Schußwaffenträgern, die ihre Pistole verdeckt führen müssen, ist es fragwürdig, ob dazu unbedingt ein klobiges Modell von der Art der Sig Sauer 220 (bzw. Folgemodelle) herangezogen werden muß. Vor wenigen Jahren wäre ein Rückgriff auf ›Taschenpistolen‹ ein Rückschritt zu solchen ›Heeresanklopfgeräten‹ wie die Walther 7,65 mm PPK gewesen. Heute existiert eine breite Palette europäischer und amerikanischer Pistolen, die leistungsstarke Kaliber mit geringen Ausmaßen verbinden. Es scheint, als ob der europäische Markt in dieser Richtung sogar dem amerikanischen um einige Schritte voraus ist. Erst in den letzten Jahren begann man in den USA, den Trend zu kleineren ›hide-out‹- und ›back-up‹-Pistolen einzuschlagen, wobei man sich u. a. an den bewährten europäischen Mustern orientierte. Allerdings ging man den Umweg über ›customized‹ Combat-Gesundschrumpfungen existierender .45 Colt- und 9 mm Smith & Wesson-Pistolen. Hierzulande kann ein Käufer unter einer breiten Palette von kleindimensionierten Serienwaffen spanischer, italienischer und deutscher Firmen wählen, die auch nach Amerika exportiert werden und dort einen kräftigen Markteinbruch erreicht haben.

Für das normale alltägliche Führen einer Verteidigungspistole im Stadtbereich in Zivil sind die normalen Waffenausführungen der 9 mm Para- und .45 ACP-Klasse in der Regel zu groß und zu schwer. Nur ein begrenzter Kreis von Personen kann eine .45 Colt Mark IV, eine FN High Power oder gar die neue Steyr GB dergestalt unter dem Jackett verstauen, daß sie nicht auffällt. Alle diese Waffen sind als militärische oder paramilitärische Dienstpistolen ausgelegt und damit als Holsterwaffe zum offenen Tragen entworfen worden. Sie verdeckt zu tragen hieße einen Kompromiß eingehen – der zwar erträglich ist, aber nicht sein muß, wenn man sich von Anfang an seines Bedürfnisses bewußt ist.

Der Aspekt der wachsenden terroristischen Bedrohung hat die deutsche Polizei (und mit ihr die Sicherheitsorgane anderer Staaten) dazu bewogen, sich für eine großkalibrige, leistungsstarke und entsprechend widerstandsfähig dimensionierte Pistole zu entscheiden. Das heißt aber nicht, daß ein Geschäftsmann, der eine Faustfeuerwaffe zu seinem eigenen Schutz sucht, sich nun gleichfalls entsprechend ›nachrüsten‹ muß. Ein Streifenpolizist kann sich

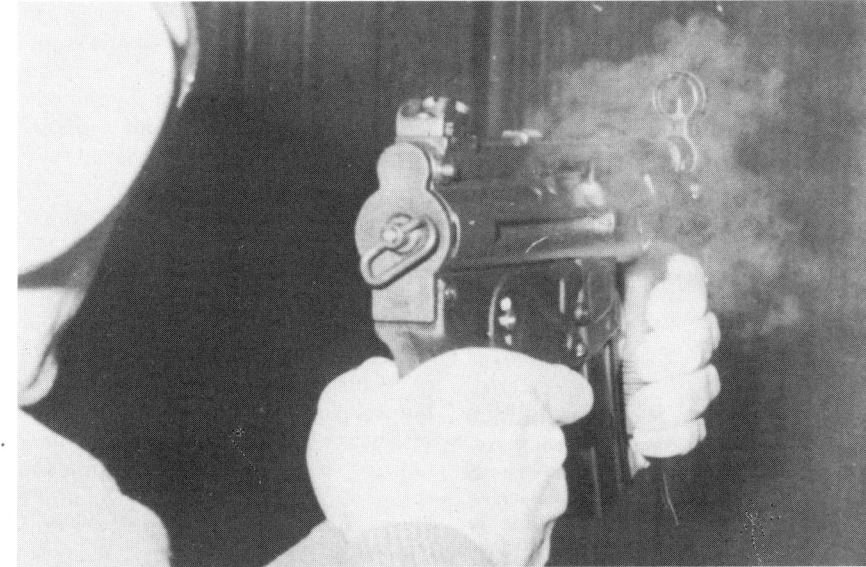

Eine selbstladende Waffe – hier als Beispiel die HK MPi 5 kurz im Einzelfeuer-Zielschuß – absorbiert einen Teil des Rückstoßes durch den dadurch ausgelösten mechanischen Vorgang der Entriegelung und des Verschlußrücklaufes. Mit MPi 5k ist eine einsatz- und bedürfnisorientierte Serienentwicklung für Spezialeinheiten und konspirative Einsätze. Sie ist eine Maschinen-Pistole im eigentlichen Sinne – eine Faustfeuerwaffe für den beidhändigen Anschlag ohne Schulterstütze und nur für Nahkampfentfernungen geeignet. Sie wird in einer Art Schulterholster-Vorrichtung geführt.

plötzlich einem mit einer Maschinenwaffe ausgerüsteten Bankräuber gegenübersehen, er muß vielleicht auch noch einem fliehenden Straftäter auf 25 m und mehr den ›fluchthindernden Zielschuß auf die Beine‹ nachsenden. Ein privater

Schußwaffenträger aber wird sich kaum einer solchen Bedrohung gegenübersehen – und im Fall eines oder mehrerer Mpi-bewehrter Übeltäter wäre er schlecht beraten, sich auf ein Feuergefecht einzulassen. Der zivile Schußwaf-

Eine der hartnäckigsten Legenden ist die von der .357 Magnum-Waffe, die ›nichts für Frauen ist‹. Mit der richtigen Ausbildung können Menschen beiderlei Geschlechts und aller Größen an die Benutzung von Magnumrevolvern oder .45er-Pistolen herangeführt werden. Die meisten verlieren nach etwas Training auch Rückstoß- und Schußängste. Mitunter aber fühlen sie sich mit kleineren Kalibern als Selbstverteidigungswaffe wohler, weil sie mit ihnen eher in der Lage sind, schnell nacheinander sichere Treffer zu erbringen.

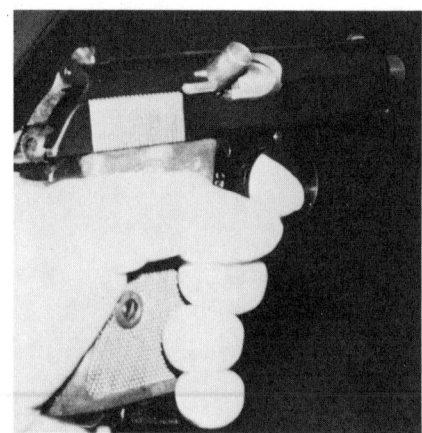

Eine typische Ladehemmung bei Pistolen, das ›Ofenrohr‹ (engl. Stovepipe), entsteht durch ungenügendes Auswerfen der leeren Hülse. Fehlerquellen: Defekte Auszieher-Kralle, ungenügende Laborierung, Verschmutzung der Waffe und daher Störung des Verschlußrücklaufes usw. Der Pistolenschütze muß diese Störungen kennen, eine Ladehemmung fast instiktiv und ohne Zeitverlust beheben können – auch das muß geübt werden!

fenträger sollte jeden Gedanken, einem fliehenden Angreifer hinterherzuschießen, schleunigst vergessen – anders als der Polizeibeamte, zu dessen Arbeitsaufgaben die ›allgemeine Gefahrenabwehr‹ gehört, hat der Normalbürger weder Aufgabe noch Verpflichtung, einem Straftäter unter allen Umständen das Handwerk zu legen. ›Unter allen Umständen‹ heißt in unserem Fall der Schußwaffengebrauch zu einem Zeitpunkt, da der Notwehrfall nicht mehr besteht! Ein Schuß – selbst auf die Beine – eines fliehenden Angreifers wird in den meisten Fällen zu schweren juristischen Folgen für den Waffenscheininhaber führen, von ›erweiterter Notwehr‹ kann hier kaum noch die Rede sein – ganz zu schweigen von der möglichen Gefährdung unbeteiligter Passanten.

Also ist einem potentiellen Käufer in vieler Hinsicht mit einer kleineren, leicht zu verdeckenden und wenig belastenden Seitenwaffe mehr gedient als mit einer voll ausgewachsenen ›Zimmerflak‹. Natürlich: Ein Jäger, ein Grundbesitzer, jemand, der den Rest seiner Tage in Namibia, Israel oder Kanada fristen will, hat andere Bedürfnisse und muß sich nach entsprechenden Kriterien richten. Der Combatschütze, der an Wochenenden auf dem Stand, im Verein und mit Freunden übt, wird selten mit einer kleineren Verteidigungswaffe zufrieden sein. Sein Bedürfnis nach ›Mannstop-Wirkung‹ und allseitiger

Einsatzfähigkeit ist so weit ausgeprägt, daß er mindestens eine ›Gebrauchspistole/(-revolver)‹ führen will, wenn er nicht den nächsten Schritt unternimmt und verschiedene Waffen für verschiedene Anlässe hat: Die Ganzstahlwaffe im .45 Kaliber von Colt zum Üben auf dem Schießstand und das Commander-Modell mit Leichtmetall-Griffstück zum täglichen Führen, um nur ein Beispiel zu nennen. Oder: Die Steyr GB, die Brünner M 75 als Holsterwaffen zum Einsatz ›draußen‹ und eine Beretta M 84 für den Smoking... Den Variationsmöglichkeiten sind keine Grenzen gesetzt; sie können verschiedene Munitionssorten und Waffentypen umspannen. Ein Vier-Zöller .357 Magnum als Dienstwaffe und einen Zwei-Zoll ›Snubnose‹.38er als ›off-duty‹-Waffe ist die Wahl der Mehrzahl der amerikanischen Polizeibeamten. Diese Kombination hat Sinn. Wer nicht wirklich *viel* übt (d. h. wöchentlich!), der sollte bei der Zusammenstellung seiner Verteidigungsbatterie auf eine gewisse Gleichförmigkeit der Waffentypen achten, so daß es im sprichwörtlichen Eifer des Gefechts zu keinen Fehlreaktionen in der Bedienung kommt. Es wäre Unsinn, mit einer DA-Pistole zu üben und als Zweitwaffe eine normale SA-Waffe zu führen, das ›Umsteigen‹ von einem Waffentyp auf den anderen, das auf dem Schießstand unter ruhigen Bedingungen so einfach erscheint, kann unter Streß zu schwerwiegenden Fehlern führen.

Kriterium Nr. 2: Die Munition

Die Auswahl der neuen deutschen Polizeipistole war von Anfang an mit einem grundsätzlichen Fehler behaftet. In den Überlegungen zum Pflichtenheft wurde Munition und Waffe getrennt. Man wollte eine neue Dienstpistole mit mehr Mannstop-Wirkung und größerer Bediensicherheit als die herkömmlichen Waffen und blieb bei der 9 mm Parabellum-Vollmantel! Während zwar die Walther PPK und ihre 7,65 mm-Patrone zu Recht verrissen und verschmäht wurde, schien sich behördlicherseits niemand in der Lage zu sehen und das heiße Eisen anzufassen. Was in der Bundesrepublik in erster Linie gebraucht wurde, war eine neue Patrone für die 9 mm Para-Waffen! In der Entwicklung und für Testversuche standen hervorragende Stauchgeschosse zur Verfügung,

aber Polizeiführung, Gewerkschaft und Politiker schlichen um dieses Thema herum wie die Katze um den heißen Brei. Man fürchtete den ›Dum-Dum-Aufschrei‹ der ›liberalen‹ und ›linken‹ Presse und riskierte lieber einige Unbeteiligte, die durch Querschläger oder Durchschüsse der Vollmantelgeschosse getötet werden könnten, als sich einer vermeintlich kritischen Öffentlichkeit zu stellen. So kam, was kommen mußte. Die deutschen Polizeien erhielten nach einem Millionenspektakel von Ausschreibung, Tests und Neubewaffnung ›neue‹ Dienstwaffen, aber die alte 9 mm-Munition blieb. Was hatte sich nun groß geändert? Nun gut, die Kripo verlor ihre liebgewordenen ›Waltherchen‹, die P 1 verschwanden aus dem Vollzugsdienst – sehr zum Aufatmen der Waffenwarte, die mit den anfälligen Leichtmetallgriffstücken ihren Ärgen gehabt hatten. Aber wirklich grundlegend geändert hatte sich nichts: Die durchschlagsstarke Vollmantelmunition ist weiterhin die allein zu verwendende Patronenart. Statt einem ›mehr‹ an Sicherheit für Bürger und Polizei waren einige kosmetische Änderungen erfolgt, der ›Klimbim‹*-Forderung nach einheitlicher Polizeibewaffnung war Genüge getan.

Bei der Auswahl der Faustfeuerwaffe für die persönliche Selbstverteidigung sollte Munition und Waffe stets als Einheit betrachtet werden. Die später zur Verwendung kommende Munition wird genauso vom Bedürfnis des Käufers bestimmt wie Typ und Form der Waffe. Welchen Sinn hätte es, sich einen .357 Magnum-Revolver zuzulegen, wenn man aufgrund von äußeren Bedingungen nur .38 Special-Munition verwenden wird (weil z. B. die größere Penetration der Magnum-Patrone oder ihr Geschoßknall eine Verwendung innerhalb von Gebäuden verbietet)? Viele Combatschützen, die sich zugunsten eines .38 Spec. ›Snubnose‹-Revolvers entscheiden und die Nase über Taschenpistolen der 7,65 und 9 mm kurz-Klasse rümpfen, würden sich wundern, wenn sie einen Vergleich der außenballistischen Werte unternähmen – rein im Sinne von Anfangsgeschwindigkeit und Auftreffenergie braucht die 9 mm kurz keinen Vergleich zu scheuen! Angesichts des gewaltigen Knalls und des Mündungsfeuers beim kurzläufigen 38er Revolver fällt es manchem schwer

---

* Klimbim – Konferenz der Länder-Innenminister und des Bundesinnenministeriums.

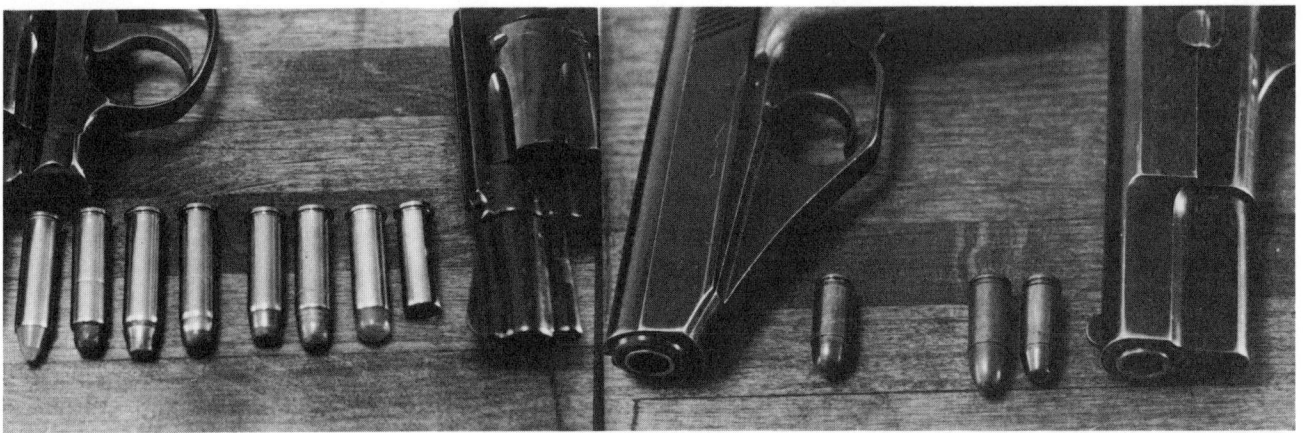

Waffen und Munition – hier eine Auswahl, v. l. n. r.: FN High Power 9 mm Parabellum mit Super Vel Hohlspitz und Vollmantel, Mauser HSC, 9 mm kurz VM, Chiefs Special mit .38 Spl. Hydra-Shok, .38 Spl. Bleirundkopf-Nyclad, Bleirundkopf, Halbmantel-Hohlspitz – daneben der Combat-Magnum mit .357 Magn. Halbmantel-Flachkopf, Vollblei-Flachkopf, Blei-Rundkopf und KTW-panzerbrechendes Teflon-beschichtetes Stahlspitzgeschoß. Der .357 Magnum-Revolver kann alle .38 Spl. Laborierungen verschießen.

zu glauben, daß im Einsatz Erwartungen nicht erfüllt werden. So kam es mehrmals vor, daß 38er Bleigeschosse sich an der Frontscheibe eines PKW zwar plattdrückten, aber diese nicht durchschlugen und abprallten! Auch um die Mannstop-Wirkung ist es bei diesem Kaliber nicht so gut bestellt, wie es uns Film und Fernsehen weismachen wollen. Der kurze Zwei-Zoll-Lauf bringt einen erheblichen Energieverlust mit sich, und nach der Betrachtung der untenstehenden realen Werte erscheint uns zumindest die 9 mm kurz-Patrone in einem ganz neuen Licht:

Patrone und Waffe bilden eine Einheit, theoretische Werte und Labortests mit speziellen Läufen sind wenig aussagefähig. Auch die oben angegebenen außenballistischen Werte geben noch keinen Aufschluß über die Aufhaltekraft der jeweiligen ›Verteidigungseinheit‹ von Waffe und Munition. Die *terminalballistischen* Ergebnisse werden durch Geschoßform, -gewicht, Verformung, Auftreffwinkel etc. bestimmt. Hier bieten die Revolver wieder größere Anwendungsmöglichkeiten verschiedener Geschoßarten und Laborierungen. Aber nützen wir diese auch aus?

In letzter Zeit hat sich einiges auf dem Munitionssektor ereignet: Die schwachen .38 Special wurden durch neue Laborierungen und Geschoßformen aufgewertet. Nach der ›+P‹ und ›+P plus‹ ist Norma mit einer neuen ›.38 Special Magnum‹-Patrone 1980 auf den Markt getreten, die aus einem vier Zoll langen Lauf auf gute 375 m/sec Vo und rund 50 mkp Eo kommt. Damit bewegt sich diese Patrone in der Nachbarschaft von .357 Magnum- und 9 mm Para-Werten und ist in Verbindung mit einem 110 grain (7,1 gr)-Geschoß ein ernstzunehmender Mannstoper. Bei aller Energie entwickelt diese Patrone aber weniger Gasdruck innerhalb der Hülse als die .38 +P-Munition, die für einige leichtgebaute Taschenrevolver auf die Dauer unverdaulich ist. Das Geheimnis liegt in der Entwicklung neuer Pulverprofile. Auch bei den Pistolen ergeben sich neue Möglichkeiten. Vor einigen Jahren waren automatische Waffen und Vollmantelmunition untrennbar miteinander verbunden. Zwar wurde viel mit Hohlspitzgeschossen experimentiert, aber nicht jede Pistole ›verdaute‹ solche Geschosse auch. Immer wieder traten Ladehemmungen auf, weil die Zuführung der stumpfen Patronenspitzen an der Rampe Schiffbruch erlitt. Wer reibungslos ›hollow point‹-Patronen verschießen wollte, sah sich gezwungen, die Rampe von einem Büchsenmacher polieren zu lassen – und selbst dann haperte es mitunter. Aber besonders im 9 mm Parabellum-Sektor wurden immer mehr Mannstop-wirksame Geschoßformen entwickelt, um die Nachteile der militärischen Vollmantel-Munition auszugleichen. Während die herkömmlichen

Waffe/Lauflänge:			S & W M 15 / 4 Zoll (V₀/E₀)		Colt Detective / 2 Zoll	
Winch. .38 Spl.	148 grains WC		218 m/sec	22,7 mkp	207 m/sec	20,9 mkp
Winch. .38 + P	95 grains ST		366 m/sec	32,2 mkp	282 m/sec	25,1 mkp
Rem. .38 + P	125 grains JHP		305 m/sec	38,4 mkp	272 m/sec	30,4 mkp
Beretta M 84 / 9,4 cm			V₀		E₀	
Winch. 9 mm kurz	95 grains FMJ		281 m/sec		24,8 mkp	
Winch. 9 mm kurz	85 grains ST		308 m/sec		26,5 mkp	
Rem. 9 mm kurz	88 grains JHP		300 m/sec		26,1 mkp	
Walther PP 9,65 cm			V₀		E₀	
Geco 7,65 mm	73 grains VM		314 m/sec		23,3 mkp	
Winch. 7,65 mm	60 grains ST		285 m/sec		16,3 mkp	
Rem. 7,65 mm	71 grains VM		278 m/sec		18,3 mkp	
HK PSP 10,4 cm			V₀		E₀	
Winch. 9 mm Para	115 grains ST		339 m/sec		43,4 mkp	
Rem. 9 mm Para	115 grains JHP		319 m/sec		39,0 mkp	

Anmerkungen:
VM – Vollmantel
JHP – Jacketed Hollow Point

WC – Wadcutter
ST – Silvertip
FMJ – Full Metal Jacket

Die Winchester-Western ›Silvertip‹-Munition, hier im Kaliber 9 mm Para, die zusammen mit der hohen Magazinkapazität bestimmter 9 mm-Waffen (Beispiel: doppelreihiges S & W M 59-Magazin) der vielgeschmähten Parabellum-Pistole eine neue Bedeutung gegeben hat.

Die .44 Magnum gilt als sicherster Mannstopper, aber auch als schwer zu kontrollierende Hochleistungspatrone für die Jagd mit Faustfeuerwaffen. – Eine Auswahl von Patronen, v. l.: 240 grain Teilmantel-Stumpfkegelgeschoß, 240 grain Soft-Point-TM, 240 grain TM-Hohlspitz, 260 grain Semi-Wadcutter, 240 grain Blei-Hohlspitz.

Hohlspitzgeschosse aufgrund der mittleren und langsamen Geschoßgeschwindigkeiten der Pistolenpatronen sich im Zielmedium zu wenig oder überhaupt nicht aufpilzten, haben neue Entwicklungen hier bahnbrechende Erfolge erzielt. Auf dem amerikanischen Markt haben sich die leichten Winchester ›Silvertip‹-Projektile bewährt. Der neue Alu-Mantel hält zwar das Blei des Geschosses zusammen, sorgt aber für eine (un-)gesunde Aufstauchung beim Eintritt in das Ziel – selbst im Kaliber .45 ACP! Für Heeresanklopfgeräte wie die 7,65 mm oder für die etwas stärkere 9 mm kurz eröffnen sich bei der Verwendung von Hollow Point, besonders der Silvertip-Munition ernsthafte Anwendungsbereiche im zivilen Verteidigungsbereich. Für die 9 mm Para-Pistole ist der Durchbruch spätestens seit der Serienherstellung der neuen ›polizeispezifischen‹ Patronen erfolgt.

Diese Munition ist ursprünglich in der Bundesrepublik entwickelt worden, um parallel zur neuen Polizeipistole bei der Behörde eingeführt zu werden – bis jemand bei der Polizeiführung bzw. in den Ministerien kalte Füße bekam und das Projekt einschlafen ließ. Es handelt sich dabei um zwei zur Serienreife gediehene und sowohl im Labor wie im Dienstbereich getestete und bewährte Konzepte. Der Verfasser weiß von einem Ernstfall, bei dem sich diese neue Munition bereits als hervorragend erwiesen hat. Sowohl Dynamit Nobel (Geco) wie auch das Metallwerk Eisenhütte GmbH Nassau (MEN) haben 9 mm Para-Hohlspitz-Patronen entworfen, deren problemfreie Zuführung durch eine die Geschoßspitze abdecken-

de Plastikkappe gewährleistet ist. Die Patronen sind daher für Selbstladepistolen wie auch für Maschinenpistolen geeignet. Die Geschoßformen garantieren ein kontrolliertes Aufpilzen im Ziel und vermindern so Durchschlags- und Querschlägergefahr, geben aber eine möglichst große Auftreffenergie an das Ziel ab und erreichen große Schockwirkungen. Gecos ›Action‹-Munition (auch als ›Blitz-Action-Trauma‹ bekannt) hat mittlerweile in den USA einen verdienten Siegeszug angetreten und wird dort vom FBI, verschiedenen Polizeien und

Spezialeinheiten, von Sicherheitsbehörden und den Kommandotruppen der Streitkräfte getestet. In der Bundesrepublik hört man von Gecos-Munition wie von den MEN-Deformationsgeschossen kaum etwas – in der Behörde gilt das Thema als ›begraben‹.

Einen anderen Weg zur Erhöhung der Mannstop-Wirkung geht man in Frankreich und den USA: Die französische ›Arcane‹-Munition basiert auf einem kupfergedrehten Geschoß, dessen Gewicht knapp die Hälfte eines normalen Vollmantel-Bleikerngeschosses beträgt.

Schrotpatronen für .38 Spl. und .357 Magnum-Waffen ermöglichen den Faustfeuereinsatz gegen Tiere (ursprünglich gegen Schlangen gedacht) ohne große Gefährdung durch Querschläger. Sie sind bei Schußwaffenträger in ländlichen Regionen sehr gefragt.

Auch die Auswahl bei Pistolenpatronen hat sich erheblich erweitert – wenn man die gesetzlichen Möglichkeiten hätte; v. l. n. r.: Britische Armeemunition RG 57/2Z VM, israel. VM-Leuchtspur (Kz. rot, nur für MPi), isr. 9 mm Para für Pistole (Kz. silber), Remington 100 grains VM, Super Vel VM-Hohlspitz, Remington 115 Vollmantel-Hohlspitz (jacketed hollow point) 115 grain – zwei versch. Ausführungen, Super Vel Hohlspitz-Kegel 90 grain, Remington 124 grain zwei Variationen Halbmantel (semi-jacketed) Soft-Point/Hohlspitz und Soft-Point/rund.

In Verbindung mit einem sehr schnell abbrennenden Pulver werden hohe Anfangsgeschwindigkeiten erzeugt, die um 150 bis 200 Metersekunden über denen der normalen Munition liegt. Diese Munition ist enorm durchschlagstark, sie penetriert Kevlar-Schutzwesten genauso einfach wie Stahl- und Aluplatten. Bei Plastilinblöcken und Fleisch führt die hohe Geschoßgeschwindigkeit zu einer sehr starken Ausweitung des Schußkanals, der auf starken hydrodynamischen Schock schließen läßt. Die ›Arcane‹-Patronen werden zur Zeit noch als Geheimtip gehandelt und sind im Handel nicht erhältlich. Ihr tatsächlicher Anwendungsbereich ist sehr beschränkt.

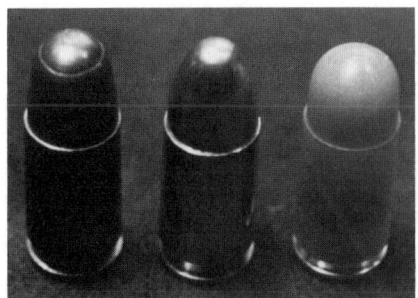

Das MEN-Deformationsgeschoß links neben einer normalen 9 mm Para von Geco und einer Plastik-Trainingspatrone. Deutlich ist die Plastikkappe zu erkennen, die zur Abdeckung der Hohlspitze dient, dazu der Bericht der 85. Tagung der Technischen Kommission der Polizeiführungsakademie (Hiltrup), wo dieses und das Geco-Geschoß (BAT) erprobt und als ›Actionsgeschoß‹ bezeichnet wurden: »Die TK hat ... das Actionsgeschoß für die polizeilichen Einsatzverhältnisse als am besten beurteilt.«

Gegenwärtig wird diese Munition nur in kleinen Serien für die Polizei und entsprechende Spezialeinheiten gefertigt. Anders in den USA. Dort versucht man sich seit kurzer Zeit an neuen Geschoßmaterialien mit dem gleichen Ziel, hohe Geschoßgeschwindigkeiten ohne Verformungen im Zielmedium zu erreichen. Unter anderem dient Zinn als ein Grundelement. In Verbindung mit Blei verliert es seine Sprödigkeit, läßt sich gießen und formen – bleibt aber (je nach Zinnanteil) im Gewicht wesentlich unter dem des Bleigeschosses.

Diese Beispiele sollen nur zeigen, daß nach längerem Stillstand neue Wege im Munitionsbereich begangen werden. Für den bundesdeutschen Combatschützen aber bleiben diese Alternativen derweil Utopie. Durch den Gesetzgeber ist der Verwendung von Hohlspitzmunition ein Riegel vorgeschoben worden. Bei Selbstladepistolen ist er auf Vollmantelgeschosse angewiesen, bei Revolvern ergeben sich etwas breitere Variationsmöglichkeiten durch Teilmantel- und Flachkopfgeschosse. Dieser Zustand ist weit vom Ideal. Blei-Rundkopf-Projektile sind keine Alternative. In ihrer mannstoppenden Wirkung sind sie genauso zweifelhaft wie Vollmantel-Rundkopfgeschosse. Für eine verteidigungsgemäße Revolvermunition ist da eher zum Wadcutter-Geschoß zu raten, dessen flache Oberfläche für nahe Notwehr-Entfernungen noch am wirksamsten ist. Eine 148 grain Remington Wadcutter hat selbst in einem Zwei-Zoll-Revolver mit Leichtmetallrahmen einen milden Rückstoß und kann so erheblich dazu beitragen, gute Trefferergebnisse durch vermiedene Schußangst

zu erreichen. Geringer Rückstoß bedeutet aber auch, daß die Waffe für den zweiten Schuß schneller ins Ziel gebracht werden kann – und in diesem Zusammenhang bleibt zu fragen, was mannstoppender ist: Ein .158 grain .357 Magnum-Geschoß, das in der ›Botanik‹ landet, oder zwei schnell hintereinander abgegebene .38 Special Wadcutter, die ihr Ziel getroffen haben?

Die Auswahl der entsprechenden Munition für eine Faustfeuerwaffe kann für die Leistungsfähigkeit des Schützen die gleiche Bedeutung haben wie eine Custom-Modifizierung oder neue Griffstücke! Es gibt keine Munition, die uns die Kampf- und Angriffsfähigkeit nach einem Rumpftreffer garantiert, keine Faustfeuerwaffe kann diese Leistung aufweisen. Viele Einsatzfälle sind bekannt, wo eine solche mannstoppende Wirkung durch einen einzigen Schuß aus einer .38 Spl. Snubnose, einer 7,65 mm- oder 9 mm kurz-Taschenpistole erreicht wurde – aber auch das Gegenteil ist häufig dokumentiert worden: Angreifer konnten ihr Tun fortsetzen, nachdem sie von mehreren Rumpftreffern einer .357 Magnum, 9 mm Para, .45 ACP und sogar .44 Magnum verletzt wurden. Aus diesem Grund wird im Combatschießen auf die Abgabe von Doubletten großen Wert gelegt. Die kurz hintereinander auftreffenden Geschosse sollen das erreichen, was vielleicht einem Treffer nicht gelungen wäre – die Angriffsunfähigkeit des Gegenübers. Je größer aber der Rückstoß ist, je mehr die Waffe aus dem Ziel geschlagen wird, desto schwieriger ist es für den Schützen, einen zweiten Schuß treffsicher folgen zu lassen. Wird der

Geschoßknall, der Mündungsblitz oder der Rückschlag in der Hand als störend empfunden, ist der Schütze bewußt oder unbewußt irritiert, wird das Treffen noch problematischer als es ohnehin durch Angst und andere Umstände einer Notwehrsituation schon ist.

Es ist daher nicht damit getan, irgendeine kaliberstarke Faustfeuerwaffe zu kaufen, sie mit einer Hochleistungsmunition vollzustopfen und nun zu glauben, man habe alles getan, um einen Ernstfall ruhig entgegensehen zu können. Nachdem der Schütze sich für einen Waffentyp (und damit zwangsläufig auch für ein Kaliber) entschieden hat, sollte er verschiedene Laborierungen versuchen. Der Pistolenbesitzer ist in diesem Bereich durch die zu erhaltende Funktionssicherheit seiner Selbstladewaffe eingeengt, aber auch hier gibt es Auswahlmöglichkeiten. Der Revolvermann/frau kann ja schon größere Schritte unternehmen, da die Funktion der Waffe von der Munition völlig unabhängig ist. Ihm oder ihr bleibt z. B. immer die Möglichkeit, als Besitzer eines .357 Magnum auf die schwächere .38 Spl. auszuweichen. In den schwereren Magnummodellen werden selbst ›heiß‹geladene .38-Laborierungen als angenehm empfunden. Hierzu muß betont werden, daß Rückstoß, Knall oder Mündungsfeuer zwar physikalisch meßbare Größen sind, diese mathematischen Werte aber kaum eine allgemeingültige Aussagekraft haben: Der Vorgang beim Abschuß wird von jedem Schützen *subjektiv* empfunden. Seine Fähigkeit, eine Waffe zu kontrollieren, ist abhängig von anatomischen Eigenschaften, Aus- und Vorbildung an dieser Waffe und an Waffen überhaupt. Korrekte Handhaltung, Gewöhnung und ständiges Üben können viel dazu beitragen, daß der zuerst als störend empfundene Abschuß seine furchterregenden Eigenschaften verliert, aber es wird immer wieder Schützen geben, die mit der einen oder anderen Waffe, mit dieser oder jener Laborierung nicht ›klarkommen‹.

Vor dem Kauf einer Faustfeuerwaffe zur Verteidigung sollte man jede Möglichkeit ausnützen, bei Freunden, im Verein oder beim Verkäufer Waffentypen und Munitionssorten auszuprobieren, um ein Gefühl für das zu erhalten, was einem individuell paßt. Nach dem Kauf ist mit der Waffe zu üben. Dabei kann man die verschiedenen Laborierungen und Produkte der Munitionsfirmen testen. Viele Waffen schießen mit der einen oder anderen Laborierung besser,

und unabhängig von der mechanischen Funktion oder ballistischen Leistung der Waffe wird der Schütze sehr schnell erfahren, daß er mit der einen oder anderen Laborierung bessere Trefferlagen beim realitätsnahen Schießen erreicht.

Es besteht ein himmelweiter Unterschied zwischen z. B. der 110 grain Norma-, der Remington 148 grain Wadcutter- oder einer .38 + P plus-Ladung mit 125 grain Geschoß. Ähnlich starke Rückstoßunterschiede sind im 9 mm Para-Sektor, z. B. zwischen einem 100 grain und 124 grain-Geschoß zu spüren. Die gleiche Munition wird aber auch unterschiedlich empfunden, wenn sie in den leichteren Alu-Rahmen-Waffen statt in einer Ganzstahlausführung geschossen wird. Bei der Auswahl seiner Munition sollte der Schütze zuletzt auf theoretische Abhandlungen über die Wirksamkeit bestimmter Geschoßprofile und Laborierungen zurückgreifen. Eine hervorragende Abhandlung mit einem Schwerpunkt auf Revolvermunition findet sich beim Stammel in ›Mit gebremster Gewalt‹*.

Waffen- und Munitionsauswahl ist und bleibt auch abhängig von der Verfügbarkeit bestimmter Sorten. In der Bundesrepublik sind Hohlspitzgeschosse tabu, Gecos Action-Patrone wird daher sowohl für Behörde wie auch Privatmann unerreichbar sein. In manchen Gegenden der Welt besteht zwar ein Überangebot von 9 mm Para-Munition, dafür aber ist die (in der Sparte der Vollmantel-Rundkopf-Munition) wesentlich mannstopwirksamere .45 ACP nicht zu bekommen. Der Schütze muß sich dann notgedrungen auf die 9 mm Parabellum beschränken und versuchen, die geringere terminalballistische Wirkung dieser Munition durch bessere Trefferleistungen (= mehr Üben!) auszugleichen.

Ähnliches gilt für alle anderen Kaliber. Es hat keinen Sinn, sich eine unter Umstände ›exotische‹ Waffen-Munition-Kombination auszuwählen und dann keine Fertigkeit mit dem Verteidigungsmittel zu erreichen, weil es am für das Training notwendigen Munitionsnachschub hapert!

---

* H. J. Stammel: Mit gebremster Gewalt – Polizeiwaffen von heute und morgen, Motorbuch Verlag, Stuttgart, 1974.

Kriterium Nr. 3: Der Griff

Was bei der Jagdflinte selbstverständliches Allgemeinwissen ist, scheint Schwierigkeiten in bezug auf die Faustfeuerwaffen zu bereiten – daß der Schaft, sprich Griff, zum wesentlichsten Grundelement des Treffens gehört. Der Lauf schießt, aber der Schaft trifft, sagt man bei der Langwaffe. Warum sollte dies nicht auch für die Pistole oder den Revolver zutreffen? Noch immer geben sich zu viele Schützen mit den ab Werk gelieferten Griffen und Schalen zufrieden und wundern sich, daß sie beim Combatschießen nur in Ausnahmefällen gute Doubletten schießen. Mehr noch: Form und Oberflächenart des Griffes bestimmen wesentlich, ob der Schütze den Rückstoß gut in der Hand absorbieren kann oder ob dieser als irritierende Empfindung stört.

Die Frage, wie sich Rückstoß auswirkt, hängt zum großen Teil von der Griffstellung und seiner Form ab. Die Höhe der Laufachse über der Griffhand (am besten abmeßbar am Abzug) bestimmt die Hebelkraft, welche der Lauf zur Hand und zum Handgelenk im Moment des Schusses hat. Je niedriger der Lauf plaziert ist, desto direkter stößt die Waffe in die Faust geradlinig zurück. Je höher der Lauf über der Hand ist, desto mehr steigt die Mündung aus dem Ziel heraus. Diese unterschiedliche Auswirkung des Rückstoßes läßt sich am auffälligsten bei einem Vergleichsschießen des P 7 und P 6 darstellen. Die Heckler- & Koch PSP hat eine der flachsten Lauf-Griff-Anordnungen, die heute auf dem Markt ist, während die Sig-Sauer mit ihrem Lauf sehr hoch über der Hand sitzt. Da der Griffwinkel beider Waffen sich kaum unterscheidet, wird spürbar, wie sich die wenigen Millime-

Holzgriffschalen für die Colt-Pistolen, wie sie von der Fa. ICA, Beilstein, angeboten werden. ICA hat eine eigene Produktion von Custom-Griffschalen für verschiedene Waffenmodelle eröffnet, die sich mit der amerikanischen Konkurrenz messen kann.

Diese Aufnahme zeigt deutlich, daß selbst die als ›sanft‹ bezeichnete .38 Spl. Wadcutter-Ladung einen Revolver in der Faust verdrehen kann, wenn der Griff zu klein ist. Beim Abschluß (oben) ›rollt‹ dieser S & W Masterpiece in der Hand – was z. B. am Griffende zu erkennen ist – statt den Rückstoß auf Hand- und Handgelenk zu übertragen.

ter zwischen Abzugsfinger und Laufachse auswirken. Bei den Revolvern kann man diesen Unterschied deutlich bei den .357 Magnum-Revolvern mit K- und N-Rahmen sehen: Bei gleicher Lauflänge und obwohl die N-Rahmen-Modelle schwerer sind, ›klettert‹ die Mündung beim Highway Patrol mehr als beim Combat Magnum – der größere N-Rahmen bedingt eine um sechs Millimeter höhere Laufachse!

Die Größe und Form des Griffes bestimmt, wie der Rückstoß auf die Handfläche übertragen wird. Eine größere Griff-Fläche verteilt die beim Schuß in die Hand getragene Energie mehr als z. B. der Werksgriff der Smith & Wesson Zwei-Zoll-Revolver. Während der Schußwaffenbesitzer kaum etwas zur Veränderung des Lauf-Griff-Abstandes tun kann, hat er bei der Grifform ein breites Spektrum von möglichen Alternativen, um die Waffe für seine Hand angenehmer zu gestalten. Die Mehrzahl der mit den Werkswaffen gelieferten Griffe und Griffschalen zeigt alles andere als optimale Lösungen dieses Problems. Nach kaum nachvollziehbaren Kriterien wird eine Art ›Durchschnittsgriff-Größe und -Form‹ ermittelt, die dann in mehr oder weniger guter Ausführung auf den Griffrahmen geschraubt wird. Dabei wird zumeist das sehr kostengünstige und leicht zu verarbeitende Plastik verwendet. Das Ergebnis ist alles andere als befriedigend. Plastikgriffe, so sehr sie auch mit Fischhaut verschnitten sind, werden in der feuchten Hand immer rutschen – ihr einziger Vorteil liegt im Winter. Selbst bei extremen Temperaturen sind Kunststoffgriffschalen hautfreundlich und nicht so kalt wie Holzgriffschalen.

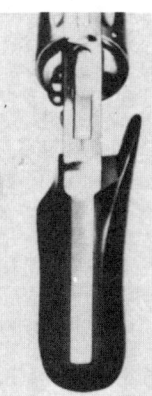

Links: Mehr als nur ein Griff für die Snubnose-Revolver von Colt, S & W oder Charter Arms sind diese Barami-Griffschalen: Der Haken ersetzt – über den Hosenbund geschoben – das Holster. Bisher wurde nur eine Griffhälfte von der Firma angeboten und man mußte links die Werksgriffschale aus Holz weiterbenützen. Jetzt gibt es auch den Set (links und rechts) aus schwarzem Kunststoff. Dieser preiswerte Griff hat auch den Vorteil, daß nun der Zeigefinger in richtigem Abstand zum Abzug ist. Der Set kostet $ 10.95 und kann per Post bei Barami Corp., 6250 East Seven Mile Road, Detroit, Mi. 48234 bezogen werden.

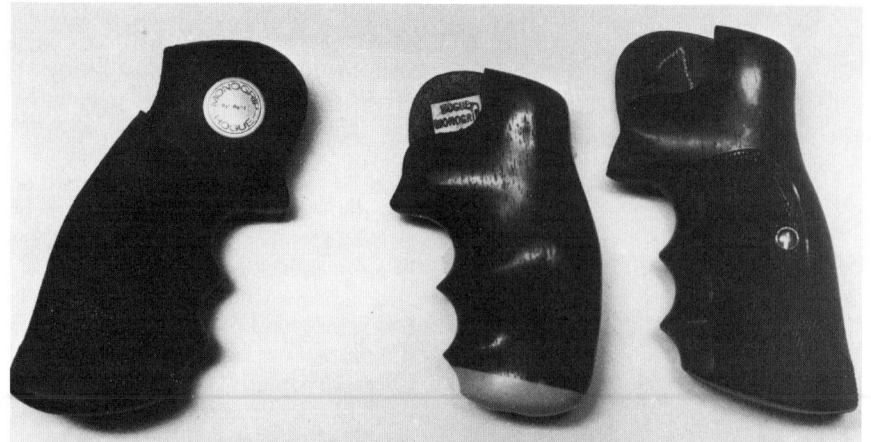

Ende der siebziger Jahre hatte Guy Hogue, ein Ex-Polizist aus Los Angeles, nach Jahren der Probleme und Enttäuschungen mit zweiteiligen Werksgriffschalen, die sich in seinen Magnum-Revolver locker schossen, das, was man in den USA einen ›brainstorm‹ nennt. Er schuf ein simples Adaptersystem, um auf jeden Revolverrahmen seinen ›Monogrip‹ installieren zu können. Dieser Monogrip besteht aus hitze- und säurebeständigem schlagfestem Nylon, das mit einer rauhen Oberflächenart gegossen wird, die bildhaft ihr Aussehen beschreibt – ›Cobblestone‹ (Kopfstein-pflaster). Hogues Monogrip wurde zum durchschlagenden Erfolg und zur ersten wirklichen Neuheit auf dem Gebiet der Griffkonstruktionen. Der Nylongriff, der u. a. für den Ruger Security Six erhältlich war, ist eine der wenigen Kunststoffgriffe, die sich unter allen Umständen gut anfassen. Seine Form entspricht der anatomischen Handform, mit einem reduzierten Durchmesser im Bereich des Abzugsfingers und einer rechtsseitigen Ausbeulung dort, wo es gilt, die Mulde des Handtellers zu füllen. Drei Fingermulden sorgen für einen ›roll‹-festen Griff der Waffe. Durch den Erfolg seines Monogrip-Konzepts bestätigt, begann Guy Hogue auch die Produktion gleichförmiger Griffe aus Edelhölzern.

An dieser Stelle noch eine Bemerkung zum Thema Fingermulden. Auf den ersten Blick erscheinen diese Aussparungen und Kämme als das Non-plus-ultra zum Doublettenschießen, weil sie die Waffe fest in der Hand verankern. Oft genug aber erweist sich, daß die Mulden anatomisch nicht richtig angeordnet sind bzw. zur jeweiligen Hand nicht passen. Es geschieht dann, was geschehen muß: Beim schnellen Zugriff kommen die Finger statt in den Mulden auf den Kämmen zu liegen, es muß nachgegriffen werden, wichtige Zeit geht verloren, der Schütze ist irritiert. Der Verfasser steht deshalb diesen Griff-Verformungen skeptisch gegenüber. Allerdings hat Hogue seine Mulden so angeordnet, daß sie in ihren Ausformungen bereits in den Griffseiten eingeleitet werden und sie die Finger beim Zugreifen ›zuführen‹. Der Hogue-Monogriff, den der Verfasser lange Zeit an einem Ruger testen konnte, ließ diese Probleme beim Combatschießen nicht entstehen. Hogue-Griffe können von ICA oder Neumann bezogen werden bzw. direkt bei Hogue, Box 460, Morro Bay, Ca. 93442.

Welche Anforderungen werden an einen Griff für eine Combatwaffe gestellt?

– Die Pistole oder der Revolver sollen beim schnellen Zugriff auf die Waffe immer gleichmäßig in der Hand zu liegen kommen, wobei die Waffe dann in ihrer Deuteigenschaft unterstützt sein soll. Der Griff bestimmt, ob die Waffe wie ein Teil der Hand bzw. deren Fortsetzung oder wie ein Fremdkörper wirkt.

– Der Griff muß so gestaltet sein, daß die Finger des Schützen ausreichend Auflageflächen haben und in der für ihre Bedienfunktion richtigen Position zu liegen kommen. Dies ist von besonderer Bedeutung für den Abzugsfinger, dessen erstes Glied (bis zur Beuge) den Abzug betätigen soll.

– Die Griffschalen dürfen nicht die Funktion oder Bedienung der Waffe behindern, d. h., sie dürfen z. B. bei der Pistole nicht über die Öffnung des Magazinschachtes hinausreichen, um das Einrasten des Magazins nicht zu verhindern. Ähnlich behindern manche Griffschalen an Revolvern das Laden mit Speedloadern.

– Der Griff muß so gestaltet sein, daß sich die Waffe beim ein- oder beidhändigen Anschlag nicht aus der Hand ›herausschießen‹ kann, d. h., ein Nachgreifen nach jedem Schuß muß unnötig sein. Der Rückstoß wird auf die Hand derart übertragen, daß er von ihr und vom Handgelenk/ Unterarm absorbiert wird und sich nicht in einer Dreh- oder Rollbewegung des Griffes in der Hand auswirken kann.

Als Werkstoffe stehen bislang Kunststoffe, Holz und Gummi zur Verfügung. Der Wunsch, passende Griffe mit besseren Auflageflächen zu haben, ist in der Vergangenheit von den Schützen mit allen möglichen Tricks entsprochen worden. So haben Polizeibeamte, die mit den Dienstgriffen an ihren Walther P 1 nicht zufrieden waren, u. a. Kartonschnur in einer oder mehreren Lagen um den Griff gespannt und teilweise verklebt. Es war erstaunlich, wie gut und rutschfest dieser Notbehelf (der bei einer Inspektion der Dienstwaffen auch entfernt werden konnte) war. Andere zogen über ihre Griffe ein Stück Fahrradschlauch, um eine größere und griff-sichere Auflage zu haben. Viel wurde mit Spachtel, Flüssig-Stahl oder ähnlichem experimentiert, um auf den ungeliebten Werksgriffschalen etwas mehr ›Substanz‹ aufzubauen, die sich besser in den Höhlungen und Unebenheiten einer Schützenhand einpassen.

Heute haben sich eine Reihe Firmen darauf spezialisiert, diesen institutionalisierten Mißstand der Werksgriffe mit ›Custom‹ oder ›Combat‹-Griffen abzuhelfen. Der ästhetisch orientierte Waffenbesitzer wird bei der Wahl von maßgeschneiderten Griffschalen für seine Waffe zuerst in Richtung der verschiedenen Edelholz-Griffe blicken, die auch das Äußere seiner Waffe verbessern. Die meisten dieser Griffe, allen voran die der Firmen Badger, Herret und Mustang, sind mehr als nur kosmetische Veränderungen: Durch Fingermulden, anatomische richtige Verbreiterungen im Handmuldenbereich und verstärkte Rückstoßschultern ergeben sie einen besseren ›Sitz‹ der Waffe in der Faust. Verschiedene Größen entsprechen den unterschiedlichen Handgrößen der Schützen.

An dieser Stelle sei die besondere Aufmerksamkeit potentieller Combatschüt-

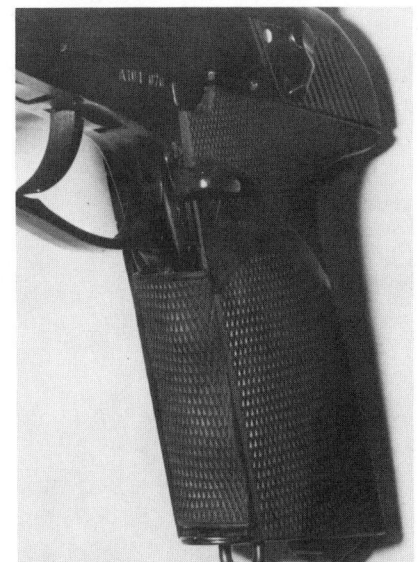

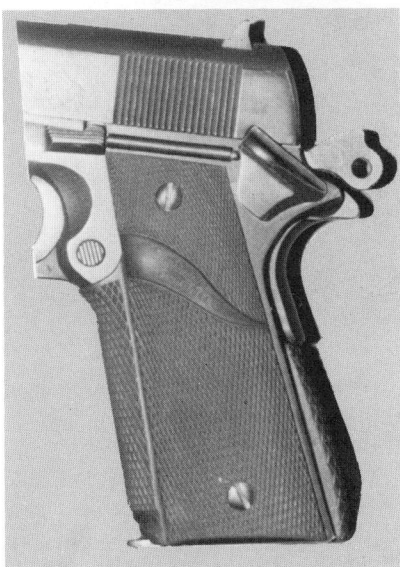

Gerade die kleinen ›Taschenwaffen‹ werden durch Custom-Griffschalen erheblich führiger, wie dieser S & W M 60 mit Pachmayr-Gummigriff und die PPk mit einem Holzgriff nebst Daumenauflage zeigen.

Pachmayrs Gummigriffschalen werden wie normale Griffe auf den Griffrahmen aufgezogen und verschraubt. Links die HK P 9S Ausführung mit dem Griffvorderseiten-Teil, das zwischen die beiden Griffhälften festgesteckt wird. Rechts für die Colt-Pistole, hier wurde der unten ansetzende Fingersporn abgeschnitten, um mehr Raum für die Hand zu gewinnen. Der Besitzer der abgebildeten Waffe hat sehr große Hände.
Adresse: Pachmayr Gun Works, 1220 S. Grand Ave., Los Angeles, Ca. 90015.

zen auf eine Griffart empfohlen, die sich unter Praktikern einer steigenden Beliebtheit erfreut: Gummigriffe. Zwei Firmen fertigen zur Zeit diese Art Griffe – Pachmayr und Sile. Pachmayr hat den Gummigriff auf den Markt eingeführt und bietet Varianten für fast alle gängigen Revolver und Pistolen an, Sile hat sich dem Markttrend angeschlossen und einige Veränderungen am Pachmayrschen Konzept ausgedacht. Die Griffe von Sile sind etwas leichter und das zur Verarbeitung kommende Kautschukmaterial ist etwas weicher. Wo Pachmayr Metallverstärkungen im Gummi benützt, hat Sile Kunststoffstreben. Gummigriffe oder Griffschalen sind

nicht ›schön‹ – ihre mattschwarze poröse Oberfläche fällt unter ästhetischen Gesichtspunkten weit hinter den Holzlaminaten oder Edelholzformen von z. B. Badger oder Mustang zurück. Aber sie sind höchst praktisch. Es ist durchaus möglich – und wir haben dies testweise praktiziert! – die Hand in Waffenöl einzutauchen und danach mit einer Pachmayr- oder Sile-versehenen Pistole zu schießen, ohne daß die Waffe in der Hand rutscht. Ob man nun vor Aufregung schweißnasse, schmierige oder klammkalte Hände hat, ob mit oder ohne Handschuh – Gummigriffe kommen im Vergleich zu Holzgriffen oder Plastikmodellen am besten weg.

Sie wirken auch auf den Rückstoß dämpfend und schützen die Waffe beim Auflegen auf eine Deckung oder beim Fallen. Wer seine Waffe im täglichen Gebrauch offen oder im Dienstholster führen muß, der ist mit Pachmayr oder Sile gut beraten. Dienstwaffen sind ständigen Stößen und Schlägen beim Ein-

Dieser Revolvergriff mag auf den ersten Blick ungewöhnlich erscheinen, er entspricht aber den anatomischen Gegebenheiten der Hand: Der Griff sollte an seinem unteren Ende, dort wo der kleine Finger nur noch geringe Spann- und Greiffläche hat, kleiner als im Bereich des Mittel und Zeigefingers sein. Die Dan Wesson-Revolver werden ab Werk mit einem solcherart geformten Griff angeboten.

Dieser Beamte trägt neben seinem Holster ein Futteral für Daumenschellen (Thumbcuffs), die eine gewichtsmäßig sehr günstige und erfahrungsgemäß auch wirksame Alternative zu den größeren Handschellen sind.

stom-Griffschalen aus Perlmutt, zieliertem Elfenbein und Rosenholz. Gummigriffschalen sind das Merkmal eines ›No-Nonsense-Approach‹, wie es einer unserer Tester formulierte, sie zeigen, daß man es ernst meint.

Firmenanschriften für Custom-Griffe

Jay Scott, 150 Huyshope, Hartford, CT, 06101

Rogers Grips, 10601 Thresa Dr., Jacksonville, Fl. 32216

Herrett, P.O.Box 741, Twin Falls, ID 83301

Mustang, 28715 Via Montezuma, Temecula, Ca. 92390

Badger Manufact. Inc. 2054 Youngston Lockport Rd., Ransonville, N.Y. 14131

Badger-Griffe werden u. a. von der Firma Fischlein, Frankfurt vertrieben. Pachmayr und Hogue, außerdem eine Serie ›Combat‹-Griffe für S & W und Colt-Revolver sind im Neumann-Angebot zu finden. Eine ähnliche Serie Edelholzgriffschalen aus tropischen Bolong-Holz in den Preislagen zwischen DM 60.– und 80.– bietet Frankonia, während die Firma Helmut Hofmann neben ›Custom‹-Griffschalen für S & W und Colt auch Herret-Modelle, Jay Scott und verschiedene Holz- und Gummimodelle für Pistolen der Marken Colt, Sig Sauer und S & W vertreibt.

Wer darüber hinaus noch die Lust verspürt, sich seine eigenen Griffe anzufertigen, findet hilfreiche Tips im Schußwaffenwerkbuch von Johannes P. Heymann, das im Motorbuch Verlag erschienen ist.

und Aussteigen am Fahrzeug, beim Vorgehen im Gebäude oder in anderen Einsatzsituationen ausgesetzt. Holzgriffschalen, die ein, zwei Jahre im Polizeidienst gestanden haben, sieht man diese Anforderungen an. Gummigriffe verdauen solchen ›Streß‹ nicht nur, sie sind auch geräuscharm. Wer ernsthaft seine Waffe im täglichen Einsatz braucht, wird um diese Griffe nicht herumkommen. Man wird mit diesen Griffen auf dem Schießstand kaum Aufsehen oder Ansehen erringen können, sie fallen nicht auf, wie etwa die aus verschiedenen Hölzern im Schichtverfahren laminierten Badger-Modelle oder Cu-

II. Revolver

Bei vielen Schützen erfreuen sich Revolver nach wie vor großer Beliebtheit, und bis vor wenigen Jahren konnte man bei einem entsprechenden Treffen von Revolverbesitzern und -schützen eine absolute Zweiteilung beobachten: die ›Szene‹ spaltete sich in Colt- und in Smith & Wesson-Anhänger. Daneben gab es nichts anderes. ›Andere‹ Firmenprodukte hatten etwas Anrüchiges, sie galten als ›zweite Wahl‹, die man aus Kostengründen, als Zweitwaffe oder ›nur so zum Hinlegen‹ vielleicht noch akzeptieren wollte – aber sonst? Nein, es mußte schon ein Stück der Nobelfirmen sein. Man war ja schließlich qualitätsbewußt! Hinzu kam, daß Holster und andere Zubehörteile für die Markenwaffen von Colt und S & W zugeschnitten waren. Wo bekam man denn schon einen Holster, das für einen Ruger oder Dan Wesson wie angegossen paßte?

Man muß den Mut der Hersteller und Firmenbesitzer bewundern, die sich anschickten, in diesen total abgeschotteten Markt vorzustoßen, um den beiden Riesen im Revolvergeschäft Absatzmärkte streitig zu machen. In den USA hatten beide Firmen ein fast uneingeschränktes Monopol – besonders im Bereich von Regierungs- und Behördenaufträge. Das wirkte sich auch auf die anderen Absatzgebiete in der westlichen Welt aus. Wo die USA im Rahmen ihrer Entwicklung- und Bündnishilfe militärische oder polizeiliche Unterstützung (Beratung, Ausbildung, Waffenlieferungen) tätigte, waren zwei Waffenmodelle vorherrschend. In Südamerika und Asien wurde in militärischen und polizeilichen Verbänden überwiegend .45 Colt M 1911 getragen, bei den Revolvern war der S & W No. 10 .38 ›Military & Police‹ vorherrschend. Die Produktionsziffern beider Waffen gehen in die sechs- und siebenstelligen Bereiche. Sie haben sich in unzähligen Konflikten und Einsätzen als verläßlich, robust und störunanfällig erwiesen. Beide Waffen dienten zahlreichen Nachahmungen und Kopien als erstrebenswertes Vorbild an

Der S & W No. 10 ›Military & Police‹ erschien 1905 in seiner ersten Version, seitdem ist dieses Grundmodell nur in einigen Kleinigkeiten modifiziert worden. 1959 waren bereits zweieinhalb Millionen .38 Spl. M & P gefertigt worden, heute nähert sich die Gesamtproduktionsziffer der 4-Millionen-Marke. Damit ist das Modell 10 der meistgefertigte Revolver. Sein Design diente als Grundlage für viele andere Modelle der Firma Smith & Wesson und ihrer Nachahmer.

Leistungsfähigkeit und ausgewogenem Design. Sie sind in Aufbau und Ausstattung einfach gehalten, keine Waffen für das sportliche Scheibenschießen, sondern ›no-nonsense‹-Verteidigungsmittel für den Nahkampf. Ihre Zuverlässigkeit hat zum weltweiten guten Ruf beider Firmen einen großen Teil beigetragen. Die Begegnung mit einer der Waffen in der Dienstzeit bei Militär oder Polizei hat oft den Kauf dieser oder einer ähnlichen Waffe der Firma für den privaten Gebrauch beeinflußt. Gegen die marktbeherrschende Position von Colt oder Smith & Wesson konnten auch europäische Hersteller kaum ihre eigenen Produkte ins Feld führen. Der amerikanische Markt setzte seine eigenen Maßstäbe.

Umso erstaunlicher ist es, daß in den siebziger Jahren neue Namen und Modellentwürfe in diesen Markt einbrachen und Erfolge verbuchen konnten. Dieser Einbruch erfolgte zuerst durch die genaue Auslotung von Marktlücken, auf

die die großen Firmen mit ihrem festgefahrenen Programm nicht schnell genug reagiert hatten. Die Entwicklung des Combatschießens und das damit verbundene neue Bewußtsein der Käufer und Schützen forderte bestimmte Waffeneigenschaften und Besonderheiten, welche früher kaum einen Abnehmerkreis hatten. Ein Beispiel ist der Revolver für die Patrone 9 mm Parabellum, um den sich weder Colt noch S & W rechtzeitig gekümmert hatten. Beide Firmen hatten schon früher – Colt mit seinem Weltkrieg-I-Modell – Revolver auf dem Markt, die für die .45 ACP ausgelegt waren, und es damit bewenden lassen. So konnten Ruger und Manurhin in diese Lücke vorstoßen; es zeigte sich sehr schnell, daß sowohl bei den Sicherheitsbehörden wie auch beim zivilen Abnehmer potentielle Käufer vorhanden waren.

Ein anderer Aspekt aber war notwendig, um mehr als nur Marktnischen gewinnen zu können: Qualität! Längst haben eine Reihe von amerikanischen und europäischen Firmen der Revolverbranche eine ähnliche gute Reputation für ihre Produkte gewonnen wie ehemals Colt und S & W. Längst haben Revolver von Ruger, Charter Arms, High Standard, Taurus ihre Zweitklassigkeit verloren – qualitätsmäßig können sie es mit den großen Marken durchaus aufnehmen, oft für weniger Geld!

Hinzu kommt, daß die großen Firmen auch nicht mehr das zu sein scheinen, was sie einmal waren. Die Zeiten, wo man mit geschlossenen Augen einen Smith & Wesson aus dem Geschäftsregal nehmen konnte und sicher war, daß man nun einen Revolver fürs Leben gekauft hat, sind vorbei. Die Parole beim Waffenkauf kann nur heißen: Augen auf! Womit sich der Waffenkauf nicht mehr von allen üblichen Wirtschaftszweigen unserer sogenannten ›schnelllebigen‹ Zeit (ein anderes Wort für Wegwerfgesellschaft) unterscheidet. Die Sucht nach mehr Absatz, nach größeren Dividenden hat auch den einmal so integer und von handwerklichem Stolz geprägten Waffenmarkt berührt. Aber anders als im übrigen Wirtschaftsleben hat sich dieses zeitgerechte Geschäftsgebaren bei einigen Beteiligten gerächt.

Was ist los mit Smith & Wesson?

In der zweiten Hälfte der siebziger Jahre nahmen die Klagen über Smith & Wesson-Waffen in steigendem Maße zu. Zuerst einzeln und verzagt waren diese Stimmen, da sich die Besitzer, die Enttäuschungen erlebt hatten, erst einmal sich selbst fragten, was sie falsch gemacht hätten, daß ihre Waffen Störungen aufwiesen. Die Firma hatte einen verdient guten Namen für zuverlässige und robuste Produkte. Ihr Waffendesign war klassisch; für viele Waffenliebhaber und Schützen ist die S & W-Silhouette, wie sie z. B. im Modell 19 verwirklicht ist, schlechthin *das* klassische Bild eines modernen Revolvers. So hatte ein .357 Magnum auszusehen.

S & W-Revolver waren und sind die am meisten benutzten Dienstwaffen in den amerikanischen Polizeibehörden. So viele Käufer können sich nicht irren – denkt man! Trotzdem nahm die Zahl der Klagen zu, die Kritik wurde lauter. Die Firmenleitung schwieg und schweigt heute noch dazu. Wie war es möglich, daß laufend Auszieher bra-

chen, daß sich Stifte verzogen, daß Teile nicht gehärtet waren? Wie war es möglich, daß bestimmte Waffen die Fabrik zwar mit einem Schußbild verließen, aber beim zweiten Schuß bereits eine Ladehemmung hatten (M 59!). Revolver ohne Übergangskonus am Lauf hatten die Endabnahmekontrolle passiert und waren ausgeliefert worden – so unglaublich es klingt (und wenn der Verfasser nicht selbst in Colorado einen solchen M 66 zum Kauf angeboten bekommen hätte, würde er solche Fehlleistungen immer noch für unmöglich halten!); Stainless Steel-Modelle schossen sich nach wenigen Schachteln .357er Munition lose! Eine Flut von Reklamationen, zurückgesandten Waffen und Regreß-Forderungen war die Folge.

Einige der Schäden ließen sich erklären: Unsachgemäße Benutzung oder überzogene Eigenlaborierungen, die manche Wiederlader auf der Suche nach größeren Geschwindigkeiten ohne Rücksicht auf Gasdruck-Grenzen zusammengebastelt hatten. Einige der .38er und .357 Magnum-Waffen verdauten auch nicht die neuen .38 +P- und +P plus-Ladungen, die oft mehr Materialermüdung verursachten als ausgewachsene Magnum-Patronen. Aber diese Erklärungen legitimierten nur einen Teil der Schäden und konnten nicht von solchen Zuständen ablenken wie ein fehlender Konus am Lauf, locker sitzende Körner und miserable Schloßgänge.

Verkaufsrepräsentanten von S & W und Vertretungen drucksten herum, wenn sie auf solche Ausschußware angesprochen wurden. Mehr als irgendeine Einzelperson kannten sie den Umfang der Reklamationen, die Häufung dieser genannten und ähnlicher Vorfälle. Dem Verfasser gegenüber gab ein amerikanischer Vertreter für S & W 1980 den Qualitätsverlust bei einigen seiner Produkte zu. Es hätte sich um Sabotage gehandelt, gegen einige der in der Fertigung beteiligten Personen wären Verfahren eingeleitet worden. Diese Vorgänge würden sich nicht wiederholen – ein Jahr später begegnete der Verfasser dem erwähnten M 66 auf einem Ladentisch in Denver, frisch von der Fabrik. Bei den Tests zu diesem Buch lief ein serienmäßiger M 59 auf, der trotz zweimaliger Rücksendung zur Fabrik einfach nicht dazu gebracht werden konnte, ein ganzes Magazin handelsüblicher 9 mm Para-Vollmantelpatronen ohne Ladehemmung zu verschießen! Unter diesem Gesichtspunkt erscheint die Rechtfertigung jenes sehr hoch im Konzern angesiedelten Repräsentanten und

seine Verschwörungstheorie fragwürdig.

Eine andere Erklärung drängt sich auf, wenn man die Firmengeschichte von Smith & Wesson betrachtet. Noch bevor die Firma 1977 ihr 125jähriges Bestehen feiern konnte, war sie 1973 in dem Multi-Industriekonzern ›Bangor Punta‹ aufgegangen. Die neuen Manager trachteten offenbar danach, Absatz und Marktbreite auszuweiten. Die Zielrichtung lag in erster Linie in polizeilicher Richtung, wo neben Handfeuerwaffen auch Handschellen und anderes Zubehör abgesetzt werden sollte. Als nächster Schritt kamen Holster und eine eigene Munitionsherstellung und Vertrieb hinzu. Die Smith & Wesson-Munition erlangte in den folgenden Jahren traurige Berühmtheit, weil die Laborierung Genauigkeit und Gleichmäßigkeit vermissen ließ. Die Nyclad-Munition, die bei Innen-Schießständen die Bleibelastung des Raumes vermindern sollte, wurde wieder vom Programm abgesetzt und wird jetzt von einer anderen Firma gefertigt. Die Direktion von Bangor Punta / Smith & Wesson hat sich zur Jahreswende 81/82 zu der Entscheidung durchgerungen, ihre Munitionsfabrikation in den USA aufzugeben und die Herstellung nach Brasilien zu verlegen. Im Jahr 1976 wurden die Produktionskapazitäten gesteigert: Während man vorher kaum in der Lage war, in einen Laden zu gehen und den .44 Magnum No. 29 mit Sechs-Zoll-Lauf direkt und ohne Wartezeiten zum Listenpreis zu erwerben, wurde der Markt in den folgenden Jahren fast überschwemmt – vorher wurden .44 Magnum-Modelle zu Liebhaberpreisen gehandelt, die Produktion war der wachsenden Nachfrage einfach nicht gewachsen gewesen. Selbst der Held des gleichnamigen Films, Dirty Harry (Clint Eastwood), der den .44er Boom mit der in diesem Hollywood-Streifen gezeigten ›Waffen-Ästhetik‹ begründete, konnte nicht einen .44 No. 29 herumschwenken, sondern mußte sich für die Filmaufnahmen mit einem Modell No. 57 in .41 Magnum begnügen!

Ähnlich verhielt es sich mit den Modellen aus rostfreiem Edelstahl. Die Nachfrage war kaum zu befriedigen. Hinzu kam ein weiteres Problem: Der harte ›Stainless Steel‹ nützte die ihn bearbeitenden Fräs- und Bohrmaschinen mehr ab als üblicher Stahl. Also wurde die Legierung verändert, mit der Folge, daß Stainless-Waffen sich schneller locker schießen.

Smith & Wesson hatte einen sehr hohen

Vorschuß an Vertrauen und gutem Ruf, den diese Firma bei den Käufern genoß – augenscheinlich glaubte die Konzernleitung, mit diesem Kapital spekulieren zu können. Der Massenproduktion und dem höheren Ausstoß fiel die Qualität zum Opfer. Finish und Oberflächenbehandlung ließen zu wünschen übrig. Der Schloßgang wurde von Jahr zu Jahr schlechter. Heute kann man – nach Meinung einiger S & W-Kenner aus dem Kreis der Tester – kaum noch einen Smith & Wesson-Revolver ungesehen kaufen und ihn ohne Nachbehandlung (besonders im Abzug) sofort führen. Ein Vergleich zwischen einer S & W-Waffe von 1970 und einem Produkt der gleichen Modellserie etwa von 1979 oder 1980 macht die Qualitätsunterschiede zwischen ›damals‹ und heute erschreckend deutlich. Smith & Wesson-Sammler wissen um dieses Manko, ihre unterschiedliche Einschätzung der Herstellungssorgfalt ist an dem Preisgefälle ersichtlich, das zwischen den Modellen der Jahre 1965 und 1980 liegt.

Diese absteigende Tendenz war nicht so dramatisch, wie sie dem Leser aus der hier gerafften Darstellung erscheinen könnte, aber sie war Realität und führte u. a. dazu, daß andere Revolverhersteller aus der ›zweiten Reihe‹ dem Marktriesen Käufer abspenstig machen konnten. Was dem Einzelkäufer und dem Privatverbraucher nicht so augenfällig wird, weil ihm die Vergleichsmöglichkeiten fehlen, ist für den Behördenabnehmer deutlich und in klaren Zahlen erfaßbar: Wenn einer deutschen Spezialeinheit der Polizei, die S & W-Revolver der Kaliber .38 Spl. und .357 Magnum gebraucht und ständigem Training aussetzt, mehr als ein Drittel ihrer Waffen aufgrund von Material- und Herstellungsfehlern ausfallen, dann läßt das nachdenklich werden. Rugers Vorstoß und Erfolg auf dem Revolvermarkt ist nicht allein durch den geringeren Preis gegenüber S & W oder Colt zu erklären, sondern auch die überzeugende Qualität dieses Herstellers, die besonders beim Schloßgang und Abzug ins Gewicht fällt.

Nachdem die Chefetage bei Bangor Punta aus ihren Träumen von marktbeherrschenden Positionen und Absatzsteigerungen aufgewacht war, sah sie sich dem negativen Trend gegenüber. Zwar äußerte man sich nicht über die zahlreichen Klagen und Reklamationen, aber man entschied sich für eine radikale Wende. Nachdem die Firma jahrelang konservativ an ihrem Herstellungsprogramm festgehalten hatte und lediglich

im Bereich der Stainless-Serie ›sichere Renner‹ auf den Markt gebracht wurden, ging man an die Planung einer neuen Design-Serie. Smith & Wesson hat mit rund 30 Modellen eine verwirrende Vielfalt im Angebot, deren Doppelbenennungen nach Number (No.) und mit registriertem Handelsnamen (z. B. ›Combat Magnum‹) nicht gerade zur Erhellung beitragen. Statt wie bisher mit der laufenden Numerierung bei Neuerscheinungen fortzufahren, wurde bei der neuen Design-Serie eine dreistellige Nummernbezeichnung gewählt. Nachdem die neuen Revolver- und Pistolenmodelle seit fast zwei Jahren angekündigt und mit großem ›Hallo‹ und enormem PR-Aufwand in der entsprechenden amerikanischen ›Fachpresse‹ begleitet wurden, war man allgemein gespannt, wie diese Waffen sich im Test bewähren würden, wobei die Skepsis berechtigt groß war. Die größte Überraschung war daher nicht die äußere Form, die man in Springfield in leichter

Anlehnung an Colt-Vorbilder gewählt hatte, noch die stärkere Rahmenform, als die Tatsache, daß die neuen Revolver alle Ansprüche in Sachen Finish, Schloßgang und Zuverlässigkeit befriedigten. Der Schloßgang bei dem getesteten .357 Magnum Modell No. 586 und dem 9 mm Para No. 547 konnte sich mit den Besten messen, d. h., sie erreichten Python-Qualität!

Der Abzug ist butterweich glatt und so, wie der Verfasser es von seinem Vor-1975-Highway-Patrolman gewohnt war. Ganz deutlich versucht Smith & Wesson mit diesen neuen Modellen, verlorenes Land zurückzugewinnen, der Preis für die Neulinge liegt aber empfindlich über dem vergleichbarer alter Modelle. Allerdings, die Qualität spricht für sich und es ist zu hoffen, daß Smith & Wesson mit diesen Neuerscheinungen zur Qualitätsarbeit alten Stils zurückgekehrt ist und nicht nach einiger Zeit die Sorgfalt in Fertigung und Endabnahme wieder absinkt.

Die Smith & Wesson-Grundmuster und ihre Ausstattung

Bis zu den Neuerscheinungen, die den Trend für die achtziger Jahre repräsentieren sollen, wurden Smith & Wesson-Revolver in drei grundlegenden Rahmengrößen gefertigt: J, K und N. Bei gleichbleibender Bauart des Schlosses entsprechen diese drei Rahmenformen den praxisbezogenen Ansprüchen:

– *Der J-Rahmen* ist für die Klasse der ›Taschenrevolver‹ entwickelt worden, deren berühmtester, der No. 36 ›Chiefs Special‹, 1950 auf den Markt kam. Er ist speziell für das Kaliber .38 Spl. ausgelegt, findet sich aber auch bei drei anderen Revolvermodellen – dem No. 30 ›Hand Ejector‹ und No. 31 ›Regulation Police‹ in .32 S & W Long und dem als Sportwaffe, Jagd- und Wanderbegleiter im Kaliber .22 l.r. geschaffenen No. 34 ›Kit Gun‹. Während die ›stubsnasigen‹ Zwei-Zoll-Revolver der .38er Klasse nur über eine fünfschüssige Trommel verfügen, sind die kleinkalibrigen .22 und .32 long-Modelle bei gleicher Rahmen- und Trommelgröße sechsschüssig. Der K-Rahmen ist ein Kompromiß an

Größe und Tragekomfort, er ist so klein, wie man einen .38er Revolver nur machen konnte, um besonders das verdeckte Tragen so problemlos wie möglich zu gestalten. Dabei mußten natürlich Abstriche an Rahmenstärke und Trommelkapazität gemacht werden. Im Kaliber .38 Spl. ist diese Klasse der Taschenrevolver natürlich als reine Verteidigungswaffen gedacht, die zwar ein normales Üben ohne Probleme verdauen, aber nicht eine dauernde Diät von +P und +P plus-Hochleistungspatronen vertragen werden.

– *Der K-Rahmen* ist das Standard-Modell der Firma und geht in Größe und Form auf den ersten erfolgreichen S & W-Revolver mit seitlich ausschwenkbarer Trommel zurück, dem 1895 erschienenen .32 ›Hand Ejector‹. Die Mehrzahl aller von S & W vertriebenen Sport- und Dienstrevolver in den Kalibern .22 l.r. und .38 Spl. ist mit diesem mittelgroßen Rahmen ausgestattet, der natürlich für eine sechsschüssige Trommel Platz hat. Ursprünglich war die stärkste Patrone, die für den K-Rah-

Drei Klassiker in den traditionellen drei Rahmengrößen, v. l. n. r.: .38 Spl. No. 36 ›Chiefs Special‹ mit zweizölligem Lauf und J-Rahmen, der .357 Magnum No. 19 ›Combat Magnum‹ mit zweieinhalbzölligem Lauf, K-Rahmen und der runden Griff-Form; rechts der große N-Rahmen beim .357 Magnum No. 28 ›Highway Patrolman‹ mit Sechs-Zoll-Lauf. Alle drei Waffen sind mit Pachmayr-Griffschalen ausgestattet.

men gedacht war, die .38 Spl. Im Jahre 1956 erschien auf dem amerikanischen Markt der erste .357 Combat Magnum, entwickelt unter der Beteiligung von Bill Jordan, U.S. Border Patrol, der lange Zeit eine leichtere Revolverausführung für die Magnum-Patrone gefordert hatte. Dem K-Rahmen-Revolver No. 19 folgte später eine zweite Dienstwaffe im Kaliber .357 Magnum, eine modifizierte Version des No. 10 M & P mit einem schweren 4-Zoll-Lauf, genannt No. 13 ›.357 Military & Police, Heavy Barrel‹. Für Wiederlader, die ihre maximal geladenen Magnum-Patronen in ständigen Schießstand-Durchgängen ausprobieren wollen, oder für Schützen, die ständig mit der .357-Patrone üben wollen, sind diese Waffen nicht gedacht. Der K-Rahmen hält zwar die normale .357 Magnum-Patrone ohne Probleme aus, ist aber ein Kompromiß an Gewicht und Tragekomfort und ursprünglich für jene Polizeibeamten gedacht, die ihre Schießstandübungen mit der schwächeren .38 Spl.-Ladung absolvieren und für den Einsatz die stärkere Magnum-Patrone führen wollen.
– Für alle, die ständig den harten Rückstoß großkalibriger Magnum-Patronen spüren wollen, ist *der N-Rahmen* zu empfehlen. Dieser Rahmen geht auf die Zeit vor dem Zweiten Weltkrieg zu-

Der No. 30 ›Hand Ejector‹ wurde mit seiner rückstoßarmen .32 Long oft als ideale ›Damenwaffe‹ angeboten. Tatsächlich ist dieser kleine Revolver lange Zeit bei Polizistinnen sehr beliebt gewesen. Zugegeben, die Patrone .32 S & W Long ist nicht gerade das, was man einen sicheren Mannstopper nennen kann, aber als 100 grain Wadcutter (Geco) mit einer V_0 von rund 200 m/s aus dem dreizölligen Lauf und einer Auftreffenergie 13 mkp liegt sie weit über der 6,35 mm oder .22 l. r. Dem Bleigeschoß aus diesem Revolver ist terminalballistisch mehr zuzutrauen als einem Vollmantel 7,65 mm-Geschoß aus der PPK (Geco 73 grain VM: V_0 314 m/s, E_0 23 mkp). Einer oder mehrere wohlplazierte Treffer mit der .32 Long haben jedenfalls mehr Erfolg als Schüsse aus größeren und stärkeren Waffen, die aufgrund von Schußangst vorbeigehen. Dieser Smith & Wesson-Revolver ist die Verteidigungswaffe für Personen gleich welchen Geschlechts, die aus irgendeinem Grund keine stärkere Waffe führen können oder wollen oder mit den entsprechenden Selbstladepistolen in den Kalibern 7,65 und 9 mm kurz nicht zurechtkommen. Länge 17,8 cm, Gewicht 480 g.

rück, als man im militärischen Bereich mit stärkeren .38er Patronen experimentierte. 1935 brachte Smith & Wesson den ersten .357 Magnum-Revolver heraus, der in Form und Ausführung bis heute als No. 27* fortgeführt wird. Auf der Grundlage dieses Rahmens entstanden die Modelle No. 25 (.45 ACP), No. 29 (.44 Magnum), No. 57 und 58 (41 Magn.). In Größe und Gewicht sind die N-Rahmen-Waffen entsprechend für ständiges Schießen mit Hochleistungspatronen ausgestattet. Sie sind kaum noch zum verdeckten Führen geeignet (es sei dann, der Träger ist entsprechend athletisch gebaut) und sind als Holsterwaffen zum offenen Tragen entworfen. Dabei hat grundlegend das in den USA verbreitete und beliebte Jagen mit der Faustfeuerwaffe Pate gestanden, weniger der Gesichtspunkt der täglich zu führenden Verteidigungswaffe. Trotzdem nehmen nicht wenige Polizeibeamte des Außendienstes das Extra-Gewicht dieser schweren Waffen in Kauf, zumal sich das höhere Eigengewicht auch günstig auf die Absorption des Rückstoßes von Hochgeschwindigkeitslaborierungen auswirkt.

– Der neue L-Rahmen, den die Firma Smith & Wesson im Mai 1981 der Öffentlichkeit vorstellte – zusammen mit einer ganzen Serie neuer Modelle – ist die erste wirklich neue Rahmenform seit dem Erscheinen des ›J‹ 1950! Von der Rahmenform und -stärke her ist der neue ›Distinguished Combat Magnum‹ (No. 586) eine Kreuzung zwischen K und L-Rahmen: Der vordere Teil der Waffe um die Trommel herum, deren Zylinder ebenfalls verstärkt wurde, ist stärker gehalten als bei den K-Modellen, während der Griff ähnlich wie beim No. 19 gehalten ist. Sein unterschiedliches Aussehen erhält der No. 586 und seine Variante mit feststehender Visierung durch die bis zur Mündung vorgezogene Ausstoßerhülse, die an den Colt Python erinnert. Die Notwendigkeit für einen stärkeren Mittelklasse-Revolver für den täglichen Gebrauch sieht der Hersteller nicht in diesen kosmetischen Veränderungen. Seit der Einführung der .357 Magnum-Patrone hat sich einiges verändert. Damals wurde Legendäres vom Rückstoß, von der Aufhaltekraft, von der schieren Energie-Entwicklung der neuen Patrone berichtet, deren Vo mit einem 158 grain-Geschoß bei

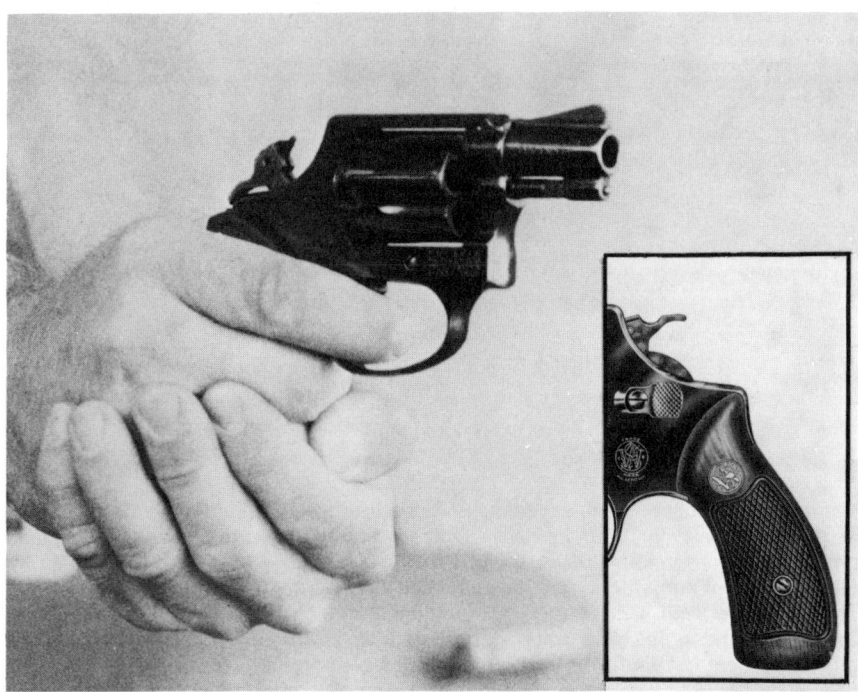

Der normale ›Dienstgriff‹ in der J-Rahmen-Klasse der Taschenrevolver ist für normale Hände ein Unding. Trotzdem erfreut sich der ›Chiefs Special‹ ungetrübter Beliebtheit. Nur mit Gummigriffschalen von Pachmayr oder ähnlichen Custom-Ersatzteilen gewinnt der No. 36 eine vernünftige Handlage, die es erlaubt, schnell zwei Schüsse nacheinander abzugeben, ohne nachgreifen zu müssen.

462 m/sec angegeben wurde – gemessen an einem achtzölligen Testlauf! Heute werden diese und ähnliche Werte bereits aus vier und sechs Zoll langen Läufen erreicht. Die Pulverprofile haben sich verändert, der Gasdruck fabrikgeladener Munition ist höher als vor zwanzig Jahren. Ganz zu schweigen von experimentierfreudigen und mitunter lebensmüden Wiederladern!

Smith & Wesson-Revolver werden von Hause aus mit verschiedenen Griffen, Formen und Schalen angeboten, die auf den ersten Blick sehr gut aussehen, bei näherem Hinsehen und längerem Gebrauch aber weniger als ›zufriedenstel-

Das Modell No. 19 ›Combat Magnum‹ wird mit unterschiedlichen Lauflängen und zwei verschiedenen Griff-Formen geliefert, dem eckigen ›square butt‹, hier mit den Goncalo Alves-Griffschalen, und dem runden Griffrahmen mit den ›Service‹-Schalen. Besonders die letzteren erweisen sich als problematisch beim Schießen der Waffe mit .357 Magnum-Ladungen und sollten ausgewechselt werden.

---

* wobei anzumerken ist, daß Form und Größe dem Vorläufer aus dem Jahre 1908, dem .44 Special-Revolver ›First Model Hand Ejector‹ entliehen waren!

Der ›Military & Police‹ in seiner Stainless-Ausführung, eine Dienstwaffe für Verbände, in denen es mit der Waffenpflege nicht so genau genommen wird oder genau genommen werden kann! Diese Version mit dem normalen Lauf wird nicht mehr im Firmenangebot aufgeführt, statt dessen erscheint dort der No. 64 mit schwerem Lauf (›Heavy Barrel‹) mit 4-Zoll-Länge, Gesamtlänge 23,5 cm, Gewicht 965 g. Auch eine Zwei-Zoll-Version des M & P mit abgerundetem Griff wird angeboten – bloß, was soll man mit einem kurzläufigen .38er, der statt des kleineren Rahmens die K-Standardgröße hat? Das hieße, die besten Eigenschaften der ›Snubbies‹ opfern. Diese als No. 12 M & P Airweight angebotene Variante mit Alu-Rahmen ist mehr als unlogisch, sie wird nicht besser, wenn man sie als No. 64 in Stainless verpackt!

lend‹ sind. Der J-Rahmen wird mit einem sehr schmalen kleinen Nußbaumgriff geliefert, der von der Firma als ›Service‹(Dienst-)Griff bezeichnet wird. Dieser Griff ist selbst für mittlere Hände zu klein geraten, bietet den Fingern wenig Auflagefläche und verschwindet in der Hand. Dabei ist zu berücksichtigen, daß bei der Formgebung dieses Griffes der Wunsch nach ›Concealment‹, dem verdeckten Tragen, Pate gestanden hat. Mit dem normalen Werksgriff trägt der Revolver unter der Jacke in den Hosenbund geschoben kaum auf. Jeder andere Griff wäre zwar besser, würde aber die Waffe auffälliger machen.

Die K-, N- und L-Rahmen sind entweder mit dem schmaleren eckigen ›Service‹-Griff oder den großen ›Goncalo Alves Target‹ ausgestattet, je nach Waffengröße und Kalibern. Beide Griffe sind nicht ideal. Für die ›Goncalo Alves‹ haben die Mehrheit der Schützen zu kleine Hände – sie sind eher für die Handschuhgrößen 9½ und aufwärts geeignet – und für den ›Dienstgriff‹ zu lange Finger. Deshalb konnte die Firma Tyler sich auf dem Markt mit ihrem Griff-Adapter etablieren. Zwar sind beide Griffe, ob in Rosenholz oder Walnuß, sehr schön anzusehen, aber ungünstig für den täglichen Dienstgebrauch und den aktiven Schützen. Die Fischhaut ist so scharf geschnitten, daß sie zwar mit

Lederhandschuhen gute Haftung bietet, aber mit bloßen Händen das Gefühl einer Raspel vermittelt. Hier bieten Custom-Griffschalen der verschiedenen Firmen, aber am besten noch Pachmayr oder Sile die richtigen Alternativen.

Für den Combatschützen kommen nur zwei der werksmäßig gelieferten Visierungen in Frage: Das schräg nach vorn abgeflachte ›Baughman Quick Draw‹ oder das ›S & W Red Ramp‹ mit einem roten Kunststoffeinsatz in der schrägen Fläche des Rampenkorns, das mit der weiß ausgestrichenen Umrandung des Kimmenblattes korrespondiert. Die

Der Zwei-Zoll ›Chiefs Special‹ ist einer der bekanntesten und beliebtesten S & W-Revolver. Kein Wunder also, daß er auch in die nähere Wahl gezogen wurde, als man nach 1972 in der Bundesrepublik .38 Spl.-Revolver für die Ausrüstung von polizeilichen Spezialeinheiten suchte. Mit größeren Combatgriffschalen versehen, wurde er u. a. auch jahrelang als Seitenwaffe in der GSG 9 geführt – bis die .38er Patrone in Mogadishu zu einigen herben Enttäuschungen führte.

Wie bereits erwähnt, ist der Chiefs Special und seine Varianten mit verdecktem Hammer (No. 49 ›Bodyguard‹) als Leichtausführung mit Alu-Rahmen (No. 37 ›Chiefs Special Airweight‹) und

meisten Revolvermodelle von S & W kommen werksmäßig mit verstellbarer Mikrometer-Visierung. Eine Ausnahme bilden die Variationen der Military- & Police-Serie, die mit einer feststehenden Rahmenkimme als reine Gebrauchswaffe für die Verteidigung gedacht sind. Natürlich haben auch die kurzläufigen .38er Snubnose-Varianten keine verstellbare Visierung.

Von den erfolgreichsten Modellen hat Smith & Wesson eine Version aus rostfreiem Edelstahl herausgebracht. Seit die erste dieser Waffen, das Modell No. 60, 1965 vorgestellt wurde, ist die Nachfrage nach diesen pflegeleichten Stücken kaum zu decken gewesen. Offensichtlich hat der silberne Glanz der Stainless-Revolver eine Anziehungskraft, die über die Rostunempfindlichkeit dieses Stahls geht. Einiges grundsätzlich zum Thema ›Stainless‹: Bei einem Beamten des Motorrad-Streifendienstes, der Wind und Regen ausgesetzt ist, an der Küste bei salzhaltiger Luft oder für das beständige verdeckte Tragen im Hosenbund in heißen Klimazonen mag eine Stainless-Ausführung vielleicht am Platz sein, für den Durchschnittsschützen aber ist sie Luxus, und ein fragwürdiger dazu! Eine Stainless-Waffe wird aufgrund der härteren Eigenschaften des zur Verarbeitung kommenden Materials selten den sauberen, weichen Schloßgang haben, der für eine Combatwaffe so erforderlich ist. In schlimmen Fällen entsteht beim Betätigen des Abzugs der Eindruck, als wären einige Körnchen feiner Sand in den Revolver eingedrungen. Zudem gibt es andere Verfahren der Oberflächenbehandlung, die eine gleiche Rostresistenz bei besserer Gleitfähigkeit der Teile bieten.

als Kombination (No. 38 ›Bodyguard Airweight‹) sowie in der rostfreien Version No. 60 ›Chiefs Special Stainless‹) eine reine Verteidigungswaffe zum verdeckten Tragen. Zwar ist es möglich, auf 25 m den Kopfbereich einer Mannscheibe zu treffen, aber man sollte nicht zuviel von dem 51 mm langen Lauf erwarten. Die geringen Außenmaße und die auf fünf Patronen begrenzte Kapazität der Trommel sind Zugeständnisse an die geplante Verwendung: Als Zweitwaffe außerhalb der Dienstzeit, als private Verteidigung für den äußersten Notfall, als Taschenrevolver, den man sich tatsächlich in Mantel- oder Hosentasche schieben kann. Diesem letzten Aspekt kam man auch mit der Entwicklung des

Ein No. 36 Chiefs Special mit den von Bianchi vertriebenen Griffschalen von Pachmayr.

Der Bodyguard Airweight in Ganzstahl-Ausführung (No. 49) gehört zu den behördlichen Dienstwaffen des FBI.

verdeckten Hammers nach, den man im Bodyguard verwirklichte, um zu verhindern, daß der Hammersporn beim Ziehen in der Kleidung hängenbleibt.

Der kurzläufige Snubnose, dessen klassischer Vertreter der S & W Chiefs Special ist, bleibt eine ›Saalkampfwaffe‹ im besten Sinne des Wortes – ihn als Primär- oder Holsterwaffe im dienstlichen Bereich (womöglich noch offen!) zu tragen, wie man es mitunter in einigen Polizeien oder beim Militär sieht, heißt, seine besten Eigenschaften aufzugeben.

Wer eine kleine, handliche Zweitwaffe als ›back-up‹ oder ›off-duty‹ sucht, sollte sich die Airweight-Revolver näher ansehen, sie bieten erhebliche Vorteile gegenüber der Ganzstahlwaffe und halten Normallaborierungen ohne Mucken aus! V_0-starke Hochleistungspatronen aus diesen kurzläufigen Revolvern zu verschießen, bleibt sehr fragwürdig. Das Mehr an Rückstoß, Mündungsblitz und Knall steht in keinem Verhältnis zur gesteigerten ballistischen Wirkung. Wer tatsächlich +P-Ladungen aus einem Chiefs Special verschießen will, sollte sich ernsthaft überlegen, ob er nicht die zweieinhalb Zentimeter mehr in Kauf nimmt, und sich einen Drei-Inch No. 36 zulegt. Die Airweights haben den Ruf, stärkere Ladungen schlecht zu vertragen, und sind auch nicht zum ständigen Üben geeignet, aber beim täglichen Führen macht sich das geringere Eigengewicht durchaus bemerkbar. Auch der verdeckte Hammer der Bodyguard-Modelle ist für eine verdeckte Waffe logisch – nur, wann und wo bekommt man schon einen Bodyguard Airweight angeboten? Dieses Modell ist wirklich beliebt und der Hersteller scheint einfach nicht

in der Lage, die Nachfrage zu decken. Entsprechend selten findet man einen Bodyguard mit Leichtmetall-Rahmen im Waffengeschäft – und wer nimmt schon gern lange Wartezeiten in Kauf. Daher hat Bianchi in Verbindung mit Pachmayr einen Gummigriff entwerfen lassen, der sowohl den miserablen S & W-Werksgriff ersetzt, als auch den Hammer so verdeckt, daß man ihn zwar noch mit dem Daumen spannen kann, aber ein Verfangen in der Kleidung verhindert

wird. Die Kombination, die an jeden No. 36, 37 oder 60 angebracht werden kann, ist fast ideal zu nennen – bis auf einen kleinen Nachteil: Die Hammerführung hat die Eigenschaft, in ihrem Schlitz alle möglichen Fremdkörper zu ›sammeln‹. Stoff, Fussel, Krümel aller Art finden sich bei längerem Gebrauch als Taschenwaffe und können letztlich funktionshemmend wirken. Etwas Sorgfalt und eine kurze Kontrolle von Zeit zu Zeit sind daher nötig.

Waffe (Angaben m. Werksgriffen)	Gewicht	Länge	mit 3	Preisklasse (DM)
No. 36 Chiefs Special	540 g	16,5 cm	19,5 cm	528.–/640.–
No. 37 Chiefs Special Airweight	400 g	16,5 cm	–	550.–/650.–
No. 38 Bodyguard Airweight	410 g	16,5 cm	–	?
No. 49 Bodyguard	580 g	16,5 cm	–	?
No. 60 Chiefs Special Stainless	540 g	16,5 cm	–	650.–/848.–

Im geladenen Zustand sind je nach Patronenart zwischen 100 und 120 Gramm zu addieren. Breite der Waffen (Trommel): 3,3 cm.

Die Stainless-Ausführung des Chiefs Special mit Pachmayr-Gummigriff und dem zur Waffe passenden Bianchi-Gürtelholster 5 BH.

Modell No. 19 Combat Magnum – der ideale Revolver für die Verteidigung?

Wer einen .357 Magnum-Revolver täglich als Verteidigungs- oder Dienstwaffe führen will, ist mit dem No. 19 gut beraten. Der No. 19 ist nichts weiter als die Fortentwicklung des No. 14 ›K-38 Masterpiece‹ mit einer etwas stärkeren Trommel für die Aufnahme der Magnum-Patrone; und der No. 14 hatte sich bereits als Scheiben- und Sportwaffe bewährt, als man an den Entwurf des Combat Magnum ging. Die ideale Kombination als Holster- und Dienstwaffe ist der vier Zoll lange Lauf in Verbindung mit ein Paar vernünftigen Griffschalen, vorzugsweise Pachmayr- oder Sile-Gummigriffe! Wer einen .357 Magnum zum ständigen Training, zum Sportschießen oder zur Jagd mit .357 Magnum-Hochleistungslaborierungen sucht, sollte besser sein Augenmerk auf die N-Rahmen-Modelle No. 27 oder 28 richten und sich da entsprechend seiner Neigung für einen 102 oder 152 mm langen Lauf entscheiden. Diese Waffen sind zwar schwerer, aber dafür besser geeignet, die hohe Materialbeanspruchung der .357 Magnum zu ertragen. Der K-Rahmen des No. 19 ist ein Kompromiß an den Tragekomfort.

In der 4- und 6-Zoll-Länge ist der Combat Magnum mit dem eckigen Griff und Goncalo Alves Target-Griffen ausgestattet. Besonders mit dem kürzeren 102 mm-Lauf hatten die meisten Combatschützen unserer Testgruppe ein ungutes Gefühl, beim schnellen Zugreifen und instinktivem Deutschuß mit der Waffe sitzt die Hand zu hoch am Griff, eine Tendenz zu Hochschüssen ist bemerkbar. Hier fehlt eine mehr ausgeprägte Rückstoßschulter am Griff und ein geringerer Durchmesser an der unteren Hälfte, damit Ring- und kleiner Finger bessere Einwirkungsmöglichkeiten haben, um dem ›Hochrollen‹ des Revolvers im Rückstoß entgegenwirken zu können.

In der 2½-Zoll-Version des No. 19, dem .357 Magnum ›Snubnose‹ (falls man bei einer Magnum-Waffe tatsächlich noch von einer solchen Stubsnase sprechen kann), wird die Waffe mit einem abgerundeten Griffstück geliefert, der für die meisten Hände zu klein ist. Für ihn gibt es einen Tyler-Griff-Adapter, der die Auflagenfläche von Mittel- und Ringfinger vergrößert, aber auch einen sehr guten Pachmayr-Griff, der von den meisten Testschützen in Größe und Formgebung als ideal bezeichnet wurde.

Aus irgendwelchen logisch nicht ganz

Der kurzläufige No. 19 Combat Magnum ist die Alternative für viele Combatschützen, denen die .38 Spl. ›Snubbies‹ zu zahm sind.

Die beiden No. 19-Testwaffen, oben mit Pachmayr-Griff, unten in Werksausführung.

zu erklärenden Gründen erfreut sich die 2½-Zoll-Version sehr großer Beliebtheit. Eine große Anzahl von FBI-Beamten im Außendienst wählt diese Waffe für das tägliche verdeckte Führen im Hüftholster. Der kurze 64 mm-Lauf opfert sehr viel an Schußgenauigkeit und Energie der .357 Magnum-Patrone, wie jedes Vergleichsschießen auf dem 25 m-Stand beweisen kann. Das Mikrometer-Visier auf einem so kurzen Lauf ist eigentlich Unsinn, trotzdem behält Smith & Wesson diese Kombination bei. Der Rückstoß ist merklich stärker, der Mündungsblitz im Vergleich zum vierzölligen Lauf wirkt in einem abgedunkelten Raum wie ein Blitzlichtgerät, das Schützen und Gegenüber blendet.

Trotzdem: Alle Beteiligten bei unserem Testschießen (einschließlich des Verfassers, der sich auch nicht der Faszination der kurzen Ausführung mit Pachmayr-Griff entziehen konnte) optierten für die Zweieinhalb-Zoll-Version, als sie nach ihrem Wunsch für einen Verteidigungsrevolver gefragt wurden.

Zu dieser Entscheidung sei noch die Berücksichtigung der jeweiligen Trageart erwähnt: Für das offene Diensholster ist natürlich die Vier-Zoll-Länge vorzuziehen, auch wer aus den verschiedensten Gründen seinen Revolver in einem Schulterholster statt am Gürtel verdeckt führt, hätte mit dem längeren Lauf keine Probleme: Alessi z. B. fertigt ein sehr gutes ›Upside-down‹-Holster, das die Waffe auch mit dem 102 mm-Lauf gut hält, ohne aufzutragen. Die großen Werksgriffe mit dem klangvollen spanischen Namen stellen ja viel eher ein Problem als die Lauflänge dar. Für jene Revolverfans, die aber den .357 Magnum auch in Zivil in einem Hüftholster tragen wollen, ist der kurze 64 mm-Lauf besser: Mit dem entsprechenden Pancake oder ähnlich gut anliegenden Holster ›verschwindet‹ der Combat Magnum dank seines abgerundeten Griffes und der geringen Gesamtlänge selbst unter einer Jeansjacke.

Zur Anziehungskraft des kurzen No. 19 kommt noch der rein optische Effekt: Irgendwie ist der kurze Snubby eindrucksvoller – er sieht drohender aus als die besser ausbalancierten längeren Versionen des gleichen Typs. In den Worten eines Testers, Ex-Sergeant der Polizei von San Fransisco: "He looks business!" Und wenn sich diese psychologische Wirkung des No. 19 dahingehend auswirkt, daß ein Angreifer bei seinem Anblick aufgibt, ohne daß geschossen werden mußte, ist der Zweck des Führens einer Verteidigungswaffe

Eine interessante Alternative, sowohl preislich als auch in der Ausführung, ist das Modell No. 13 ›.357 Military & Police‹ (Stainless-Version: No. 65), das mit Standardgriff und feststehender Visierung geliefert wird. Gäbe es von diesem Modell eine Variante mit drei Zoll langem lauf, so hätte man eine ideale Dienstwaffe zum verdeckten Tragen ohne überflüssiges Beiwerk. Auch dieser Revolver ist mit K-Rahmen ausgestattet, ihm fehlt lediglich die Auswerferhülse, die beim Combat Magnum die Stange verkleidet, ein kosmetischer Unterschied. S & W hat eine kurze Probeserie in der 76 mm-Lauflänge für den FBI gefertigt, und allen Kommentaren aus Quantico nach hat sich dieser Revolver bewährt. Auch in der hier gezeigten Normalausführung ist die Waffe für den verbandsmäßigen Gebrauch bei Polizei, Sicherheitsfirmen und Armee durchaus befriedigend. Für den Privatmann bietet sie sich als Verteidigungsmittel ›nur so zum Hinlegen‹ an oder als preisgünstige Zweitwaffe. Sie liegt im Preis zwischen 25 und 35% unter dem des Combat Magnum sowohl in der Normal- wie in der Stainless-Ausführung.

Für jene Schützen, die beständig im Kaliber .357 Magnum üben und schießen wollen und als reine Holsterwaffe ist der ›Highway Patrolman‹ (No. 28) mit N-Rahmen. Dies ist die Normalausführung des Modells 27, dem klassischen Magnum-Grunddesign, das es in Lauflängen von 3½" bis 8⅜" gibt und das mit sehr tiefer Brünierung als Luxusausgabe angeboten wird – allerdings auch für einen Preis, um den 300.– bis 400.– DM über dem des Standardmodells 28 liegt! Für Combatschützen ist der No. 26 die preisgünstige Alternative zum Combat Magnum. Der Unterschied zwischen beiden Waffen liegt nicht nur im Gesamtgewicht oder in der Größe, sondern auch in der Balance des Revolvers: Der Highway Patrol ist aufgrund seines stärkeren Rahmens, eines breiteren Ausstoßergehäuses vorderlastiger, was sich beim Anschlag im Deutschießen auswirkt. Man hat mehr ›Gefühl‹ dafür, wo der Lauf hinzeigt. Gleichzeitig wirkt sich das nach vorn verlagerte Eigengewicht und der N-Rahmen auch auf den Rückstoß aus. Die Waffe ist besser zu kontrollieren als ähnliche Modelle mit K-Rahmen. Der No. 28 wird als 4- und 6-Zoll-Version verkauft.

Waffe	Länge	Gewicht	Visier	Griff	Preisklasse (DM)
No. 19, 2½″	19,05 cm	880 g	11,0 cm	rund, ›Service‹	658.–/750.–
No. 19, 4″	24,00 cm	990 g	14,8 cm	›Goncalo Alves‹	658.–/750.–
No. 19, 6″	29,00 cm	1135 g	19,8 cm	›Goncalo Alves‹	700.–/750.–
No. 66, 2½″	19,05 cm	880 g	11,0 cm	rund, ›Service‹	750.–/845.–
No. 66, 4″	24,00 cm	990 g	14,8 cm	›Goncalo Alves‹	750.–/845.–

ungleich besser erfüllt als im Fall ihres Schießens!
Als Stainless-Ausführung heißt der Combat Magnum No. 66 und wird mit 4 und 2½-Zoll-Lauf geliefert. In Betracht zu ziehen wäre noch die ab Werk gelieferte vernickelte Ausführung des No. 19.

Der No. 25 ist im Prinzip die gleiche Waffe wie der No. 29 .44 Magnum oder der No. 57 .41 Magnum. Beide Waffen sind als Verteidigungswaffen nicht für jeden Schützen geeignet. Es gibt Polizisten in den USA, für die fängt erst beim .41 Magnum die Klasse der Mannstopper an – alles andere wird von ihnen als ›schwindsüchtig‹ bezeichnet. Nun sind beide Magnum-Kaliber nicht zu verachten, aber sie haben eindeutig ihre Grenzen in der Nutzbarkeit als Verteidigungs-

Waffe	Lauf	Kaliber	Gewicht	Länge	Visier	Preisklasse (DM)
No. 13 M & P	4″	.357 Magn.	965 g	23,5 cm	15 cm	450.–/ 495.–
No. 28	4″	.357 Magn.	1185 g	23,5 cm	15 cm	698.–/ 750.–
No. 28	6″	.357 Magn.	1250 g	28,5 cm	20 cm	760.–/ 875.–
No. 25-2	6½″	.45 ACP	1275 g	29,5 cm	20 cm	975.–/1100.–
No. 29	4″	.44 Magn.	1185 g	23,5 cm	15 cm	975.–/1050.–
No. 29	6½″	.44 Magn.	1335 g	29,5 cm	20 cm	1200.–/1550.–*)

*) als Stainless-Ausführung No. 629

In der N-Rahmenklasse ist das Modell 25 eine Alternative zu herkömmlichen Revolver-Munition-Verbindungen, die viel zu wenig beachtet wird. No. 25 ›1955 .45 Target‹ ist für die Pistolenpatrone .45 ACP ausgelegt und wird mit ›Halbmond‹-Clips geladen. Sie akzeptiert jede Geschoß- und Laborierungsart, die man in eine .45 ACP-Patrone laden kann – jenseits von dem, was eine .45-Pistole tolerieren würde! No. 25 ist gleichzeitig Sport-, Jagd- und Verteidigungswaffe und wird nur mit einer Lauflänge von 6½ Zoll (165 mm) und 4 Zoll ab Werk geliefert, aber wenn der Verfasser der Meinung wäre, Geld in eine Custom-Version irgendeiner Waffe investieren zu müssen, so wäre dieser Revolver das erste Versuchsobjekt. Eine schön abgerundete 2½- oder 3-Inch-Verteidigungswaffe auf der Basis dieses .45er Revolvers wäre ein durchaus lobenswertes Unterfangen. Als Zweitwaffe für diejenigen Combatschützen, die sich auf die .45-Pistole eingeschworen haben, ist diese Waffe nur zu empfehlen. Es ist erstaunlich, wieviel man aus dieser Waffe auf dem Stand herausholen kann, wenn man selbst wiederlädt. Für Sportschützen, deren Scheibenwaffe auch zur Not zur Verteidigung herhalten muß, ist der 25-2 (Lauf 165 mm) oder 25-5 (4 Zoll) ideal. Das größere Kaliber macht aus manchem Schuß noch einen höheren Ringwert, als er bei einem .38er Geschoß ausgefallen wäre.

waffe. Innerhalb von Gebäuden ist die Normalladung beider Waffen zu durchschlagsstark und laut. Der Rückstoß ist zwar kontrollierbar – entgegen landläufiger Legenden –, aber die Zeit zwischen der Abgabe der einzelnen Schüsse ist zu lang, weil die Waffe zu weit aus dem Ziel geschlagen wird.
Es gibt Situationen, in denen man sich erst mit einer so potenten Laborierung wie der .44 Magnum sicher fühlen kann – aber dann würde man sich mit einer Schrotflinte und Flintenlaufgeschossen noch besser armiert fühlen! Im offenen Gelände, bei der Jagd oder in der Wildnis hat die .44 Magnum ihre unbestrittenen Verdienste. Allerdings ausnutzen kann man diese Patrone erst ab einer Lauflänge von 150 mm!
Für Wiederlader gibt es die Möglichkeit, den .41 oder .44 Magnum mit vier oder sechs Zoll langem Lauf zu führen und durch entsprechende Eigenversuche eine ihnen genehme Laborierung zu finden, deren Rückstoß sie kontrollieren können. Unabhängig von der Rasanz der Auftreffgeschwindigkeit wird der große Geschoßdurchmesser terminalballistisch sehr gute Wirkungen zeigen.

Die Neuen
Lange Jahre verdienten sich gewiefte Büchsenmacher und Firmen ein Zubrot, indem sie Kunden mit exklusiven Wünschen statt der handelsüblichen Ware ›Smolts‹ anboten – Kombinationen aus dem Rahmen und Trommel von Smith- & Wesson mit dem Python-Lauf, dessen ventilierte Laufschiene und bis zur Mündung vorgezogene Ausstoßergehäuse manchem Revolver-Liebhaber am Herzen lag. Smith & Wesson hat mit der neuen Serie diesem Markt gewissermaßen den Wind aus den Segeln genommen. Der neue ›Distinguished Combat Magnum‹ hat neben der augenfälligen Laufgestaltung, dem stärkeren Rahmen und Zylinder einen glatten Combat-Abzug und einen breiteren Hahnsporn, der als ›Semi-Target Hammer‹ angeboten wird.
Durch die Rahmenverstärkung und das Ausstoßergehäuse sind die neuen .357 Magnum-Revolver etwas schwerer mit einem mehr zur Mündung hin verlagerten Schwerpunkt als die K-Rahmen-Modelle. Ansonsten ist man beim bewährten S & W-Konzept geblieben. Das Gewicht des 4″ 586 liegt bei 1180 g.
Die Neuen unterscheiden sich wie folgt:

No. 581 – Feststehende Visierung mit flachem Korn und 4-Zoll-Lauf

Der 686 in den Lauflängen 102 und 152 mm; rechts dahinter das Modell 547. Deutlich erkennbar der schwere Lauf des 3″-Revolvers und die niedrige Visierung, die diese Waffe zu einem robusten Gebrauchsgegenstand gestalten.

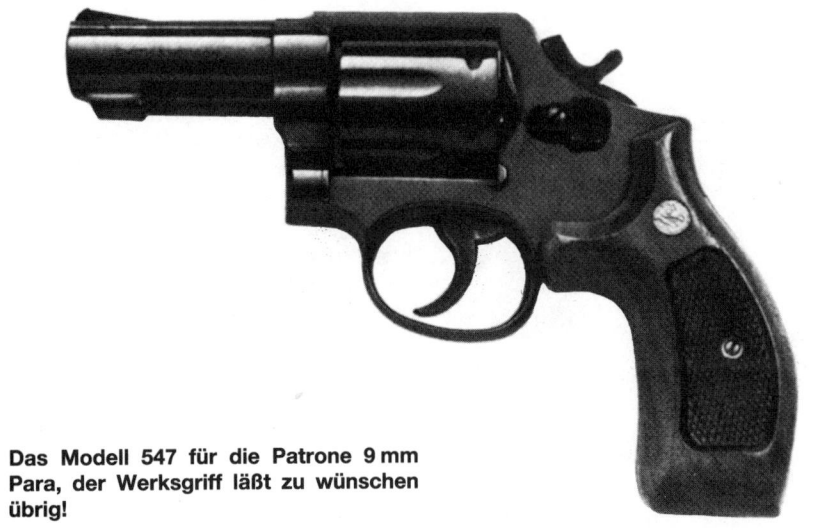

Das Modell 547 für die Patrone 9 mm Para, der Werksgriff läßt zu wünschen übrig!

No. 586 – Mikrometer-Visier mit hohem Rampenkorn, 4″- und 6″-Versionen erhältlich

No. 686 – wie vorstehend, nur in Stainless Steel

Der Revolver No. 547 bietet da schon einiges Interessante mehr: Die Methode, mit der man bei S & W das Problem des Ausstoßens der randlosen 9 mm Parabellum-Patrone gelöst hat, ist tatsächlich genial – sechs Blattfedern, die im Ausstoßerkopf sitzen, greifen mit ihren verbreiterten Enden in die Rillen der Patronenhülsen ein, sobald der Ausstoßer nach hinten gedrückt wird. Der Revolver selbst basiert auf dem K-Rahmen mit dem runden Dienstgriff und hat eine feste Visierung. Er wird mit drei und vier Zoll langem Lauf angeboten und wiegt in der 3″-Ausführung 910 Gramm.

Rein preislich liegt die neue Modellserie noch eng beieinander. Der 9 mm Para-Revolver wurde vom Importeur Wischo KG in der Bundesrepublik mit einem empfohlenen Verkaufspreis um DM 900.– vertrieben. Die ersten Smith & Wesson 586 und 686 wurden sowohl in den USA mit $ 300.– und mehr und hierzulande zwischen DM 790.– und 830.– für das brünierte Modell und nahe DM 900.– für die Stainless-Version gehandelt.

Colt

Im Gegensatz zum Konkurrenten Smith & Wesson beschränkt sich das Angebot von Colt auf eine relativ kleine Auswahl von .38 Spl. und .357 Magnum-Revolver für den Combatschützen – es fehlt die reiche Auswahl verschiedener Modelle und Lauflängen. Colt hat sich auf einige wenige Typen beschränkt, die schrittweise modifiziert wurden. Die Firma hat sich nicht an dem seit den sechziger Jahren verbreiteten Boom in Stainless-Versionen beteiligt, und bei genauerer Betrachtung wird man den Eindruck nicht los, die Manager von Colt wußten warum! Statt dessen konnte man von Colt fast jedes Modell vernickelt erhalten und seit einigen Jahren hat man Pionierarbeit auf dem Gebiet eines Oberflächenschutzes geleistet, der unter dem Namen ›Electroless Nickel‹ eine rostgeschützte, mattsilberne Oberfläche darstellt, die alle Vorteile von rostfreiem Stahl hat – ohne die Nachteile eines rauheren Innenlebens und Schloßgangs.

Während ein merkbarer und meßbarer Unterschied zwischen dem Abzugsgewicht und dem Schloßgang eines Stainless-Modells im Vergleich zur normalen, brünierten Stahlausführung vorhanden ist, fühlen sich die Electroless Nikkel-Versionen wesentlich weicher an. Dieser Oberflächenschutz macht das Metall gleitfähiger. Obwohl Abzugsgewichtsangaben eine recht dubiose Angelegenheit sind und sich die Maße oft bei gleichen Modellen aus demselben Fertigungsjahr um 300 bis 750 g verschieben, sei in folgender Tabelle ein Beispiel von Gewichten gegeben, um zu verdeutlichen, was gemeint ist. Die gemessene Werte stammen von serienmäßigen Waffen, die beim Test dienten, ohne seit ihrer Auslieferung vom Werk Abzugskorrekturen oder -verfeinerungen zu erfahren. Alle Waffen waren ungefähr seit gleich langer Zeit im Gebrauch und hatten die gleiche Anzahl von Schüssen abgegeben (plus/minus 1000).

Colts Revolverdesign, das mit geringen Modernisierungen bis heute fortgesetzt wird, datiert bis zum ›New Army Revolver‹ des Jahres 1892 zurück, der zuerst im Kaliber .38 Long Colt, dann in .38 S & W Special und zuletzt 1908 als ›Army Special‹ auch in .41 Colt Long gefertigt wurde. Der Army Special wurde als modifizierte Serie in .38 Spl. bis 1969 hergestellt, um dann vom ›Official Police Mark III‹ abgelöst zu werden.

Ein Urahn der heutigen Colt-Revolver: ›Colt New Service‹ im Kaliber .45 Long – wurde während des Ersten Weltkrieges für die Verwendung von .45 ACP-Patronen in Verbindung mit Halbmond-Clips aptiert.

	Colt Detective, brüniert	Electroless	S & W M 19	M 66
DA-Abzugsgew.	5,50 kg	5,00 kg	4,58 kg	5,45 kg
SA	2,70 kg	1,13 kg	2,05 kg	2,50 kg

Colts kurzläufige Taschenrevolver sind eine echte Alternative zu den Zwei-Inch-Modellen 36, 37 und 38 von Smith- & Wesson – sie verfügen über einen Vorteil: Sechs statt fünf Patronen in der Trommel! Außerdem hat Colt eine verdient gute Reputation im Hinblick auf Schloßgang, und auch diese kleinen Revolver verfügen über den sauber gearbeiteten Abzug, der dem Python zu eigenen sprichwörtlichen Güteklasse verholfen hat. Colt hat nie ein Modell mit verdecktem Hammer gefertigt, es ist auch nicht ratsam – wie es beim S & W No. 36 möglich ist und oft gemacht wird – den Hahnsporn abzufeilen: Dadurch wird das Eigengewicht des Hammers so verändert, daß eine Zündung nicht mehr garantiert ist. Statt dessen liefert Colt ein Zusatzteil, das von jedem Büchsenmacher eingesetzt werden kann. Eine Metallhülse verdeckt dann den Hammer so weit, daß nur noch die Daumenfläche des Hahnsporns erfaßbar ist.

Vom Werk aus sind die Coltgriffe der Snubnose-Serie, d. i. der ›Detective Special‹, ›Cobra‹ und ›Agent‹, eher zu

Colts kurzläufige Taschenrevolver. V.o.n.u.: ›Detective‹, ›Cobra‹, ›Agent‹.

gebrauchen als die der Konkurrenz. Die Griffe sind für kleine und mittlere Hände geschaffen, der Agent hat flachere Griffschalen, weil er als Spezialmodell für das versteckte Tragen (etwa im Beinholster) geschaffen wurde.

Unter unserer Testgruppe war eine Frau, die als Krankenschwester in einer entfernten Gebirgsregion Kaliforniens arbeitet und den Detective Special als ›Anti-Vergewaltigungsmittel‹ führt. Nachdem der Verfasser Mary auf dem Stand erlebt hat, würde er es nicht noch einmal wagen, sie abends in der Dämmerung anzusprechen. Bei einem Eigengewicht von plus/minus 100 Pfund und Handschuhgröße 6 war sie völlig in der Lage, sechs Schuß aus sieben Meter Entfernung in das Zentrum zweier Mannscheiben innerhalb von zweieinhalb Sekunden zu plazieren – und das mit Remingtons .38+P JHP!

Aber auch zwei andere Schützen, die über die Handschuhgröße 8½ und 9½ verfügten, hatten keinerlei Beschwerden über die Werksgriffe am Detective Special anzumelden.

Die zusätzliche Patrone in der Trommel wirkt sich natürlich auch auf die Breite Waffe aus. Im Gegensatz zum Chiefs Special (33 mm) ist der Detective 36 mm breit. Der Preisunterschied zum S & W-Produkt ist erheblich, im Electroless Finish wird die Waffe in den USA um 450 Dollar gehandelt, für die normale Nickelausführung lagen die Preise in der Bundesrepublik zwischen 858.– und 899.– DM. Alles in allem, teuere Qualität!

Der Detective und seine Varianten sind auf einer Rahmengröße aufgebaut, die bei Colt unter ›D‹ läuft. Auf dieser gleichen Rahmengröße brachte Colt 1977 einen neuen ›.38 Police Positive‹ heraus, der über einen längeren (vier Zoll) und stärkeren Lauf verfügt. Wo früher der Official Police Mark III eine freistehende Ausstoßerstange hat, umwölbt jetzt ein Gehäuse diesen Teil. Im ganzen sieht der Police Positive wie ein zu klein geratener Trooper aus. Er hat ein feststehendes Visier und soll die Angebotslücke zwischen dem stärkeren Lawman und den Taschenrevolvern sein. In Tradition mit der ›Schlangen‹-Kennzeichnung der neuen Colt-Revolver wurde das neue Modell schließlich als ›Viper‹ vermarktet. Er liegt mit 925 g um ein Drittel über dem Detective, was auf den längeren Lauf und die unterschiedliche Griffgestaltung zurückzuführen ist. In den USA wird dieser Revolver als einfache .38er Dienstwaffe im Bereich zwischen 250.– und 300.– Dollar verkauft.

Waffe	Gewicht	Länge	Preisklasse (DM)
Detective Special	625 g	170 mm	750.–/865.–
Cobra (Alu-Rahmen)	470 g	170 mm	820.–/900.–
Agent (Alu-Rahmen)	450 g	170 mm	?

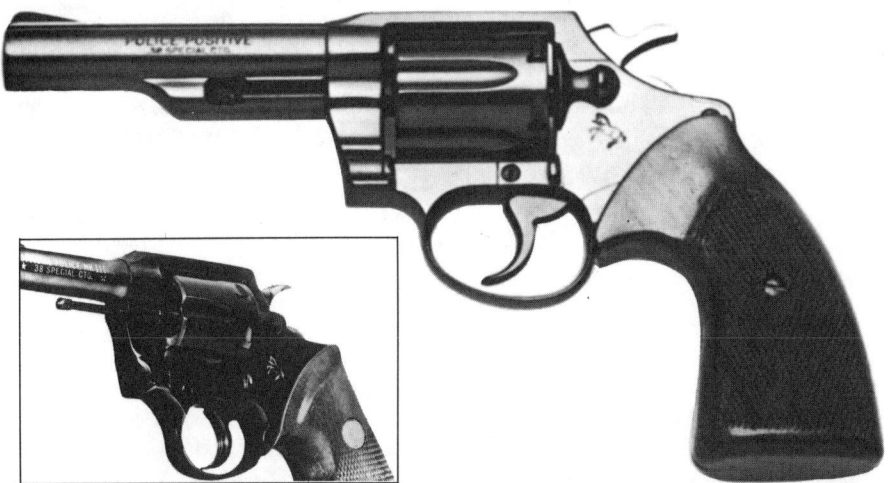

›.38 Police Positive‹ mit ummantelter Ausstoßerstange (oben) im Vergleich zum ›Official Police Mark III‹ mit freistehender Ausstoßerstange (Detailbild unten).

Auf dem gleichen Rahmen wie der Lawman (›J‹) ist der ›Trooper‹ aufgebaut, der in der Kundengunst immer (und man möchte sagen: unverdient) hinter dem klassischen .357 Magnum von Colt, dem Python, zurücksteht. Im Gegensatz zum leichteren Lawman hat der Trooper eine Laufschiene und verstellbare Visierung. Er wird in den Lauflängen von vier und sechs Zoll geliefert, ist hervorragend ausbalanciert und wird um 25 bis 35% billiger als der legendäre Python gehandelt. Sowohl für den Sport- als auch den Combatschützen bietet sich der Trooper als preiswertere Alternative an. Vom Python unterscheidet ihn äußerlich nur die halblange Ausstoßerhülse (die beim Python bis zur Mündung reicht) und die fehlenden Ventilierungsschlitze in der Laufschiene. Beide Unterschiede resultieren in einer unterschiedlichen Gewichtsverlagerung der Waffe – der Python ist lauflastiger und wird daher von Sportschützen bevorzugt. In der 4″-Länge ist dieser Unterschied nicht mehr merkbar – und diese Lauflänge ist für die meisten Waffenträger die optimalere, da sie ihren Revolver verdeckt tragen wollen. Innen sieht es anders aus: Der Trooper hat – wie der Lawmann – eine Spiralfeder für den Hahn, während der Python die auch in den Taschenrevolvern verwendete Blattfeder besitzt. Der Unterschied zwischen beiden Federarten und ihr Einfluß auf die Gängigkeit des Abzuges ist zwar spürbar – aber lediglich für Spezialisten. Im praktischen Gebrauch, im Combatschießen, fällt dieser Umstand kaum ins Gewicht.

Während 1982 in Europa noch der Trooper MK III im Angebot war, wurde in den USA bereits der MK V vertrieben, mit dem Colt den Trooper attraktiver und besser machen will. Der MK V wird jetzt auch mit der ventilierten Laufschiene des Python geliefert, darüber hinaus aber haben Griff und Schloß tiefgreifende Veränderungen erfahren: Die Spiralfeder ist länger als beim MK III und sitzt in einem anderen Winkel im Rahmen des Griffstücks. Gleichzeitig wurden Veränderungen im Abzugsmechanis

Der ›Lawman MK III‹ ist ein .357 Magnum-Revolver mit feststehender Visierung, der als Dienstwaffe in zwei Lauflängen angeboten wird: 51 mm (2″) und 102 mm (4″). Als Zwei-Zoll-Revolver wird er vom Werk mit abgerundeter Griff-Form und einer bis zur Mündung reichenden Hülse für die Ausstoßerstange geliefert. Er ist als das Colt-Gegenstück zum S & W No. 19 anzusehen, wobei auf überflüssiges Beiwerk wie eine verstellbare Visierung verzichtet wurde. Der kurze Lauf nützt natürlich das Potential der .357 Magnum-Patrone nicht aus – ähnlich wie beim Combat Magnum, aber der Lawman eignet sich zum Führen mit rasanten .38 Spl.-Laborierungen der +P und +P plus-Klasse.

In der 4″-Vision ist der Trooper MK V der beste Revolver von Colt für Combatschützen, die einen .357 Magnum führen wollen. Preislich gesehen stellt er einen guten Mittelwert zwischen Lawmann und Python dar, qualitätsmäßig kann kaum von einem Kompromiß die Rede sein. Das ›Mehr‹ an Verarbeitungsqualität, Schloßgang und Lauf-Visier-Gestaltung des Python wiegt kaum den Preis auf. Nach einem Vergleichsschießen zwischen dem Combat Magnum und den Trooper MK III und MK V gab die Mehrheit unserer Testschützen den Colt-Modellen ihren Vorzug, wobei der MK V in der allgemeinen Bewertung noch weiter vorn lag, als der MK III ohnehin vor dem No. 19 rangierte.

Modell	Lauf	Gewicht	Länge	Preisklasse (DM)
Lawman Mk III	2″	910 g	185 mm	710.–/780.–
Lawman Mk III	4″	995 g	235 mm	710.–/780.–
Trooper Mk III	4″	1105 g	240 mm	790.–/840.–
Trooper Mk III	6″	1190 g	290 mm	290.–/860.–

Für die normale Nickel-Ausführung ist zwischen 60.– und 100.– DM Aufpreis zu veranschlagen, die stumpfe ›Electroless Nickel‹-Version, die unter der ges. gesch. Bezeichnung ›Coltguard‹ angeboten wird, ist über 100.– DM teurer gehalten als die brünierte Standardausführung.

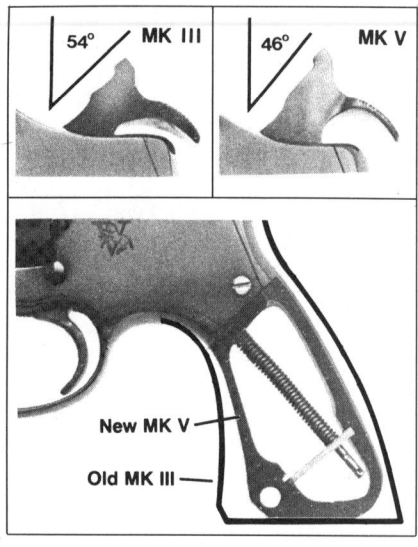

geben ist. Gleichzeitig wurde der Trooper nun auch mit dem etwas längeren Hahnsporn des Python ausgestattet. Man muß beide Waffenmodelle nebeneinander testen, um wirklich die Neuerungen des Mark V begutachten zu können. Der Trooper fällt in der Qualität gegenüber dem Python kaum noch zurück – lediglich sein Abzug ist etwas härter und kürzer, was aber bei einer Dienst- und Verteidigungswaffe nicht negativ ins Gewicht fällt. Zum Zeitpunkt der Drucklegung waren noch keine hiesigen Preisvergleiche zwischen den MK III und MK V Modellen möglich; gemessen an den US-Preisen ist zu erwarten, daß der neue MK V hierzulande zwischen 100.– bis 150.– DM teurer als sein Vorgänger sein dürfte.

Der ›Python‹ ist Colts Paradepferd. Entsprechend gut kontrolliert verläßt er auch das Werk – Finish, Schloßgang und Gesamtqualität sind tadellos. In den Lauflängen 6″ und 8″ ist vor allem als Scheiben- und Jagdwaffe geeignet, beim gezielten Schuß wirkt sich der bullige Lauf mit der Ausstoßerstangenhülse und dem zusätzlichen Gewicht der Laufschiene mit der zum Korn ansteigenden Rampe als vorteilhaft aus. Der Rahmen ist im vorderen Teil verstärkt. Hahnsporn und Abzug sind ganz auf das Sportschießen ausgerichtet. Ein Python ist auch – dank gleichbleibender Qualität – eine Geldanlage, und eigentlich wäre nichts mehr zu diesem Produkt zu sagen.

Für den Combatschützen, der eine Ölquelle im Garten hat und sich diesen Revolver leisten will, der fast doppelt soviel wie der Trooper oder S & W's Modell 586 kostet, sind vor allem die kürzeren Ausführungen interessant. Wir führten u. a. längere Tests mit dem 2½-Zoll-Modell aus: Der Rückstoß wurde angenehmer empfunden als bei vergleichbaren Combat Magnum- und Lawman-Ausführungen – hier macht sich das hohe Eigengewicht der Waffe bemerkbar und die Form des Griffes. Der normale Pythongriff ist für das Zielschießen

mus bewirkt, die nun dazu führen, daß der Hammerweg beim Spannen um 8 Grad kürzer ist als beim älteren Modell. Für den Schützen wirkt sich das beim Double-Action-Schießen in einem weicheren, kürzeren Abziehen aus. Durch die neue Winkelstellung der Hahnfeder konnte der Griffrahmen verkleinert werden, wodurch eine größere Gestaltungsbreite in der Wahl des Griffes ge-

Python mit 6″-Lauf und Herret-Griff, der aber auch mehr zum Scheiben- als zum Combatschießen gedacht ist.

nach SA-Art ausgelegt. Beim DA-Schießen findet sich die Hand höher am Griff, die Laufachse ist näher am Zeigefinger. Der Rückstoß wird direkt zur Hand geleitet und dieser Umstand im Zusammenhang mit dem Eigengewicht lassen den Rückstoß weicher erscheinen. Zusätzlich verteilt der große Griff die Energie auf mehr Handfläche.

Der ›Python‹ im Anschlag.

Lauflängen: Python 4″ und 6″

Munition .357 Magn. Python		4″ V_0	E_0	6″ V_0	E_0
Winchester	125 g JHP	436 m/sec	75,25 mkp	502 m/sec	104,40 mkp
Remington	125 g JHP	433 m/sec	77,30 mkp	487 m/sec	93,35 mkp
Hornady	160 g FM-FP	319 m/sec	54,20 mkp	383 m/sec	77,90 mkp

Diesem positiven Aspekt stehen einige negative und bedeutsame entgegen: Der Werksgriff ist für das DA-Schießen nicht geeignet, hat man den Griff so in der Hand (mittl. Handgröße!), daß man bequem mit dem Zeigefingerglied zum Spannen des Abzuges vorreicht, sitzt die Waffe derart tief, daß Ring- und kleiner Finger kaum noch ausreichenden Gegendruck ausüben können. Ein kleinerer, nach unten verjüngender Griff wäre hier am Platz, aber der große Griffrahmen läßt wenig Raum für Alternativen. In ähnlicher Weise zeigte sich, daß die meisten Schützen unserer Testgruppe beim Deutschießen aus nächster Entfernung ungewöhnlich viele Hoch-Schüsse lieferten. Der kurzläufige Python wirkt in der Hand so schlecht ausbalanciert, daß die Tester meinten, ihnen ginge »das Gefühl verloren, wohin der Lauf zeigt«. Bei der vier Zoll langen Laufausführung trat diese Empfindung nicht auf.

Wer tatsächlich den Colt Python mit zweieinhalb Inch langem Lauf führen will, ist gut beraten, lange und sorgfältig nach einem passenden Griff zu suchen.

Colts ›Diamondback‹ ist ein geschrumpfter Python. Wo der Python auf einem verstärkten Waffenrahmen, der ›I‹-Ausführung, basiert, hat der Diamondback den leichteren D-Rahmen, wie er auch bei den .38 Spl.-Taschenrevolvern benutzt wird. Der Diamondback hat die gleiche qualitätsmäßige Ausführung und Ausstattung (ventilierte Laufschiene, lange Ausstoßerhülse, Target-Griff und großer Hahnsporn, Blattfeder statt Spiralfeder für den Hahn) wie der Python, nur daß er für das Kaliber .38 Spl. ausgelegt ist und nur in zweieinhalb Zoll und vier Zoll Lauflänge geliefert wird. Der Diamondback ist damit absatz- und werbemäßig die ›Python-Klasse‹ für Leute, die sich mit der .357 Magnum-Patrone nicht anfreunden können oder dieses Kaliber (wie bei einigen amerikanischen Polizeien) nicht führen dürfen. – Ein Porsche mit Käfermotor also! Dem Verfasser mutet dieses Modell etwa wie ein Versuch der Firma Colt an, aus dem Ruf des Python auch in der .38er Klasse Geld zu machen und etwas mit der Eitelkeit der Käufer zu spielen. Ob die ventilierte Laufschiene und das andere Beiwerk, plus das gehobene Finish und der weiche Schloßgang tatsächlich das Mehr an Geld wert ist, das für den Diamondback im Vergleich zu anderen .38 Spl.-Revolvern abverlangt wird, ist mehr als zweifelhaft. Der Sportgriff ist für den praktischen Gebrauch am Diamondback genauso fehl am Platz wie am Python – der kleine Bruder hat glücklicherweise einen Griffrahmen, auf den auch die Detective Special-Griffschalen passen. Mit vier Zoll langem Lauf bekommt der Diamondback so eine gute Handlage und einen weit über den Zeigefinger hinausreichenden Schwerpunkt, der beim schnellen Anschlag angenehme Trefferhilfe leistet.

Kurz vor Drucklegung erreichte uns die Nachricht, daß Colt nun doch den Eintritt in den Stainless-Markt unternommen hat: Der Python wurde im Herbst '82 in einer Ausführung aus rostfreiem Edelstahl der amerikanischen Fachwelt vorgestellt. Gleichzeitig kündigte Colt eine neue Version des ›Agent‹ an.

Colts ›Diamondback‹.

Modell	Lauf	Gewicht	Länge	Preisklasse (DM)
Python	2½″	935 g	197 mm	1240.–/1300.–
Python	4″	1080 g	235 mm	1265.–/1335.–
Python	6″	1240 g	285 mm	1285.–/1370.–
Diamondback	2½″	680 g	190 mm	920.–/ 940.–
Diamondback	4″	780 g	230 mm	920.–/ 940.–

Dan Wesson

Als Dan Wesson Ende der sechziger Jahre die Firma Smith & Wesson verließ und in Monson, Massachussets 1969 den ersten ›variablen‹ .357 Magnum-Revolver, genannt Modell 12, vorstellte, gab es mehr als nur einen Zweifler, ob sich dieses radikal vom herkömmlichen abgehende Design in der Praxis bewähren würde. Auf der Basis eines mittelgroßen Rahmens bot Wesson einen ganzen Set an: verschiedene Lauflängen und Visiere, die sich mit wenigen Handgriffen auswechseln lassen würden; dazu ein gutes halbes Dutzend verschiedener Griffe, Griffformen und -stärken, die alle auf den Rahmen paßten, der eigentlich keinen Griffrahmen hatte. Die Hahnspiralfeder saß in einem vierkantigen Stahlstück, über das der Griff geschoben und von unten mit einer Schraube verbunden wird. Klingt ungewöhnlich? Nun bei bestimmten Gewehren und Schrotflinten wird eine ähnliche (nur etwas größer ausgelegte) Methode zur Befestigung des Schafts seit über 100 Jahren benutzt. Der Vierkant erlaubt natürlich eine enorme Variationsbreite in der Griffform, und für besonders veranlagte Individualisten liegt den Sets von Dan Wesson auch ein Rohling bei, den der Schütze frei zu seinem persönlichen Griff formen kann.

Sämtliche Werkzeugteile, die für Lauf- und Griffwechsel benötigt werden (inkl. einer Lehre zum Kontrollieren des Lauf-Trommel-Abstandes) werden vom Hersteller mit jeder Waffe mitgeliefert. Der Lauf selbst sitzt in einem Laufmantel, einer Hülse, in der auch die Ausstoßerstange ruht. Von der Mündung her wird mittels eines Adapterstücks die Laufmutter entfernt, die Hülse abgezogen und der Lauf per Hand aus- und eingeschraubt. Der entsprechende Laufmantel wird übergezogen und mit einem Stift justiert. Die verschiedenen Läufe existieren in den Größen 2½″, 4″, 6″, 8″, 10″, 12″, 15″ mit ventilierter oder ausgefüllter Laufschiene, mit einfachem Schleppkorn oder Rampenkorn mit farbigem Zieleinsatz.

Ziel dieses Sets ist es, dem Schützen mit einer Waffe möglichst breite Gebrauchsmöglichkeiten zu bieten – er kann mit dem kurzen Lauf die Waffe als reine Verteidigungswaffe führen oder den Revolver am Wochenende mit 6″-Lauf und eckigem Griff als Scheibenrevolver nehmen. Er kann den Wesson mit 8″ oder 15″ Lauflängen für das Schie-

Dan Wesson-Revolver werden zumeist im ›Pac‹ mit vier oder zwei Lauflängen angeboten. In diesem Alu-Koffer befinden sich neben dem Modell 15-2V mit verstellbarer Visierung im Kaliber .357 Magnum und aufgesetztem 8-Zoll-Lauf die Wechselläufe 2½″, 4″ und 6″. Außerdem: Gürtelschnalle, Aufnäher, Werkzeug, ein Scheibengriff (an der Waffe) und ein ›Sacramento‹-Combatgriff. Der ganze Satz kostet bei der Firma Neumann, die in der Bundesrepublik die Alleinvertretungsrechte für Dan Wesson-Revolver hat, knapp DM 1725.–. Als Scheibenwaffe mit einem extra Laufgewicht vor der Auswerferstange würde der gleiche Set DM 1998.– kosten. Dieses Modell, als 15-2VH bezeichnet, kostet in der Grundausstattung (eine Waffe mit einem Lauf, z. B. 6″) DM 998.–. Die Zusatzläufe für die Normallängen liegen bei 410.– im Vergleich zu den Mod. 15-2V-Läufen, die 339.– kosten. Wechselgriffe liegen bei DM 98.– in fertigem Zustand und für DM 48.– ist ein Griffrohling zu kaufen, den man sich nach eigenen Wünschen gestalten kann.

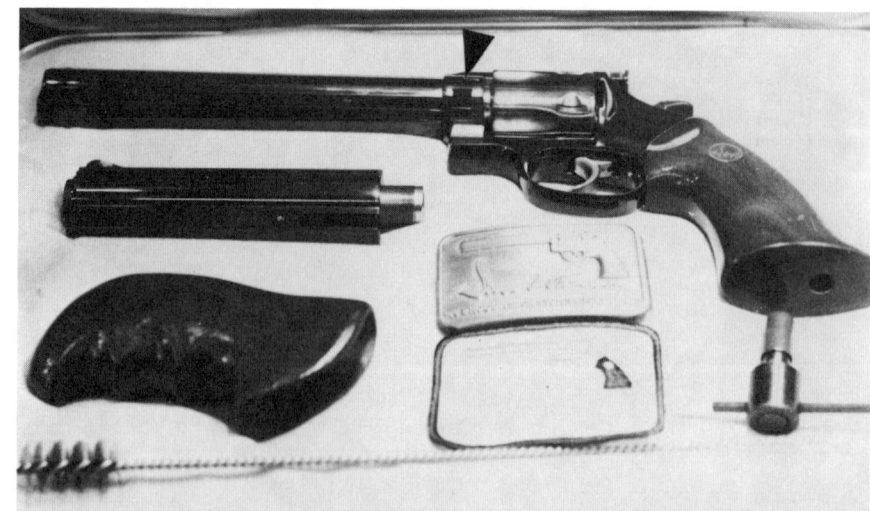

Ein ›Mini-Pac‹ mit einem Wechsellauf und -griff: links die Griffschale ›Combat‹, die sich sehr gut zum verdeckten Tragen eignet. Auf dem Foto ist auch sehr deutlich die vom herkömmlichen abweichende Position der Trommelarretierung zu sehen (Pfeil) und die Bohrung im Griff für das Anschrauben der einteiligen ›Griffschale‹.

ßen auf metallische Silhouetten nehmen, das sich in den USA einer dynamisch wachsenden Anhängerschaft erfreut.

Zudem ist der Dan Wesson immer schon sehr gut verarbeitet gewesen. Die jetzigen Serienmodelle 15–2 unterscheiden sich von der früheren Serie 12 durch einige Kleinigkeiten, wie z. B. der besseren Anbringung der Laufmutter, die nun innerhalb des Mantels sitzt. Abzugs- und Hahnform wurden verändert, um optimalere Verhältnisse für das DA-Schießen zu erhalten. Ohnehin war Schloß und Abzugsgang von Anfang an weit vom herkömmlichen Revolverdesign entfernt: Der Spannabzugsweg ist um ein Viertel kürzer als bei vergleichbaren anderen Waffen und er ist vom Werk so gut gearbeitet, daß nur wenige Schützen tatsächlich etwas daran auszusetzen haben. Der Abzug selbst ist glatt und ohne Riffelung und entspricht von daher den Anforderungen eines guten Spannabzuges.

Der Dan Wesson ist etwas für Leute, die viel Spaß mit ihren Waffen haben wollen, obwohl man selten die Wechselmöglichkeiten des Systems tatsächlich ausnützt. Aber gerade in der Bundesrepublik, wo der Schütze von einem mißtrauischen Gesetzgeber im Erwerb seiner Faustfeuerwaffen behindert und beschränkt wird, ist das Dan Wesson-Wechselsystem eine ideale Lösung für den Jagdscheininhaber und Waffenscheinbesitzer, der sich nur einen Revolver kaufen will und kann. Er hat mit dem Dan Wesson dann mehr als einen Revolver. Wenn dies irgendein blut- und empfindungsleerer Verwaltungsjurist liest, wird es demnächst auch noch zu einem ›lex wesson‹ kommen! 1981 stellte Dan Wesson seinen neuen Revolver vor, den 44 V (oder VH je nach Laufmantelart) im Kaliber .44 Magnum, der bisher mit den Lauflängen 6″ und 8″ geliefert wird. Auch er dürfte ein Kundenerfolg werden.

Ruger

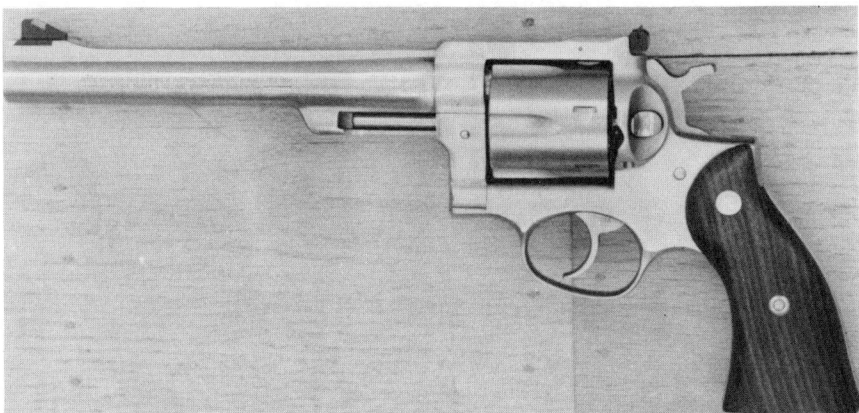

Rugers .44 Magnum in Stainless Steel-Ausführung, eine Waffe, der man in Verarbeitung, Qualität und Schloßgang durchaus Konkurrenzfähigkeit gegenüber dem Gegenstück von Smith & Wesson einräumen muß.

»I don't know how they do it!«
(Ich weiß nicht, wie die das machen!)

So faßte einer unserer Tester, Combat- und Revolverschütze aus Leidenschaft, ex-SAS-Offizier, seinen Eindruck von den Ruger-Revolvern zusammen. Tatsächlich ist es schwer zu verstehen, wie Ruger diese hervorragende Qualität zu Preisen auf den Markt bringen kann, die zwischen 20 und 30% unter denen der Konkurrenz liegen – und diese Qualität in Fertigung, Finish, Schloßgang wird trotz des niedrigen Preises konstant gehalten. Selbst in der Klasse der Stainless Steel-Revolver sind die Ruger-Produkte ohne Fehl und Tadel.

Ruger ist – gemessen an Colt oder S & W – ein Neuling auf dem Waffenmarkt. Die Firma wurde 1949 als ›Sturm, Ruger & Co.‹ in Southport, Conn., etabliert, die anfängliche Entwicklung ging in die Richtung billiger, robuster KK-Scheibenpistolen. Später brach Ruger mit den Modellen ›Blackhawk‹ und ›Super Blackhawk‹ in den Markt der traditionellen SA-Revolver ein. Erst 1971 versuchte sich Bill Ruger mit einem DA-Revolver: Der .357 Magnum ›Security Six‹ entwickelte sich bald zu einem Renner auf dem Gebiet der Gebrauchswaffen. Ruger konnte sich mit seinem eigenwillig konstruierten Design gegenüber den marktbeherrschenden Firmen durchsetzen und verschiedene große Behördenaufträge für sich entscheiden. Dabei war weniger die Konstruktionsweise des Security Six oder des vereinfachten ›Speed Six‹ entscheidend als die Tatsache, daß der Neuling gute Ware zu guten Preisen liefern konnte. Der Umstand, daß Rugers Revolver ohne die herkömmliche Seitenplatte und ohne Schrauben gebaut waren und sich daher auch ohne Werkzeuge leicht zur Pflege in modulare Baugruppen auseinandernehmen ließen, gefiel zwar den Verbrauchern, machte aber zuerst kaum Eindruck auf die Beschaffungsbürokraten.

1980 ging Ruger noch einen Schritt weiter und wiederholte mit dem Speed Six, was er Mitte der siebziger Jahre bereits beim Blackhawk eingeführt hatte: Dank einer Wechseltrommel konnte der .357 Magn. Blackhawk nicht nur die Revolverpatronen .38 Spl. und .357 Magnum verschießen, sondern auch die 9 mm Parabellum. Der neue Speed Six funktionierte nicht mit einer Wechseltrommel, aber er konnte die 9 mm Parabellum aus einer besonders gefertigten Trommel verschießen, die für Halbmond-Clips eingerichtet war: Bereits einige Jahre vorher hatte Ruger einen 9 mm Para-Revolver, den ›Police Service Six‹ für die randlose Patrone auf den Markt gebracht, der mit einem speziellen Hülsenauswerfer ausgestattet war, der dank eines runden Federstahlstreifens in die Rille der Parabellum-Patrone eingreifen konnte. Dieser Auswerfer hatte sich in langjährigen Erprobungen und in der Praxis als störanfällig erwiesen, so daß Ruger mit dem neuen Speed Six nun auf die alte Lösung der 3-Schuß-Streifen zurückgriff. Diese Halbmond-Clips sind eine so gute und einfache

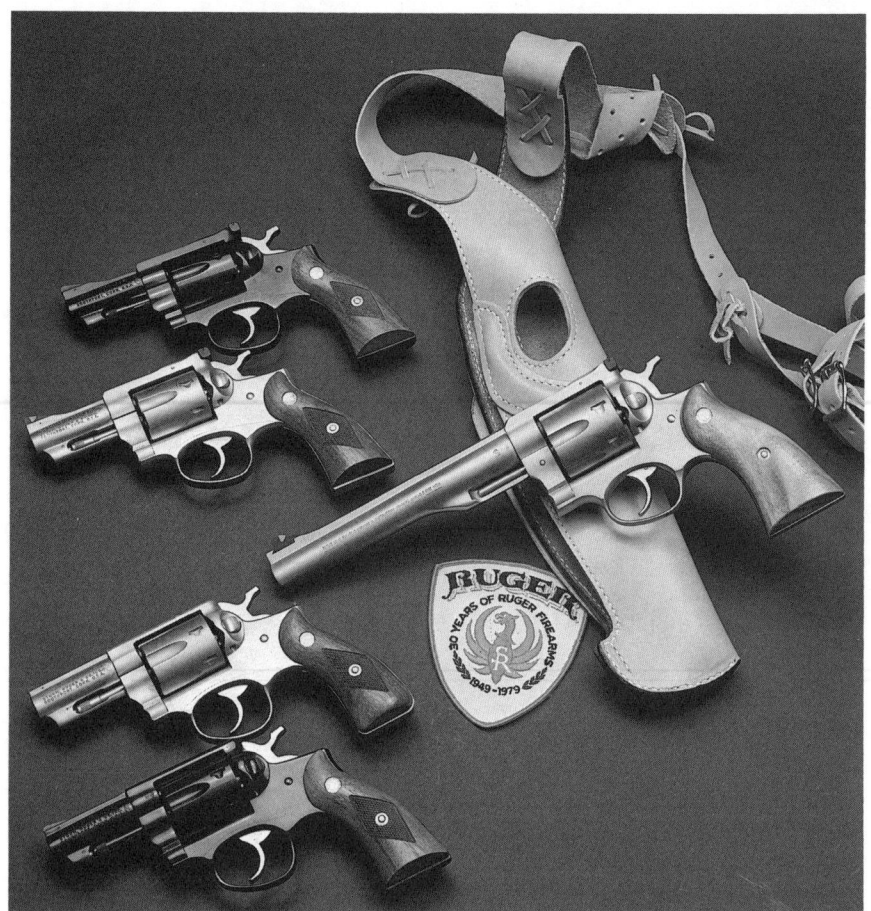

Ruger Redhawk neben vier Varianten der Ruger ›Snubnose‹-Serie ihrer .357 Magnum-Revolver. Die Lauflänge beträgt 2¾ Zoll (70 mm), das Gewicht entsprechend ob mit oder ohne Mikrometer-Visier 700–750 g: RDA 32 ›Security Six‹ / GA 32 ›Security Six Stainless‹ / GS 32 ›Speed Six Stainless‹ mit rundem Griffstück / SDA 32 ›Police Service Six‹. Alle Revolver haben die Ausmaße 210 × 130 mm mit Ausnahme des GS 32, der in Höhe und Länge um 5 mm kürzer ist. (Foto: Frankonia)

Sehr gut gelöst ist bei allen Ruger-Revolvern die Plazierung des Hebels für die Trommelverriegelung, die dem Daumen nicht mehr im Weg ist. Auf dem Bild zu sehen: das abgerundete Kimmenblatt mit seiner weißen Umrandung, die mit einem Leuchteinsatz aus orangem Kunststoff im Rampenkorn kontrastiert.

der können nur von Fachleuten vorgenommen werden und haben enge Grenzen – ist die Feder zu schwach, ist sie nicht mehr in der Lage, die Zündung zu gewährleisten. Ein Herumbasteln an der Abzugsfeder wiederum kann dazu führen, daß der Abzug beim schnellen DA-Schießen nach dem ersten Schuß nicht ganz nach vorn zurückfällt und die Trommel beim erneuten Abziehen nicht transportiert wird. Entsprechend ist den Reduktionsmöglichkeiten des Abzugsgewichtes bei DA-Revolvern ein geringer Rahmen gesetzt. Ruger hat bei Redhawk nun durch eine neue Hauptfederstellung die Abzugsfeder überflüssig gemacht, das Vorholen des Abzugs wird über die Spiralfeder des Hahnes bewerkstelligt. Sie reduziert sich das notwendige Abzugsgewicht des .44 Magnum Redhawk auf knapp 4 kg – im

Konstruktion, daß man sich immer nur wundern kann, warum sie nicht mehr Verbreitung finden: Sie kosten nur wenige Groschen in der Anschaffung, lassen sich besser in der Tasche tragen als ein Speedloader und sind problemlos zu laden.

Mit dem 1979 vorgestellten ›Redhawk‹ im Kaliber .44 Magnum hat Ruger einen weiteren Schritt nach vorn getan und

Smith & Wesson ernsthafte Konkurrenz gemacht. Der Redhawk führte eine neue Schloßkonstruktion vor, die Bill Ruger und Harry Seyfried entwickelt haben. Traditionelle Revolverdesigns haben je eine Feder für den Hahnantrieb und eine kleinere Feder für das Zurückholen des Abzugs, nachdem der Schuß gebrochen ist. Daraus resultiert das Abzugsgewicht. Veränderungen an der Hahnfe-

Ruger-Revolver im Vergleich: .357 Magnum-Modelle

Waffe	Lauf	Gewicht	Länge	Visier	Höhe	Breite	Preis (DM)	Ausführung
GA 32	70 mm	750 g	190 mm	Mikrometer	130 mm	38 mm	730.–	stainless
SDA 32	70 mm	700 g	185 mm	starr	130 mm	38 mm	598.–	brüniert
GA 34 H	4″ (102 mm)	950 g	240 mm	Mikrometer	130 mm	38 mm	798.–	stainless
GA 36	6″ (152 mm)	1050 g	290 mm	Mikrometer	130 mm	38 mm	728.–	stainless
SDA 34	4″ (102 mm)	950 g	240 mm	starr	130 mm	38 mm	598.–	brüniert

Ruger-Revolver werden für ihren Schloßgang gerühmt, bei den Testmessungen an verschiedenen Revolvern fand sich dieser Ruf bestätigt: Das Abzugsgewicht lag im Bereich von 1,45 kg (SA) und 5 kg (DA).

Gegensatz zu 7,25 kg, die z. B. an einem M 29 von S & W gemessen wurden, oder 5,45 kg bei einem Security Six. Es ist zu erwarten, daß diese Art des Hahnantriebes in den kommenden Jahren auch bei den .357 Magnum-Revolvern von Ruger Verwendung finden wird. Ohnehin sind Ruger-Revolver für ihren glatten Schloßgang und ihren ›zweistufigen‹ Spannabzug berühmt. Entgegen herkömmlicher Revolvermechanismen wird die Trommel der Ruger-Modelle recht früh arretiert – nachdem der Hahn 30° seines Weges zurückgelegt hat, steht die Trommel unverrückbar fest, nach weiteren 15° wird der Hahn ausgelöst. Beim Schießen über den Spannabzug macht sich die frühe Arretierung bemerkbar, der Schütze weiß, daß er jetzt nur noch das letzte Drittel des Abzugweges zu überwinden hat. Beim konzentrierten DA-Schießen wirkt das fast wie ein Vorspannen und man kann sehr sicher und ohne großes Verreißen schießen.

Rugers einziger Nachteil sind seine Griffe – die Rahmen der verschiedenen Modelle sind hervorragend geformt, besonders die hohe Rückstoßschulter beweist sich beim Combatschießen. Aber die Griffschalen kann man vergessen und bestenfalls als Ofenholz gebrauchen: Der zaghafte Versuch einer Fischhaut innerhalb einer Raute auf beiden Seiten tut nichts für die Griffigkeit, sondern wirkt eher störend. Glücklicherweise haben einige Firmen dieses Manko der sonst tadellosen Ruger-Revolver erkannt und bieten Custom-Griffschalen an: An erster Stelle sind hier die Modelle von Hogue und besonders sein Monogrip aus Kunststoff zu nennen.

Ruger-Revolver und die dazu passenden Holster von Bianchi, von oben: GA 36 ›Security Six‹ in rostfreiem Edelstahl, .357 Magnum mit Sechs-Zoll-Lauf / GA 34 H Vier-Zoll-Ausführung mit großen ›Target‹-Griffschalen, die eine Ablösung der unbrauchbaren Standard-Griffe von Ruger darstellen / SDA 34 ›Police Sercice Six‹ mit flacher starrer Gebrauchsvisierung. .357 Magn. / RDA 34 ›Security Six‹, die gleiche Waffe wie die vorhergehende, nur mit Mikrometervisier und großem Rampenkorn.
(Foto: Frankonia)

Die SDA-Versionen 32 und 34 (hier das Modell 34 mit 4″-Lauf) sind ›sehr viel Waffe für wenig Geld‹ und bieten eine preisgünstige Alternative in der Klasse der .357 Magnum-Revolver. Sie unterscheiden sich von den teuren Modellen nur im Fehlen der Mikrometer-Visierung. Statt dessen ist in der Rahmenoberseite eine U-förmige Ausfräsung als Kimme.

›Andere‹ Revolver

»Es gibt auch noch andere Firmen, die Revolver herstellen!« Diesen Ausspruch kann man immer wieder hören, wenn Waffenliebhaber sich über den Gegenstand ihres Hobbys streiten und Firmen wie Colt oder Smith & Wesson ›über den grünen Klee‹ gelobt wurden. Es gibt ›andere‹ Revolver, und gerade in den letzten Jahren sind einige europäische Hersteller verstärkt in den Revolvermarkt eingetreten, auf dem sie sich früher nicht bewegt haben. Der potentielle Revolverkäufer ist natürlich vorsichtig, sobald er vom einfachen und geraden Weg der traditionellen Revolverhersteller abschweift und eine ›unbekannte‹ Marke für den Kauf in Betracht zieht. Warum sollte man einen Llama, einen Astra oder ähnliches kaufen, wenn man auch einen S & W, Colt oder Dan Wesson erwerben kann? Nun, ein Grund wird durch den Kaufpreis geboten – diese europäischen Modelle liegen oft weit unter den vergleichbaren Importwaffen. Mitunter gibt es auch eine besondere Eigenschaft an diesem oder jenem Modell, die zum Kauf einlädt.

Llama

»Schuster bleib' bei deinen Leisten« war man versucht zu sagen. Beim Test der Llama-Revolver zeigten sich derartige Unregelmäßigkeiten, daß keine so rechte Übereinstimmung bei der Beurteilung dieser Waffen aufkommen konnte. Wir hatten einen Llama ›Comanche‹ im Kaliber .22 l.r., der hervorragend schoß, hervorragend verarbeitet war und sehr gute Trefferbilder erbrachte – ganz zu schweigen von einem sauberen, leichten Abzug. Bei einer zweiten Waffe gleicher Bauart, gleichen Modells, die wir aus einem Waffengeschäft ausliehen, war das Abzugsgewicht noch geringer (1,6 kg statt 2,7 kg für den SA-Abzug und 4,0 statt 4,4 kg beim DA-Schießen), aber die Schußgenauigkeit dieser zweiten Waffe fiel weit hinter dem ersten Stück zurück: Während unser größter Streukreis bei knapp 4 cm lag, schoß die zweite Waffe Streukreise von 4,5 cm aufwärts bis 6,4 cm! Die zweite Waffe hatte etwas Spiel in der Zylinderarretierung, der bei einer Scheibenwaffe stutzig machte. Zwar flogen keine Blei-Abstreifungen zwischen Trommel und Lauf heraus, aber entsprechend vorge-

Der ›Comanche‹ in .357 Magnum mit vier Zoll langem Lauf wiegt 1,01 kg.

Der ›Super Comanche‹ in .44 Magnum mit Sechs-Zoll-Lauf hat einen größeren und stärkeren Rahmen als das Modell Comanche und wiegt 1360 g.

warnt, gingen wir an die großkalibrigen Brüder der Llama-Revolverfamilien heran. Llama fertigt zwei .38 Spl.-Taschenrevolver mit Zwei-Zoll-Läufen, die Modelle ›Piccolo‹ und ›Scorpio‹, mit verschiedenen Lauflängen und verstellbarer Visierung und mittelgroßem Rahmen. Auf der gleichen Rahmengröße wird auch der .357 Magnum ›Comanche‹ hergestellt, dessen verstärkte Version ›Super Comanche‹ mit 6″ und 8½″-Lauf in .44 und .357 Magnum auf der Basis des großen Rahmens aufgebaut ist. Der Super Comanche hat in den USA einige Aufmerksamkeit erregt, weil er zwar wie ein S & W No. 29 aussieht, aber etwas schwerer ist und vor allem in kürzester Zeit lieferbar war – während man für den No. 29 nach längerer Wartezeit auch noch Phantasiepreise zahlen mußte. Jedoch – der Comanche läßt zu

wünschen übrig: Zwei Revolver standen zur Verfügung, ein .357 Magnum mit vier Zoll langem Lauf und ein 6″ Super Comanche in .44 Magnum. Bei beiden Waffen war der Schloßgang beim SA-Schießen glatt und brach bei 1,7 resp. 1,9 kg. Bei DA-Schießen erlebten wir dafür unsere Überraschung – der Abzug kroch, wurde im letzten Drittel noch schwerer, so daß man nur mit äußerster Konzentration ein Verreißen verhinderte, und brach bei 5,8 und 6,4 kg resp.! Die Schußgenauigkeit war fragwürdig – bei 25 m Entfernung war es schwierig, die Treffer im Schwarzen zu halten. Die Verarbeitung variierte. Bei einer Waffe waren noch Werkzeugspuren übelster Art an der Trommelrückseite und am Stoßboden zu finden, beim Super Comanche zeigte sich nach etwa 150 Schuß ein erhebliches Trommelspiel. Offen-

48

sichtlich hapert es bei der spanischen Firma mit der End- und Qualitätskontrolle – vielleicht sabotieren aber auch die Basken, um so die Treffsicherheit der spanischen Guardia Civile zu untergraben, möchte man spöttisch anmerken. Llamas Pistolen sind besser, und vielleicht hätte sich die Firma hier eine Selbstbeschränkung auferlegen sollen.

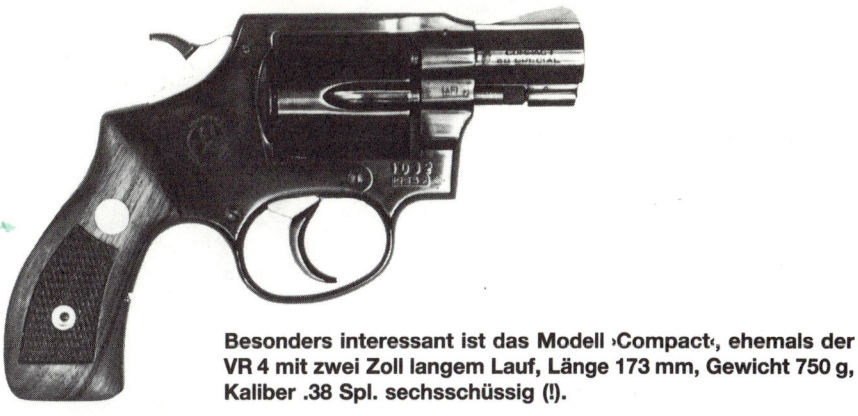

Besonders interessant ist das Modell ›Compact‹, ehemals der VR 4 mit zwei Zoll langem Lauf, Länge 173 mm, Gewicht 750 g, Kaliber .38 Spl. sechsschüssig (!).

Armi San Paolo

Sauer & Sohn stellte vor einigen Jahren eine Reihe guter Gebrauchs- und Sportrevolver her, bevor die Firma durch die Fertigung der Sig-Sauer-Selbstladepistolen derart ausgelastet wurde, daß sie die Revolverfertigung terminierte. Fertigungsrechte zusammen mit Know-How und wahrscheinlich auch große Teile des Maschinenparks gingen an die norditalienische Firma Armi San Paolo in Brescia, die den Vorderladerschützen bekannt ist. Dort werden nun die ehemaligen Sauer & Sohn-Serien VR und SR unter anderem Namen in guter Qualität fortgeführt. In der Bundesrepublik wird die italienische Firma durch die Wischo KG vertreten.

Charter Arms

Mitte der sechziger Jahre versuchte die neue Firme ›Charter Arms‹, auf dem Revolvermarkt eine Nische zu erkämpfen. 1965 erschien das Modell ›Undercover‹, ein kleiner Zwei-Zoll-Revolver mit Leichtmetallrahmen, der damals (wie heute) den kleinsten und leichtesten Taschenrevolver im Kaliber .38 Spl. darstellte. Bei einer Gesamtlänge von 15,9 cm bringt der Undercover rund 455 Gramm auf die Waage. Mit diesem kurzläufigen Revolver ist es der Firma aus Bridgeport, Connecticut, gelungen, Smith & Wesson einige Kunden abspenstig zu machen. Das leichte Gewicht und der Preis spielten dabei eine ähnliche Rolle wie die Tatsache, daß die Smith & Wesson-Preise zwar in die Höhe kletterten, aber die Qualität nachließ. Weniger Glück hatte die Firma mit ihren .38 Spl.-Dienstrevolvern, dem ›Police Bulldog‹ und dem ›.44 Spl. Bulldog‹. Charter Arms machte auf unangenehmen Wegen Schlagzeilen: Ein Undercover wurde für die Ermordung von John Lennon benutzt, ein .44 Spl. Bulldog hielt wochenlang New York in Atem, als ›Son of Sam‹ damit seine wahnsinni-

Ein .38 Spl.-Revolver wird von Armi San Paolo als ›Service‹ (Lauflängen 2″ und 4″, feststehende Visierung) und als ›Service Special‹ (4″- und 6″-Lauf, Visier verstellbar) mit eckigen, fischhautverschnittenen Griffschalen angeboten. Während die Service, ähnlich wie der Compact, einen glatten Abzug hat, wird der Service Special zum besseren SA-Schießen mit längsverschnittener Riffelung gefertigt.

Mit diesem Foto eines ›pitschnassen‹ Revolvers des Modells ›Undercover‹ wirbt Charter Arms in den USA für seine Produkte. Die hier gezeigte fünfschüssige Stainless-Waffe wiegt leer ganze 455 Gramm und ist 15,9 cm lang.

Undercover-Ausführung mit spornlosem Hahn und Gummi-Griff.

ge Kopfjagd auf junge Mädchen machte.

In Verarbeitung und Schußgenauigkeit reichen die Charter Arms-Waffen nicht an die Produkte von Colt oder Smith & Wesson heran – es fehlt das gute Finish, die saubere Endverarbeitung. Von Zeit zu Zeit kommt es vor, daß ein Charter Arms-Revolver nach wenigen Schuß auseinanderfällt – beim Police Bulldog löst sich mit Vorliebe die Trommel von ihrer Achse, wenn man den Ausstoßer betätigt. Die Verwendung von Leichtmetallen führt auch dazu, daß der Undercover nicht für ständiges Trainieren oder für starke Laborierungen empfänglich ist. Dies ist eine ›back-up‹-Waffe, die man nur im Notfall benutzt und alle Jahre wieder auf dem Schießstand mit ein, zwei Trommel-Ladungen testet, um zu sehen, ob die Waffe noch einsatzbereit ist.

Beim Kauf von Charter Arms-Waffen ist Vorsicht geboten – die Qualität hat sich zwar in den letzten Jahren gebessert, aber von Zeit zu Zeit scheint noch der für die Endkontrolle Zuständige lange Kaffeepausen einzulegen.

Anfang der achtziger Jahre hat Charter Arms den Sprung in die Stainless-Klasse gewagt. Die Nachfrage für diese Art Waffen in den USA ist entsprechend groß und 1982 kam die Firma mit einer neuen Variante heraus, die durchaus erfolgversprechend ist: ein Undercover mit spornlosem Hahn und Gummigriff. Von allen Charter Arms-Produkten kann man am ehesten noch diesen Re-

volver empfehlen. Allerdings sollte man keine Wunderdinge von diesen Waffen erwarten. Von Revolver zu Revolver ist der Schloßgang und das Abzugsgewicht unterschiedlich, an drei verschiedenen Undercover wurden folgende DA-Werte gemessen: 7 kg, 5,43 kg und 4,95 kg. Beim SA-Abzug, der wesentlich sauberer als der oft ›sandig‹ anzufühlende DA-Abzugsweg war, maßen wir diese Werte: 1,8 kg, 2,26 kg und 2,03 kg.

Mauser

Als 1981 bekannt wurde, daß Mauser einen .38 Spl.-Taschenrevolver fertigen wird, war das Erstaunen und Stirnrunzeln groß: Was denn nun auf einmal? Man vergißt viel zu leicht, daß Mauser schon im vorigen Jahrhundert Dienstrevolver für die deutsche Armee fertigte und mit dem ›Zick-Zack‹-Modell eine interessante, wenn auch totgeborene Entwicklung auf dem Gebiet des Rückstoß-repetierenden Revolvers tätigte. Mauser hat seitdem neben dem Jagdwaf-

fenprogramm immer die Fertigung eines Faustfeuerwaffenmodells fortgeführt – in früheren Zeiten die Mauser HSc, dann eine Neuauflage der 08-Parabellum-Pistole und nun schließlich einen Revolver.

Bei dem Entwurf, einen führigen .38 Spl.-Taschenrevolver zu fertigen, hat man offensichtlich starke Anleihen bei dem Colt Detective gemacht. Lediglich in einer Hinsicht machte Mauser eine typisch deutsche Eigentour – der Revolver kann ohne und *mit Sicherung* geliefert werden! Die Sicherung erfolgt durch einen kleinen Schieber auf der Oberseite der Rückstoßschulter am Griffrahmen. Was eine Sicherung an einem Revolver soll, ist zweifelhaft – aber schließlich hatte bereits der 1879 eingeführte ›Reichsrevolver‹ des kaiserlichen Heeres einen Sicherungsflügel! Bei der Bestellung kann man auf dieses Beiwerk verzichten.

Ansonsten ist nur Gutes über den Mauser-Revolver zu sagen. Sein Schloßgang ist weich und glatt, die Verarbeitung präzis und das Finish hervorragend. Auch preislich ist der Mauser gegenüber seinen amerikanischen Vorbildern durchaus konkurrenzfähig.

Ein baugleiches Modell wird von der italienischen Firma ›Renato Gamba‹ unter der Bezeichnung ›Trident‹ vertrieben. Da Renato Gamba auch die Mauser HSc in Lizenz fertigt, liegt die Vermutung nahe, daß auch bei diesem Revolver eine enge Zusammenarbeit zwischen beiden Firmen herrscht.

Lauflängen:	2″ und 2½″ (63,5 mm)
Gesamtlänge:	173 / 175 mm
Gewicht:	700 g
Kapazität:	6 Patronen
Preis:	DM 598.–

Der Mauser-Revolver, rechts in der normalen, brünierten Ausführung. Der Pfeil deutet auf die Sicherung an der Rahmenoberseite.

Korth

Obwohl in Deutschland traditionsgemäß die Selbstladepistole vorgezogen wurde, wurden und werden hierzulande sehr gute Revolver gefertigt, die in ihrer Qualität keinen Vergleich zu scheuen brauchen. Die Firma Korth in Ratzeburg fertigt auf bundesrepublikanischem Gebiet *den* Spitzenrevolver, den man – nicht von ungefähr – als ›den Mercedes unter den Revolvern‹ bezeichnet. Korth lieferte in den sechziger Jahren seinen Einstand in den Revolvermarkt mit einem .22 l.r.-Sportrevolver, der bereits damals in der Preisklasse um 500.– DM lag. Mitte der sechziger Jahre baute Korth dann einen .357 Magnum-Revolver, dessen wesentliche Design-Merkmale sich bis zum heutigen Tag erhalten haben. Geändert hat sich u. a. die Verriegelung der Trommel und die Laufgestaltung: Rechts neben dem Hahn sitzt der Öffnungshebel, was auf den ersten Blick zwar ungewöhnlich erscheint, aber bei Betätigung handgerechter ist als die bei US-Revolvern üblichen linksseitigen Verriegelungsschieber. Der Ausstoßer sitzt jetzt in einer Lauf- und Ausstoßerhülse, die der Waffe Mündungslastigkeit gibt und für eine zusätzliche Arretierung der Trommelachse sorgt. Einige andere Elemente zeigen die extrem hohe Sorgfalt, die bei der Entwicklung und Fertigung der Revolver für eine gleichbleibende Qualität sorgt: Neben der Verwendung ausgesucht guter Stahllegierungen und dem gehämmerten Lauf besticht die Anbringung der ventilierten Laufschiene. Sie ist nicht aufgelötet oder mit dem Lauf aus einem Stück gefertigt, sondern sitzt eingeschoben in einer Schiene. Der Spannabzug kann durch das Auswechseln von Rädern, über die das Schlagstück abläuft, so reguliert werden, daß jeder Schütze den ihm genehmen Druckpunkt erhält.

Insgesamt fertigt Korth heute zwölf verschiedene Modelle entsprechend den Kalibern und Lauflängen. Zwei Haupttypen – die Ausführung ›Sport‹ und ›Combat‹ – unterscheiden sich hauptsächlich in der Visierung. Während die Sportausführung ein breites, schräg nach hinten gelehntes Kimmenblatt mit horizontaler und vertikaler Verstellbarkeit hat, das jede Reflexion ausschließt, haben die Combatrevolver ein im Rahmen einsitzendes verstellbares, kleineres Visierblatt, daß ohne Rastpunkte versetzbar ist. Seine Kanten sind abgerundet. Beide Typen haben ein schräges Schleppkorn mit Querriffelung. Die

Ein Korth-Scheibenrevolver aus der Fertigung der sechziger Jahre mit freistehender Auswerferstange. Erkennungsmerkmal der Sportausführung ist neben der anderen Visierung der lange Daumensporn des Schlagstücks, der ein bequemeres SA-Spannen ermöglicht.

Da die Korth-Revolver von Anfang an mit einer leicht herauszunehmenden Trommel (zwecks Reinigung) ausgestattet waren, bot sich die Idee mit der 9 mm Para-Wechselwalze geradezu an. Hier ein vierzölliges Modell in der Ausführung ›Combat‹ mit der 2. Trommel in 9 mm Parabellum.

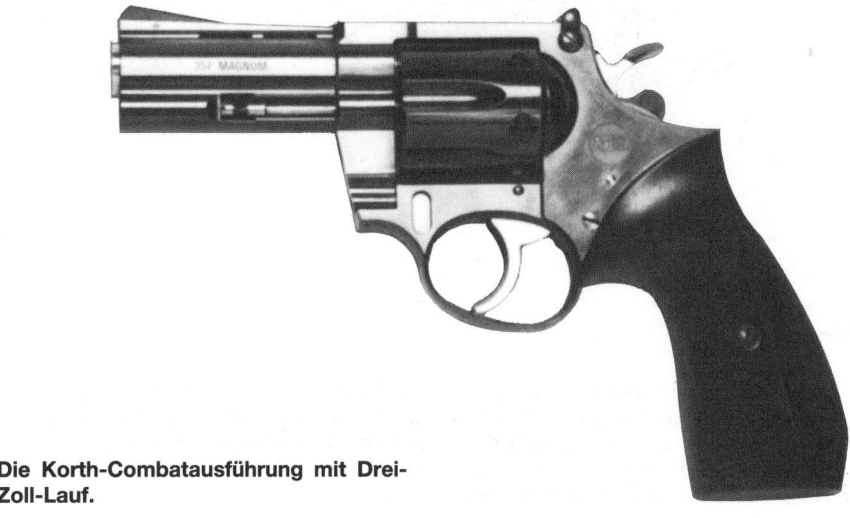

Die Korth-Combatausführung mit Drei-Zoll-Lauf.

Sportrevolver in .357 Magnum werden mit sechs Zoll langen Läufen angeboten, die Combatmodelle mit 3″ und 4″ Läufen. Alle Modelle können ab Werk mit einer Wechseltrommel 9 mm Para geliefert werden, die sich mit einem Handgriff auswechseln läßt (ähnlich werden die Revolver in .22 Magnum mit einer Wechseltrommel .22 l.r. ausgestattet).

Wer das Geld übrig hat – bei einem Preis, der je nach Ausführung und Zusatztrommel zwischen 2400.– und über 3000.– DM – eine nicht gerade leichte Entscheidung – sollte sich einen Korth-Revolver kaufen. Er wird keine Enttäuschungen erleben.

Taurus

Bis vor wenigen Jahren hätte jeder klassenbewußte Revolverschütze die Nase über spanische und südamerikanische Waffen gerümpft – der Ruf dieser Produkte war schlecht. Und schließlich, warum sollte man einen Llama oder Taurus kaufen, wenn man für das gleiche (oder ähnlich viel) Geld auch einen Smith & Wesson oder Colt kaufen könnte? Die Zeiten, da lateinamerikanische Revolver Billigstkopien amerikanischer Vorbilder waren, die beim dritten Schuß auseinanderfielen, ist vorbei. Längst haben bestimmte Firmen Marktlücken erkannt und ausgenutzt. Während amerikanische Revolver in ihren Preisen längst nahe und jenseits der 1000-DM-Grenze bewegen, blieben spanische, italienische und südamerikanische Firmen konkurrenzfähig – dank eines entsprechenden Lohnniveaus, das

selbst Handarbeit noch wirtschaftlich vertretbar macht. Beim Thema Qualität holten einige Hersteller auf, während bestimmte Firmen aufgrund von Fertigungsdruck und Nachfrage hinter ihren normalen Stand zurückfielen.

Taurus ist eine seit rund vierzig Jahren in Brasilien existierende Firma, die vornehmlich für den südlichen Teil des amerikanischen Kontinents produziert. Einer der Hauptabnehmer sind die Sicherheitsorgane des brasilianischen Staates, besonders die nach nordamerikanischem Vorbild ausgebildete und ausgerüstete Polizei. Vom Qualitätsanspruch her entsprechen die Forderungen der brasilianischen Beschaffungsbehörden für Polizei und Militär dem US-amerikanischen Standard. Nicht umsonst hat sich die brasilianische Industrie eine vorherrschende Position auf dem gesamten südamerikanischen Markt erkämpft.

Die große Ähnlichkeit zwischen den Taurus und den S & W-Revolvern ist nicht zufällig. Es handelt sich bei diesen Waffen ganz eindeutig um Nachahmungen der nordamerikanischen Modelle. Auch der Trend zur Vernickelung wurde von Taurus nachvollzogen – wobei die ›Satin-Nickel‹-Ausführungen fast wie Stainless-Waffen aussehen, es aber nicht sind. Unter der matten, hellsilbernen Oberflächenvergütung ist normaler Stahl. Der Verfasser konnte sich bisher mit den glänzenden Vernickelungen an Faustfeuerwaffen nicht abfinden, irgendwie lassen sie auch den größten Magnum-Revolver wie ein Spielzeug oder eine billige Orientexportwaffe erscheinen. Dieses Mattvernickelungsverfahren, das sich an den Taurus-Revol-

M 65 in Satin-Nickel. Deutliches Unterscheidungsmerkmal der Taurus-Revolver gegenüber ihren S & W-Vorbildern: der flache Winkel des Hahnsporns. Optisch sehr schön ist auch die Bunthärtung von Abzug und Hahn, die sehr gut mit Brünierung oder Vernickelung kontrastiert.

vern findet, gleicht vom Aussehen sehr dem ›Coltguard Electroless‹-Finish. Der Vorteil einer solchen mattglänzenden Oberflächenvergütung kann neben der rein rostschützenden Eigenschaft noch in einem anderen Bereich beruhen: Unter schlechten Lichtverhältnissen, in denen ja die meisten Schußwaffeneinsätze geschehen, ist ein solcherart heller Revolver sichtbarer als die brünierten Faustfeuerwaffen. Mitunter kann das die einschüchternde Wirkung der Waffendrohung erhöhen – sieht doch der Angreifer eher, daß sein Opfer bewaffnet und sich zu wehren bereit ist.

Gerüchten zufolge gehört Taurus zum gleichen Multi-Industriekonzern wie Smith & Wesson, und einige Indizien sprechen dafür, daß Bangor Punta sich auf dem Faustfeuerwaffenmarkt zuerst

Das Modell 85 mit Fünf-Schuß-Trommel in brünierter Ausführung. Dieser kleine Rahmen wird mit zwei und drei Zoll langem Lauf geliefert. Hier mit eckigem Griff, es existiert eine kleinere abgerundete Grifform in Anlehnung an den Chiefs Special. Abzugsgewicht (DA) 5,45 kg, (SA) 3 kg.

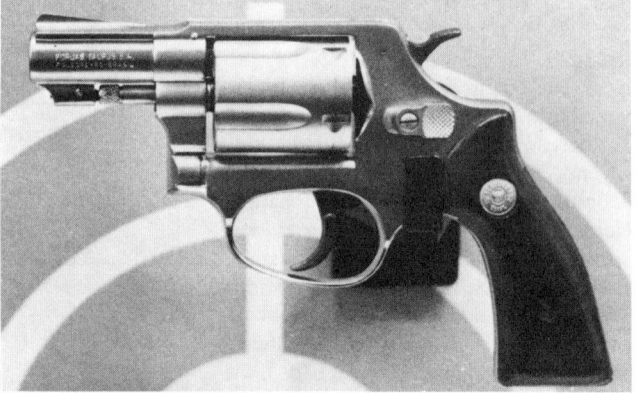

Taurus Modell 85 in Satin-Nickel auf dem Stand von Hämmerli während der Nürnberger IWA 1982. Auffällig ist die Ähnlichkeit mit dem S & W Chiefs Special, jedoch ist die Rückstoßschulter der Taurus-Griform besser ausgearbeitet.

Ein Modell 71, hier mit 4″-Lauf im Kaliber .32 Long und eckigem Griff, als 3″-Ausführung und mit einem schweren Lauf, genannt Modell 73, ist dieser Revolver eine ideale Verteidigungswaffe für Personen, die aus irgendeinem Grund keinen .38 Spl. führen wollen. In Südamerika ist das Kaliber .32 Long sehr verbreitet und wird vielfach als Verteidigungsmittel eingesetzt. Der Griffrahmen des Modells 71 und 73 ist der gleiche kleine Rahmen wie beim Modell 85.

Das Modell 66 im Kaliber .357 Magnum mit verstellbarem Visier und Schnellziehkorn. In der Leistung und Qualität fällt dieser Revolver hinter dem vergleichbaren No. 19 nicht zurück. Als Abzugsgewicht wurde z. B. für DA ein weicher Schloßgang mit 4,5 kg gemessen. Der SA-Abzug brach bei 2,75 kg. – Als Modell 65 wird diese Waffe auch mit einem festen Rahmenvisier vertrieben. Lieferbare Lauflängen sind für beide Ausführungen 3″, 4″ und 6″. Die beste Kombination wäre ein 3-Zoll-Lauf mit feststehender Visierung als Revolver zum verdeckten Führen.

mit Taurus versuchte. Die Fabrikanlagen selbst waren zu einem großen Teil südamerikanische Zweigwerke der italienischen Firma Beretta, die an Taurus verkauft wurden, als sich Beretta entschloß, die nordamerikanische Herstellung auszubauen. In den USA werden Taurus-Revolver zu etwa ⅔ des Preises ihrer S & W-Vorbilder angeboten, in der Bundesrepublik vertreibt die Firma Hämmerli diese Waffen, wobei auch hierzulande der Preis unterhalb der nordamerikanischen Produkte liegt. Eine Besonderheit der Taurus-Revolver ist die bei allen Modellen vorhandene Spiralfeder für den Hahnantrieb, sie sitzt an ihrem unteren Ende im Griffrahmen auf einem L-förmigen Winkel, der mittels einer Schraube verstellt werden kann. Innerhalb enger Grenzen (Zündversager!) läßt sich durch einfache Drehung mit einem Schraubenzieher das Abzugsgewicht variieren. Sehr viel sollte man von dieser Vorrichtung allerdings nicht erwarten, und es ist ratsam, nicht zuviel mit dieser Schraubeneinstellung zu spielen, sonst könnte man im Ernstfall die böse Überraschung einer nicht gezündeten Patrone erleben.

Von der Firma werden verschiedene Griffschalen für die Revolver angeboten – nach Smith & Wesson-Vorbild gefertigte große Targetgriffe mit Fischhaut, die beim Modell 66 u. a. so groß waren, daß sich beim Ausstoßen die Hülsen daran verfingen und auch für den Speedloader nicht genügend Platz war. Da es verschiedene Griffgrößen für das gleiche Rahmenmodell gibt, sollte man hier sofort prüfen, ob die Funktion des Revolvers nicht beeinträchtigt wird. Sehr gut (und wesentlich besser als die Dienstgriffe von S & W) sind die glatten etwas abgerundeten ›Service‹-Griffschalen für das gebrauchsmäßige Schießen geeignet. Das fiel besonders beim .38er ›Snubbie‹ auf, dessen Griff zwar ähnliche Dimensionen wie der des ›Chiefs Special‹ aufweist, aber für mittelgroße Hände durchaus noch brauchbar ist.

Die getesteten Taurus-Revolver, ein

Der getestete M 66 im Satin-Nickel-Look.

Waffe	Kaliber	Lauf	Länge	Gewicht
M 85	.38 Spl.	2″	170 mm	590 g
M 85	.38 Spl.	3″	195 mm	615 g
M 71	.32 Long	4″	220 mm	625 g
M 73	.32 Long	3″	195 mm	650 g
M 65	.357 Magn.	3″	215 mm	910 g
M 66	.357 Magn.	4″	240 mm	980 g

Modell 66 und 85, konnten durchaus den Vergleich mit S & W-Revolvern sowohl in Verarbeitung wie Schloßgang und Schußgenauigkeit aushalten.

Taurus-Revolver werden in zwei Rahmengrößen und verschiedenen Lauflängen und Kaliber-Kombinationen angeboten, die sich eng an das S & W-Angebot anlehnen. Für den polizeilichen oder militärischen Bereich werden Dienstrevolver mit feststehender Visierung angeboten, für den sportlichen Bereich mit verstellbarer Kimme und einem eckigen Scheibenkontrastkorn, für den normalen Dienstgebrauch auch in Verbindung mit einem zur Mündung ansteigenden abgeflachten Rahmenkorn. Rahmen: klein (für .22 l.r., .32long und .38 Spl.) und groß (entspricht dem K-Rahmen bei S & W) für .38 Spl. und .357 Magnum. Lauflängen: zwei, drei, vier und sechs Zoll.

Glücklicherweise hat Taurus in den letzten Jahren eine optische und äußerst unschöne Verzierung an ihren Revolvern fallengelassen: Die Aussparungen (Flutungen) an der Trommel waren bei früheren Modellen noch längsgeriffelt – und das recht unsauber! Hier setzte sich bei brünierten Waffen gern Rost fest. Negativ: Während die Kimme beim Satin-Nickel-Modell mit verstellbarer Visierung brüniert ist, bleibt das Rampen-(Schlepp-)Korn vernickelt! Beim Zielschießen entstehen so ungünstige Lichtreflekte, die ein schnelles und sauberes Visieren verhindern.

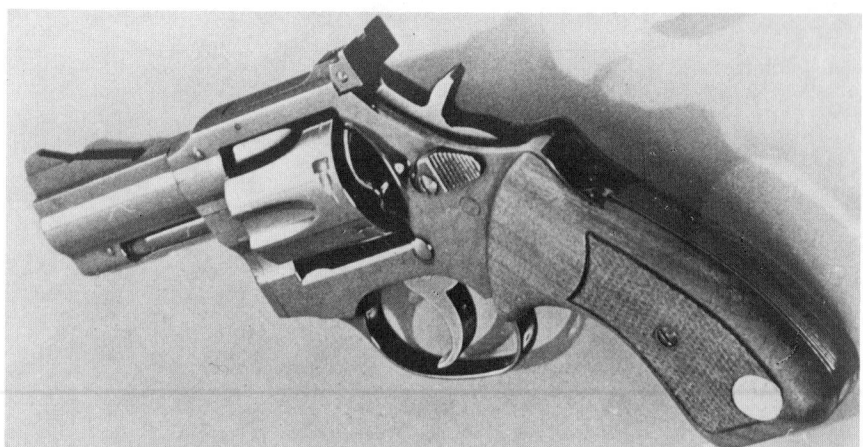

Der MR 73 mit 76 mm langem Lauf, wie er bei der GIGN Verwendung findet. Manurhin fertigt diesen Revolver auch in den Lauflängen 2½", 4", 6" und mit starrer Visierung. Typisches Erkennungsmerkmal des MR 73: die massiven Laufschienen ober- und unterhalb des Laufes, die den Schwerpunkt des Revolvers nach vorn verlegen. In der Bundesrepublik wird Manurhin durch die Firma Walther, Ulm, vertreten. Zwischen beiden Firmen bestehen seit dem Zweiten Weltkrieg enge Bindungen. In der hier gezeigten Version kostet der MR 73 je nach Ausführung und Oberflächenbehandlung (matt, hochglanzpoliert) zw. 1425.– und 1575.– DM. Die Wechseltrommel 9 mm Para liegt bei 350.–. Mit dem hier gezeigten 3"-Lauf hat die Waffe eine Gesamtlänge von 205 mm und ein Gewicht von 925 g. Gemessenes Abzugsgewicht der GIGN-Waffe: DA 4,5 kg, SA 2,2 kg.

Manurhin-Revolver 73 (MR 73)

Der Manurhin-Revolver ist in Frankreich das, was in der Bundesrepublik der Korth ist – ein ›Mercedes‹ unter den Revolvermarken!

Die in Mühlhausen ansässige Firma brachte 1973 ihren Revolver auf den Markt und erregte in Fachkreisen sogleich Aufsehen mit einigen Neuerungen in Design und Abzugsmechanismus: Ein Gleitstück drückt rollengelagert auf die Abzugsfeder. Der Abzugswiderstand bleibt konstant, der Federdruck wird ›umgesetzt‹ und wirkt nicht mehr direkt gegen den Fingerdruck beim DA-Schießen. So ist das Schießen über Spannabzug ein vom Anfang bis zum Brechen des Schusses gleichmäßiger Vorgang, ein Verreißen (›Durchfallen‹) durch schwächer werdenden Abzugswiderstand im letzten Drittel des Spannvorganges ist verhindert. Die Abzugsfeder (wie die Hahnfeder als Blattfeder ausgestattet) ist über eine Schraube im Rahmen des Griffstücks noch variierbar, wodurch der Abzugswiderstand verstärkt oder geschwächt werden kann. Der MR 73 wurde von Anfang an für das Kaliber .357 Magnum geschaffen, wodurch er auch als Sportrevolver im Kaliber .38 Spl. genutzt werden kann. Später kamen Versionen in .22 l.r. und .22 Magnum sowie .32 Long hinzu. Wesentlich aber ist eine Variante, die bald nach Erscheinen eine große Zustimmung fand und bewies, daß hier eine echte Marktlücke vorhanden war: Manurhin fertigte für den MR 73 eine Wechseltrommel für die Patrone 9 mm Parabellum. Auch in Frankreich ist diese Patrone bei Polizei und Militär im Gebrauch, und so boten sich die verschiedensten Verwendungsmöglichkeiten an.

Als in den siebziger Jahren die französische Spezialeinheit zur Terrorismusbekämpfung, ›Groupe d'Intervention Gendarmerie Nationale (GIGN)‹, gegründet wurde, entschied sich ihr Kommandeur, Capitaine Prouteau, für einen Revolver als Seitenwaffe seiner Kommandos. Zum Test kamen neben dem einheimischen Produkt die .357 Magnum-Revolver von Colt, S & W und Ruger. Der MR 73 machte das Rennen – und das nicht nur aus den Gründen des Nationalgefühls. Zum Ankauf kamen drei Grundmodelle mit verstellbarer Visierung: mit Drei-Zoll-Lauf als Verteidigungswaffe zum verdeckten Führen, mit 5¼ Zoll (133 mm) als Holsterwaffe und mit 8 Zoll plus Zielfernrohr als Scharfschützenwaffe für kurze und mittlere Schußentfernungen bis 100 m.

III. Pistolen

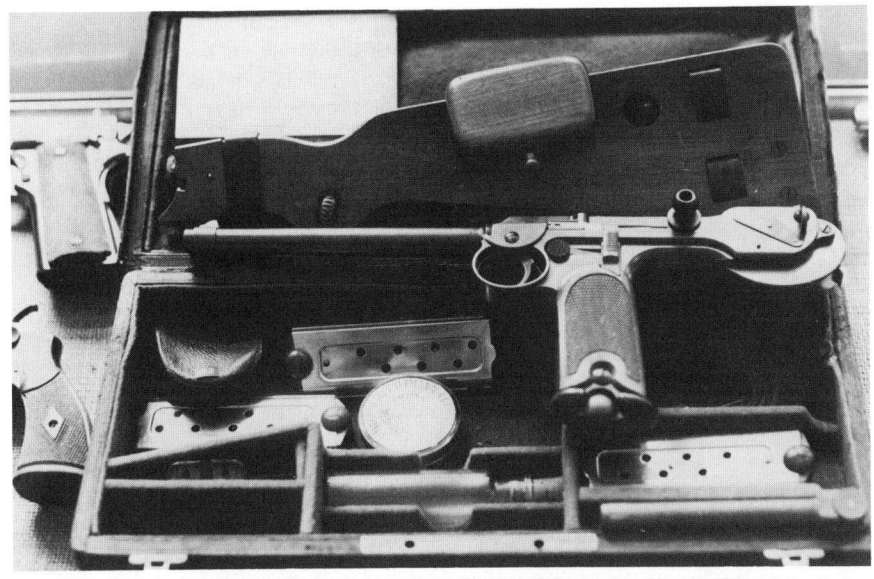

Der Urahn, Hugo Borchards 1893 entwickelte Selbstladepistole mit Kniegelenkverschluß, hier im Originalkasten mit Anschlagschaft, Magazinen und Zubehör.

Seit der Jahrhundertwende sind in Europa die Selbstladepistolen unaufhaltsam im Vormarsch: Mit der Einführung der Pistole 08 in der Kaiserlichen Armee wurden auch für den eng an das Militär angelehnt polizeilichen Bereich Tendenzen gesetzt. Nicht nur in Deutschland, auch in den anderen europäischen Staaten werden überwiegend Pistolen bei den Sicherheitsbehörden verwendet. Dies hatte auch die traditionelle Vorherrschaft der Selbstladewaffe auf dem privaten Sektor zur Folge.

Seit den Anfängen der Borchardt-Pistole, die eher einem Karabiner als einer Faustfeuerwaffe verwandt war, hat sich einiges in der technischen Entwicklung der ›Automatik‹ verändert. Zwei wesentliche Meilensteine haben nicht nur die Bedienung der Pistole verändert, sondern sie auch näher an die Bediensicherheit des Revolvers herangebracht: In den dreißiger Jahren machte Carl Walther und seine Firma in Zella-Mehlis, Thüringen, den Spann- oder DA-Abzug an Pistolen zuerst mit seinem Modell PP (1929) und PPK (1931) populär. Diese Neuerung fand wenig später Eingang in den militärischen Dienstbereich mit der Wehrmachtspistole P 38 von Walther, die bis heute in fast unveränderter Form ›Dienst tut‹. Die 1974 mit der Erstellung eines ›Pflichtenhefts‹ begonnene Suche nach der polizeitypischen Faustfeuerwaffe für die deutschen Behörden setzte neue Maßstäbe. Die für Auswahl und Testverfahren zuständige Technische Kommission und die Forschungs- und Entwicklungsstelle der Polizeiführungsakademie Hiltrup legte die Rahmenrichtlinien zwar für die Patrone 9 mm Para und für eine Selbstladepistole aus, sie unterstrich aber die Notwendigkeit eines Spannabzuges für den ›schnellen ersten Schuß‹, und vor allem – sie lehnte die herkömmlichen, komplizierten Sicherungen ab. Eine Faustfeuerwaffe mit Spannabzug – so dachte man in Hiltrup richtig – braucht eigentlich keine Sicherung, eher aber einen Entspannhebel, der die Waffe nach Schußabgabe in den sicheren, ungespannten Zustand zurückversetzt. Mit dem Wegfallen der Sicherung vermied man u. a. mögliche, streßbedingte Bedienungsfehler des Schützen.

Sowohl die deutsche Ausschreibung für eine neue Polizeipistole als auch die JSSAP-Tests haben sich auf den Sektor der Pistolenentwicklung positiv ausgewirkt – neue Modelle sind in einer großen Anzahl zur Serienreife gediehen, einige Schützenwunschträume wurden wahr. Aber die Tendenz auf dem Waffenmarkt bewegt sich auch noch in eine andere Richtung: Custom-Verkleinerungen und werksmäßige ›Gesundschrumpfungen‹ von großkalibrigen Holsterwaffen bestimmen eine käuferorientierte Nische des Privatmarktes. Das Combatschießen hat das Interesse an Pistolen vom Kaliber .45 ACP neu belebt und auch in der Bundesrepublik zu einem weiter wachsenden Kreis von .45er Fans geführt: Den Vorteilen der kaliber- und mannstopstarken 11 mm-Pistole steht allein der Nachteil der geringeren Magazinkapazität entgegen. 9 mm Parabellum-Liebhaber führen mit Recht die Möglichkeit der anderthalb bis zweifachen Patronenanzahl ihrer Pistolen gegenüber den sieben- bis achtschüssigen .45 ACP-Waffen. Der Streit zwischen beiden Parteien, für oder gegen 9 mm vs. .45, ist mehr Glaubensfrage und läßt sich selbst mit wissenschaftlichen Kriterien nicht entscheiden – beide Seiten haben gute Argumente.

Fast unmerklich hat sich das Comeback kleinerer ›Taschenpistolen‹ ereignet, über die früher nur verächtlich die Nase gerümpft wurde. Wer des ewigen Streites für und wider die 9 mm Parabellum müde war und einen Blick zur Seite warf, mußte in den letzten drei, vier Jahren erkennen, daß sich kleinere Patronen durchzusetzen begannen, die früher von Combatschützen nicht in Erwägung gezogen wurden:

Den Vorreiter machten dabei die im Ostblock verbreiteten 9 mm Makarow-Pistolen, die diesseits des Eisernen Vorhangs auf unschöne Art für Aufsehen sorgten. Palästinensische wie deutsche Terroristen schossen mit dieser 9 × 18 mm-Patrone, die in ihrer Leistung zwar unterhalb der Parabellum-Patrone aber oberhalb der 9 mm kurz (9 ×

55

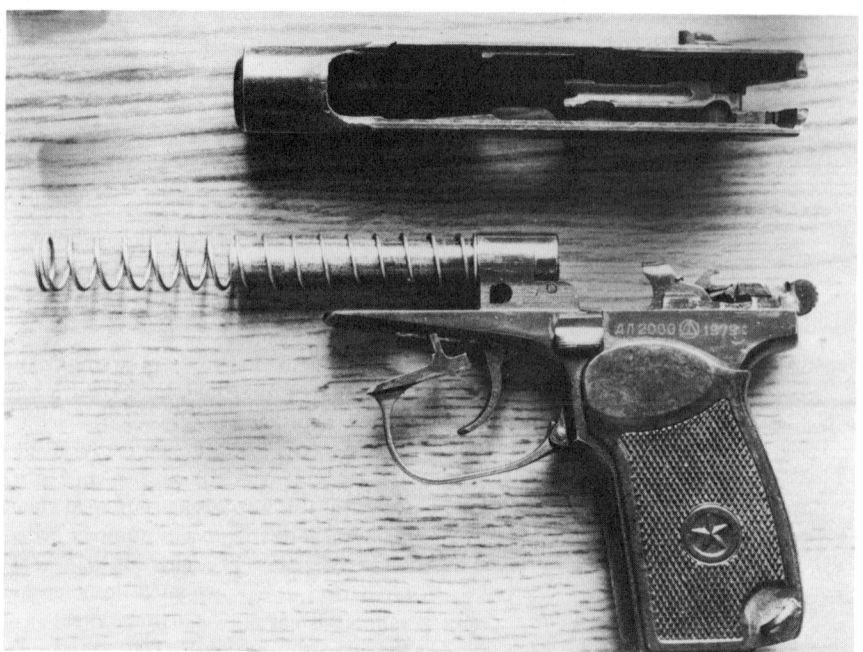

Eine russische Makarow-Pistole, 1979 gefertigt. Diese Waffe ist robust, einfach gehalten, mit Masseverschluß und feststehender Visierung – eine Gebrauchspistole. Das Finish ist nach westlichen Maßstäben miserabel: Überall sind noch die Fertigungs- und Werkzeugspuren zu sehen.

17 mm) liegen. Der Vorteil der etwas schwächeren Laborierung liegt im Waffenaufbau – die 9 mm-Makarow liegt genau an jener Grenze de Energieentwicklung, die man noch mit einem unverriegelten Masseverschluß bewältigen kann.

Einen ähnlichen Weg ging man hierzulande mit einer als 9 mm Police oder Ultra (9 × 18 mm) titulierten Patrone, für die aber nur wenige Pistolen geschaffen wurden: Durch die Rahmenbedingungen des Pflichtenheftes war dieser Patrone in deutschen Behörden keine Zukunft beschieden, da eine Mündungsenergie von 500 Joule gefordert war. Zwei hervorragende Pistolen, die Walther PP Super und die Sig Sauer 230,

wurden für diese Munition gefertigt und waren 1982 im Fall der Walther-Waffe für einen Billigpreis zu kaufen. Auch das Modell 230 konnte sich in diesem Kaliber nicht durchsetzen und es ist zu erwarten, daß beide Waffen in absehbarer Zeit nur noch als Sammelobjekte fungieren werden. Schade, denn die gleichdimensionierte 9 mm Makarow ist in allen Ostblockstaaten als Dienstwaffe bei Polizei und Militär vertreten und hat sich in verschiedenen Einsätzen bewährt. Oft steht und fällt eine neue Patronensorte mit der Waffe, die für sie konzipiert wurde, und ähnlich kann auch die Renaissance der 9 mm kurz auf die Verbreitung verschiedener hervorragender neuer Pistolen für diese Patrone

Walthers PP Super, eine gelungene Waffenkonstruktion, die sich wegen der Ablehnung der Munitionsart nicht durchsetzen konnte. 1982 wurde sie für weniger als DM 400.– verkauft!

zurückgeführt werden. Dabei scheiden sich auch hier die Geister, ob es besser ist, eine kleine Pistole mit einem mannstop-wirksamen Kaliber 9 mm Para oder .45 ACP zu führen, deren Magazin aber nur wenige Patronen faßt, oder ein schwächeres Kaliber mit größerer Magazinkapazität zu wählen und auf die Aufhaltekraft von mehreren Treffern zu vertrauen. Der Verfasser ist fast geneigt, der letzteren Möglichkeit zuzustimmen, da auch ein Treffer mit einem großen Kaliber nicht unbedingt eine sofortige Neutralisierung eines Angreifers garantiert. Letztendlich gibt auch der Verwendungszweck der Pistole den Ausschlag – die beste 9 mm Para oder .45 ACP nützt nichts, wenn man sie im entscheidenden Moment nicht mit sich führt, weil die als Dienst- und Holsterwaffe konzipierte Pistole nicht unter dem Jacket getragen werden konnte. Tragekomfort wird zu einem wichtigen Kriterium des Waffen-Designs, das man erst dann richtig einzuschätzen vermag, wenn man jeden Tag acht oder mehr Stunden eine Pistole im Holster mit sich führt. Aus diesem Grund setzten sich nach dem Zweiten Weltkrieg immer mehr Modelle mit Griffstücken aus Alu-Legierungen durch: Je nach Waffentyp oder Größe beträgt dabei die Gewichtsersparnis zwischen einem viertel bis einem halben Pfund! Zudem waren im Zuge der Kriegsrüstung neue material- und preissparende Herstellungsverfahren entwickelt worden, die nun auch bei den Faustfeuerwaffen zur Anwendung kamen. Den Leichtmetallgriffstücken wird in Combatschützenkreisen noch immer viel Mißtrauen entgegengebracht. Schlechte Erfahrungen mit der für die Polizei konzipierten Walther P 1 übertrugen sich auch auf andere Waffen, die derart gebaut waren. Ursprünglich ging man bei der Entwicklung von Alu-Griffstücken und anderen Teilen aus Zinkspritzguß davon aus, daß diese Waffen als Gebrauchswaffen zwar viel getragen, aber wenig geschossen würden: So beanschlagte man für eine P 1 eine Lebensdauer von rund 10 Jahren im Polizeidienst. In der früher üblichen Schießausbildung der Polizei hieß das, daß eine solche Waffe pro Jahr vielleicht 25 bis 50 Schuß aushalten müßte, also 500 Schuß während des gesamten Zeitraums. Diese Faustregel blieb solange gültig, wie Polizeischützen bei ihren Lehr- und Qualifikationsdurchgängen tatsächlich nur ›5 Schuß stehend, einhändig auf Ringscheibe flüchtender Täter‹ abgaben. In den siebziger Jahren erlebte man mit diesen Waffen dann das

Gerissenes Verschlußstück einer Walther P 1 (Manurhin).

sprichwörtliche blaue Wunder: Die äußerlich kaum abgenutzten Pistolen wurden bei der verstärkten Combat-Schießausbildung im Zuge der Terrorismusbekämpfung buchstäblich kaputtgeschossen. An manchen Übungstagen verschoß ein SEK-Beamter z. B. zwischen 250 bis 500 Patronen, und der Verfasser konnte selbst mehrmals Augenzeuge sein, wie neu von der Waffenkammer ausgegebene P 1 Schäden aufwiesen: Haarrisse zeigten sich nicht nur am Alu-Griffstück, sondern auch an dem aus Stahl gefertigten Verschlußstück.

Das moderne Combatschießen stellt hohe Anforderungen an Waffenkonstruktion und -material, denen manche Fertigungstechniken und Baustoffe nicht entsprechen, ganz unabhängig von dem, was der Hersteller und seine Werbeabteilung an Adjektiven über ihr neues Produkt ausschütten. Heckler & Kochs P 9 S erfuhr Anfang der siebziger Jahre einen ungeahnten Siegeszug. Die Pistole, die mit ihrem Polygonlauf und abgestützten Rollenverschluß, mit einer weitgehenden Verwendung von Plastik- und Leichtmetallteilen Neuland betrat, wurde z. B. auch die erste Dienstpistole der 1972/73 aufgestellten GSG 9. Sehr schnell zeigte sich, daß man bei der Benutzung von anderen Werkstoffen doch zu enthusiastisch vorgegangen war: Der aus Spritzguß hergestellte Sicherungsflügel hielt die Materialbeanspruchung durch den Rückstoß nicht aus. Dem Verfasser selbst flogen nacheinander drei Sicherungsflügel im wahrsten Sinne des Wortes beim Schießen um die Ohren, bis sich HK schließlich entschloß, diesen Teil doch aus Stahl zu fertigen. Andere Teile aus Kunststoff und Alu haben sich bewährt – es besteht z. B. kein Grund, warum der Abzugsbügel nicht wie bei der P 9 S aus unzerbrechlichem schwarzen Plastik gefertigt werden kann. Auch der Sockel des verstellbaren Visiers wurde so gebaut und damit Gewicht gespart.

Magazinkapazität, Kaliber, Größe, Umfang und Gewicht sind nicht unabhängige Größen, sondern bedingen einander: Der Waffenkäufer muß sich wie beim Revolver fragen, wieviel Pistole er bereit ist, mit sich zu schleppen und wofür er die Waffe letztendlich braucht. Eine ideale Pistole für alle Gelegenheiten gibt es nicht. Zwangsläufig wird sich der Schütze für eine schwerere Dienst-, Combat-, Holster-Pistole und/oder für eine leichtere Ausgeh-, Verteidigungs-, Back-up-Waffe entscheiden. Es ist ratsam, daß beide Waffen sich in Bedienung und Grundform gleichen, so daß es bei Gebrauch nicht zu Fehlern, Verzögerungen oder ähnlichen Problemen kommen kann. Dieser Grundgedanke stand z. B. hinter der Entwicklung eines Lightweight Commanders oder der Detonics – eine kleinere, leichtere Waffe, die in Art und Aufbau der .45-Dienstwaffe gleicht.

Das Combatschießen, sowohl im sportmäßigen Rahmen als auch in seiner gebrauchsmäßigen praxisnahen Art, ist von Selbstladepistolen beherrscht: Revolver haben zwar einen Anteil, aber einen weitaus geringeren, als man das auf den ersten Blick vermutet. Bei der Auswahl einer Pistole sollte der Schütze nach dem Kiss-Prinzip – je einfacher, desto besser – verfahren.

Anders als bei Revolvern, wo das Angebot der Firmen eine breite Palette verschiedener Modelle und Kaliber umfaßt, beschränken sich die Hersteller von Pistolen zumeist auf einige wenige Modelle: Der Pistolentyp wird weit mehr als der Revolver von der für ihn bestimmten Munition geprägt. Als Orientierungsmuster wird daher das Kaliber, nicht wie bei den Revolvern der Firma, für unsere Übersicht genutzt. Das zwei-

Das praxisnahe Combatschießen wird von den großkalibrigen .45 ACP und 9 mm Parabellum-Pistolen bestimmt, weil die verschiedenen Parcours eine weitgehende Betonung der Komponenten Feuerkraft und schnelle Schußfolge haben. Außerdem werden nur solche Waffen zugelassen, die eine hohe Mannstopp-Wirkung aufweisen können.

te Moment, welches bestimmend für die Waffenauswahl geworden ist, liegt im Abzugsmechanismus: DA-(double action-) oder SA-(single action-)Abzug? Seit Walthers Einführung des Spannabzuges an seiner ›Polizeipistole (PP)‹ hat sich dieses Bedienungselement in Europa durchgesetzt, während es in den USA immer noch mit Zweifeln betrachtet wird. Der Spannabzug ermöglicht ein Führen der Pistole im geladenen, entspannten aber doch feuerbreiten Zustand. Er liefert bei Zündversagern (die glücklicherweise selten vorkommen) die Möglichkeit eines sofortigen zweimaligen Abziehens. Darüber hinaus aber kompliziert er das ›Innenleben‹ der Pistole beträchtlich – ein Mehr an Waffenteilen, an kleinen Federn, Stangen und Stiften lassen das Abzugssystem insgesamt störanfälliger werden. Diesen Einwand der Spannabzugsgegner kann man bei den meisten modernen Pistolen durchaus verwerfen. Der Spannabzug hat sich in Jahrzehnten ausgereift und in härtesten Dauertests bewährt. Ein anderer Einwand hat da schon mehr Gültig-

Seecamps Spannabzug-Umbau für die Colt Government war eine der erfolgreichsten Modifikationen dieser Art – hier an einem gekürzten Combat Commander.

keit – den erheblichen Unterschied im Abzugsgewicht zwischen dem (ersten) in DA-Weise gefertigten Schuß und dem nachfolgenden SA-Schuß. Diesen Unterschied im praxisnahen Schießen ohne Verreißen zu bewältigen, gelingt nur mit erheblichem Trainings- und Gewöhnungsaufwand. Andererseits aber wird jeder Schütze, dem die Möglichkeit gegeben ist, seine Waffe vorspannen – der DA-Abzug war ursprünglich für den Notwehreinsatz auf kürzeste Entfernung gedacht.

Gute und erfolgreiche Pistolen wie die .45 Colt Government oder die FN High Power sind SA-Waffen. Sie können gespannt und gesichert (›cocked and locked‹) oder durchgeladen und mit dem Hahn im entspannten Zustand oder auf half-cock in der Sicherheitsrast geführt werden und sind ohne große Verzögerungen feuerbereit. Mit der amerikanischen Ausschreibung für eine neue Dienstpistole hat selbst die konservative Fabrique Nationale in Lüttich den lange erwarteten Schritt unternommen und ihre High Power probeweise als Spannabzugsmodell umgerüstet. Eine zweite Variante ist eine neue Hahnvorrichtung auf der Basis des SA-Abzugssystems, bei dem der Hahn nach dem Laden in die Sicherheitsrast gedrückt und gesichert wird – beim Entsichern springt der Hahn in die rückwärtige Spannrast (full-cock) zurück! Ob diese Modelle in die Serienfertigung gehen werden, ist nicht bekannt. Auch Colt ist mit einem Prototyp-Spannabzugsmodell bei den JSSAP vertreten. Beide Beispiele zeigen, daß die reine SA-Pistole der Vergangenheit angehört, wenn auch noch viele Combatschützen der Sig- oder Colt-Pistolen wegen ihrer robusten Verläßlichkeit den Vorrang geben werden. Vor

wenigen Jahren noch mußte sich ein Schütze, der eine .45 ACP-Waffe führen wollte, mit Pistolen ohne Spannabzug begnügen oder den teuren Umweg einer Custom-Modifikation à la Seecamp nehmen. Heute, im Jahr 1982, sind eine Vielzahl guter 9 mm *und* .45 ACP Pistolen mit Spannabzug erhältlich, diese Umwege sind unnötig und kostspielig geworden. Wer aber trotzdem dem SA-Abzug, vielleicht wegen der Schwierigkeiten im ›Umschalten‹ zwischen dem 1. und 2. Schuß, den Vorzug gibt, kann auf weiter existierende SA-Modelle zurückgreifen: Colt wird Pistolen wie die Government Mk IV oder die Gold Cup noch über Jahre, wenn nicht Jahrzehnte im Angebot behalten, auch die FN High Power wird in unverändert guter Qualität noch längere Zeit auf dem Markt sein.

Der Faustfeuerwaffen-Sektor der Waffentechnik, der in den letzten Jahren durch amerikanische und bundesdeutsche Pistolen-Tests in Bewegung gekommen ist, wird weiter in Bewegung bleiben: dafür sorgen nicht zuletzt neue Ausschreibungen. Zu dem Zeitpunkt, als dieses Buch geschrieben wurde, konzentrierte sich die Aufmerksamkeit auf das österreichische Bundesheer. Nachdem diese kleine, aber streitbare Alpenmacht bereits auf dem Gebiet der Sturmgewehre mit dem Steyr AUG designmäßiges Neuland betreten hatte, ging man im Herbst 1982 an die Suche nach einer neuen Heerespistole. Zur Auswahl standen neben Beretta, SIG-Sauer, der Steyr GB auch neue Konzepte von Heckler und Koch. U. a. hat diese schwäbische Firma ihre PSP (P 7) durch ein zweireihiges Magazin aufgewertet, das den Gefechtswert der Pistole steigern soll, um sie sowohl in den USA

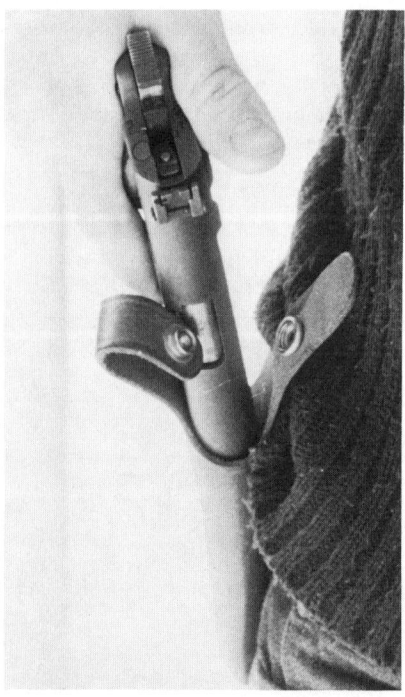

Eine SA-Pistole gespannt und gesichert im Holster zu führen, ist für viele bundesrepublikanische Combatschützen auch heute noch ›undenkbar‹: Dabei ist die Government von Anfang an für diese Trageart bestimmt gewesen – deshalb auch die zusätzliche Griffstücksicherung! Überdies kann noch wie hier durch den Holsterriemen gesichert werden. Entsichert wird erst mit dem Lauf in Zielrichtung – nicht im Holster!

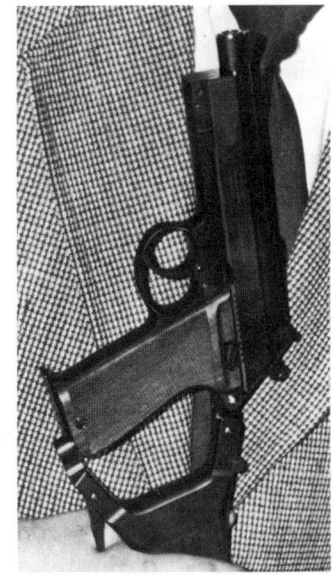

Neues auch im Hause Korth? Auf der IWA 1982 stellten die Vertreter dieser bisher mit exzellenten Revolvern auffallenden Waffenfabrik den Prototyp ihrer 9 mm Parabellum-Pistole mit Spannabzug vor – die mit einem Anschlagschaft ausgerüstet war! Es scheint, daß sich die Faszination einer Faustfeuerwaffe mit Kolben nach über 150 Jahren unverändert hält, obwohl die Kavallerie als Schlachtenfaktor nur noch auf der Leinwand zu bewundern ist.

als auch in Europa gegenüber den anderen ›Fünfzehn- und Mehrschüssern‹ konkurrenzfähiger zu machen. Aufsehen erregte in diesem Zusammenhang auch die von dem Österreicher Gaston Glock entwickelte ›Safe Action UP 17‹ – eine Pistole mit 17schüssigem Magazin, das zum großen Teil auf Kunststoffrahmen und -teilen beruht, in denen der Lauf und andere Stahlteile eingegossen sind. Ziel ist es, eine billigere Pistole herzustellen, die leichter als ihre Konkurrenz aus Stahl und Aluteilen ist. Wie sehr sich die Meldungen über Robustheit und Zuverlässigkeit des Glockschen Neubaus bewahrheiten, wird sich nicht durch einige Tests und Kommissionsuntersuchungen feststellen lassen. Erst wenn eine Waffe zur Serienreife gediehen ist, in die Massenproduktion geht und von Verbänden und Zivilpersonen tagtäglich benutzt wird, tauchen die ›Macken‹ auf und erweisen sich die wirklichen Qualitäten eines Designs. Keine Waffentest-Kommission kann z. B. den Einfallsreichtum einer durchschnittlichen Rekrutengruppe ersetzen, die bei Schießübungen, bei der anschließenden Reinigung und im sonstigen täglichen Umgang auf Ideen bezüglich der Bedienung, des Zerlegens und der sinnentfremdeten Verwendung kommen, die einfach unglaublich sind. Hier muß sich ein Design bewähren.

In diesem Sinne sollte man Vorsicht walten lassen, wenn man von ›Neuem‹, ›Revolutionärem‹ und ›Sensationellem‹

in der Beschreibung neuer Modelle hört. Zu leicht fließen heute diese Attribute aus der Feder und manches, was dergestalt von Herstellern und Artikelschreibern in den vergangenen Jahren angepriesen wurde, verschwand nach kurzer Zeit sang- und klanglos. Andere Waffen, die kaum über den Prototypen-Status hinausgekommen sind, haben heute lediglich Sammlerwert. Im Herbst 1982 tauchten, um nur einige Beispiele zu nennen, die ersten .357 Magnum-Selbstladepistolen der israelischen Militärindustrie auf, die unter der Bezeichnung ›Eagle‹ in den USA vermarktet wurden. Von Jeff Coopers lange ange-

kündigter ›Bren Ten‹, einer Pistole im neuen Kaliber 10 mm, ist kaum noch etwas zu hören – lediglich eine kleine Subskriptionsserie für einen astronomischen Preis wurde bisher angeboten. Mausers Heerespistole ›HSP‹ ist seit Jahren fertigungsreif, aber mangels behördlichem Interesse ist das Projekt jetzt wohl eingeschlafen. Mossbergs .45 ACP-Combatpistole ›CAC‹ ist zwar seit einigen Jahren auf dem Markt erhältlich, aber in der Firma selbst ist man mit dem Produkt noch nicht zufrieden und experimentiert derzeit mit verschiedenen Veränderungen. Andere Pistolen, wie die südafrikanische ›Mamba‹, blei-

›Gestorben‹ ist auch die Idee dieser 12 mm-Raketenpistole, die Mitte der sechziger Jahre unter der Bezeichnung ›Gyrojet‹ viel von sich reden machte. Heute sind diese Pistolen gesuchte Sammlerstücke – noch schwieriger ist es, Munition für sie zu finden. Das Gefühl, das man beim Schießen mit dieser hülsenlosen Waffe hatte, war recht seltsam: Beim Abschuß zischten dem Schützen die heißen Gase der kleinen Rakete um die Ohren – fast wirkte es, als würde man selbst vor einer Mündung stehen!

ben exotische Einzelstücke, deren Bewertung sich mangels Masse als äußerst schwierig erweist. Wirklich bewährt haben sich in der Vergangenheit seltener die ›revolutionären neuen Designs‹, als Neukonstruktionen, die bewährte Elemente zu einer neuen Synthese verbunden haben oder auf traditionellen Erfahrungen und erprobten Konstruktionen aufbauten. Mitunter ist man versucht, den Skeptikern Recht zu geben, die da am Althergebrachten kleben und vermeintliche Neuerungen mit dem ständigen Spruch »Alles schon mal dagewesen!« abheften. Tatsächlich ist es äußerst schwierig in der Waffentechnik, wirklich ›Neues‹ zu erfinden. So war auch Heckler & Kochs Griffspannerpistole PSP (P 7) nichts grundlegend Neues: Bereits nach dem Zweiten Weltkrieg hatten findige Tüftler die .45 Colt Government mittels einer Griffspann-Einrichtung combatgerechter umgestaltet. Es ist von daher nicht falsch, wenn man sich bei der Betrachtung und Beurteilung neuer Pistolen etwas reserviert verhält, sich umhört, vielleicht noch einige Monate wartet, bevor man in den nächsten Laden rennt, um den so schwierig erworbenen Erlaubnisschein zum Besitz oder zum Führen einer Faustfeuerwaffe mit dem Erwerb der neuen ›Waffensensation‹ belastet. Dieser Digest soll dabei Entscheidungshilfe und Anregung zum

Pistole – made in Austria – als „revolutionäre Sensation"

Eigenbericht der „Presse"

WIEN (p. z.). Eine vorwiegend aus Kunststoff gefertigte Pistole österreichischer Provenienz ist nach übereinstimmender Bewertung von international anerkannten Fachleuten eine „revolutionäre Sensation" auf dem Waffensektor. Die 9-mm-Pistole „Safe action UP 17" wurde von der Firma Gaston Glock in Deutsch-Wagram entwickelt, von der das Bundesheer und die Antiterrortruppe „Kobra" bisher auch die Kampfmesser bezogen. Größter Vorteil der neuen Pistole: Sie ist absolut „narrensicher".

„Bei 10.000 Schuß keine einzige Ladehemmung", schwärmt ein Bundesheerexperte von der „Safe action". Die Pistole wurde, durchgeladen, auf einen Betonboden geschleudert – kein Schuß löste sich.

Die Pistole besteht aus leichtem, unempfindlichem Kunststoff, in der der Lauf und andere Stahlteile eingegossen sind. Experten nennen sie „formschön" und überaus praktisch, weil es keine hervorstehenden Teile gibt. Der Hahn ist im Inneren, ein Sicherungsflügel fehlt. Entsichern, Spannen und Auslösen des Schusses erfolgen in einem „Arbeitsgang" über den Abzug.

Das Magazin faßt 17 Schuß; die Funktionsfähigkeit der Pistole wird weder durch Wasser, Sand oder Schlamm beeinträchtigt. Auch extreme Hitze oder Kälte können der Waffe nichts anhaben. Wenn die „Safe action UP 17", für die schon eine Reihe von Patenten angemeldet worden ist, in Serie hergestellt werden sollte, wäre ihr Preis um ein Drittel niedriger als der herkömmlicher Pistolen dieser Klasse. Der Umstand, daß sie leichter ist als vergleichbare Konkurrenzprodukte, und ihre bessere Sicherheit lassen die Pistole auch für den privaten Waffenhandel von Interesse erscheinen.

Nachdenken sein. Die hier geäußerten Urteile sind keine absolut gültigen und objektiven Werte, wir nehmen nicht für uns in Anspruch die ›Väter des Combat-schießens‹ oder ›Waffenpäpste‹ zu sein. Wir wollen nur unsere Erfahrungen weitergeben, Stoff für eigene Gedanken geben und Anstöße vermitteln...

.45 Automatic (ACP)

Der erfolgreiche Waffenkonstrukteur John Browning entwickelte diese Patrone 1905. Sechs Jahre später wurde sie, zusammen mit der von Browning inspirierten Colt M 1911-Selbstladepistole, zur primären Seitenwaffe der US-Streitkräfte. Auch in anderen Staaten, wie Argentinien, Mexiko, Norwegen und Großbritannien, fand die .45 ACP als militärische Heeresmunition Verwendung.

Die .45 ACP-Patrone steht in kaum zu trennender Verbindung mit der Colt Government-Pistole, mit der sie vor über siebzig Jahren vom amerikanischen Heereswaffenamt angenommen wurde. Kaum jemand erinnert sich heute noch daran, daß damals auch die Savage-Selbstladepistole und eine .45erVersion der Pistole 08 zu den Tests hinzugezogen wurden, die Colt M 1911 machte das Rennen. Seither stehen Pistole und Munition in Beurteilung, Legendenbildung und Bewertung zusammen: Vieles, was der .45er Patrone angedichtet wurde, ist eher auf die mit ihr benutzte Pistole als auf die Munition selbst zurückzuführen. Z. B. hat die .45 ACP in manchen Kreisen einen notorisch schlechten Ruf in bezug auf ihre Treffergenauigkeit. Vor allem in den unteren Rängen der US-Armee kann man schnell ausgelacht werden, wenn man dem entgegenhält, daß die Patrone .45 ACP von vielen internationalen Pistolenschützen zum sportlichen Scheibenschießen allen anderen vorgezogen wird. Nun, die letzten .45 Colt-Pistolen der US-Armee sind 1945 erworben worden, alle heutigen Bestände dieser Dienstwaffe datieren bis auf dieses Jahr oder früher. Diese Pistolen haben Generationen von Rekruten und Soldaten ertragen, die sie auseinandergenommen, geschossen, geputzt und geschrubbt haben. Sie sind oft mit neuen Ersatzteilen ›aufgebaut‹ worden, daß man kaum noch mit Recht von der Originalausführung, sondern eher von ergänzten Stücken reden kann. Die mehr oder weniger pflegliche Behandlung durch mehr oder weniger kompetente Rekrutenhände, der harte Dienstgebrauch haben die Waffen über alle Gebühr strapaziert – sie sind locker, von Toleranzen läßt sich kaum noch sprechen. Sie sind mitunter nicht mehr sicher, weil Sicherheitsrasten und Stifte ausgeleiert sind – und sie sind natürlich ungenau! Erstaunlich ist nur, daß sie nach all den Jahren immer noch

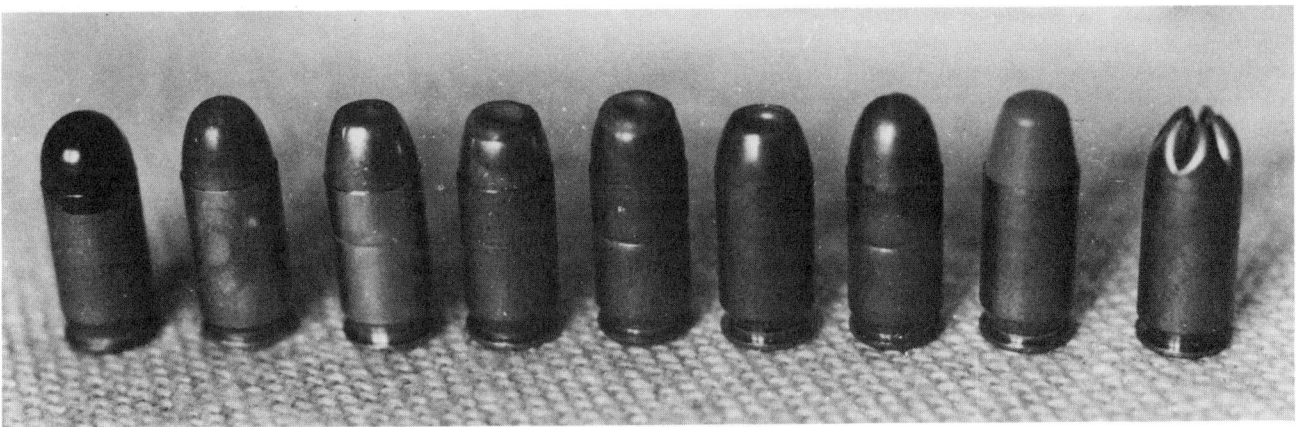

.45 ACP-Patronen – hier eine Auswahl, v. l. n. r.: Leuchtsignal-Patrone (WRA), mil. Leuchtspur Frankfort-Arsenal, Remington Hohlspitz-Vollmantel, Western Cartridge Corp. Teilmantel-Hohlspitz, Norma Hohlspitz-TM, Speer Hohlspitz-VM, Norma 230 gr.-Vollmantel, Winchester-Western KTW panzerbrechend, Guilo Fiochi Platzpatrone.

funktionieren und das nicht schlecht und ohne Ladehemmungen! Ladehemmungen bei diesen Waffen lassen sich zumeist auf zugrundegerichtete Magazine zurückführen, deren Lippen deformiert, deren Innenseiten und Zuführer

verrostet oder deren Feder verbogen ist.

Die durchschnittliche Colt Government Mk IV ist genauso akkurat wie jede andere Markenpistole, d. h., sie schießt ab Werk meist besser als ihr Benutzer. Tat-

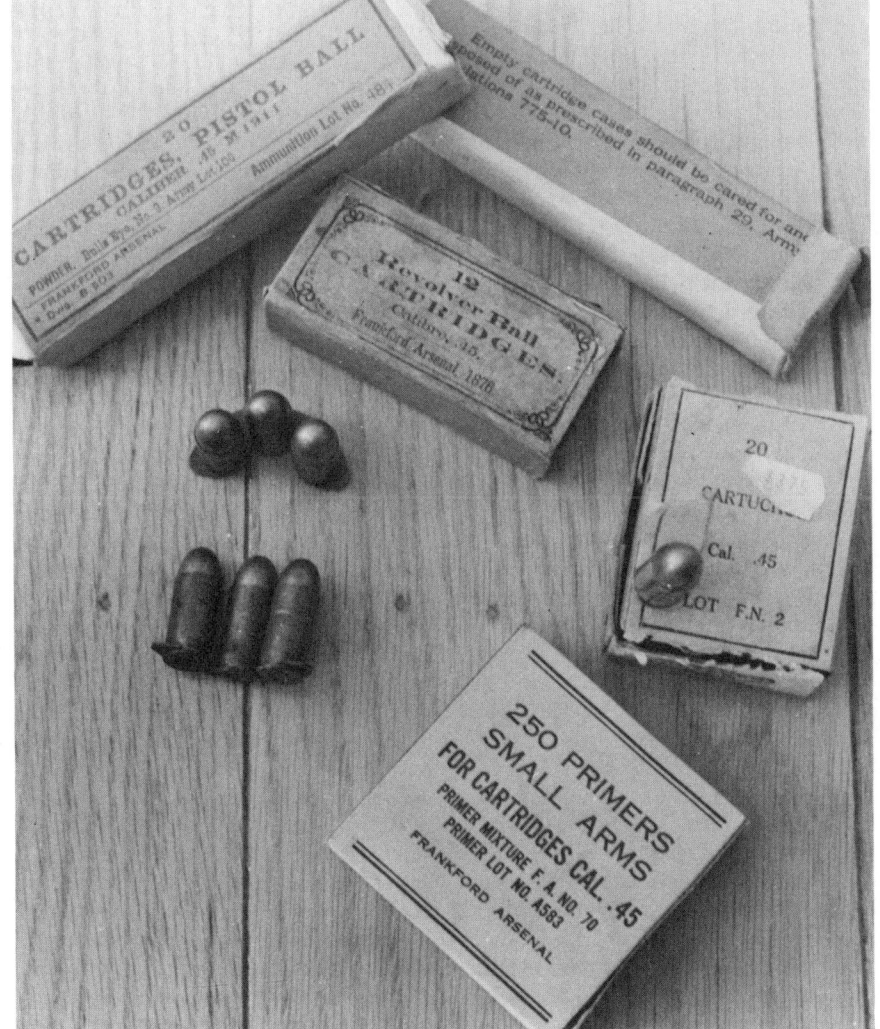

sächlich läßt sich einiges verbessern, aber man kann auch die Colt-Pistole mittels enger Laufhülsen derart akkuratisieren, daß sie zwar Streukreise unter zwei Zentimeter schießen, aber bei der geringsten Verschmutzung oder Laborierungsveränderung Ladehemmungen erleiden.

Der zweite meistgehörte Einwand gegen die .45er bezieht sich auf ihren Rückstoß – die Colt Government ›beißt, boxt, schlägt aus wie ein Maultier‹. Es heißt, niemand könne die Waffe wirklich unter Kontrolle halten. Nun ist Rückstoß zwar eine physikalisch meßbare Größe, aber mehr eine subjektive Empfindung als eine reale Größe. Bei der Colt Government können diese Empfindungen durch bestimmte Umstände verstärkt werden – so gerät bei vielen Schützen der Hautteil zwischen Daumen und Zeigefinger in Mitleidenschaft, wird vom Hahnsporn getroffen oder sogar zwischen Hahn und Rückstoßschulter eingeklemmt. Ähnlich können andere scharfkantige Waffenteile unangenehme Wahrnehmungen auslösen, die unter dem Oberbegriff Rückstoß dann demselben negativ zugeordnet werden. Entsprechende leichte Veränderungen an der Waffe, ein anderer Griff, eine andere Griffstücksicherung, ein Abschleifen des Hahnsporns o. ä. schaffen Abhilfe und verhindern eine unterbewußte Schußangst, die dann zu schlechten Ergebnissen durch Verreißen oder ›Flinchen‹ (Zusammenzucken im Moment des Abdrückens) führen würde.

Der Rückstoß der .45 ACP liegt durchaus in ertragbaren Grenzen, für den Autor fühlt er sich nicht anders als die 9 mm Parabellum an. Oft werden aber angehende Combatschützen an die .45er mit einer Fülle von Warnungen und Märchen herangeführt – das beginnt mit der Behauptung, diese Waffe sei a) ›nur etwas für richtige Männer‹, b) ›trenne den Spreu vom Weizen‹, man könnte c) dieses Kaliber nur mit viel Training und nach Jahren der Gewöhnung beherrschen, und überhaupt, d) diese ›schwere Kanone‹ reißt jeden Angreifer aus den Stiefeln und entsprechend stark ist auch der Rückstoß!

Zu a) Wie kommt es dann, daß sowohl Frauen als auch 12jährige diese Waffen schießen und beherrschen können, wenn sie richtig angeleitet werden; b) das gleiche wird auch von der .357 Magnum, den .44er oder der Maschinenpistole behauptet – je nach Vorliebe des Ausbilders; c) die .45 ACP braucht nicht mehr oder weniger Ausbildung als die 9 mm Para oder die .38 Spl., jede Faustfeuerwaffe benötigt eine gewisse Gewöhnungszeit und ständiges Training, um sie optimal ausnutzen zu können; d) dieserart Legenden kann man ruhig vergessen, sie gehören in das Reich der Märchen.

Wer aber mit diesen oder ähnlichen Aussprüchen an die .45er herangeführt wird, hat lange vor dem ersten Schuß eine Erwartungshaltung, die Schußangst und entsprechende Fehler vorprogrammiert. Wen wundert es dann, daß ein so Geimpfter nach der ersten Schußserie über den enormen Rückstoß, den lauten Knall und die Unmöglichkeit spricht, diese Waffe schießen zu können. Und wie oft wird die Pistole oder das Kaliber als Alibi für die eigenen schlechten Schießkünste herangezogen?

Wer keine Angst vor dem Rückstoß hat, wer in der Lage ist, eine .45 ACP zu führen, sollte sich dazu entschließen, sie ist immer noch die beste Pistolenpatrone für die Nahverteidigung. Eine Fülle von möglichen Laborierungen gewährleisten die optimale Ausnutzung dieser Patronenform in den verschiedenen Waffenmodellen: .45 ACP – das hieß lange Zeit nur Standardmilitärlaborierung, ein 230 grain-Vollmantelgeschoß, das bei Verlassen des M 1911-Laufes eine Vo von 240 bis 250 m/s produzierte. Diese Ladung hat mehr Menschen ins Grab gebracht, als alle anderen maßgeschneiderten Laborierungen zusammen, die seit der Einführung der Patrone entwickelt wurden. Diese Vollmantelmunition, die aus Surplus-Beständen preisgünstig im Handel ist und von verschiedenen Firmen, u. a. Remington, auch für den privaten Markt erhältlich ist, reicht für rund 90 Prozent aller denkbaren Verteidigungssituationen aus. Re-

Nevada: In dieser Art Gelände, wo Büsche und Gesträuch einen Gegner nicht nur verbergen, sondern auch ein Geschoß von seiner Flugbahn ablenken können, ist das durchschlagsstarke und relativ träge auf seiner Flugbahn beharrende .45 ACP-Geschoß von großem Vorteil. Während des hier fotografierten dreitägigen Lehrgangsteils wurden zwar -zig Zweige gekappt, aber kein Geschoß von der Scheibe weggelenkt.

mingtons .45 Auto-Laborierung verläßt den Lauf mit rund 235 bis 240 m/s und bringt auf 50 Meter noch 40 mkg ins Ziel, wer aus gesetzlichen Gründen auf Vollmantelgeschosse begrenzt ist, hat mit dieser Patrone einen besseren ›Mannstopper‹ als mit der vergleichbaren 9 mm Para VM-Munition. Was die Durchschlagskraft der .45er Normalladung antrifft, so lassen sich kaum vernünftige allgemeingültige Aussagen machen: Fälle sind bekannt, bei denen ein .45er VM-Projektil mühelos Fahrzeugtüren und menschlichen Körper durchschlug, während bei anderen Einsätzen das Geschoß von einer Gürtelschnalle abgelenkt wurde – hier spielen offensichtlich auch der Auftreffwinkel und andere nicht konstante Größen mit, die sich beim Testbeschuß schwer simulieren lassen. Aber selbst flache Front-Sekuritscheiben von Fahrzeugen, an den sich .38 Spl.-Geschosse abgeplättet hatten und rikoschettiert waren, werden von dem 230 grain-Vollmantel ohne wesentliche Abweichungen der Flugbahn durchschlagen.

Für die 10% anderer Verteidigungsszenarios können unterschiedliche, den Einsatzumständen angepaßte Munitionsarten herangezogen werden: Für die .45er Pistole gibt es fast alles, von der Leuchtspur-Patrone über das Halbmantel-Hohlspitzgeschoß bis zur Schrotpatrone. Vor über zwanzig Jahre entwickelte Remington z. B. ihre 173 grain ›Highway Master‹, die für den

Einsatz gegen Fahrzeuge und darin befindliche Angreifer als potentielle Spezialladung der amerikanischen Autobahnpolizei gedacht war. Zwei Jahrzehnte später bieten die KTW-Patronen mit ihren 182 grain Teflon-überzogenen Geschossen noch stärkere Durchschlagsleistungen gegen gehärtete Ziele und weisen mit 350 m/s eine wesentlich höhere Anfangsgeschwindigkeit als die meisten anderen .45er Laborierungen auf. In der Klasse der wenig penetrierenden Patronen sind als Beispiel die 190 grain Hollow points von Super Vel zu nennen, deren gemessene Vo-Werte aus dem fünf Zoll langen Lauf einer Colt Mk IV im Bereich um 320 m/s blieben. Ein 185 oder 190 grain-Geschoß erweist sich als weniger rückstoßstark als die 230 grain-Ladungen und erlaubt auch schwächeren Personen den Umgang mit der Colt Government. Wer aufgrund der gesetzlichen Situation nicht in der Lage ist, ein Hohlspitzgeschoß verwenden zu können und trotzdem eine vom herkömmlichen VM-Rundkopfgeschoß abweichende Projektilform sucht, sollte auf Halbmantel-Flachkopf oder Bleigeschosse ausweichen: Lyman bietet für die .45 ACP eine Gießkokille an, mit der man ein 260 grain-Kegel-Flachkopf (Semi-Wadcutter)-Bleigeschoß herstellen kann, daß auf der einen Seite in einer Colt Mk IV keine Ladeprobleme zeigt (Rampe und Patronenlager poliert) und hervorragende mannstoppende Eigenschaften aufweist – wenn man sich den Theorien von Geschoßgewicht plus Geschoßform plus potentieller Verformung anschließt. Mit sechs Grain einer Unique-Treibladung dahinter erbrachte die so geladene Patrone Anfangsgeschwindigkeiten zwischen 252 m/s und 257 m/s. Der Rückstoß war allerdings stärker als bei der 230 grain-Militärpatrone. Ein der Colt Government und der .45er Patrone Unerfahrener wurde während eines Combatlehrganges von uns mit dieser Patrone ausgestattet und ausgebildet, ohne ihn auf den Rückstoß oder die Umstände dieser Verteidigungsladung hinzuweisen. Er durchlief den Lehrgang mit Erfolg, ohne sich der stärkeren Ladung bewußt zu sein und ohne Gewöhnungsschwierigkeiten – was wieder einmal zeigte, daß sich die meisten Probleme mit der .45 nicht in der Waffe oder den Händen, sondern im Kopf abspielen!

Colt

Der Name Colt steht fast synonym für die .45er Pistole. Seit 1911, als Colts Modell 1911 eingeführt wurde, sind mehr als dreieinhalb Millionen Pistolen des Kalibers .45 ACP von Colt gefertigt worden. Die Tatsache, daß mehr als ein halbes Dutzend anderer Firmen die M 1911 kopierten, spricht für die Qualität dieser Waffenkonstruktion. Seit ihrer Einführung hat die M 1911 Government mehrfach Veränderungen erfahren: Die jetzige Ausführung, die MK IV, ist in Verarbeitung und Ausführung weit von dem ursprünglichen GI-Modell entfernt: Die Toleranzen zwischen Griffstückrahmen und Verschluß und in den einzelnen Teilen zueinander sind wesentlich geringer als bei einer Weltkrieg-Zwo-Fertigung. Statt der herkömmlichen Laufführungshülse wurde bei der MK IV/Series' 70 ein neues Laufführungsstück eingesetzt, das den Lauf wie mit Klammern hält und trotzdem den für die Verriegelung notwendigen Spielraum besitzt. Zusammen mit den engeren Toleranzen erbringt die neue Laufführungshülse oder Buchse (barrel-bushing) eine durchschnittliche Trefferkonsistenz von zehn Zentimetern Streukreis auf fünfzig Meter – was für eine Gebrauchspistole eine durchaus befriedigende Leistung ist. Mit Scheibenlaborierungen und anderen Geschoßformen lassen sich darüber hinaus wesentlich engere Streukreise erzielen. Für den durchschnittlichen Combatschützen ist diese Treffergenauigkeit völlig ausreichend, sehr viele Schützen nehmen selbst bei IPSC-Wettkämpfen mit MK IV-Pistolen teil oder bauen auf dieser Waffe ihre Custom-modifizierte Version auf. Colt ist mit dem Modell MK IV ›Gold Cup National Match‹ noch einen Schritt weiter gegangen und bietet dem Sportschützen eine Scheibenwaffe an, die bereits die meisten Elemente von dem enthält, was sich einige Leute als ›customizing‹ an ihren Combatwaffen ändern lassen: verstellbare Visierung, geringere Toleranzen, ein variabler Abzug mit Abzugsstop, der weiter vorn als beim Normalmodell liegt und von daher für die meisten Hände ein korrespondierendes flaches Griffrückenstück braucht, und natürlich die in der MK IV-Normalversion bewährte Laufführungshülse. Am Anfang gab es mit diesem Gold Cup-Modell beim praktischen Pistolenschießen unangenehme Überraschungen: Die Toleranzen waren so eng gehalten, daß die Waffe bei Verschmutzungen Ladehemmungen erfuhr, und aufgrund einer falschen Fertigung eines Stifts flog mitunter die Visierung von der Waffe. Diese Kinder-

Ein wesentliches Argument für die .45 Colt-Pistole ist ihre hohe demoralisierende Wirkung, wenn man sie als Angreifer von der falschen Seite aus sieht!

krankheiten sind ab Werk behoben worden und immer mehr Schützen gehen nicht mehr den Umweg über eine modifizierte MK IV-Normalversion, sondern zahlen am Anfang etwas mehr, kaufen sich die Gold Cup und benützen diese Pistole für die Combat-Wettkämpfe. Sie ersparen sich dadurch die erheblichen Kosten einer vom Büchsenmacher durchgeführten Überarbeitung, die mitunter auch fehlgehen kann (s. die Bemerkungen Rackleys zur Auswahl des richtigen Handwerkers!). Die Gold Cup ist natürlich für die weicheren Scheibenlaborierungen ausgelegt, wer mit ihr beständig harte Ladungen schießt, wird auf die Dauer eine Beeinträchtigung der guten Schußleistung der Waffe erfahren müssen – hier aber hilft die Installation einer anderen Verschlußfeder und eines Rückstoß-›buffers‹, wie er von verschiedenen Ersatzteilfirmen angeboten wird.

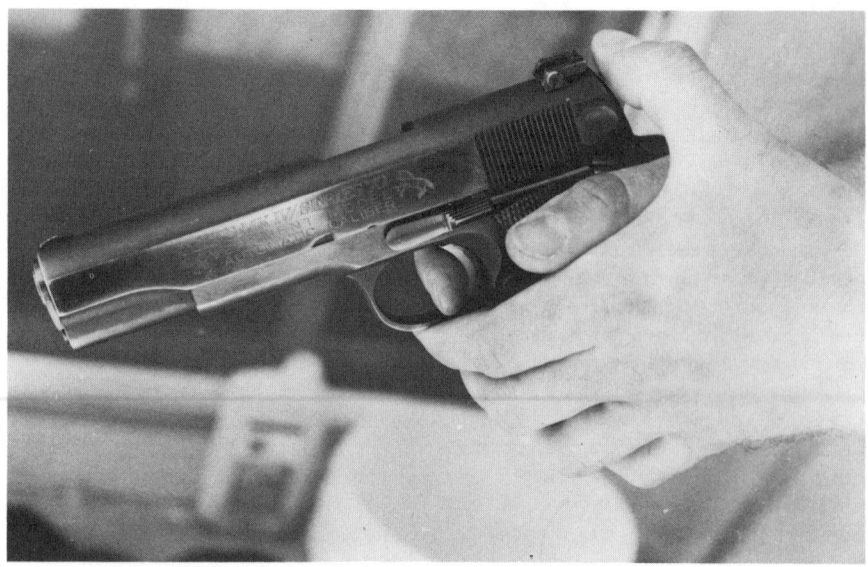

Entspannen der geladenen SA-Pistole erfolgt immer mit der Mündung in eine sichere Richtung – nach oben oder unten, sofern der Boden weich genug ist. Entspannt wird mit dem Daumen der zweiten Hand!

Für das verdeckte Führen, als Combat- und Gebrauchswaffe hat Colt eine verkürzte Version der Government-Pistole herausgebracht, den ›Lightweight Commander‹ mit Leichtmetall-Griffstück und kürzerem Lauf. Rein schußleistungsmäßig macht sich der um 1,9 cm kürzere Commander-Lauf in einer Reduktion der Vo von 10 bis 30 m/s aus, je nach Art der Laborierung und dem zur Anwendung kommenden Pulverprofil. Der Commander hat darüber hinaus eine geringere Trefferleistung, weil er wegen der Kürze von Lauf und Verschlußgehäuse nicht die im MK IV installierte Laufführungshülse hat. Für den Einsatz als Verteidigungswaffe fällt die verminderte Schußleistung aber nicht ins Gewicht: Auf 15 m einen Streukreis von 5 cm (aufgelegt) zu produzieren – was will man mehr von einer Verteidigungspistole? Der Lightweight Commander wurde 1949/50 entworfen und zuerst in

Ein Lightweight Commander und die Government MK IV im Größenvergleich: Beide Pistolen wurden mit kontraststärkeren Visieren ausgerüstet, die Commander erhielt Pachmayr Signature-Griffschalen, denen aber der Fingersporn am unteren, vorderen Griffende abgeschnitten wurden. Die Commander-Modelle kommen ab Werk mit dem runden Hahnsporn und einer etwas kürzeren Griffstücksicherung. Bei manchen Handformen kommt es dadurch immer noch zu Verletzungen des Handrückens – der Einbau einer längeren Griffstücksicherung behebt das ›Kneifen‹.

9 mm Parabellum gebaut, dahinter stand die Suche der US Airforce nach einer leichten Seitenwaffe für ihre Piloten. Später wurde diese Pistole wie ihre größeren Brüder in 9 mm, .38 Super und .45 ACP vertrieben.

Da viele Schützen, die ihre Waffen auch im ständigen Training harten Belastungen unterwerfen wollen, eine nicht immer logische, aber durch bestimmte Erfahrungen gerechtfertigte Aversion gegen Alu-Griffstücke haben (der Autor schließt sich hier an), erschien 1970 der ›Combat Commander‹ auf dem Markt: Eine Ganzstahlversion des ersten Commander-Modells, das zwar immer noch über die gleiche Bauweise und Dimensionen verfügte, aber nun das altbewährte Stahlgriffstück hat. Damit allerdings verlor der Combat Commander auch den Gewichtsvorteil gegenüber den Normalversionen der Colt .45-Pistole: Wo der Lightweight nur zwei Drittel des Government-Modells auf die Waage bringt, unterscheidet sich der Combat Commander vom MK IV um ein Gewicht von knapp 115 Gramm. Es gibt Schützen, die ziehen das kürzere Coltmodell vor, weil ihnen die mehr zum Griff verlagerte Balance behagt. Persönlich zieht der Verfasser die normale Government-Form vor, weil der weiter vorn liegende Schwerpunkt ein besseres Deutschießen zu ermöglichen scheint – hier wird bewußt ›scheint‹ gesagt, weil es sich dabei mehr um ein individuelles Gefühl als um eine meßbare Größe handelt. Die zwei Zentimeter kürzere Gesamtlänge ›machen den Braten auch nicht fett‹, wie man in bezug auf die angeblich besseren verdeckten Führungseigenschaften des Commander-Modells zu sagen versucht ist. Allein das geringere Gewicht des Lightweight ist ein Argument – allerdings gibt es bessere und billigere Alternativen, wenn man sich eine kleine .45er zum beständigen Führen kaufen möchte. Als Dienst- und Verteidigungswaffe ist die MK IV Government bei weitem nicht zu überbie-

Die für das Sportschießen gebaute ›Gold Cup‹ eignet sich für den Alltagsgebrauch bedingt als Verteidigungswaffe.

ten, wenn man im Kaliber .45 ACP bleiben will – als 9 mm Parabellum ergibt sich in unseren Augen wenig Sinn, da gibt es bessere und billigere Pistolen – es sei denn, man will unbedingt einen Colt. Die in den USA in den südlicheren Regionen und in Mexiko weit verbreitete .38 Super ist hierzulande, außer zum Scheibenschießen, kaum vertreten – die Vermutung liegt aber nah, daß das ganze Potential dieser Patrone noch nicht wirklich ausgenützt, bzw. richtig eingeschätzt wird. Die israelische Militärindustrie überraschte die Fachwelt 1982 mit dem Prototyp einer .357 Magnum-Pistole, die rein äußerlich an die Government erinnerte. Auch die .38 Super bietet vielleicht die Grundlage für ein ›Magnum-Experiment‹ in dieser Richtung.

Der Ruf der Gold Cup als ›Scheibenwaffe‹ ist fehlleitend – diese Colt-Ausführung eignet sich auch und besonders zum Combatschießen: Der Waffenträger, der seine .45er nicht nur zur Selbstverteidigung, sondern auch für das sportliche Schießen in Form praktischer Pistolenwettkämpfe oder statisch orientierten Ringscheibenschießens erwerben will, sollte einen langen prüfenden

Blick auf diese Waffe werfen. Es könnte am Ende billiger sein, als eine MK IV zum Büchsenmacher für den Combatumbau zu schicken.

Die Gold Cup National Match hat viele der Elemente, die man sonst nachträglich in eine MK IV einbaut:

– Verstellbare Mikrometer-Visierung mit einem sehr gut kontrastierenden Kimmenblatt
– Enge Toleranzen im Lauf-Verschlußbereich und eine genauere Trefferleistung
– Vergrößerte Auswurföffnung, die Hülsen weniger oder überhaupt nicht deformiert
– Mattierte Laufschiene zur Vermeidung von Lichtreflexen und schnellem Erfassen des Visiers
– Abzug und Abzugstopp
– Vorderseite des Griffstücks zum besseren Greifen mit Riffelung versehen
– Flacher Griffstückrücken zum besseren Erreichen des Abzugs.

Was braucht man sonst noch an einer ›Combat-customisierten‹ Handfeuerwaffe? Nachträglich ließe sich eine beidseitige Sicherung einbauen und einen längeren Verschlußhaltehebel. Vielleicht sollte man auch die Rampe und den

Colts .45er ACP	Länge	Gewicht	Visier	Höhe	Preisklasse (DM)
Government Mk IV/'70	212 mm	1105 g	171 mm	133 mm	900.–/1098.– (Nickel)
Gold Cup N.M.	222 mm	1092 g	171 mm	136 mm	1350.–/1768.– (Electroless)
Lightweight Commander	200 mm	765 g	146 mm	133 mm	740.–/ 950.–
Combat Commander	200 mm	990 g	146 mm	133 mm	1025.–/1050.–

Alle Colt-Waffen dieser Serie haben eine Breite von 32 mm. Im geladenen Zustand wiegen die Waffen mit vollem Magazin je nach Munitionsart 165 bis 185 g mehr.
Besonders hervorzuheben sind noch die Wechselsysteme für die Colt Government, die es sowohl für das Kaliber .22 l.r. zum billigen Trainieren als auch im Kaliber 9 mm Para gibt. Preislich liegen die ›Conversion Units‹, die aus Verschlußstück, Lauf und Magazin bestehen, zwischen 498.– und 575.– DM.

Eingang des Lagers nachpolieren. Die leichtere Verschlußfeder kann einfach gegen eine serienmäßige Government MK IV-Feder ausgetauscht werden, um die Waffe für die stärkeren Gebrauchslaborierungen umzurüsten. Im Vergleich zu den oben genannten Modifikationen und Bauelementen sind diese nachträg-

lichen Zusätze wenig kostspielig. Der Umbau einer MK IV mit den entsprechenden Veränderungen, wie sie die Gold Cup bereits beinhaltet, dürfte dem Preis der Gold Cup nahekommen oder ihn sogar übertreffen.

Am Anfang kann sich die auf enge Toleranzen aufgebaute Gold Cup noch als

›zu steif‹ erweisen, und die eine oder andere Ladehemmung wird auftreten, wenn die Waffe mit zuviel Schmutz in Kontakt kommt: Nach den ersten tausend Schuß gibt sich die Problematik, und wie bei jeder Colt-Waffe, schießt sich der Abzug ein. Er wird mit zunehmender Schußzahl besser.

SIG-Sauer P 220

Den meisten bundesrepublikanischen Schützen wird diese Waffe nur im Kaliber 9 mm Para bekannt sein, aber als ›Browning DA (BDA)‹ wird diese Waffe vornehmlich in .45 ACP in den USA verkauft. Der Waffenkonstruktion lag ursprünglich der Gedanke zugrunde, einen DA-Nachfolger für die SIG-Pistolen des Schweizer Heeres und der Polizei zu schaffen. Als weiteres Element kam die Idee von den Wechselsystemen hinzu: Durch Austausch von Lauf, Verschlußstück mit Feder und Magazin sollte die Pistole je nach Wunsch und Bedarf auf die Kaliber 9 mm Para, 7,65 mm Para, .22 l.r. und die bereits erwähnte .45 ACP umrüstbar sein. Bei all dieser Veränderbarkeit sollte die Pistole aber trotzdem noch eine robuste, störunanfällige Gebrauchs- und Dienstpistole sein. Das Resultat war die P 220, ein wahrer ›Klopper‹, was Ausmaße und Aussehen anbetrifft: Ästheten und Sportschützen bot diese Waffe genügend Angriffsflächen – dem einen war die Formgestaltung zu wenig ausbalanciert, besonders der Abzugsbügel sah grundhäßlich aus, wie überhaupt die ganze Pistole zu kantig und ungeschlacht wirkte. Dem andern war der Griffwinkel zu steil, die Laufachse zu hoch über der Hand und es fehlte die verstellbare Visierung! Den Einwänden muß in gewissen Maßen Recht gegeben werden, mit der P 220 ist tatsächlich kein Schönheitswettbewerb zu gewinnen. Die matte Brünierung verstärkt noch diesen ersten negativen Eindruck.

Vieles war natürlich konstruktionsbedingt: Daß die Pistole u. a. für die etwas massige .45-Patrone ausgelegt war, erzwang gewisse Außenmaße, die man bei einer 9 mm Para vielleicht hätte schlanker gestalten können. Die Notwendigkeit, den Spannabzugsmechanismus unterzubringen, resultierte in der Griffgestaltung. Hinzu kam, daß man die Pistole leicht gestalten wollte und bei der Fertigungsweise auf moderne Verfahren

beschränkt war, die sich kostengünstig auf die Wettbewerbsfähigkeit auswirken: Das Griffstück ist aus Leichtmetall, die Griffschalen aus schwarzem, Fischhaut-versehenem Plastik.

Irgendwann einmal wurde es vom Hersteller her recht still um die System-Austauschbarkeit, die P 220 wurde in Europa vornehmlich als 9 mm Para-Ausführung verkauft und ging in die USA als .45 ACP-Pistole. Dort erregte diese Waffe in einigen Kreisen nicht geringes Aufsehen, denn nun hatte man endlich eine Spannabzugspistole in .45 ACP, die zudem noch rein äußerlich der Colt Government glich und von der Mechanik her gewisse Anleihen an das Browning-System machte – ohne jedoch herkömmliche Sicherungen zu haben: der ›BDA‹ fehlte die Griffstücksicherung der Colt, die viele Combatschützen als überflüssig empfanden, sie hatte keinen Sicherungsflügel zur Arretierung des Hahnes, sondern einen Entspannhebel, der den Hahn ohne Betätigung des Abzugs auf den abgesicherten Schlagbolzen fallen ließ.

Einige Polizisten in Kalifornien, die mit der BDA ausgerüstet waren, schworen auf diese Waffe, als sie der Verfasser auf ihre Erfahrungen ansprach. In Testversuchen schoß die .45er Ausführung oft bessere Ergebnisse als die Colt MK IV

und kam mit manchen Patronensorten an die Gold Cup heran! Zu erwähnen ist vor allem die Eigenschaft der P 220,

P 220 zerlegt zur normalen Reinigung – weniger Einzelteile als bei der Colt MK IV.

sämtliche Markenmunition anstandslos zu verdauern und auch auf Hohlspitzgeschosse und Blei-Kegel-Flachkopf-Varianten ohne Ladehemmungen zu reagieren.

Gewichtsmäßig ist die P 220 kaum schwerer als die Commander-Ausgabe von Colt: 730 g ohne Magazin, mit Magazin aber ungeladen 820 g im Vergleich zum Lightweight Commander mit seinen 765 g! Dieser Umstand in Verbindung mit der etwas hohen Laufseele wirkt sich natürlich beim Schuß aus – die P 220 schlägt merklich höher und stärker zurück als die Colt Government.

Was den Tragekomfort betrifft, überrascht die BDA/P 220: Was auf den ersten Blick wie eine massige, schwere Holsterpistole wirkt, läßt beim Anheben erstaunen. Die P 220 ist leichter als sie aussieht. In der Breite entspricht die Pistole auf den Millimeter genau der Colt Government, ist aber ein Zentimeter höher. Werksmäßig ist die P 220 mit einer feststehenden Visierung versehen, ein Strich auf dem Kimmenblatt und ein entsprechender weißer Punkt auf dem Korn sollen das Zielen unter schlechten Lichtbedingungen erleichtern. Eine Veränderung der Treffpunktlage kann nur durch ein seitliches Verschieben des Kimmenblattes oder durch das Einsetzen eines höheren Blattes erfolgen. Vom Werk wird keine Mikrometer-Visier angeboten, ein solcher Einbau ist allerdings durch jeden kompetenten Büchsenmacher und durch erfahrene Heimwerker möglich.

Leistungsmäßig bringt der 112 mm-Lauf der SIG-Sauer etwas weniger als der fünf Zoll lange Lauf der Government: Je nach Munition lagen die gemessenen Vo-Werte zwischen 10 und 20 m/s unter den Government-Anfangsgeschwindigkeiten, was sich in Eo-Verminderungen von 3,3 bis 6,8 mkg auswirkt. Gegenüber der (zwar) 2 mm längeren Commander (die aber einen fünf Millimeter kürzeren Lauf hat) überwiegt die P 220 mit höheren Anfangsgeschwindigkeiten, die zwischen 22,5 und 35 m/s, bzw. Eo zwischen 6,35 und 12,85 mkg liegen! Hier machen sich die paar Millimeter Lauflänge bezahlt. Als allgemeine Orientierung sei hier nur die bei einem Winchester 230 grain-Vollmantelgeschoß gemessenen Mittelwerte einer Serie genannt, die aus der Test-P 220 geschossen wurden: Vo 231 m/s, Eo 40,7 mkg.

Preislich liegt die P 220 auf dem deutschen Markt im Bereich der 1100-DM-Grenze.

Die SIG-Sauer P 220 ist heute in den Kalibern .45 ACP, 9 mm Parabellum, .38 Auto und .22 l. r. erhältlich. Im Kaliber .45 ACP faßt das Magazin 7 Patronen. Das Abzugsgewicht von zwei Pistolen ergab folgende Werte:
1) DA 5,44 kg, SA 2,04 kg
2) DA 5,15 kg, SA 1,85 kg

Llama

In der gleichen Gegend Nordspaniens wie die Firmen Astra und Star, im Baskenland, ist die Waffenfirma Llama mit ihren rund 250 Mitarbeitern zu Hause. Traditionell hat die Firma Pistolen hergestellt, die auf dem erfolgreichen Browning-System beruhen. Ihr Modell IX-A ist eine Kopie der Colt Government-Pistole. Sie wird als Modell VIII in .38 Super, als Modell XI in 9 × 19 mm Parabellum vertrieben. Der einzige augenfällige Unterschied zum amerikanischen Original ist die ventilierte Laufschiene der Llama-Pistole (die wie eine Art Markenzeichen auch bei den Taschenpistolen der Firma in 9 mm kurz, 7,65 mm und .22 l.r. auftritt). Die Llama hat darüber hinaus einige andere Verbesserungen, wie ein Ladeanzeiger und sein seitlich verstellbares Visierblatt. Die Waffe ist als Gebrauchspistole

robust und mit einem befriedigenden Finish gebaut, ihre Schußpräzision fällt etwas hinter der der Colt Government MK IV zurück, der Abzug ist nicht ganz so kurz und trocken, wie man das bei einer eingeschossenen Colt-Pistole gewohnt ist. Dies ließe sich mit etwas Nacharbeit verbessern. Die Llama wird verchromt und brüniert geliefert, mit glatten und Fischhaut-Holzgriffschalen.

Die letzteren kann man sich getrost ersparen – beim Schuß glaubt man, man hätte eine Holzraspel in der Faust, so scharfkantig ist die Fischhaut eingeprägt. Die Llama ist auf dem südamerikanischen Markt und in verschiedenen Staaten der Dritten Welt häufig anzufinden, besonders im Mittelmeerbereich. Sie ist – wie ihr Vorbild – zuverlässig und vertrug beim Test alle Munitionssorten, was u. a. einige Hände voll obskurer Wiederladungen einschloß.

Das Modell IX-A von Llama, eine Kopie der Government in Ganzstahlausführung.

Llamas Omni

1981 begann Llama mit dem neuen Modell ›Omni‹ einen sehr teuren und weitgefächerten Werbefeldzug in den USA, in dem die neue Pistole als das Nonplusultra angekündigt wurde. Nun, die Omni (die in 9 mm Para mit einem dreizehnschüssigen Magazin und in .45 ACP als achtschüssige [7+1] Waffe hergestellt wird) ist in allererster Linie eine Ganzstahlpistole mit Spannabzug und einer Verriegelung nach dem Browning-Prinzip. Griffwinkel und äußere Gestaltung, mit Ausnahme des Abzugs und des Abzugbügels, erinnern an die Colt Government. Die Waffe liegt gut in der Hand und hat, wie ihr amerikanisches Vorbild, hervorragende Deuteigenschaften. Der Hahn oder das Schlagstück (manche sagen ›Hammer‹) ist der erste modern gestaltete Waffenteil dieser Art seit der Einführung der C 96! Er hat keinen Hahnsporn mehr, der den Handrücken aufrauhen oder die Haut zwischen Finger und Daumen kneifen kann, ist aber trotzdem entweder mit dem Daumen der rechten Hand oder mit dem der Linken faß- und spannbar. Im entspannten Zustand schließt er mit dem hinteren Ende des Verschlußstücks ab. Es ist schwer vorstellbar, wie der so gestaltete Hahn sich ungewollt irgendwo verfangen und spannen kann. Der Lauf hat eine etwas vom Herkömmlichen abweichende Zug-Feld-Gestaltung: Um die Reibung zu verringern, wurde die rechte Kante jedes Feldes abgeflacht, dies soll laut Aussage der Firma geringere Lauferwärmung, geringeren Geschoßabrieb und bessere Trefferleistungen produzieren. Was den letzten Teil anbelangt, so schoß die Omni 5 bis 6 cm-Streukreise auf 25 m. Kein Zweifel, diese Pistole ist so schußgenau, wie man es von einer Gebrauchspistole verlangen kann. Das Besondere an der Omni aber ist ihr Spannabzug, der gleichmäßig weich bei 4,25 kg brach. Beim SA-Abzug fühlt man am Anfang so etwas wie einen Druckpunkt, das Durchfallen des Abzugs wird durch einen serienmäßigen Trigger-Stop gemindert, gemessen: 1,9 kg. Im Gegensatz zu anderen Spannabzugspistolen wird der Druck auf den Abzug durch zwei Stangen übertragen, je eine für den SA- und DA-Mechanismus. Zusätzlich vermindern Kugellager die Reibung im Bereich der Hahnstange.

Auch die Omni besitzt einen linksseitigen Entspannhebel für den Hahn. Sowohl diese Sicherung wie der Verschlußfanghebel sind etwas ungewöhnlich im Aussehen und sollen wohl den

Die Omni im Kaliber .45 ACP. Deutlich ist die eigenwillige Form des Schlagstücks/Hahnes zu sehen, die eine Verletzung des Handrückens weitgehend vermeidet. Die Griffschalen aller Omni-Versionen sind aus schwarzem Kunststoff. Lauflängen 109,5 mm (.45 ACP), 111 mm (9 mm Para).

Firmenbild der Omni III, 9 mm Parabellum mit starrer Visierung.

›futuristischen Look‹ der Pistole unterstreichen.

Die .45er Ausführung wird mit einem verstellbaren Visier, die 9 mm Para-Version mit starrer Visierung geliefert. Die getestete .45 ACP Omni I gefiel allen Testern ›auf den ersten Schuß‹. Ihre Verarbeitung war hervorragend, das Finish wesentlich besser als bei dem Modell IX-A.

Waffe	Kaliber	Gewicht	Länge	Höhe	Magazin	Preisklasse (DM)
Modell IX-A	.45 ACP	1100 g	216 mm	137 mm	7 Patr.	650.–/ 800.–
Omni I	.45 ACP	1150 g	197 mm	140 mm	7 Patr.	950.–/1100.–
Omni III	9 mm Para	1090 g	202 mm	140 mm	13 Patr.	950.–/1050.–

Ein weiteres Modell, die Omni II, wird als 9 mm Parabellum mit einreihigem Magazin (9 Patronen) im Firmenkatalog angeboten.

Star PD .45 ACP

Auf der Suche nach einer .45 ACP SA-Pistole? Erscheint Ihnen die Government zu groß für das verdeckte Tragen? Und haben Sie nicht das Geld für eine ›customisierte Gesundschrumpfung‹, weil der Wagen noch nicht abbezahlt ist oder das zweite Baby im Frühling kommt?

Nun, die Antwort wird durch die Star PD geboten – diese spanische .45er Taschenpistole ist etwa so groß wie die meisten 9 mm Kurz-Pistolen, kleiner als der Commander von Colt und schmaler und hat trotzdem noch ein sieben Patronen fassendes Magazin. Die Star ist so ungefähr die preisgünstigste, zuverlässigste Selbstladepistole, die als Serienwaffe geliefert wird. Die PD hat werksmäßig ein hervorragendes Kontrastvisier, das zu allem Überfluß auch noch verstellbar ist! Die Laufschiene ist mattiert – Merkmale, wie man sie eigentlich nur an einer Custom- oder Scheibenwaffe kennt. Auch der vordere Griffrükken ist geriffelt, die Fischhaut der Holzgriffschalen sauber geschnitten und nicht zu scharfkantig.

Natürlich hat diese Pistole mit ihrem Alu-Griffstück einen stärkeren Rückstoß als die Stahlausführung des Commanders oder die voll ausgewachsene MK IV Government. Sie hat auch nicht die Trefferleistung der größeren Pistolen, aber auf 15 m blieben alle Schüsse der Testwaffe innerhalb eines 10 cm-Ringes, und mehr verlangt man nicht von einer Verteidigungs- oder Back-up-Pistole. Mit normalen VM-, SWC- oder Hohl-

spitzgeschossen funktionierte die PD anstandslos. Der Abzugswiderstand brach bei 3,35 und 3,64 kg bei zwei getesteten Modellen.

Der kürzere Griff der Star bietet weniger Auflagefläche für die Finger, besonders für den kleinen Finger der Schießhand. Nachträglich sollte man einen Fingeransatz am Magazinboden anbringen, ähnlich der PPK. Trotzdem schießt sich die Waffe gut, Griffwinkel und Handlage

sind wie bei der Colt-Pistole. Eine Griffstücksicherung hat die PD nicht. Manche Schützen müssen den Hahnsporn um drei bis fünf Millimeter abfeilen, um Handrückenverletzungen zu vermeiden, und bei dieser Gelegenheit sollte man gleich die Rampe nachpolieren lassen. Andere Nacharbeiten braucht die PD nicht – selbst die Magazinschacht-Öffnung ist ab Werk schon erweitert und abgeschrägt!

Größenvergleich Star PD – Colt Lightweight Commander

Waffe	Gewicht	Länge	Höhe	Dicke	Lauflänge	Preis (DM)
Commander	765 g	200 mm	133 mm	32 mm	108 mm	950.–
Star PD	680 g	190 mm	118 mm	29 mm	96 mm	850.–

Die Star PD, ein ›gesundgeschrumpfter Commander‹, besitzt trotz ihrer geringen Ausmaße dank ihres bulligen Aussehens hohen Einschüchterungswert.

Detonics .45 ACP

Die Firma Detonics aus Seattle, Washington führte 1976 ihre ›gesundgeschrumpfte‹ .45 ACP-Pistole ein, eine serienmäßige Custom-Mini-Ausführung der Colt-Pistole, bei der man alle möglichen Enden auf ein Minimum reduziert hielt. Das Ergebnis ist eine .45er Selbstladepistole mit den Ausmaßen einer PPK!

Als die Pistole vor sechs Jahren auf den Markt kam, litt sie noch an verschiedenen Kinderkrankheiten, deren schlimmster Auswuchs immer wieder auftretende Ladehemmungen waren: Die gleiche Waffe konnte in den Händen des einen Schützen anstandslos funktionieren, während sie bei einer anderen Person immer wieder mit ›Ofenrohr‹-Hemmungen aufwartete. Das Geheimnis dieser unterschiedlichen Leistung lag in den Armen des jeweiligen Schützen: Je nachdem, wie fest der Schütze die Waffe beim Schuß hielt und mit seinen Armmuskeln dem Rückstoß entgegenwirkte, repetierte die Waffe mehr oder weniger zuverlässig – dieses Phänomen läßt sich mitunter an modifizierten Pistolen wiederfinden. Die Waffen sind so sehr in bezug auf Verschlußfeder, Toleranzen und Abzugswiderstand auf die Schießweise des einen Schützen eingeordnet, daß sie bei der Behandlung durch einen Fremden Probleme machen. Bei der Detonics rührten die Ladehemmungen von der verkürzten Hauptfeder her. Mittlerweile hat die Firma eine neue Verschlußfeder, mit Federhülse und Rückstoßpuffer entworfen, der in der Detonics problemfreie Funktion erbringt und auch der Reduzierung des Rückstoßes hilft. Die gleiche Feder-Anordnung wird von der Firma separat für die Government und die Commander zum Preis von rund $ 30.– angeboten.

Die ursprünglichen Fehler der Detonics sind ausgestanden – die Pistole hat einige Verbesserungen hinter sich, der Kreis ihrer Anhänger wächst ständig. Das jetzige Modell Mark VII ist um 110 Gramm leichter als das vorherige Serienmodell: Als absolute Nahkampfwaffe für den Deutschuß wurde der MK VII die Visierung genommen, am Verschlußstück, Rahmen und dem Griff einige Zehntel Millimeter Metall ›abgeschabt‹ und durch die Verwendung von Alu-Teilen wichtige Gramm gespart.

Einige Teile der Detonics, wie der Sicherungsflügel, Verschlußfanghebel, Abzugmechanismus und Magazinhalter sind mit denen der Colt Government austauschbar, aber viel wichtiger: Die

Detonics .45 ACP, so klein, wie es eben nur geht!

Colt Originalmagazine können in der Detonics verwendet werden – als Reservemagazin kann man also ein siebenschüssiges Colt-Original statt der nur sechs Patronen fassenden gekürzten Detonics-Stücke benützen.

Vergleich Detonics .45 ACP MK VI – Star PD

Waffe	Gewicht	Länge	Lauf	Höhe	Breite	Mag.	Preis (DM)
Detonics	825 g	171 mm	76 mm	116 mm	32 mm	6	900.–
Star PD	680 g	190 mm	96 mm	118 mm	29 mm	7	850.–

Die Vega ›Combat‹-Ausführung in Stainless neben einer Government M 1911 Weltkrieg-II-Fertigung mit der Parkerschen Oberflächenbehandlung, wie sie bei GI-Waffen üblich ist. Diese M 1911 ist eine Lizenzfertigung von Remington.

Andere .45 ACP-Pistolen

Der Stainless-Boom konnte natürlich auch vor den .45er Pistolen nicht Halt machen: Eine ganze Reihe Firmen versuchte sich an rostfreien Nachbauten der Colt Government, u. a. Pacific International mit der ›Vega‹, Mossberg (die zum Zeitpunkt der Drucklegung zwar bereits ein Serienmodell gefertigt hatten, aber im Werk immer noch versuchen, das ›Ding‹ zum problemlosen Funktionieren zu überreden!) und AMT. Der Leser, der sich durch das vorliegende Buch bis hierher durchgearbeitet hat, weiß, daß der Verfasser kein Freund von ›Stainless Steel‹ ist. Dies gilt auch für die .45er Ausführungen. Die ›Vega‹ funktionierte reibungslos, fühlte sich aber vom Schloßgang immer noch so an, als hätte jemand die halbe Sinai-Wüste (Nordhälfte!) in ihrem Innern vergessen. Die erste AMT ›Hardballer‹ kam dem Verfasser bereits vor vier Jahren unter die Augen. Nach all dem Reklamerummel, der in der Fachpresse zu dieser Waffe gelaufen war, erwartete ich zwar nicht Wunderdinge, aber doch eine gute Pistole. Denkste! Drei Ladehemmungen pro Magazin waren die Regel. Dies soll sich zwar bei den Auslieferungen der letzten zwei Jahre gebessert haben, aber zwei weitere Testwaffen, die Ende 1981 in Kalifornien von uns ausgeliehen wurden, machten immer noch Probleme und streikten bei HP- und SWC-Patronen. Es lohnt sich einfach nicht, daß Mehr-(Lehr-)Geld für eine Stainless-Ausführung auszugeben, solange man die Coltwaffen in einwandfreiem Electroless-Nickel-Finish ab Werk haben kann!

9 mm Parabellum (9 × 19 mm)

Die 9 mm Parabellum wurde 1902 zusammen mit Paul Lugers Kniegelenkpistole auf den Markt gebracht und bereits 1904 in der Kaiserlichen Marine, 1908 dann im deutschen Heer eingeführt. Italien schloß sich an, andere Länder folgten. Österreich führte im Ersten Weltkrieg zwar noch die 9 mm Steyr, übernahm aber nach dem ›Anschluß‹ auch die Parabellum-Patrone. Spätestens mit dem Zweiten Weltkrieg ist die 9 mm Para oder ›Luger‹ (wie sie in den USA genannt wird) die am weitesten verbreitete und genutzte Patrone für Faustfeuerwaffen und Maschinenpistolen. Auch auf dem polizeilichen Sektor wie auf dem Privatwaffenmarkt ist die 9 mm Para führend. Der Erfolg dieser Patrone resultiert zum großen Teil aus dem gelungenen Kompromiß, den man in Hinsicht auf Patronengröße und -maße, ballistische Leistungen sowohl in der Geschoßgeschwindigkeit als auch in der Auftreffenergie und Rückstoß mit ihr gewinnt.

In Combatschützenkreisen hat die 9 mm Parabellum aufgrund ihrer höheren Durchschlagsleistung einen etwas schlechten Ruf bekommen – verglichen mit der .45 ACP gibt sie zu wenig Auftreffenergie an den Körper ab, erzeugt zu oft Durchschüsse und gefährdet Unbeteiligte. Alle diese Einwendungen sind zwar berechtigt, müssen aber relativiert gesehen werden: Die höhere Durchschlagsleistung kann sich in einer Klimazone, wo schwere Kleidung getragen wird, durchaus als positiv erweisen. Im warmen Kalifornien setzt das T-Shirt oder die leichte Sommerjacke dem großflächigen .45er Geschoß wenig Hindernisse entgegen, hier hingegen muß ein Projektil mitunter drei, vier Lagen Kleidung durchschlagen, bevor es seine Wirkung im Körper entfalten kann. In den USA, wo ballistische Schutzwesten eine viel weitere Verbreitung als hierzulande haben und nicht nur von Polizisten, sondern auch von Straftätern benützt werden, hat man einen weiteren Vorteil der 9 mm Para entdeckt: Sie durchschlägt Leichtschutzwesten, die sonst mühelos .38 Spl. und .45 ACP aufhalten! Dies wurde einer Gruppe von Weatherman-Terroristen im Bundesstaat New York im Herbst 1981 zum Verhängnis, die bei einem Feuergefecht mit der Polizei auf ihre ›Second Chance‹-Schutzwesten vertrauten.

Der größte Vorteil der 9 mm Para liegt für den Combatschützen in ihren Außendimensionen, die es ermöglichen, konstruktionsmäßig eine hohe Magazinkapazität zu bieten, ohne daß der Pistolengriff zu unförmig wird. Es ist erstaunlich, daß lange Jahre nur die FN High Power von der Möglichkeit der zweireihigen Magazinanordnung Gebrauch machte. Die geballte Feuerkraft, die eine High Power mit ihren 14 Schuß, eine Vzor 75 oder die neue SIG-Sauer 226 mit 16 Patronen anbietet, ist

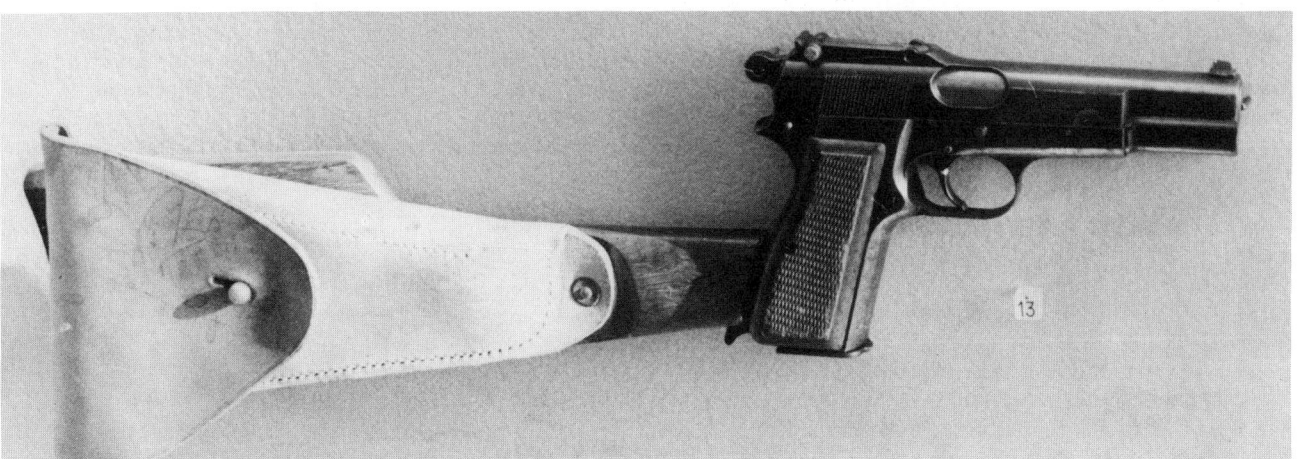

FN High Power Militärausführung mit verstellbarem Schiebevisier und Anschlagschaft als Karabinerersatz – für Combatschützen nur von Sammlerwert.

ein durchschlagendes Argument auch in Hinsicht auf die Mannstop-Diskussion: Die geringere Wirkung des einzelnen 9 mm-Projektils im Vergleich zur .45 ACP oder .357 Magnum wird durch die Möglichkeit, schnell hintereinander zwei, drei oder mehr Treffer zu plazieren, mehr als aufgehoben. Die Mannstop-Wirkung mehrerer Treffer ist wahrscheinlicher und rechnerisch höher anzusetzen als die Wirkung von nur ein oder zwei großkalibrigen Projektilen. Der 9 mm Para-Schütze hat also keinen wirklichen Grund, sich ›unterbewaffnet‹ zu fühlen. Gehen wir mit unseren Überlegungen einen Schritt weiter und betrachten wir die Stauchgeschosse der Soft-Point und Hohlspitz-Varianten (die letzteren sind in der Bundesrepublik bekanntlich verboten), so ist die 9 mm Para mit ihrer höheren Fluggeschwindigkeit weitaus besser prädestiniert, die Geschoßverformungen im Körper zu erreichen als die .45 ACP: Die verschiedenen auf dem Markt befindlichen 9 mm Para-Patronen variieren mit ihren Geschoßgewichten zwischen 6 g (90 grains: Teilmantel, Kegelstumpf) und 8 g (123 grains Vollmantel, z. B. Geco) und mit ihren Anfangsgeschwindigkeiten entsprechend zwischen 330 m/s und 425 m/s – gemessen aus einer Colt MK IV mit 5″-Lauf. Von der Auftreffenergie liegt die 9 mm Parabellum-Patrone im Bereich um die 50 mkg-Marke, die von der Nato gefordert wird, je nach Geschoßgewicht schwankt dieser physikalische Wert zwischen 43 und 56 mkg.

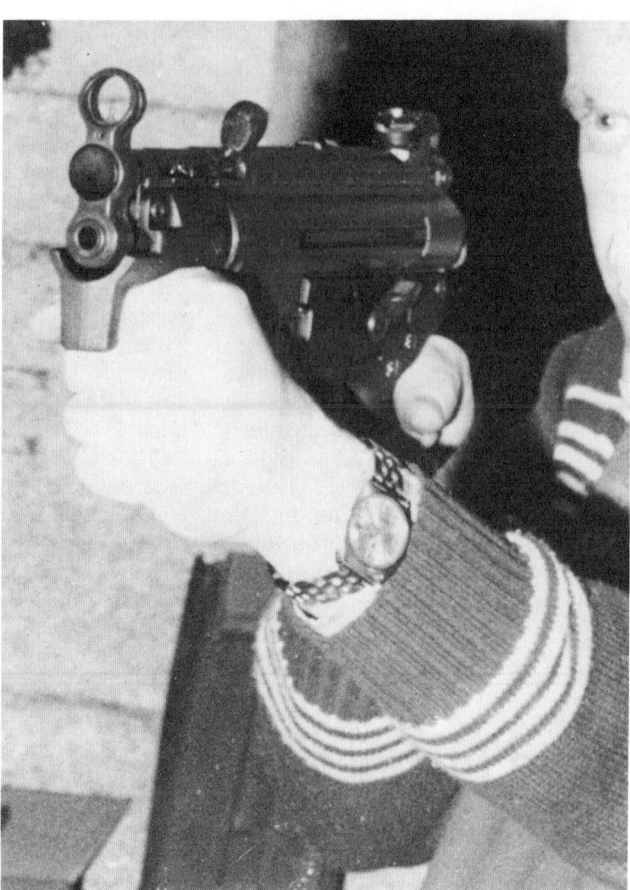

Die MP 5k ist die kleinste Version der HK-Maschinenpistolen in 9 mm Para – ohne Schulterstütze, aber mit Vordergriff zum schnellen Beidhandanschlag. Diese Waffe entspricht den Forderungen der Polizei für spezielle Einsatzsituationen und konspirative Annäherung bei Festnahmen und Personenschutz.

Heckler & Koch – die Einfallsreichen

Man kann den rührigen Waffenbauern in Oberndorf am Neckar vorwerfen, was man will, an einem mangelt es ihnen nicht – Einfallsreichtum. Ihr Sturmgewehr mit abgestütztem Rollenverschluß, nach dem Zweiten Weltkrieg aus dem spanischen Cetme-Gewehr entstanden, ist weit über die Grenzen der Bundesrepublik ein voller Erfolg geworden: Das G 3 und seine verschiedene Abarten in anderen Kalibern, als Karabiner, als Maschinenpistole (MP 5), als Sonderwaffe mit Zielfernrohr oder als lMG-Version, wird in über dreißig Ländern benutzt. Auf dem zivilen Waffenmarkt der USA haben HK-Sturmgewehre und -Maschinenpistolen in den letzten fünf Jahren einen ungeahnten Siegeszug erfahren. Die Tatsache, daß

die berühmte GSG 9 HK-Maschinenpistolen und -Gewehre bei ihren Einsätzen führt, hat sich als äußerst werbewirksam erwiesen. Auch amerikanische SWAT-Einheiten wechseln in steigender Zahl zu diesen Waffen über.
Auf dem Gebiet der Faustfeuerwaffen-Technik hat Heckler & Koch seit dem Anfang der siebziger Jahre Neuland betreten und Maßstäbe gesetzt: Mit der Pistole HK P 9 S wurde eine unter modernsten Fertigungsmethoden entstandene Spannabzugspistole auf den Markt gebracht, bei der nicht nur das Griffstück aus Stahlblech-Prägeteilen etwas besonderes war. Der abgestützte Rollenverschluß, der sich bei der MPi 5 und dem G 3 bewährt hatte, wurde im verkleinerten Maßstab auch im Faustfeuerwaffenbereich angewendet. Der Polygon-Lauf, ein verchromter Lauf, der statt der üblichen Züge und Felder keinen runden Querschnitt, sondern ein abgerundetes Vieleck hat, gibt dem Geschoß bei besserer Ausnützung der Treibgase den gleichen Drall, aber er nützt sich weniger ab – und er ist einfacher zu säubern!
Auch in der äußeren Form und in den Bedienelementen ging man in Oberndorf neue Wege: die P 9 S hat ein innen-

liegendes Schlagstück, das von außen über einen Spannhebel mit dem Daumen der Schießhand vorgespannt werden kann. Der gleiche Hebel löst die Verschlußsperre. Ein Sicherungsflügel an der linken Rahmenseite war zuerst so gestaltet, daß er den Abzug außer Kraft setzte und den Schlagbolzen blockierte. Später erkannte man bei HK, daß der Entspannvorgang damit zu kompliziert und langwierig wurde: Der Sicherungsflügel legt sich nun vor den Schlagbolzen, blockiert ihn, so daß der Schütze die Pistole gefahrlos durch Betätigen des Abzugs entspannen kann. Diese Entspannweise entspricht natürlich nicht mehr den heutigen Forderungen nach Bediensicherheit und der möglichst weitgehenden Vermeidung von Bedienfehlern. Hat man sich aber an die Waffe gewöhnt, so erweist sich diese Art Bedienung als unproblematisch: Seitdem der Verfasser die P 9 S führt (seit 1972), ergaben sich nie ungewollte Schußabgaben oder ähnliche Unfälle.
Die Pistole mußte nach ihrer Einführung noch einige Veränderungen erfahren. Unter anderem wurde der Sicherungshebel schließlich aus Stahl gefräst, nachdem das Gußstück sich der enormen Materialbeanspruchung des zu-

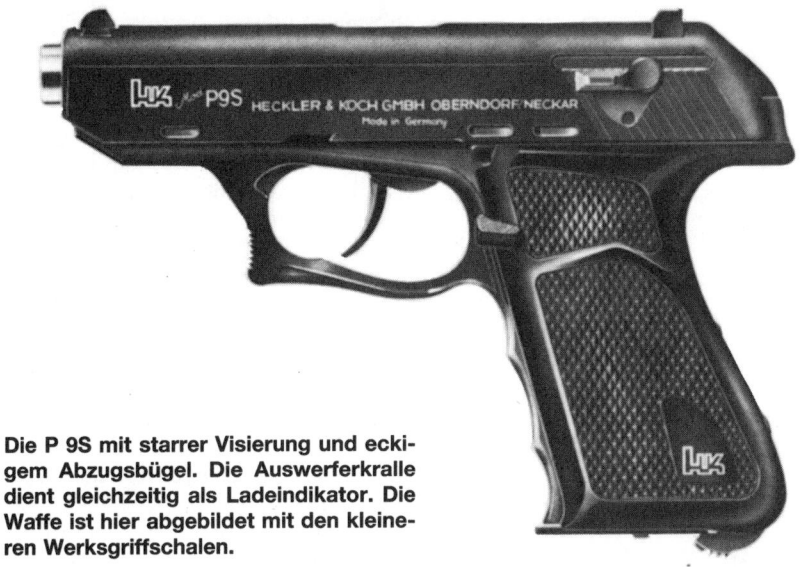

Die P 9S mit starrer Visierung und eckigem Abzugsbügel. Die Auswerferkralle dient gleichzeitig als Ladeindikator. Die Waffe ist hier abgebildet mit den kleineren Werksgriffschalen.

rückschlagenden Verschlußrahmens nicht gewachsen gezeigt hatte. Die Plastikgriffschale war zwar für mittlere und große Hände gut ausgeformt, bereitete aber Schützen mit kleineren Händen oder kürzeren Fingern erhebliche Probleme. Ein Griff für ›Kleine‹ mußte geschaffen werden, auch der Abzugsbügel aus Plastik erfuhr Veränderungen. Er wurde schließlich mit eckigem Fingerhaken für den beidhändigen Anschlag angeboten. In Sachen Funktionstüchtigkeit und Zuverlässigkeit ließ und läßt die P 9S keine Fragen offen. Seit 1972 hat die Pistole des Verfassers härteste Strapazen, die unterschiedlichste Munition, Sandstürme, Schlamm, Kälte- und Wüstenzonen überstanden und man konnte sich in den prekärsten Situatio-

nen auf sie verlassen. Man sieht, der Schreiber ist hier nicht mehr objektiv: Meine P 9S hätte ich gegen einen Colt Python, gegen eine FN HP und noch einige andere Waffen eintauschen können. Angebote gab es genug, nur gewollt habe ich nicht. Ähnlich urteilt auch ein alter Kollege und Freund, seines Zeichens Ex-SAS-Offizier, der seit langem eine P 9S führt und sie auch bei Combat-Wettkämpfen benutzt. Auch er würde sein Exemplar nicht hergeben. Die einzige Verbesserung, welche die P 9S braucht, sind bessere Griffschalen. Die Plastikgriffe erweisen sich bei angstfeuchten Händen als zu wenig griffig, die Holzgriffschalen sind zwar schön, aber der Werkspreis liegt weit jenseits der 100-DM-Grenze. Pachmayr bietet

einen Satz Gummigriffschalen an, die man mit oder ohne Griff-Vorderstück benutzen kann – sie erscheinen mir ideal. Die P 9S hat einige Nachteile, der DA-Abzugsweg ist zu lang, es fehlt ein Entspannhebel, der wirklich narrensicher ist. Die Waffe hat zuviele Kleinteile, sie hat ein nur neunschüssiges Magazin – aber wer sich einmal in diese Pistole vernarrt hat, der bleibt bei ihr. Und – von vorn gesehen, sieht sie gemein aus, so schön gemein, daß der Verfasser bei einer Festnahme einmal erleben konnte, wie die Schließmuskeln des Täters versagten, als er in die Mündung der P 9S blickte. Von vorn sieht sie nach mehr als 9 mm Para aus.

Würde ich mir noch einmal eine P 9S kaufen? Ja – aber nicht in 9 mm Para! Seit einigen Jahren gibt es die P 9S auch in .45 ACP und da ist sie eine der besten und führigsten .45er Pistolen, die es auf dem Markt gibt – wesentlich besser als der Colt Combat Commander, obwohl genauso kurz. Es gibt sie auch in 7,65 mm Para. Nicht umsonst war die P 9S die erste Dienstpistole bei den Spezialeinheiten von Bund und Ländern, als diese nach dem Massaker von 1972 aufgestellt wurden.

Preise für die HK-Pistolen
(Franconia 1982)

P 9S	9 mm Para	DM 1242.–
P 9S	.45 ACP	DM 1341.–
PSP/P 7	9 mm Para	DM 1224.–
VP 70 Z	9 mm Para	DM 708.–

Die Vorteile der PSP liegen in und auf der Hand: Die Waffe ist sehr führig, fast wie eine Verlängerung der Hand. Ihre äußeren Dimensionen sind im Vergleich zu anderen 9 mm Para-Pistolen gering (rechts). Hervorragend auch die kontraststarke Visierung mit der Drei-Punkt-Anordnung zum Dämmerungsschießen. Dieses Visier würde der Verfasser auf manche andere Pistole (z. B. Colt) installieren!

Technische Daten: P 9S in 9 mm Para und .45 ACP

Kaliber	Kapazität	Länge	Höhe	Breite	Gewicht /	gel.	Lauf
9 mm Para	9 + 1 Patr.	192 mm	141 mm	34 mm	950 g	1075 g	102 mm
.45 ACP	7 + 1 Patr.	192 mm	141 mm	34 mm	870 g	1035 g	102 mm

Gemessenes Abzugsgewicht an drei verschiedenen Waffen (Fertigungsjahr 1971, 1974 und 1978, zwei Pistolen in 9 mm Parabellum, eine in .45 ACP): DA: 4,25 / 4,65 / 5,4 kg; SA: 1,40 / 1,55 / 1,7 kg.

Die PSP – an ihr scheiden sich die Geister!

Die PSP ist Heckler & Kochs Beitrag zur bundesdeutschen Polizeipistolen-Auswahl. Als P 7 wurde sie u. a. in Baden-Württemberg und bei der GSG 9 akzeptiert. Auch mit ihr hat die schwäbische Waffenfirma wieder Neuland betreten, obwohl die Idee eines Griffspanners nicht neu ist. Im Nachhinein ist es fraglich, ob HK mit der Vorlage dieser Pistole einen wirklich so günstigen und konkurrenzwirksamen Kandidaten in das Rennen um die begehrten Regierungsaufträge geschickt hat: Von den Vorteilen des Griffspanners als ›polizeitypisch‹ oder ›praktisches‹ Bedienelement ließen sich nicht alle Bundesländer überzeugen. Zur gleichen Zeit, da die Firmenleitung das Projekt Griffspanner-Pistole kommissionsreif fertigstellen ließ, hatten die Konstrukteure auch eine abgerundete und den Maßen des Pflichtenkatalogs entsprechende P 9S vorbereitet. Leider ist dieses vielversprechende Modell nie über den Status eines Prototyps hinausgekommen. Wahrscheinlich hätte HK mit dieser Pistole besser abgeschnitten als mit dem umstrittenen PSP-Modell.

Die offensichtlichen Vorteile der PSP liegen im wahrsten Sinne des Wortes ›auf der Hand‹: Die PSP ist von ihren Außenmaßen her eine der kleinsten und führigsten Pistolen im Kaliber 9 mm Parabellum. Ihre Deutschußeigenschaften sind sehr gut. Griffwinkel und geringe Höhe der Laufachse über der Hand tragen dazu entscheidend bei. Sie läßt sich leicht und problemlos in wenigen Baugruppen zur Reinigung zerlegen und kommt im Gegensatz zu anderen Spannabzugspistolen mit relativ wenigen Einzelteilen aus – Gesamtzahl incl. zerlegtem Magazin: 48 (P 9S: 81). Im Gegensatz zu einer DA-Pistole bietet der Griffspanner den Vorteil, daß das Abzugsgewicht konstant bleibt, ein Unterschied zwischen dem ersten und dem zweiten Schuß existiert nicht: Nachdem der Griffspanner eingedrückt ist, wozu die drei Finger der Schußhand etwa 8 kg

aufwenden müssen, liegt das Abzugsgewicht laut Werksangabe bei 2 kg. (Beim Nachmessen ergaben sich bei einer in die USA gelieferten PSP 2,27 kg.) Läßt man den Griffspanner los, so entspannt sich die Pistole sofort, der am Rahmenende herausstehende Signalstift versinkt in der Waffe.

Eine ideale Waffe also? Hier prallen die Meinungen hart aufeinander: Es gibt Schützen und PSP-Besitzer, die schwören auf die guten Eigenschaften dieser Pistole, auf ihre Zuverlässigkeit und ihre Trefferleistungen. An ›Fans‹ fehlt es nicht. Die Waffe ist außerdem angenehm klein, fast eine Taschenpistole, und dieser Umstand dürfte den Ausschlag bei vielen Kriminalpolizeien gegeben haben, die sich zur Anschaffung der P 7 entschieden. Sie sieht außerdem sehr ›zivil‹ aus, kaum noch wie eine Gebrauchs- oder Combatpistole.

Trotzdem: Die Einwände, welche gegen die PSP ins Feld geführt werden, haben ihre Berechtigung. Diese Pistole eignet sich nicht für den Polizeivollzugsdienst. Spezialisten, die laufend mit ihrer Waffe üben, mögen mit der Bedienung des Griffspanners gut auskommen, bei ihnen werden auch die guten Trefferergebnisse dieser sehr führigen Pistole zu Buche schlagen. Aber der Normalbeamte, der trotz aller Terroristenhatz nicht wöchentlich seinen Combatdurchgang unter Streß auf dem Schießstand absolvieren kann, hat mit der PSP ein durch und durch gefährliches Instrument in der Hand! Hiervon zeugt auch ein Schußwaffenzwischenfall, bei dem 1982 in Baden-Württemberg während einer Festnahme durch unbeabsichtigtes Auslösen eines Schusses aus einer P 7 ein Tatverdächtiger erschossen wurde. Bei der anschließenden Verhandlung, bei der sich der Schütze, ein Kriminalbeamter des Mobilen Einsatzkommandos (MEK), verantworten mußte, kam die Sprache ganz eindeutig auf die P 7, die u. a. auch als ›Schnellfeuer‹-Pistole bezeichnet wurde. Dem tragischen Unfall lag eine Art Reflexbewegung der Pistolenhand zugrunde.

Tatsächlich bildet die PSP hier eine Gefahrenquelle: Bei durchgedrücktem Abzug löst sich ein Schuß, sobald der Griffspanner eingedrückt wird. Man kann dadurch auf dem Schießstand auch zu sehr schnellen Doubletten kommen, indem man nicht den Abzug nach dem ersten Schuß wieder freigibt, sondern einfach die Hand schnell öffnet und schließt. Bei einer Schrecksituation kann es beim Einspannen des Griffstücks in der Hand bereits zur Schußab-

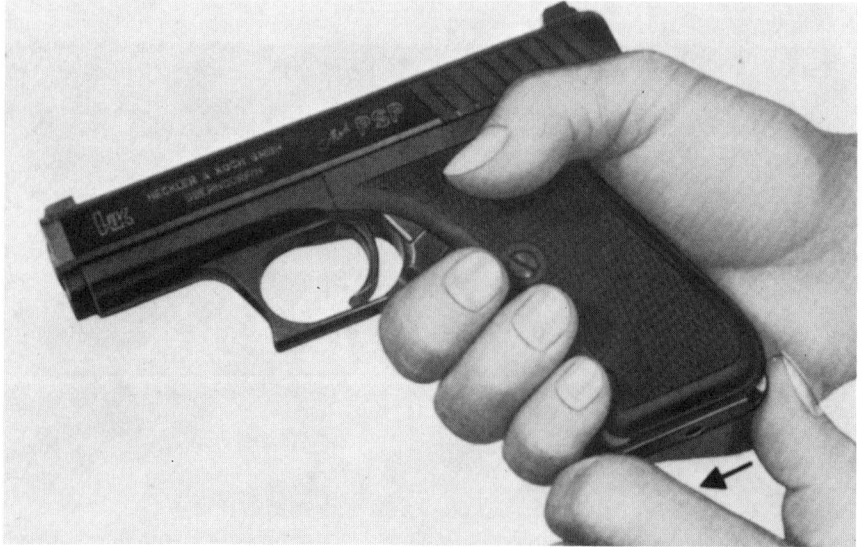

Die P 7 hat einen Magazinhalter, der nach vorn gedrückt werden muß – Quelle von Bedienfehler und unbeabsichtigtem Lösen des Magazins. Hier wollte man offensichtlich ganz schlau sein!

gabe kommen, weil der Finger am Abzug unwillkürlich die Schließbewegung der Faust mitvollführt. Aha, werden die Fachleute sagen, ja, wenn er unvorschriftsmäßig den Finger schon am Abzug hat! Richtig, der so handelnde Schütze würde unvorschriftsmäßig den Finger bereits am Abzug haben – aber ›draußen‹ in der Praxis gibt es fast jeden Tag polizeiliche Einsatzsituationen, wo man den Finger bereits am Abzug hat, die Waffe ist auf einen Menschen gerichtet – und man schießt doch nicht. Taktischer Nachteil: Der Schütze wird in einer realen Einsatzsituation im Moment der Bedrohung sehr wohl den Griffspanner betätigen und die Waffe spannen, sie aber sofort wieder entspannen, wenn er meint, die Bedrohung ist vorüber. In einer typischen polizeilichen Situation – Nachsuche nach einem Täter in einem Gebäude – wird er laufend den Griffspanner betätigen, sobald er meint, hinter diesem Schrank, hinter jener Tür könnte er sein! Folge: Das ›polizeiliche Gegenüber‹ wird genau hören können, wo sich der Beamte befindet – das knackende Geräusch beim Einspannen des Griffstücks und beim Entspannen ist nicht zu überhören! Der Verfasser konnte sich von diesem tatsächlichen Problem während eines Rollenspiels mit einer Spezialeinheit überzeugen. Während der zweistündigen Absuche eines größeren Gebäudes konnte man laufend die eingesetzten Beamten an ihrem ›Knacken‹ in der Annäherung hören und lokalisieren.

Nachteil Nr. 2: Beim ausgedehnten Schießen mit der PSP wird nach etwa 25 bis 35 Schuß der untere Rahmenteil der P 7 empfindlich heiß. Der gasgebremste Massenverschluß hat an dieser Stelle seine ›Gaskammer‹, in der die Pulvergase kurz nach dem Austritt des Geschosses aus dem Hülsenmund eindringen und eine sofortige Öffnung des Verschlusses durch Stau solange aufhalten, bis das Projektil den Lauf verlassen hat. Dann fällt der Druck in der Kammer ab, der Verschluß wird freigegeben: Bereits nach zwei Magazinen hat sich dieser Teil des Stahlgriffstücks erwärmt, beim dritten Magazin wird die Wärme merkbar an die Umgebung der Kammer abgeleitet. Ab etwa der genannten Schußzahl wird das Metall oberhalb des Abzugs und der Bereich um den vorderen Teil des Abzugsbügel heiß genug, um für die Zeigefinger beider Hände irritierend zu werden. Beim Schießen von wettkampfmäßigen Serien kann sich das schon zu einem Leistungsabfall auswirken!

Nachteil Nr. 3: Der Magazinhalter ist falsch angeordnet. Man wollte bei HK besonders klug sein und den am unteren Griffende befindlichen Halter neu konzipieren, um ein Nachladen schneller zu machen als beim herkömmlichen Halter. Dies ist nun auch bewerkstelligt worden – statt den Halter mit dem Daumen zurückdrücken zu müssen, reicht nun der einfachere Druck in Mündungsrichtung und das Magazin wird freigegeben. Aber: Dies hat auch dazu geführt, daß die Magazinhalterung ungewollt gelöst werden kann – in einem Inside- oder Gürtelschlaufenholster etwa durch Körperkontakt oder durch Berührung mit dem Ellenbogen, durch Anschlagen beim Ein- und Aussteigen aus Fahrzeugen oder selbst durch ein unglückliches Aufkommen des Griffendes beim Hinsetzen im Fahrzeug. Ein theoretisches Problem? Mitnichten! Bei einer Übung mit einem SEK wurde an einem Vormittag dreimal ein gelöstes Magazin gesichtet. Der Träger merkt es in den seltensten Fällen, daß sich das Magazin um einen Zentimeter aus der Waffe geschoben hat – erst beim Schießen oder im Anschlag rutscht dann das geladene Stück aus der Waffe und der Mann steht mit nur einem Schuß im Lauf da!

Problem Nr. 4: Mit europäischer Munition schießt die PSP problemlos, aber einige der amerikanischen HP-Ladungen, deren Geschoßgewicht und Vo erheblich von dem der normalen 9 mm Parabellum-Patronen abweichen, führen zu Ladehemmungen.

Alles in allem, die PSP ist nicht die ideale Pistole, für die sie gehalten wird. In den Händen eines ausgebildeten, erfahrenen und oft übenden Combatschützen wird sie ohne Probleme ihren Dienst versehen, als Standardwaffe innerhalb einer größeren Organisation mit dem in jedem Personalbereich auftretenden Fertigkeits- und Interessengefälle ist die P 7 eine problemgeladene Pistole. Der Griffspanner bereitet mehr Probleme, als er zu lösen vorgibt – in den Worten eines Freundes »who needs it?«!

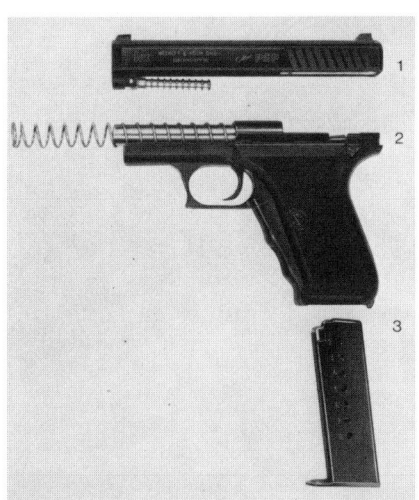

Die PSP zur Reinigung in ihre Baugruppen zerlegt: Besonders interessant ist der steile Winkel des Magazins im Griff, der eine gerade Zuführung der Patrone erlaubt und wesentlich dazu beiträgt, daß die PSP auch mit anderen als mit VM-Geschossen genutzt werden kann. **1 = Verschlußstück, 2 = Griffstück, 3 = Magazin.**

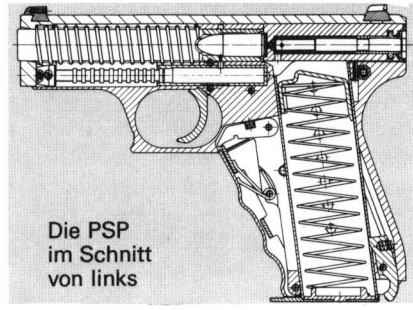

Die PSP im Schnitt von links

Die VP 70 Z

Diese Pistole wurde von Heckler & Koch als Zwischending zwischen einer Faustfeuerwaffe und einer Maschinenpistole entworfen, und als Beigabe hat man die Pistole so konstruiert, daß sie einfach, billig und bediensicher ist. Dies ist keine Verteidigungswaffe für den qualitätsorientierten Combatschützen. Die VP 70 ist im wahrsten Sinne des Modellnamens eine ›Volkspistole‹! Der Grundgedanke dieser Pistole war, eine halb- und vollautomatische Selbstladewaffe in den Dimensionen einer Pistole, aber mit hoher Magazinkapazität zu bauen. Sie war als Seiten- und Verteidigungswaffe für Soldaten gedacht, die als Fahrzeugbesatzung, als Bedienung von schweren Waffen und als Führungspersonal keinen Bedarf für ein Sturmgewehr haben. Ihnen sollte die VP 70 als

Technische Daten: P 7

Kapazität:	8 + 1 Patrone
Länge:	166 mm
Höhe:	122 mm
Breite:	28 mm
Lauflänge:	105 mm
Gewicht:	970 g
– geladen:	1080 g

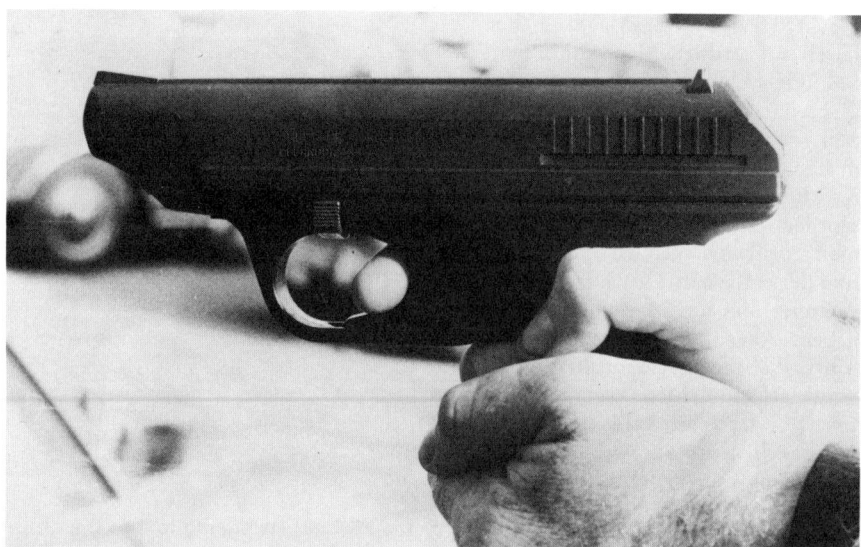

Die VP 70Z ist verhältnismäßig groß, ihre Visierung ist sehr einfach gehalten. Am besten schießt sich die Waffe, wenn man die Zeigefinger beider Hände gleichzeitig zum Betätigen des Abzugs benützt!

Verteidigungsmittel in die Hand gegeben werden, das mit wenigen Handgriffen als feuerstarke Maschinenpistole für den Nahkampf eingesetzt werden kann. Die VP 70 wurde zusammen mit einem Anschlagschaft geliefert, der gleichzeitig als Holster diente – historische Reminiszenz an die alte Mauser C 96. War der Anschlagschaft einmal am unteren Ende des Griffes und am hinteren oberen Rahmenteil eingehakt, so konnte der Schütze mittels eines Hebels auf der linken Schaftseite die Feuerart wählen: ›1‹ stand für Einzelschuß, ›3‹ für einen vollautomatischen Feuerstoß von drei

Schuß, der mit einer Kadenz von rund 2000 bis 2200 Schuß pro Minute erfolgte. Ohne Schaft war die VP 70 nur halbautomatisch zu schießen. Die Betonung liegt hier auf ›war‹, denn die VP 70 ist für den normalen Sterblichen nur in der Zivilversion als VP 70 Z ohne Anschlagschaft käuflich zu erwerben. In dieser Version kann die Waffe nur Einzelschüsse abgeben.

Das Grundprinzip der VP 70 Z liegt im Abzugsmechanismus: Die Pistole kann nur in ›Double Action‹ über den Spannabzug geschossen werden, ein gespanntes (SA)-Schlagstück gibt es bei dieser

Waffe nicht. Sie hat keinen Hahn oder ähnliche Spannvorrichtung. Nach Einsetzen des gefüllten Magazins wird der Verschluß (›Schlitten‹) zurückgezogen – dafür bedarf es erheblichen Kraftaufwandes von fast 12 kg! – und losgelassen. Eine Patrone wird nun in den Lauf eingeführt, aber der Schlagbolzen bleibt weiter entspannt. Erst die Betätigung des Abzuges, der das auch für einen Spannabzug nicht geringe Gewicht von 7 kg braucht, spannt den Schlagbolzen. Beim Abziehen spürt man im letzten Drittel des 11 mm langen Abzugweges eine Art Pause oder Druckpunkt. Sobald dieser überwunden ist, wird der Schlagbolzen freigegeben und durch eine eigene Feder in Richtung auf das Zündhütchen getrieben. Die einzige Methode der Sicherung der sonst fallsicheren und bedienfehlerfreien Pistole besteht in einem Druckknopf-Schieber hinter dem Abzug, der diesen blockiert. Die VP 70 Z ist als einfachste Nahkampfwaffe gedacht, die wenig Ansprüche an den Schützen stellt. Eine entsprechende Ausbildung an dieser Waffe ist einfach und problemlos – ähnlich wie bei Maschinenpistolen. Das Zerlegen beschränkt sich auf wenige Elemente, der Mechanismus der Pistole ist überaus einfach. Es gibt keine Verriegelung, ein Masseverschluß wird durch eine starke Feder solange verzögert, bis das Geschoß aus dem Lauf ist. Eine besonders tiefe Form der Züge im Lauf erlaubt einem Teil des Gasdruckes, um das Geschoß herum zu entweichen, so daß das 9 mm-Projektil den 116 mm langen Lauf mit 40 bis 60 m/s weniger als aus vergleichbaren anderen Läufen verläßt. Dadurch wird der Rückstoß je nach Patronenart um 15 bis 20% vermindert. Ein doppelreihiges Magazin verleiht der Waffe eine Gesamtkapazität von 18+1 Patrone. Die Visierung ist einfach gehalten und starr installiert. Anstelle eines üblichen Griffstückes mit aufgeschraubten Griffschalen hat die VP 70 einen Griffstahlrahmen, in dem der Lauf fest eingepaßt ist und der Abzugsmechanismus sitzt. Darum herum ist der Kunststoffgriff gegossen, der sich nicht abnehmen läßt. Obwohl die VP 70 Z nicht gerade eine elegante Pistole ist und ziemlich klobig erscheint, ist der Griff auch für kleine und mittelgroße Hände gut geeignet.

Die VP 70 ist keine Combatwaffe für Spezialisten, sie ist eine nach den Prinzipien der einfachen Robustheit und Massenherstellung konstruierte Serienwaffe für den Gebrauch durch Massenheere. Rein gedanklich ist sie eine Fortsetzung

Ein Präzisionsschütze der GSG 9 mit der Mauser 66 auf dem Schießstand. Seine Zweitwaffe (back-up): die PSP/P 7.

jener Volkssturmwaffen des letzten Kriegsjahres oder auch der amerikanischen ›Thomas‹-Pistole in .45 ACP, die gleichfalls als reine DA-Pistole entworfen war (und nicht mehr hergestellt wird). Die VP 70 Z entspricht nicht den sonst für Combatpistolen gestellten hohen Ansprüchen an Schloßgang und Qualität – ihre Deutschußeigenschaft ist gut, aber ihr Abzugsmechanismus macht es nicht gerade leicht, gute Trefferbilder zu schießen. Als Bewaffnung für Panzersoldaten oder Artilleristen, als Ausrüstung einer Hilfstruppe, die man nicht langwierig ausbilden kann oder will, hat die VP 70, besonders als vollautomatische Version, durchaus Zukunft. Als halbautomatische Pistole in der Zivilversion ist sie ein – wenn auch interessanter – Exot!

Beretta 92 mit Holzgriffschalen (rechts) und die brasilianische Taurus PT 92 links – beide Waffen sind ab Werk mit starren, sehr gut kontrastierenden Visierungen ausgestattet.

m/Schaft:	VP 70 Z	VP 70
Magazinkapazität:	18 Patronen	
Länge:	204 mm	545 mm
Höhe:	144 mm	144 mm
Breite:	35 mm	45 mm
Gewicht:	970 g	1430 g
– geladen:	1200 g	1660 g

Beretta 92

Nach allem, was man von den amerikanischen Waffentests der Streitkräfte hören konnte, schnitt die Beretta 92 in der Spitzengruppe ab. Diese Waffe wurde 1976 eingeführt als Weiterentwicklung der 951, einer SA-Pistole mit achtschüssigem Magazin. In der modernen Variante, als Modell 92 S1 erfuhr die neue Beretta-Pistole noch einige Veränderungen, um sie den Anforderungen des JSSAP-Tests anzupassen. So wurden u. a. der Magazinhalter zum Abzugsbügel verlegt und die Waffe erhielt einen beidseitigen Sicherungs-/Entspannhebel. Diese Waffe ist mit allen möglichen Superlativen bedacht worden und erhielt schon Vorschußlorbeeren, als noch überhaupt nicht bekannt war, zu welchem Testergebnis die Kommission in Elgin, Florida, kommen würde. Die Waffe packt 15 Patronen im Magazin, plus eine im Lauf – das sind sechzehn, doppelt soviel Schuß wie die Colt Government. Diese Waffe verdaut nachweislich jede Munition, Hohlspitz, SWC, Bleigeschosse etc. Und das ohne ein Nachpolieren der Rampe oder ähnliche Custom-Nacharbeiten. Die Waffe schießt so genau, wie man das von einer ›Combat-Spritze‹ verlangen kann: Unsere Streukreise lagen alle unter 5 cm auf 25 m.

Mit anderen Worten: Wenn jetzt der Beeper losgehen würde und ich müßte in die Schublade greifen und mit dieser Waffe ins Fahrzeug springen, ich würde mich nicht unwohl fühlen – so drückte sich einer unserer Tester aus.

Trotz allem, die Beretta 92 hat ihre Nachteile: Sie ist ein Klotz! Sie ist 21 cm lang, 12,7 cm hoch und wiegt ungeladen 965 g, geladen aber rund 1170 g! An ihrer breitesten Stelle (Griff) ist sie 38 mm dick. Mit diesen Maßen rangiert man eindeutig in der Kategorie der Holsterpistolen. Der Abzugsmechanismus fühlt sich zwar trocken und gut an, aber bei den beiden uns zur Verfügung stehenden Waffen variierten die DA- und SA-Abzugsgewichte erheblich: Das Modell S1 brachte 2 kg (SA) und 5,7 kg (DA) auf die Waage, das ursprüngliche Modell 92 dagegen 3,2 kg (SA) und 6,3 kg (DA). Zwei andere Waffen, die wir noch zum Messen heranzogen, lagen mit ihrem Abzugsgewicht zwischen diesen beiden Extremen.

Beretta war sich der unförmigen Ausmaße ihrer neuen Pistole bewußt und hat für den zivilen Markt eine ›geschrumpfte‹ Version herausgebracht. Dieser Waffe fehlen rund zweieinhalb Zentimeter an Länge und Höhe – nämlich genau der Laufstummel, der beim Modell 92 S1 über den Rahmen hinwegreicht. Die Magazinkapazität wurde um zwei Patronen reduziert. Die Waffe ist dadurch nicht sehr viel eleganter geworden und man tut gut daran, sich für das ursprüngliche Modell zu entscheiden.

Bliebe noch zu sagen, daß das Griffstück natürlich nicht aus Stahl, sondern Leichtmetallegierung hergestellt ist, und daß man die Griffe vergessen kann. Es ist zu erwarten, daß Pachmayr in allernächster Zeit mit entsprechenden Gummigriffschalen auf dem Markt auftreten wird. Z. Z. kann man sich aber auch mit S & W M 59 Stücken behelfen, die man etwas umschneidet.

Taurus ist zur gleichen Zeit wie Beretta mit einem fast identischen Pistolenmodell herausgekommen, das in der ehemaligen Fabrik Berettas in Sao Paulo gefertigt wird, nachdem die Italiener diese Herstellungsfiliale an die Brasilianer verkauften, um sich in Maryland in Erwartung der dicken Regierungsaufträge eine Fabrik einzurichten.

Der einzige Unterschied zwischen der Taurus und der Beretta liegt in der Anordnung der Sicherung: Die Taurus PT 92 hat einen normalen Sicherungshebel im Daumenbereich am Griffstück – ihr fehlt der Entspannhebel auf dem Verschlußstück. Außerdem hat sie einen als Fingerhaken geformten Abzugsbügel für den beidhändigen Anschlag, eine angenehme Zugabe. Vom Finish her unterscheiden sich beide Waffen nicht. Auch bei der Beretta kann man bei genauem Hinsehen Werkzeugspuren im Innenleben erkennen und die Außenflächen könnten besser poliert sein. Die Toleranzen der Taurus erscheinen etwas weiter, aber auch diese Waffe funktioniert einwandfrei mit allen Munitionsarten und schießt Streukreise im 5- bis 6 cm-Bereich. Das Abzugsgewicht glich dem des Modell 92 und lag bei 5,8 kg (DA) und 3 kg (SA).

Steyr GB

Als die ersten Bilder der neuen österreichischen Pistole veröffentlicht wurden, stutzte mancher Fachmann – das Ding hatte man doch schon mal gesehen?!? Tatsächlich glich der Steyr GB haarscharf einer 9 mm Para-Selbstladepistole, die unter dem Namen ›L.E.S./Rogak P-18‹ in den USA für rund $ 300.– angeboten wurde. Die Rogak war bereits vor einigen Jahren in der Fachwelt vorgestellt worden, ihr 18-Schuß-Magazin und ihr gasverzögerter Masseverschluß hatten auch für einiges Aufsehen gesorgt, aber der Erfolg blieb aus: Bei einigen Versuchsschießen stellten sich Ladehemmungen und Störungen ein, die Waffenkonstruktion hatte ihre Kinderkrankheiten offensichtlich noch nicht ausgestanden. Gefertigt wurde die Rogak, wie die Aufschrift auf der Rahmenseite verriet, bei Steyr-Daimler-Puch. Sprach man die Vertreter der österreichischen Waffenfirma auf die Ähnlichkeiten zwischen der Rogak und ihrer neuen GB an, so erfuhr man einen schnellen Wechsel des Gesprächsthemas, scheinbar war den Herren in Steyr eine zu enge Assoziation mit der Rogak P-18 peinlich.

Nun, eigentlich besteht kein Grund, sich für die GB und ihre Anlehnungen an frühere Konstruktionen zu schämen! Im Gegensatz zur Rogak ist die GB eine ausgereifte Parabellum-Pistole, der einige konstruktionsmäßige ›Ecken‹ ihrer Vorläuferin ›abgeschliffen‹ wurden. Die GB ist über einen Zentimeter kürzer als ihre Vorläuferin, was sich nicht nur in einer Gewichtsersparnis von rund 60 Gramm, sondern auch in einer wesentlich besser ausbalancierten Pistole resul-

tiert. Geblieben ist das 18 Patronen fassende Magazin, was der GB mit einer Patrone im Lauf eine Gesamtkapazität von 19 Schuß gibt – d. h. genauso viel Schuß, wie die P 9 S plus ein Reservemagazin aufzubieten hat. Geladen wiegt die GB dann auch 1195 Gramm, wobei 340 Gramm auf das gefüllte Magazin entfallen. Im leeren Zustand bringt die neue österreichische Heerespistole also nur 845 g auf die Waage, was sie im Vergleich zur Beretta 92 S1 als wahres Leichtgewicht erscheinen läßt.

Das spürbar geringere Gewicht und die anders geartete Schwerpunktlage der GB ist u. a. auf das Stahlblechpräge-Verfahren zurückzuführen, das bei der Fertigung des Griffstückes zur Anwendung kam. Auf dem Gebiet der Faustfeuerwaffen leistete Heckler & Koch mit dieser Fertigungsweise bei der Pistole P 9 S und HK 4 Pionierarbeit. Die

initiären Einführungskosten der Stahlpräge-Technik sind zwar höher als z. B. für spanabhebende Fräsmaschinen oder die Apparatur für Alu-Teile, jedoch ist das kaltverformende, spanlose Stahlprägen äußerst ökonomisch in bezug auf die Verwertung von Rohmaterialien und Energie. Wie Tausende derart hergestellter Maschinenpistolen und Sturmgewehre zeigen, hat man in bezug auf Materialfestigkeit oder Robustheit bei Stahlprägeteilen nichts zu befürchten.

Für eine so große Waffe mit doppelreihigem Magazin liegt die GB erstaunlich gut in der Hand, wesentlich besser als die Beretta. Die rauhpunzierte Oberfläche des Griffstücks trägt zur Führigkeit der Waffe bei, man könnte sich etwas besseres als die Plastikgriffschalen wünschen, aber entsprechende Holz- oder Gummi-Alternativen werden nicht lange auf sich warten lassen. Für Rechts-

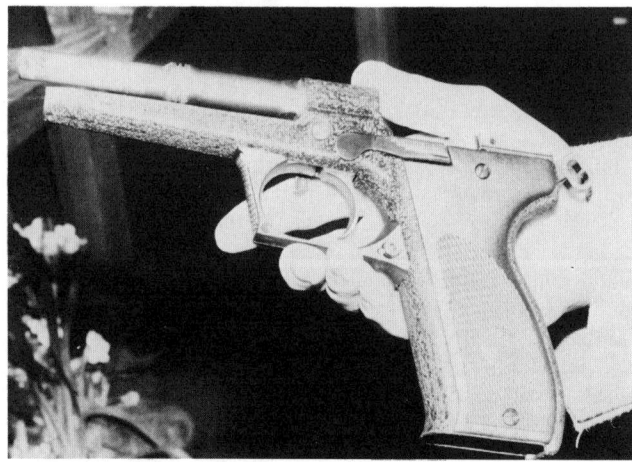

Das Griffstück der GB aus rauhpunzierten Stahlprägeteilen mit dem starr eingesetzten Lauf.

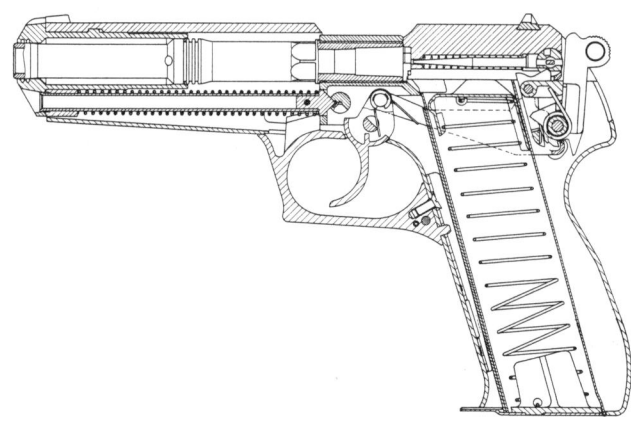

Querschnittszeichnung der Steyr GB, bei der man die Wirkungsweise des gasgebremsten Masseverschlusses um die vordere Laufhälfte erkennen kann.

händer liegen die Bedienelemente der Waffe gut erreichbar im Daumenbereich. Linkshänder haben zwar einen etwas kürzeren Verschlußhebel auf ihrer Seite zur Verfügung, aber der Entspannhebel, der den Hahn auf den gesicherten Zündstift fallen läßt, hat kein Pendant auf der rechten Waffenseite. Es sei auch dahingestellt, ob dies notwendig ist. Hervorragend die Dreipunkt-Kontrastvisierung für das Dämmerungsschießen.

Bei zwei Testwaffen wurden folgende Abzugsgewicht gemessen: SA = 2,23 und 2,31 kg, DA = 6,37 und 6,58 kg. Beim Testschießen ergaben sich keine Ladehemmungen mit den zur Verwendung kommenden zwei VM- und drei Halbmantel-Patronenarten. Aufgrund begrenzter Zeitumstände konnten keine längeren Tests geschossen werden, aber die geringen Schmauchrückstände im Bereich der gasgebremsten Verriegelung waren kein Problem. Die Waffe ließ sich sehr einfach und schnell reinigen, wozu auch der innen- und außen hartverchromte Lauf beitrug.

In der Bundesrepublik ist die Steyr GB für rund DM 1000.– im Handel, und es lohnt sich nicht, nur wegen des Preises einen längeren Blick auf diese Pistole zu werfen. Die GB und drei Magazine sind ein gefechtsstarkes Kraftpaket. Im Prinzip könnte man hier von einem ›Survival‹-Paket sprechen.

Die M 59 erfreut sich in amerikanischen SWAT-Teams der Polizeien verschiedener Städte großer Beliebtheit. Hier ein Beamter einer SWAT-Einheit in Virginia. Die im Bild getragene dunkelblaue Mütze ist übrigens bei Nordac erhältlich.

S & W-Selbstladepistolen 9 mm Parabellum: Vom Modell 39 zum 559

Die Selbstladepistole Modell 39 von Smith & Wesson war ein direktes Ergebnis der Erfahrungen, die man weltweit mit der Parabellum-Patrone während des Zweiten Weltkrieges gemacht hatte. Kurz nach Kriegsende wertete man in den USA die erbeuteten deutschen Waffen aus, und bei S & W ging man an eine Entwicklung einer eigenen Parabellum-Pistole mit Spannabzug für den militärischen Gebrauch. 1948/49 wurden die ersten Vorserien-Modelle der M 39 den amerikanischen Beschaffungsbehörden zur Felderprobung vorgelegt. Der erwartete ›große‹ Regierungsauftrag blieb aus, die Streitkräfte sahen keine Veranlassung, den Wechsel von der Colt-Pistole und ihrer .45 ACP-Patrone hin zur 9 mm Parabellum zu unternehmen. Aber verschiedene Teilstreitkräfte und deren Spezialeinheiten interessierten sich für die M 39 als Sonderwaffe, und die entsprechenden Lieferaufträge zeigten den Managern von S & W, daß sie auf dem richtigen Weg waren. Neben der Luftwaffe und der Marine öffnete sich für die neue S & W-Pistole vor allem der zivile Markt: Polizei- und Sicherheitsbehörden waren potentielle Abnehmer für die M 39, Privatleute fanden Gefallen an der Spannabzugspistole und kurze Zeit nach der Einführung der M 39 begann S & W auch eine SA-Version für Sportschützen zu fertigen, das Modell 44. Auf dieser Basis entstand später das Modell 52 ›Master‹.

Der Vietnam-Krieg brachte neue Impulse für die Waffenindustrie: Die U.S. Navy, deren triphibische Kommandoeinheit ›SEAL‹ in Indochina operierte, trat an die Firma mit dem Wunsch nach einer modernisierten Variante der M 39 heran. Die Navy-Pistole sollte aus rostfreiem Stahl sein und ein zweireihiges Magazin wie die FH Hi-Power haben.

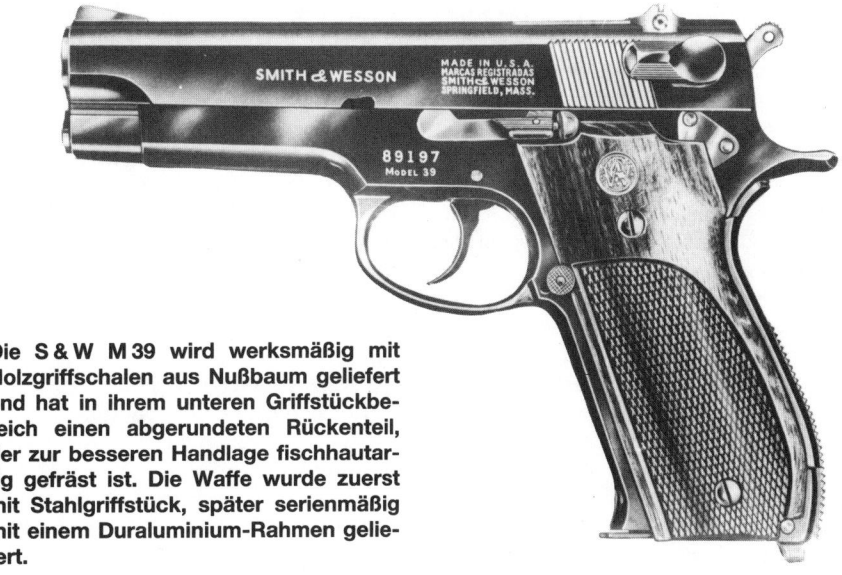

Die S & W M 39 wird werksmäßig mit Holzgriffschalen aus Nußbaum geliefert und hat in ihrem unteren Griffstückbereich einen abgerundeten Rückenteil, der zur besseren Handlage fischhautartig gefräst ist. Die Waffe wurde zuerst mit Stahlgriffstück, später serienmäßig mit einem Duraluminium-Rahmen geliefert.

Die M 59 wird ab Werk mit schwarzen Plastikgriffen verkauft, die sehr zu wünschen übrig lassen. Hier eine Version mit Customgriffschalen aus Goncalo Alves-Edelholz. Holster: Bianchi.

Gleichzeitig mit den experimentellen Versionen für die Marine-Kommandos entwickelten die Techniker in Springfield eine zivile Version, das Modell 59. Diese Pistole war lediglich eine verbesserte Variante des älteren Modells, dessen Griff entsprechend für das 14schüssige Magazin breiter war. Für die Serienproduktion entschied man sich für ein Griffstück aus Duraluminium, um die Waffe innerhalb eines bestimmten gewichtsmäßigen Rahmens zu halten. Das Modell 59, das Mitte 1971 auf den Markt kam, fand sofort regen Zuspruch in den Kreisen von Polizei und Combatschützen. Es sollte sich allerdings als problematisch herausstellen:

Irgendwann in den siebziger Jahren begann sich die Fertigungsqualität oder Endkontrolle der S & W-Pistolen radikal zu verschlechtern, dies war besonders augenfällig bei dem Modell 59. Die Waffe hatte mehr Hemmungen, als daß sie schoß. Unsere erste M 59, die 1977 erworben wurde, streikte bei jedem Magazin. Dreimal wurde die Pistole ans Werk zurückgesandt, dreimal kam sie als ›geheilt‹ auf den Schießstand, nur um nach kurzer Zeit wieder mit einer Fülle von Ladehemmungen aufzuwarten. Zwei Büchsenmacher erwiesen sich als nicht in der Lage, die Pistole zum sauberen Auswerfen von leeren Hülsen und zum reibungslosen Zuführen der Patronen zu bringen. Irgendwann gaben wir es auf und verkauften das Stück. Ein Jahr später wurde eine andere M 59 erworben und diese Pistole schoß einwandfrei! Beim Kauf einer dritten Waffe wiederholte sich der Reinfall vom ersten Mal. Zu diesem Zeitpunkt, 1979, waren die Klagen anderer M 59-Besitzer nicht mehr zu überhören. Smith & Wesson versuchte die angeschlagene Reputation der Firma durch Rückrufe der verkauften Pistolen zu retten. Sowohl an der laufenden M 39 wie an der M 59-Produktion wurden Modifikationen in der Form des Ausziehers und des Magazins durchgeführt. Die neuen Magazine erhielten als Kennzeichnung an ihrem Boden ein ›A‹ eingeprägt und es sei allen M 59-Schützen angeraten, nur diese Magazine zu benützen, wenn sie ihre Pistole zur Verteidigung heranziehen wollen. Im ganzen durchlief die M 59 drei Modifizierungsansätze, bis die Pistole wirklich funktionierte. Anfang der achtziger Jahre schien es dann mit der M 59 zu klappen, die vom Werk ausgelieferten Pistolen schossen ohne Komplikationen. Zu dieser Zeit aber verdichteten sich die Gerüchte um eine neue Pistolenserie von S & W, die u. a. in Verbindung mit den Tests von Fort Elgin gebracht wurden.

Im Herbst 1981 wurden diese neuen 9 mm-Pistolen vorgestellt, anstelle der bisherigen M 39 und M 59 traten nun vier Versionen mit dreistelligen Modellzahlen. Man muß schon gründlich vorgehen, um die dadurch entstehende Verwirrung niederzukämpfen. Die folgenden Modellbezeichnungen stehen für:

439 – Folgemodell der M 39, Griffstück aus Alu, Magazinkapazität von acht Patronen.

459 – Folgemodell der M 59, Griffstück aus Alu, Magazinkapazität von vierzehn Patronen.

539 – Version wie 439, nur mit Stahlgriffstück.

559 – Version wie 459, nur mit Stahlgriffstück.

Kurze Zeit später verkündete die Firmenleitung, daß sie eine dritte Version ihrer 9 mm Parabellum-Pistolen auf den Markt bringen würde: Mit der Vorziffer ›6‹ werden Modelle in rostfreiem Edelstahl bezeichnet. Die M 639 sollte in der Bundesrepublik bereits Ende 1982 im Handel sein.

Rein äußerlich unterscheiden sich die neuen Modellserien nur in dem höheren, verstellbaren Visier von den alten M 39 und M 59: Statt dem bisher nur seitlich verstellbaren Kimmenblatt haben die neuen Modelle ein in Höhe und Breite verstellbares Visier, das von zwei seitlichen Schutzwänden vor Beschädigungen abgesichert wird. Innen ist mit der Fallsicherung eine zusätzliche Modernisierung zu den bereits oben erwähnten Veränderungen hinzugekommen. Die M 39 und ihr Nachfolger M 59 hatten wie ihre deutschen DA-Vorbilder einen Entspannhebel. Die neue Serie ist durch eine Schlagbolzensicherung zusätzlich gesichert: Wie bei den modernen europäischen Selbstladepistolen bereits seit einigen Jahren üblich, fixiert ein Sperrstück den Schlagbolzen. Erst der Druck auf den Abzug löst dieses Sperrstück und gibt den Schlagbolzen frei. Diese zusätzliche Sperre ist übrigens auch beim Abziehen zu fühlen, wenn man die alten mit den neuen Modellen vergleicht. Im letzten Drittel des Abzugsweges verstärkt sich der Widerstand etwas, der Abzug wird ›härter‹ oder ›schwerer‹, weil er den Sperrblock vom Schlagbolzen weg nach oben drücken muß. Die neuen 459-Modelle haben im Unterschied zu ihren Vorgängern ein etwas stärker ausgeformtes Griffstück, was im Bereich des Magazinhalters zu sehen ist. Man hat sich bei S & W bemüht, die Duraluminium-Griffstücke widerstandsfähiger zu machen, eine Konzession an die Tatsache, daß in unseren Tagen mehr mit Faustfeuerwaffen geschossen und geübt wird als z. B. vor zehn Jahren. Die weite Verbreitung des Wiederladens und die Fülle neuer 9 mm-Laborierungen stellen überdies eine zusätzlich gesteigerte Belastung der Waffenkonstruktionen dar.

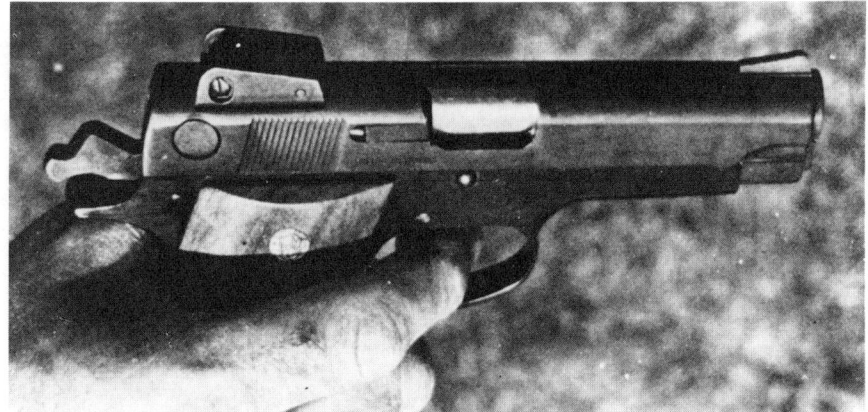

Äußeres Erkennungsmerkmal der neuen S & W-Serie sind die hohen Schutzkanten des Visieres und die andere Form der Auszieherkralle, die modifiziert wurde, um den Fertigungstoleranzen des Patronenstoßbodens verschiedener Munitionshersteller zu entsprechen. Hier die Pistole 439.

Eines der Bedienprobleme der S & W 9 mm-Pistolen ist die Konstruktion des Magazins: Der Magazinboden sitzt in zwei Falzrändern des Magazingehäuses ein. Dadurch liegt er innerhalb der durch Griffstückrahmen und Griffschalen gebildeten Öffnung: Er steht nicht über und so kann es beim Einführen des Magazins dazu kommen, daß der Clip nicht voll einrastet. Hier muß durch einen energischen Schlag der Handfläche der Sitz kontrolliert werden oder eine Leder- oder Plastikscheibe angeklebt werden.

Der Griff der 59-Serie ist dadurch natürlich nicht weniger klobig geworden, im Vergleich zu den neuen fünfzehnschüssigen Modellen von SIG, Beretta, Star usw. hat die S & W-Pistole eine schlechtere Handlage in kleinen und mittelgroßen Händen. Dies ist ein subjektiver Eindruck, der zwar durch Befragen verschiedener Testpersonen bestätigt wurde, aber nicht objektiv durch einen Vergleich der Dimensionen des Griffes erhärtet werden kann – rein zahlenmäßig beträgt die Breite des S & W-Griffes auch nur 35,5 mm und steht damit in keinem Gegensatz zur Sig 226, der Astra 80 oder der Beretta 92. Es ist vielmehr die Gesamtform des Griffes, das Fehlen eines ausgeprägten unteren Griffrückens, wie ihn die M 39 hat, die Höhe der Laufseele über der Hand in Verbindung zum Griffwinkel usw.
Neulinge an der M 59 werden mit ihr im instinktiven Deutschießen zumeist Tiefschüsse produzieren, bis sie sich auf die unterschiedliche Handlage der Pistole eingestellt haben und im weiteren Training lernen, sie zu kompensieren.
Die neuen 39- und 59-Serien erweisen ich im Gebrauch als zuverlässige, störungsfreie Selbstladewaffen. Eine verän-

derte Rampenkonstruktion hat die Zuführung der Patronen verbessert und gestattet das Schießen mit anderen Geschoßformen als den Vollmantel-Typen. Die von uns geschossenen Trefferbilder lagen zwischen 5 und 8,5 cm Streukreis auf 25 m, abhängig von den zur Verwendung gekommenen Patronensorten. Der Spannabzug zweier Pistolen, der M 459 und M 559, betrug je 7,15 und 7,25 kg, der SA-Abzug brach bei 2,7 und 3,2 kg. Importeur von S & W-Pistolen in der Bundesrepublik: Wischo KG.
Im Winter 1982, kurz vor Beendigung des Manuskripts, brachte Smith & Wesson die Stainless-Version, Modell 639, heraus. Die 659 sollte im Frühjahr '83 folgen. Im geladenen Zustand ist die 639 lediglich dreißig Gramm schwerer als die 539, preislich aber liegt sie im Bereich um DM 1400.–. Auf den ersten Blick überzeugte die 639 durch ihr gefälliges mattsilbernes Finish. Beim Schießen allerdings zeigen sich die üblichen Nachteile des Materials. Außerdem stört auch das mattsilberne Korn, das zum besseren Erfassen in dem brünierten Kimmenblatt vom Käufer schwarz angestrichen werden sollte.

S & W-Pistolen im Vergleich, Technische Daten alter und neuer Modelle:

Modell	Griff	Magazin	Länge	Höhe	Breite	Gewicht	geladen	Preis (DM)
M 39	Alu	8 Patr.	190 mm	135 mm	32,0 mm	810 g	920 g	865.–
M 59	Alu	14 Patr.	190 mm	135 mm	35,5 mm	850 g	1030 g	1035.–
M 439	Alu	8 Patr.	190 mm	135 mm	32,0 mm	825 g	930 g	1175.–
M 459	Alu	14 Patr.	190 mm	135 mm	35,5 mm	865 g	1050 g	1375.–
M 539	Stahl	8 Patr.	190 mm	135 mm	32,0 mm	1035 g	1145 g	1175.–
M 559	Stahl	14 Patr.	190 mm	135 mm	35,5 mm	1130 g	1310 g	1375.–

P 6 – P 226

P 6 mit Holzgriffschalen aus Nußbaum.

Die P 6 ist eine Mißgeburt des bundesdeutschen Pflichtenkatalogs. Man nahm ein gut ausbalanciertes Waffendesign, die SIG-Sauer P 220, und kürzte sie, bis sie den Größenanforderungen des polizeilichen Pflichtenheftes Genüge tat. Es entstand eine Kompromißlösung, die wie alle derartigen Ergebnisse, es allen recht machen zu wollen, am Ende zwischen den Stühlen sitzen blieb. Der aufmerksame Leser wird gemerkt haben, der Verfasser mag die P 6 nicht.

Richtig! Ist man versucht, etwas Gutes zu sagen, muß man lange nachdenken. Welche Vorteile hat die P 6 gegenüber den anderen beiden der zur Auswahl vorhandenen ›polizeitypischen Pistolen‹? Welche Vorteile hat die P 6 gegenüber anderen Pistolen, die auf dem freien Markt angeboten werden? Welche Vorteile hat die P 6 gegenüber ihrem Vorgänger, der P 220?

Zuerst einmal: Die P 220 war, wie an anderer Stelle erläutert, eine gelungene DA-Konstruktion, die für die Patrone .45 ACP ausgelegt wurde und als Alternative die Möglichkeit von Wechselläufen und -systemen hatte. Sie als 9 mm Para-Pistole zu gestalten, hieße, den Dimensionen der Pistole nicht gerecht zu werden, sie ist für ›Größeres‹ geschaffen und stellt deshalb in .45 ACP die optimale Nutzung dar.

Bei der Umgestaltung der P 220 in die P 6 (Werksbezeichnung P 225) wurde die Magazinhalterung vom unteren Ende des Griffstücks in den Daumenbereich am Abzugsbügel verlagert. Dies war das einzige positive Element der Umrüstung! Sicher gegen Fehlbedienung, Auslösen des Schusses durch Fallen o. ä. war die P 220 bereits, von daher waren die Sicherheitsbedingungen der Auswahlkommission erfüllt. Was nun folgen mußte, war die Verkürzung des Grundkonzepts, um den Forderungen des Pflichtenheftes zu entsprechen: Maximalhöhe 130 mm, Länge 180 mm, Breite 45 mm (!), Gewicht unter 1 kg geladen. So wurde der Lauf auf 98 mm reduziert, der Magazininhalt auf acht Patronen. Besser war die Pistole dadurch nicht geworden.

Die Schuld an dieser Mißgeburt – das sei hier herausgestellt – haben nicht die Konstrukteure in Eckernförde, sondern jene, die sämtliche deutschen Polizisten mit einer Einheitswaffe nach ihren Vorstellungen ausrüsten wollten.

Die P 6 ist keine schlechte Waffe, sie ist zuverlässig, verdaut die ihr angetragene Munition anstandslos und schießt nicht schlecht. Sie hat einige Macken – so die, daß von Zeit zu Zeit der Verschluß nach Auswerfen der letzten Patronenhülse nicht offenbleibt, weil die Toleranzen um den Magazinhalter zu weit gehalten wurden. Aber sie könnte eine wesentlich bessere Waffe sein. Beweis: 1982 stellte SIG-Sauer auf der Basis der P 6 die P 226 vor – eine verbesserte P 220 mit fünfzehnschüssigem Magazin und einer Gesamtlänge von 196 mm, Höhe von 139 mm und einem leeren Gesamtgewicht von 840 g. Breit ist die P 226 nur 39 mm, d. h. ein halber Zentimeter mehr als bei der P 220 oder P 6. Der Griff der neuen Waffe füllt aber die Hand besser aus als der seiner Vorgänger, er ist auch – der Form der Hand besser entsprechend – im unteren Drittel leicht abgerundet und paßt sich daher besser in die Mulde des Handtellers ein.

Das doppelreihige Magazin steht in einem besseren Verhältnis zu den Gesamtdimensionen der Waffe und erscheint auch logisch. Wenn man schon solch einen vierschrötigen Klotz als Faustfeuerwaffe baut, dann sollte er wenigstens vom Innenleben halten, was er von außen verspricht. Das sagte sich auch das SEK einer bundesdeutschen Großstadt, die als Teil ihrer Doppelbewaffnung mit P 6 ausgerüstet wurden, weil ihr Bundesland eben diese Waffe kaufen wollte. Sie optierten – und hier hatte die Beschaffungsbehörde endlich einmal ein Einsehen – für die P 226 als Sonderbewaffnung ihrer Einheit, nach

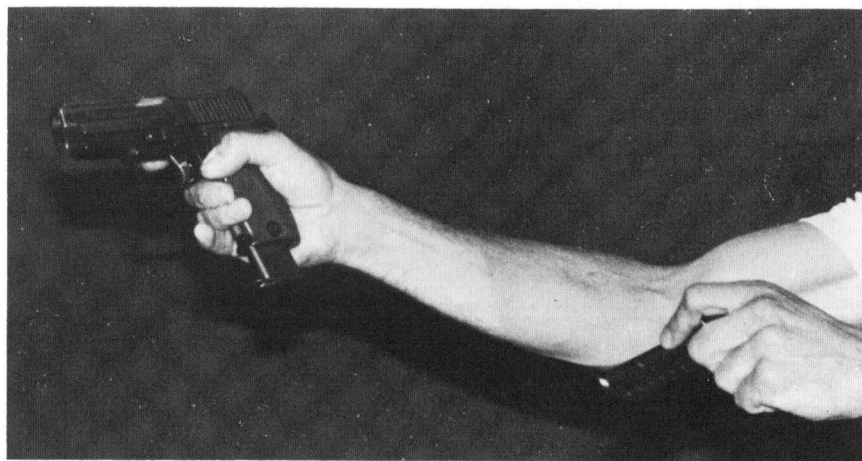

Vorteilhaft bei der P 6 gegenüber der P 220 ist die Unterbringung des Magazinhalters: Die Bedienung kann jetzt über den Daumen der Schußhand erfolgen, der Ablauf des Magazinwechsels – unser Bild zeigt das leere Magazin beim Herausfallen aus der Waffe – ist schneller durchzuführen.

Bei allen Sig-Sauer-Modellen als bemerkenswert einzustufen ist die starre, gut kontrastierende Visierung mit Leuchtmarkierung für schlechte Lichtverhältnisse.

Benelli B-76

Die italienische Firma Benelli in Urbino ist auf dem Waffenmarkt eher für ihre Schrotflinten bekannt als für ihre Pistolen. Ende der siebziger Jahre überraschte dieser Hersteller aber mit einer 9 mm Para-Selbstladepistole mit Spannabzug, die in vielem vom Herkömmlichen abweicht und einige sehr interessante Konstruktionselemente aufweist. Die Benelli B-76 hat ein stromlinienförmiges äußeres Erscheinungsbild, das mehr an eine Sportpistole als an eine Verteidigungswaffe gedacht werden kann. Allem Anschein nach haben die Konstrukteure in Urbino versucht, die positiven Eigenschaften einer Scheibenwaffe in bezug auf Griff-Form und Schwerpunktlage auf ihre neue Parabellum-Pistole zu übertragen. Beim ersten Blick auf die B-76 sticht sofort der ungewöhnliche Griff-Winkel ins Auge, der den waffenhistorisch orientierten Betrachter sofort an die Pistole 08 mit ihrer hervorragenden Deuteigenschaft erinnert. Man könnte auch einen Schritt weiter gehen und Vergleiche zu den Waffentypen ziehen, die für das Schießen auf Duellscheiben herangezogen werden. Der Griff steht in einem Winkel von 65° zum Lauf, bzw. 25° zur Lotrechten, wo traditionelle Griff-Formen im Bereich zwischen 15° und 19° liegen. Eine entsprechend lange Rückstoßschulter verhindert das Hochrutschen der Hand an diesem schrägen Griff und schützt den Handrücken vor Verletzungen durch das Schlagstück der Pistole. Besondere Konstruktionsmerkmale: Das Schlagstück wird beim Rückweg in die Ausgangsposition ›Gespannt‹ von einem Gummipuffer in der Rückstoßschulter abgedämpft. Der Magazinhalter am Abzugsbügel ist kein Druckknopf der üblichen Art, sondern eine Art Schieber, der vom Daumen nach vorn gedrückt werden muß. Um bei dieser Funktion nicht abzurutschen, ist in den Nußbaum-Holzgriffschalen eine Mulde ausgespart, in die der Daumen den Schieber zu fassen bekommt. Der Vorteil dieser Konstruktion liegt auf der Hand: Bei verschiedenen Waffen und Holster-Kombinationen erfährt der Schütze immer wieder, daß der Magazinhalter durch die Holsterinnenwand ausgelöst wird (das US GI-Dienstholster hat deshalb in seiner linken Seite ein lederüberdecktes Holzstück eingenäht, das für den notwendigen Abstand der .45 Colt Government sorgt!). Der Schieber der B-76 ist dagegen narren- und holstersicher! Der Lauf ist fest in

dem Motto, wenn schon SIG-Sauer, dann aber richtig! Während diese Zeilen geschrieben werden, wurden die ersten Exemplare versuchsweise an die Einheit ausgeliefert. Wie sich die neue Pistole im harten, tagtäglichen Gebrauch bei Schützen bewähren wird, die ständig üben, bleibt abzuwarten.

Am Ende sollte doch noch etwas Gutes über die P 6 gesagt werden: Sie sieht

gemein aus! Von der Mündung oder der Seite her betrachtet, wirkt die P 6 bullig und furchteinflößend – also nicht so zivil und modernistisch wie die PSP von Heckler & Koch. Unter dem Aspekt des polizeilichen Schußwaffeneinsatzes, der durch Waffendrohung den eigentlichen Schuß verhindern soll, ist diese ›häßliche‹ Eigenschaft der P 6 durchaus positiv zu bewerten.

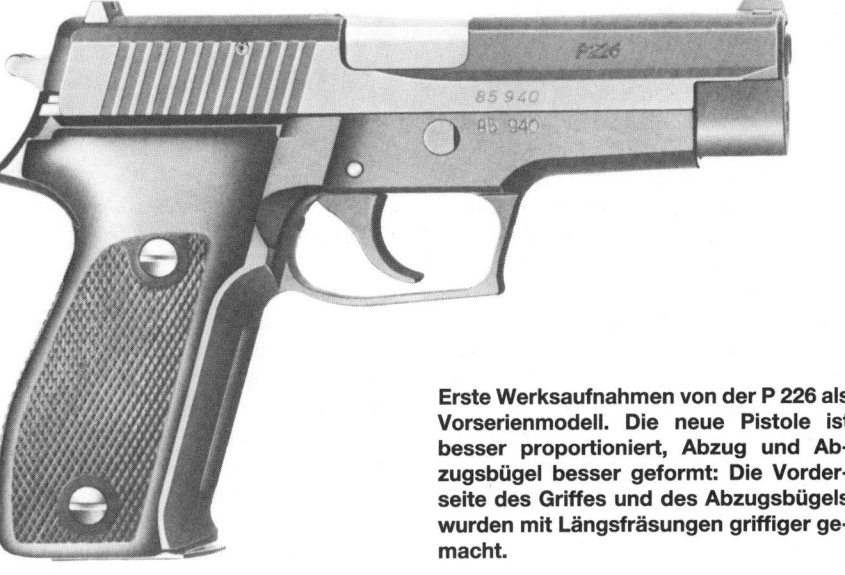

Erste Werksaufnahmen von der P 226 als Vorserienmodell. Die neue Pistole ist besser proportioniert, Abzug und Abzugsbügel besser geformt: Die Vorderseite des Griffes und des Abzugsbügels wurden mit Längsfräsungen griffiger gemacht.

Die Benelli B-76, links, zur normalen Reinigung zerlegt. Die Pistole hat sehr gut angeordnete Bedienelemente, die auch für den Daumen einer kleineren Hand erreichbar sind. Die B-76 besitzt eine gewöhnliche Hahnsicherung, keinen Entspannhebel. Auf der Verschlußoberseite zeigt ein Ladeindikator an, ob sich eine Patrone im Lauf befindet.

das Griffstück integriert und wie die funktionell beanspruchten Innenteile hartverchromt. Die Verriegelung der Pistole wird vom Hersteller als ›verzögerter Massenverschluß‹ bezeichnet. Diese Umschreibung ist aber fehlleitend: Die für die 9 mm Parabellum notwendige Verzögerung erfolgt durch eine Art Kippblock-Verriegelung, mit der die Benelli-Designer pistolentechnisches Neuland betreten haben.

Beim Schießen besticht die Benelli durch ihre Handlage und Deuteigenschaft – man wird, wie gesagt, an die Pistole 08 erinnert, nur daß diese Waffe nicht ein so weit nach vorn verlagertes Gewicht hatte. Hier kommt der Benelli zusätzlich zum Griff-Winkel die eckige Form des Verschlußstückes zugute. DA- und SA-Abzug sind hervorragend, ein verstellbarer Triggerstop in Form einer Schraube erlaubt ein SA-Schießen ohne Verreißen. Die Treffergenauigkeit ist sehr gut und Trefferkreise mit verschiedenen Munitionsarten lagen zwischen 30 und 55 mm auf 25 m. Der DA-Abzug lag mit knapp 5 kg, der SA-Abzug mit 2,02 kg im Bereich des üblichen. Ein Hauptproblem der Waffe ist das Magazin: Aufgrund des dynamischen Griff-Winkels war es unmöglich, ein doppelreihiges Magazin für die B-76

zu konzipieren. Die Waffe ist für VM-Munition gedacht und wird entsprechend vom Hersteller empfohlen. Normal geformte Hohlspitz-Vollmantel- oder Halbmantel-Geschosse wurden vom Mechanismus anstandslos verdaut, problematisch wird es allerdings mit Kegel-Stumpfkopf-Munition bei vollgeladenem Magazin (Kapazität 8 Patronen). Die oberste Patrone ›kippt‹ ab, Ladehemmungen treten auf. Dies ist ein typisches Symptom bei entsprechend schrägen Magazin-Zuführungen. Man muß sich nur einmal die Zuführer-Gestaltung der Luger-Magazine ansehen, um zu verstehen, welches Kopfzerbrechen dieses Abkippen früheren Waffenkonstrukteuren bereitet hatte. Mit Vollmantel-Munition entstehen keine derartigen Probleme. Zum einfacheren Laden haben die Magazine auf jeder Seite eine weite Ausfräsung, in denen der Zuführer mit dem Daumen und Zeigefinger nach unten gepreßt werden kann. Eine ähnliche Ladehilfe hatte z. B. auch das 08-Magazin. Der Verfasser steht diesen Ausfräsungen skeptisch gegenüber – sie erweisen sich als offene Tore für jederart von Fremdkörper (Fusseln, Staub, Leder-Partikel), die durch sie in das Magazininnere eindringen.

Die Benelli wird serienmäßig mit starrer

Visierung geliefert, die sehr gut ist und über zwei senkrechte Leuchtstreifen am Kimmenblatt verfügt, die zusammen mit einem weißen Einsatz im Schnellzieh-Korn ein gutes Visierbild unter ungünstigen Lichtverhältnissen bieten. Die Oberfläche des Verschlußstückes ist eckig und flach gehalten und längsgefräst, um eine reflexfreie Visierlinie zu bilden.

Auf Wunsch kann die Pistole aber auch mit einem nach Höhe und Breite verstellbaren Visier geliefert werden.

Technische Daten:
Benelli B-76, Ganzstahlpistole
mit Spannabzug

Kapazität:	8 + 1 Patrone im Lauf, 9 mm Para VM vom Hersteller empfohlen
Gewicht:	965 g
– geladen:	1105 g
Länge:	205 mm
Lauflänge:	108 mm (4¼ Zoll)
Höhe:	137 mm
Breite:	32 mm

Preislich liegt die Benelli um DM 800.–

FN Hi-Power M 35

Die FN Hi-Power ist eigentlich eine so bekannte Pistole, daß man sie nicht mehr vorzustellen braucht. Ihre Zuverlässigkeit ist legendär und der Verfasser muß erst noch einen Schützen treffen, der sich über Ladehemmungen an seiner FN beschwert – das Problem ist unbekannt. Die Waffe wird bei -zig Armeen und Sicherheitskräften verwendet. Seit dem Zweiten Weltkrieg gehört sie zur Standardausrüstung der Engländer, Kanadier und vieler ehemaliger Kolonialländer. Nach der Colt Government ist die FN M 35 die in den USA am meisten benützte Pistole. Lizenzfertigungen existieren in Kanada, Argentinien und Ungarn.

Die FN Hi-Power ist im Handel zumeist als Standardausführung erhältlich, d. h. als robuste Militärwaffe ohne überflüssiges Beiwerk. Typisch für die vom Militär gewünschte ›Bediensicherheit‹ ist daher auch die Magazinsperre, die ein Abdrücken der Pistole ohne Magazin verhindert. Typisch auch die miserable Visierung, die so ganz im Einverständnis mit dem Armee-Diktum steht, daß eine Pistole eine absolute Nahkampfwaffe ist und im Gefecht sowieso niemand damit zielen würde.

Wie auch die Colt-Pistole, so kann die Einsatzfähigkeit der FN durch verschiedene Custom-Umbauten gesteigert werden. Wie die Colt Government, so ›beißt‹ die FN auch eine Vielzahl Schützen in den Handrücken, weil die Rückstoßschulter zu wenig ausgeformt ist und der Rundkopf des Schlagstückes zu weit zurückreicht. Die werksmäßig gelieferten Griffschalen aus Holz sind gut und auch Personen mit mittleren und kleinen Handgrößen haben keine Probleme mit der Handlage dieser Pistole – jedoch die Pachmayr-Griffschalen für die Hi-Power sind besser und können oft das Problem mit den Handverletzungen der Pistole umgehen.

Diese letzte von John Browning geschaffene Pistole hat nicht mehr die Griffstücksicherung früherer Browning-Entwürfe, ein Sicherungsflügel blockiert das Schlagstück. Im gespannten, gesicherten Zustand läßt sich die Pistole gefahrlos führen, ein Problem aber besteht mit der Sicherheitsrast (half cock): Bei FN-Pistolen, die etwas länger im Gebrauch sind, tritt mitunter folgender Defekt auf, der zum unbeabsichtigten Auslösen eines Schusses führen kann. Durch Druck auf den Abzug wird die Sicherheitsrast überwunden, das Schlagstück fällt auf den Schlagbolzen!

Die FN Hi-Power Standardausführung im Vergleich mit der HK PSP (P 7).

Die Belgier haben sich an den JSSAP-Versuchen mit zwei FN Hi-Power-Varianten beteiligt, einer DA-Version und einem als ›Fast Action‹ bezeichneten Design, bei dem das Schlagstück der durchgeladenen Waffe nach vorn in eine Sicherheitsrast gedrückt wird. Beim Betätigen des Sicherungsflügels springt der Hahn wieder in seine rückwärtige, gespannte Position zurück – das Problem des unterschiedlichen Abzugsgewichts von Spannabzug-Pistolen entfällt. Beide Modelle sind im Vorserien- bzw. Prototyp-Stadium, und es wird noch einige Zeit dauern, bis diese Versionen im Handel angeboten werden (wenn überhaupt!). Die Fabrique Nationale in Lüttich ist mit Exportaufträgen des Armeewaffen-Sektors ausgelastet, die FN Hi-Power verkauft sich weiterhin sehr gut. Solange kein Regierungsauftrag für die Lieferung einer DA-Pistole oder eines modernen Hi-Power-Designs in Aussicht ist, bleibt es fraglich, ob sich für

FN die Mühe lohnt, eine entsprechende Produktion anlaufen zu lassen.

Technische Daten:
FN Hi Power, Modell 1935,
Ganzstahlpistole mit SA-Abzug

Kapazität:	13 + 1 Patrone 9 mm Para
Länge:	197 mm
Lauflänge:	121 mm
Höhe:	127 mm
Breite:	36 mm
Gewicht:	910 g
– geladen:	1065 g

›Brünner‹ Modell 75:
Ceska Zbrojovka Vzor 1975

Vor über fünfzehn Jahren kündigte eine kleine westdeutsche Firma mit dem obskuren Namen ›Korriphila‹ eine fünfzehnschüssige Selbstladepistole mit Spannabzug an, die erstaunlich stark der FN Hi-Power glich. Wie bei so vielen Kometen auf dem Waffenmarkt kam diese Pistole nie über das Prototyp-Stadium hinaus – sehr zum Bedauern vieler Combatschützen, die zwar die FN-Pistole wegen ihrer Magazinkapazität bevorzugen, aber an ihr den Spannabzug vermissen. Eine Kombination dieser zwei Waffeneigenschaften war zwar wünschenswert, ließ aber auf sich warten.

1975 wurde der Wunschtraum vieler Schützen wahr, die Tschechen hatten eine 9 mm Parabellum-Ganzstahlpistole zur Serienreife entwickelt, die nicht nur auf dem bekannten Verriegelungssystem von John Browning aufbaute, sondern dazu noch einen Spannabzug besaß. Die neue Pistole war ab 1976 in der Bundesrepublik erhältlich. Vorauszuschicken wäre, daß wir der CZ-75 erhebliches Mißtrauen entgegenbrachten: 1974 wurde der Verfasser und sein Kollege und Mittester Mel Bluestein mit acht fabrikneuen Brünner Modell 70-Pistolen im Kaliber 7,65 mm konfrontiert, die es einzuschießen und zu testen galt. Die Qualität dieser Pistolen, ihre Verarbeitung, ihr Spannabzug ließen zu wünschen übrig. Überall waren noch Werkzeugspuren, die Magazinhalterung hatte Mucken, die Magazine ließen sich nur beidhändig aus den Waffen ziehen. Zu allem Übel aber schossen drei der acht Vzor 70 überhaupt nicht, eine weitere hatte laufend Zündversager!

Mit diesem ›Erbe‹ war die Vzor 75 in unseren Augen behaftet und wir mußten uns schnell eines besseren belehren lassen – nicht nur, daß die Verarbeitung der Pistole hervorragend war, das Finish sich durchaus mit dem westlicher Waffen messen konnte, der Spannabzug war butterweich, jede Munition wurde anstandslos bewältigt, Ladehemmungen traten keine auf, die Streukreise lagen alle unterhalb 6 cm auf 25 m. Gegenüber Verschmutzungen erwies sich die Vzor 75 genauso unempfindlich wie die FN Hi-Power oder Colt Government. Selbst Sinai-Sandstürme konnten ihr nichts anhaben. Der ›butterweiche‹ DA-Abzug schwankte bei drei Waffen zwischen 3,35 und 3,9 kg! Probleme gab es

Die CZ-75 in Werksausführung (oben) und mit den von Frankonia angebotenen Griffschalen-Alternativen und -Umbauten, wozu auch ein verlängerter Schlittenfanghebel (DM 98.–) und ein kantiger Abzugsbügel (DM 145.–) gehört.

mit der CZ-75 trotzdem: Es fehlte die Sicherheitsrast des Hahnes (half cock). Zu leicht konnte man beim Spannen mit dem Daumen abrutschen und einen ungewollten Schuß auslösen oder die Waffe beim Einstecken in ein Holster durch Hängenbleiben an der Holsterinnenwand abschlagen. Ein Entspannhebel fehlt an der tschechischen Gebrauchspistole, der Sicherungsflügel arretiert lediglich den Hahn, der Schlagbolzen hat keine Fallsicherung.

Plus: Wie bei allen CSSR-Pistolen taugten die Plastik-Griffschalen überhaupt nichts: Von den Modellen 70 waren wir bereits vorgewarnt: Bei einer Schießübung im Gelände war eine der Pistolen auf dem Armaturenbrett des Fahrzeugs liegengeblieben und der Sonne ausgesetzt worden – eine Stunde später waren die Griffschalen durch die Hitze verzogen.

Frankonia, welche die Brünner-Pistolen in Deutschland anbietet, liefert die Problembeseitigung gleich mit: Für DM 180.– Aufpreis wird die CZ-75 von der Firma am Abzug überarbeitet. Er wird auf 1500 g SA-Abzugsgewicht eingestellt, erhält einen Triggerstop und eine Sicherheitsraste. Für weitere DM 25.– wird die Magazinsicherung außer Kraft

gesetzt, das Magazin nachpoliert und neubrüniert.

Jeder ernsthafte Combatschütze, der die CZ-75 führen möchte, sollte diesen Aufpreis gleich beim Kauf einkalkulieren. Diese Nacharbeiten sind notwendig. Frankonias Service erstreckt sich noch auf andere kosmetische wie funktionstechnische Umbauten, die man je nach Lust und Geschmack ausführen lassen kann. Auch den Preis von DM 48.– für Fischhaut-verschnittene Holzgriffschalen sollte man nicht scheuen, die Werksgriffe haben östliche HO-Waren-Qualität.

Technische Daten:
CZ 75, Ganzstahlpistole mit Spannabzug

Kapazität:	15 + 1 Patrone (einige Magazine nahmen sogar 16 Schuß auf!)
Länge:	205 mm
Lauflänge:	120 mm
Höhe:	140 mm
Breite:	35 mm
Gewicht:	1010 g
– geladen:	1205 g (mit Holzgriffschalen)
Preis der ungeänderten Waffe:	DM 958.–

Star Modell 28

Stars Beitrag zu den amerikanischen JSSAP-Testverfahren ging im Februar 1980 in die Serienproduktion. Das Modell 28 ist eine Ganzstahlwaffe mit Spannabzug und einem doppelreihigen Magazin für 15 Patronen. In Form, Fertigungsweise und Mechanismus haben sich die spanischen Waffenbauer in Eibar in konventionellen Bahnen bewegt. Wie frühere Star-Pistolen im Kaliber 9 mm Parabellum basiert die Verriegelung der Pistole auf dem System John Brownings. Wie alle anderen Star-Pistolen im Parabellum-Kaliber hat das Modell 28 eine Magazinsperre, die die Abgabe eines Schusses bei entnommenem Magazin verhindert. Eine solche Sperre, die verschiedentlich aus Sicherheitsgründen von Behörden gefordert wird, ist für den sportlich oder praktisch orientierten Combatschützen hinderlich, denn sie macht den Schützen im Moment des Magazinwechsels wehrlos. Bei den meisten Waffen ist die Magazinsperre aber mit wenigen Handgriffen und etwas handwerkliche Kenntnis außer Kraft zu setzen.

Die Star M 28 hat einen beidseitigen Sicherungsflügel, der den Schlagbolzen fixiert und den Hahn gefahrlos entspannt. Alle anderen Bedienelemente (Magazinhalter und Verschlußsperre) sind auf der rechten Waffenseite und daher nur für Rechtshänder problemlos zu erreichen. Im Gegensatz zu den meisten anderen europäischen Waffen, die in den letzten zwei, drei Jahren für den Gebrauchswaffenmarkt neu konzipiert wurden, hat die M 28 serienmäßig eine verstellbare Visierung. Sie macht von der Konstruktion her einen sehr guten, massiven Eindruck. Ihre Kanten sind bereits ab Werk sauber abgerundet. Die Oberseite des Verschlußrahmens hat Längsfräsungen, die eine möglichst reflexfreie Visierebene bieten sollen. Ein Ladeindikator ist vorhanden.

Star-Pistolen hatten in den vergangenen Jahren eine schlechte Reputation. Dieser Ruf ist vielleicht auf die Tatsache zurückzuführen, daß in Spanien kleinere Fabriken jahrelang schlechte Taschenpistolen und Revolver für den Exportmarkt gefertigt haben, deren Material und Verarbeitung viel zu wünschen übrig ließ. In früheren Zeiten sollen auch die Star-Erzeugnisse nach Aussagen eines amerikanischen Mit-Testers nicht die besten gewesen sein. Die jetzige Produktion besticht dagegen mit ihrer hohen Qualität, und es sollte hinzugefügt werden, daß dem Verfasser bis-

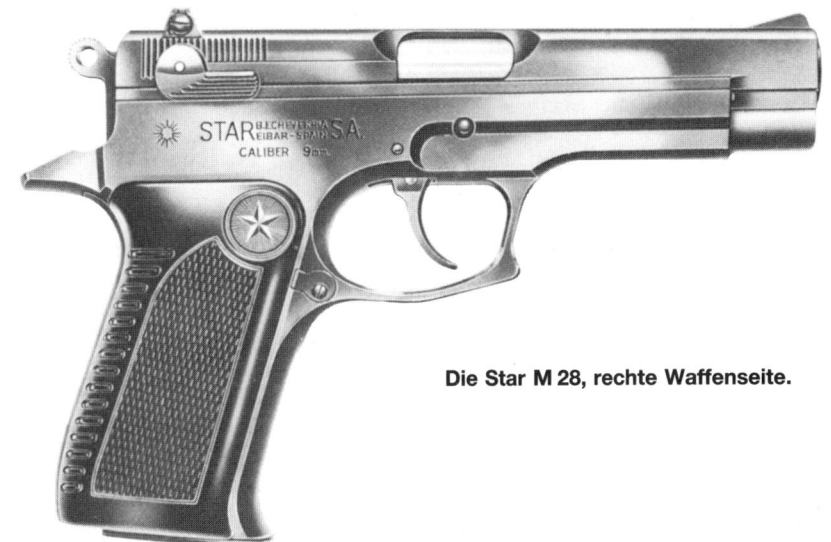

Die Star M 28, rechte Waffenseite.

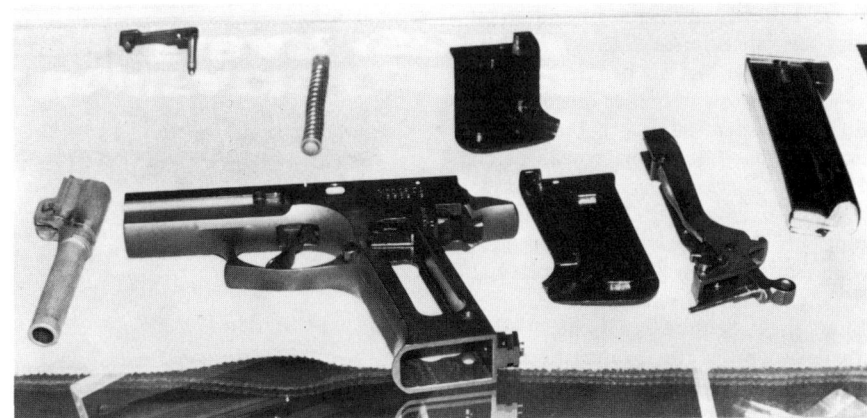

Die Star in ihre modularen Bauteile zerlegt, rechts außen, z. B. neben dem Magazin die Baugruppe Schlagstück, Feder, Griffrücken.

Eine frühere Star-Pistole, das Modell B, eine Ganzstahlwaffe, die neben dem hier gezeigten Kaliber 9 mm Para auch in .45 ACP und .38 Super gefertigt wurde. Es existieren auch verkürzte Versionen in Ganzstahl- und Alu-Ausführung (BM und BKM). Magazinkapazität des Modells B: 9 Patronen, Gewicht 1070 g, Lauflänge 5 Zoll, Holzgriffschalen. Die Alu-Version mit 108 mm-Lauf wiegt runde 700 g und hat eine Kapazität von 8+1 Patronen.

her noch keine Star 9 mm Para- oder .45 ACP-Pistole untergekommen ist, die irgendwelchen Grund zu Klagen gegeben hat. Die M 28, welche neben einem älteren Modell B getestet wurde, entsprach allen Anforderungen: Beide Waffen schossen mit den verschiedensten Patronensorten störungsfrei, erbrachten präzise Trefferergebnisse, d. h. Streukreise von resp. 4,5 und 5,3 cm auf 25 m. Das Abzugsgewicht der M 28 lag bei 2,23 kg (SA) und 5,59 kg (DA), der SA-Abzug des B-Modells brach bei 2,4 kg. Ein gleichzeitig zu Vergleichszwecken herangezogenes Modell BM (eine auf 94 mm Lauflänge verkürzte Version der Militärpistole) hatte ein SA-Abzugsgewicht von 4 kg.

Von allen Testern besonders gelobt wurde die Art und Weise, wie man die Star M 28 ohne Werkzeuge in ihre Baugruppen zerlegen kann und so an alle Teile ihres ›Innenlebens‹ zur Reinigung und Reparatur herankommt. Gerade unter dem Aspekt einer Armee- oder behördenmäßigen Verwendung dürfte eine solche modulare Konstruktions- und Austauschweise eine willkommene Hilfe auf der Waffenkammer sein.

Eine Erweiterung des M 28-Programmes von Star in den Kalibern .45 ACP und .38 Super ist geplant.

In der Bundesrepublik wird Star durch die Firma Fritz Höpfner vertreten (Madbachstr. 5, 5308 Rheinbach-Loch). Der Preis für die M 28 liegt in der Klasse um 1100.– DM.

Technische Daten: M 28

Kaliber:	9 mm Parabellum
Kapazität:	15 + 1 Patrone im Lauf
Länge:	205 mm
Höhe:	135 mm
Breite:	33 mm
Lauf:	110 mm
Gewicht:	1140 g, geladen: 1335 g

Astra A-80

Astra-Pistolen sind in der Bundesrepublik seit Jahrzehnten bekannt, mancher Polizeischüler hat in den Jahren nach 1945 das Pistolenschießen mit dem Modell 400 dieser spanischen Firma erlernen müssen. Die Firma wurde bereits 1908 in Guernica gegründet und hat seitdem einen großen Teil der Herstellung für den Exportmarkt gefertigt – auch heute werden 85% der Astra-Waffen ins Ausland verkauft.

Eine enge deutsch-spanische Zusammenarbeit im Waffenbau existiert nicht nur wegen der früheren engen politischen Verwandtschaft in der Hochzeit des Franco-Regimes nach dem Spanischen Bürgerkrieg, auch nach dem Zweiten Weltkrieg bestanden fruchtbare fertigungs- und entwicklungstechnische Beziehungen zwischen der spanischen und der im Wiederaufbau befindlichen deutschen Rüstungsindustrie. So ist die große Ähnlichkeit der Astra A-80 mit der SIG-Sauer P 6 nicht von ungefähr, sondern beruht auf langjährigen traditionellen Verbindungen.

Die Tatsache, daß eine Pistole einem anderen Modell ›nachempfunden‹, um nicht zu sagen, abgekupfert wurde, braucht nicht unbedingt zu heißen, daß diese Kopie nun schlechter ist. Oft ist gerade das Gegenteil der Fall, und auch bei der A-80 ist man versucht, der spanischen Pistole einige positive Punkte gegenüber der deutschen Waffe anzukreiden. Die Konstrukteure von Astra sind bei ihrem Nachbau der P 6 um einige Schritte weitergegangen und haben eine rundum gute Pistole geschaffen.

Zum Ersten: Die Astra ist gänzlich aus Stahl gebaut, was besonders jene Combatschützen zufriedenstellen wird, die

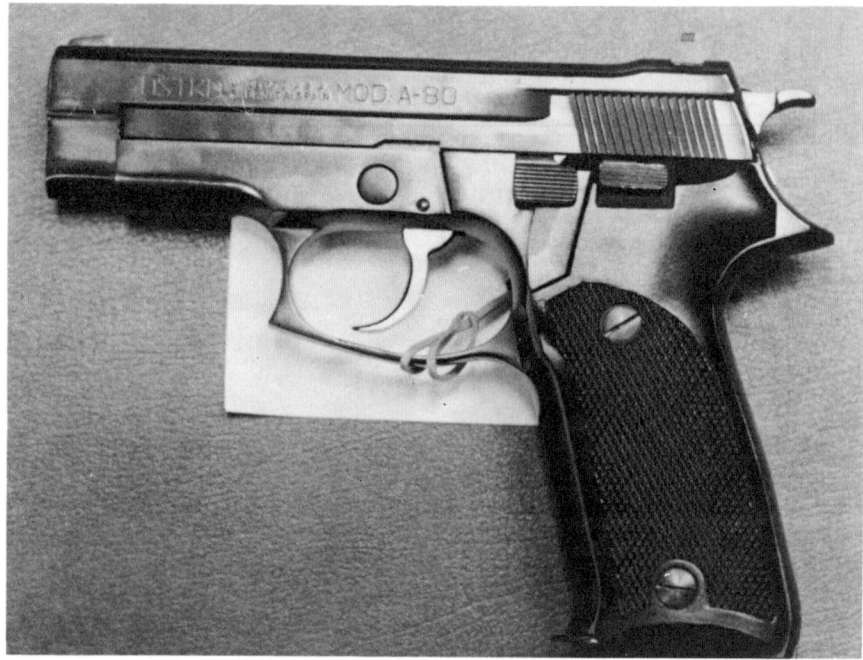

diesem Werkstoff mehr Vertrauen entgegenbringen als den Alu-Legierungen und Stahlprägeteilen. Zum Zweiten: Die Astra wurde von Anfang an für ein doppelreihiges Magazin gebaut. Man hat sich in Guernica den klobigen Griff der P 6 angesehen, der seine Abstammung von der P 220 und ihrer .45 ACP nicht verleugnen kann, und sich gesagt: Da paßt auch noch eine zweite Reihe Patronen rein. Zum Dritten: Die Auszieherkralle der Astra wurde als Ladeindikator ausgestattet. Befindet sich eine Patrone im Lauf, steht der Auszieher aus dem Verschlußstück heraus, er sitzt klar fühlbar und bei Tageslicht erkennt man auf seiner Oberfläche eine rote Farbmarkierung. Davon sollten sich die deutschen Hersteller eine gehörige Scheibe abschneiden: Eine der häufig-

sten Beschwerden, die der Autor über die P 6 von Polizisten hörte, war das Fehlen eines Ladeanzeigers, wie ihn die P 1 oder PPK hatten. Man ertappt sich im täglichen Dienst immer wieder mal dabei, daß man plötzlich auf der Fahrt in den Einsatz oder bei Alarm Zweifel verspürt: Ist sie geladen? Es ist etwa ein ähnliches irrationales Gefühl des Zweifels wie auf der Urlaubsfahrt, wenn es einem plötzlich durchzuckt: Habe ich das Licht abgestellt? In solchen Fällen ist ein unauffälliger Griff oder Blick auf den Ladeindikator angebracht.

Das Grundprinzip der Astra, ihre Bedienelemente gleichen der P 6 aufs Haar, mit einer Ausnahme – die Astra hat den Magazinhalter an der Grifföffnung wie bei der P 220. Von der Form und den Dimensionen her gleichen sich die P 6 und A-80 sehr, die spanische Kopie hat eine weiter ausgeformte Rückstoßschulter am Griff, die zur besseren Handlage dieser Waffe beiträgt. Trotz des doppelreihigen Magazins hat die A-80 eine Griffbreite von nur 35,5 mm, einige Millimeter weniger als die P 226 oder die vergleichbare Beretta 92 S1. Im geladenen Zustand wiegt die Waffe runde 1180 Gramm bei einer Länge von 195 mm und einer Höhe von 142 mm. In der Schußgenauigkeit ist sie durchaus mit dem deutschen Gegenstück zu vergleichen. Das Abzugsgewicht zweier Testwaffen lag bei (DA) 5,2 und 5,65 kg und 1,8 sowie 2,5 kg. Die Visierung der spanischen Waffe besteht aus einer starren Rechteck-Kimme mit weißer Kimmenlinie, die mit einem Rechteck-Korn mit weißem Zielpunkt in der Dämmerung sehr gut und schnell erfaßbar war.

Die Astra wird außerdem im Kaliber .38 Super für den US-Markt und als zehnschüssige Waffe im Kaliber .45 ACP geliefert. Preislich liegt sie hierzulande in der Preisklasse um DM 1100.– (Generalvertreter für Astra ist die Fa. Frankonia).

Als reine Gebrauchs- und Verteidigungswaffe ist die P 210 zu teuer und zu aufwendig hergestellt. Als Waffe zum wettkampfmäßigen Combatschießen ist sie immer noch gefragt. Oben eine 210-2, die etwas modifiziert wurde, unten eine 210-6 mit fester Visierung. Den heutigen Ansprüchen nach hoher Magazinkapazität und einem Spannabzug kann die P 210 nur höchste Präzisionsleistungen, eine hervorragende Deutschuß-Handlage und ihren sehr guten, trockenen SA-Abzug entgegensetzen.

SIG P 210 – Schweizer Präzisionsarbeit

Die SIG P 210 der Schweizer Industrie Gesellschaft, Neuhausen, kann bei jedem europäischen Combatschießen angetroffen werden. Dort, wo sportlich begeisterte Faustfeuerwaffenbesitzer unter wettkampfmäßigen Gesichtspunkten Mannscheiben ›niederkämpfen‹, darf dieses Schweizer Präzisionswerk nicht fehlen. Die SIG P 210 ist als Serienwaffe ab Werk in Zuverlässigkeit und Schußleistung schon kaum zu übertreffen und trotzdem gibt es einige ernsthafte Schützen, die sich selbst diese Waffe noch durch Umbauten ›personalisieren‹ lassen. Noch heute kann aber diese Pistole, deren Entwicklung auf das Jahr 1934 zurückdatiert, Maßstäbe setzen und ein gutes Beispiel für eine hervorragend ausbalancierte SA-Pistole liefern.

Die SIG P 210 geht auf die Entwicklung des französischen Ingenieurs Charles Petter zurück, dessen Pistole im Kaliber 7,65 mm lang 1935 zur Ordonnanzwaffe des französischen Heeres erwählt wurde. SIG erwarb die Lizenzrechte, verbesserte das ursprüngliche Design und gestaltete die Pistole für das Kaliber 9 mm Parabellum. Im Herbst 1948 wurde diese neue Pistole als Dienstpistole im schweizerischen Bundesheer unter der Modellbezeichnung 49 angenommen. Als P 210 wurde diese Waffe auch für den zivilen Markt in 9 mm Para und 7,65 mm Para gefertigt. Verschiedene Modelle und Varianten sind seit Ende des Zweiten Weltkrieges in die ganze Welt exportiert worden:

P 210-1: Grundmodell mit polierter, brünierter Oberfläche, Holzgriffschalen

P 210-2: Sandgestrahlte, mattblaue Oberfläche, Plastikgriffschalen mit Fischhaut

P 210-4: Weitgehend unbekanntes Modell, das Anfang der fünfziger Jahre an den deutschen Bundesgrenzschutz in einer Auflage von rund 5000 Stück geliefert wurde. Ohne Fangschnuröse und mit Ladeindikator

P 210-5: Sportversion mit 15 cm langem Lauf, Mikrometervisier und Kornsockel auf dem Lauf, sandgestrahlt, Plastikgriff, regulierbarem Abzugsstop

P 210-6: Wie P 210-5, nur mit normalem Lauf (12 cm) und starrer Visierung/Mikrometervisier wahlweise.

Zum reinen Sportschießen konnte jede dieser Waffentypen, mit Ausnahme der P 210-4, als Kleinkaliber-Scheibenwaffe .22 l.r. oder mit einem entsprechenden Wechselsystem geliefert werden.

Die Fertigungspräzision dieser Waffe ist erstaunlich. Bestimmte Toleranzen werden auf $^1/_{100}$ eines Millimeters geprüft. Die Schußleistung ist entsprechend. Streukreise im Bereich von 40 und 50 mm für Zehn-Schuß-Serien auf 25 m gehören da ›zum guten Ton‹. Verständlich, daß sich auch wettkampforientierte Combatschützen dieser Waffe anvertrauen, obwohl die Position des Magazinhalters für bestimmte Übungen nachteilig ist. Problematisch ist auch das Magazin, das sich nur mit erheblichem Kraftaufwand laden läßt – die Firma liefert daher einen Magazinfüller gleich mit. Das Gewicht der aus bestem Stahl gefrästen Waffe liegt bei 1150 g im vollgeladenen Zustand mit 8+1-Patrone, leer wiegt die 210-6 mit verstellbarer Visierung 950 g. Die Waffe ist 210 mm lang und mit Plastikgriffen rund 30 mm breit. Der Preis entspricht der aufwendigen Fertigungsweise und der hohen Qualität: Die 210-6 mit Mikrometervisier ist ab DM 2745.– zu haben.

Walther-Pistolen im Kaliber 9 mm Parabellum

Carl Walther und seine Waffenwerke rangieren in ihrer Bedeutung für die Entwicklung der Faustfeuerwaffen auf der gleichen Ebene wie John M. Browning, die Firmen Colt und Smith-& Wesson. Walther hat mit der PP und der P 38 den technischen Durchbruch des Spannabzuges bewerkstelligt und war mit seinem Einbau eines Entspannhebels seiner Zeit um Jahrzehnte voraus. Es ist deshalb kein Wunder, daß sich die Pistole P 38 über 45 Jahre als Dienstwaffe in zwei deutschen Streitkräften und als Polizeipistole gehalten hat. An Bediensicherheit hatte die P 38 bereits eine Schlagbolzensicherung (Fallsicherung) anzubieten, als man in anderen Ländern noch nicht einmal die

Notwendigkeit einer solchen erkannt hatte. Nach dem Weltkrieg wurde die P 38 als P 1 mit einem Leichtmetallgriffstück hergestellt. Mit dem Aufstellen bundesdeutscher Spezialeinheiten zur Terrorismusbekämpfung wurden neue Anstöße an die Firma Walther gegeben, die P 1 zu modifizieren. Man griff u. a. auf alte Überlegungen aus der Kriegszeit zurück. Bereits vor 1945 waren P 38-Modelle mit verkürztem Lauf vom Werk geliefert worden. Mit der P 38 k wurde an verschiedene SEKs ähnlich verkürzte Pistolen ausgeliefert, die aber nicht mehr über die bei der P 1 üblichen Sicherungsstellung des Sicherungsflügels verfügten. Diese Sicherung hatte immer wieder zu Bedienfehlern in Streßsituationen geführt, bei der P 38 k glitt der Sicherungsflügel nach Betätigung als Entspannhebel wieder in seine

Ausgangsposition zurück. Ein Blockieren des Hahnes oder Schlagstücks war nicht mehr möglich.

Mit der Entwicklung der ›polizeitypischen‹ Pistole, wie sie von der Kommission der ›Klimbim‹ gefordert wurde, gingen die Walther-Werke in Ulm einen Schritt weiter: Eine neue 9 mm Parabellum-Pistole entstand, die einige hervorragende Eigenschaften der alten P 38 und der späteren Entwicklung zu einer formschönen, praktischen und zuverlässigen Pistole vereint. Die meisten Polizeibeamten, die eine Möglichkeit hatten, die drei zum Angebot stehenden Pistolen zu testen, gaben der P 5 von Walther den Vorzug. Diese Waffe hatte mit Abstand den besten Abzug (sofern man die Griffspann-Eigenschaft der PSP/P 7 nicht mochte) und die günstigste Handlage. Anstelle der zwei Hebel

Über die gute oder weniger gute Handlage der P 38/P 1 ist viel diskutiert worden – dies ist offensichtlich ein sehr subjektives Empfinden. Objektiv aber fehlt bei der P 38 und P 1 das Gewicht im Mündungsbereich, das bei anderen Pistolen durch den Verschlußrahmen geliefert wird, der bis vorn den Lauf umschließt. Resultat: Der Schwerpunkt der P 38/P 1 liegt zu sehr in der Schützenhand, die Pistole ›schlägt‹ beim Schuß aus.

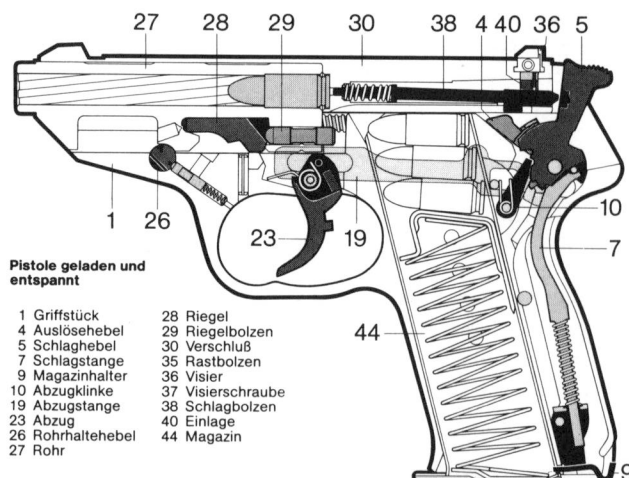

Pistole geladen und entspannt

1 Griffstück	28 Riegel
4 Auslösehebel	29 Riegelbolzen
5 Schlaghebel	30 Verschluß
7 Schlagstange	35 Rastbolzen
9 Magazinhalter	36 Visier
10 Abzugklinke	37 Visierschraube
19 Abzugstange	38 Schlagbolzen
23 Abzug	40 Einlage
26 Rohrhaltehebel	44 Magazin
27 Rohr	

Die P 5 ist von einigen Bundesländern und der holländischen Polizei als Dienstwaffe eingeführt worden. In den USA ist die Nachfrage nach dieser Pistole kaum zu befriedigen, obwohl die dort von der Fa. Interarms importierte Waffe mit $ 925.– rund dreihundert Dollar über dem Preis anderer Pistolen in 9 mm Para liegt.

der P 6 hat die Walther ein Bedienungselement im Bereich des rechten Daumens, der a) den Hahn entspannt, und b) die Verschlußsperre bei leerem Magazin löst. Die Visierung der P 5 ist gut geformt, sie hat ab Werk abgerundete Kanten und ist seitlich verstellbar. Ein Leuchtstreifen unterhalb der Kimme und ein entsprechender Leuchtpunkt im Schleppkorn ergänzen das Visierbild. Hervorragend auch die Hahnform des Schlagstückes, deren Daumenauflage durchaus ein schnelles Vorspannen erlaubt, die aber kleiner und orthopädisch in einem günstigeren Winkel als allgemein üblich gehalten ist. Aufgrund der Konzeption des Bedienhebels zum Entspannen und Lösen der Verschlußsperre war in diesem Teil des Griffes kein Platz für den Magazinhalter. Er ist, wie bei Walther Pistolen der Parabellum-Klasse allgemein üblich, am Griffboden angebracht. Die niederländische Polizei hat das überragende Design dieser Pistole erkannt und einen entsprechenden Auftrag zur Ausrüstung ihrer Beamten nach Ulm vergeben.

Anders als die P 38 und ihre Nachfolgemodelle verträgt die P 5 alle erdenklichen Geschoß- und Munitionsarten. Ladehemmungen traten beim Testschießen nicht auf, die beste Testserie hatte einen Streukreis von 40 mm auf 25 m! Das Abzugsgewicht der Testwaffe: DA 4,65 kg, SA 2,95 kg. Die Handlage der P 5 ist besser als die der P 6. Im oberen Drittel verjüngt sich der Griff, so daß

Die P 38k stellte den Versuch dar, die Pistole führiger zu gestalten, ein hoffnungsloses Unterfangen, will man nicht einschneidende Veränderungen im Griffstück in Kauf nehmen, so wie das bei verschiedenen Combatumbauten getan wurde.

der Zeigefinger weit genug zum Spannabzug vorgreifen kann und auch bei kleinen Händen keine Schwierigkeiten entstehen. Der Abzug ist mit einem Triggerstop versehen, der vordere Teil des Abzugbügels hat statt der hakenförmigen Ausformung Einfräsungen, damit der linke Zeigefinger beim beidhändigen Anschlag eine griffige Auflagefläche hat. Die Plastikgriffschalen sind wie alle derartigen Griffe nicht optimal, aber ihr Griffrücken ist wenigstens gleichfalls fischhautverschnitten, um eine bessere Haftung in der Handmulde zu erreichen: Bei der P 1, deren Plastikgriffe alles andere als gut waren, versuchten sich einige Schützen, durch Aufkleben von Sandpapier oder Schmirgelleinen an dieser Stelle zu behelfen. Rundherum: Eine gelungene Pistole.

Vergleich der Walther P 38, P 1, P 38 k und P 5

Waffe	Kapazität	Länge	Breite	Höhe	Gewicht	Griffstück	Lauf
P 38	8 + 1 Patrone	215 mm	37 mm	137 mm	940 g	Stahl	125 mm
P 1	8 + 1 Patrone	215 mm	37 mm	137 mm	780 g	Alu	125 mm
P 38 k	8 + 1 Patrone	160 mm	36 mm	139 mm	770 g	Alu	70 mm
P 5	8 + 1 Patrone	180 mm	32 mm	129 mm	795 g	Alu	90 mm

Taschenpistolen und ›back-up-Guns‹

Besser die .22er in der Tasche, als die .44 Magnum zu Hause im Schreibtisch

Puristen rümpfen die Nase, wenn irgend jemand sich mit einer Pistole zur Selbstverteidigung trägt, die unter dem Kaliber 9 × 19 mm (Parabellum) liegt. Nicht genügend ›Aufhaltekraft‹, keine garantierte ›Mannstop-Wirkung‹, ›Heeresanklopfgerät‹ und überhaupt: ›Falsches Sicherheitsgefühl‹ wird in die Debatte geworfen. Diese Argumente und Vorurteile haben eine gewisse Berechtigung, aber sie gehen an der tatsächlichen Fragestellung vorbei. Was tut jemand, der aus irgendeinem Grunde nun nicht die gefechtsstarke 9 mm Para mit sechzehn Schuß oder die combatgerechte .45

ACP führen kann oder schießen will? Hier gilt, daß etwas verteidigungswirksames immer noch besser ist als die nackte Hand. Was nützt der beste Custom-Umbau, wenn man ihn nicht tragen kann, was die .357 Magnum, wenn man mit ihr im Ernstfall nicht schnell genug in den Anschlag kommt oder die Schüsse aufgrund von Schußangst, Rückstoßerwartung usw. verreißt. Das Bedürfnis des normalen bundesdeutschen Waffenträgers nach verteidigungswirksamer Bewaffnung bezieht sich auf die Möglichkeit eines Überfalls von ein, zwei Rechtsbrechern. Die damit in Verbindung stehenden Szenarios sehen eine Angriffsentfernung von weniger als fünf Meter vor. Zwei oder drei

gutplazierte Schüsse auch aus einer ›unterkalibrigen‹ Taschenpistole sind unter diesen Umständen durchaus eine angemessene Notwehr, und sie werden in 95% aller Fälle zur Abwehr des bestehenden Angriffs ausreichen. Keine Faustfeuerwaffe aber kann uns wirkich die 100%ige Sicherheit vor allen Eventualitäten garantieren – dies kann nicht einmal ein Leopard 3-Panzer!

Der Schütze, der zur tagtäglichen Verteidigungswaffe eine Taschenpistole heranzieht, muß sich allerdings über die unterschiedliche Wirkung dieser kleinen und schwachkalibrigen Waffe im klaren sein: Wie bereits bei dem vorhergehenden Kapitel über Waffenauswahl bildlich ausgeführt, wirkt ein Taschenrevolver der 2-Zoll-Klasse in den Händen eines ausgewachsenen Mannes wie ein Spielzeug. Die Möglichkeit, einen aggressiven Angreifer mit einer solchen

Waffe mittels Waffendrohung in Schach zu halten, ist geringer, als wenn man ihn in das Mündungsloch einer .45 ACP blicken läßt. Bei den Taschenpistolen kommt erschwerend ein weiterer Faktor hinzu: In den letzten Jahren sind eine Vielzahl von Gas- und Schreckschußwaffen auf den Markt geworfen worden, die diesen Taschenwaffen erstaunlich ähnlich sehen. Auch Spielzeugpistolen gibt es, die wie eine 9 mm kurz oder 7,65 mm PPk aussehen. Mit solcherart Kopien sind bereits Banküberfälle und Flugzeugentführungen (Keppler/Köln mit einer ›Jaguarmatic‹!) durchgeführt worden. Ein Angreifer kann sich durchaus im Glauben befinden, er wird mit einem solchen Spielzeug oder mit einer Schreckschußpistole bedroht. Man sollte sich daher nicht in Sicherheit wiegen, daß das ›Präsentieren‹ einer PPk oder einer Beretta das Gegenüber von seinem üblen Tun abschrecken wird – er kann eingeschüchtert werden, die Wahrscheinlichkeit ist aber geringer als mit einer großkalibrigen Waffe. Dieser Faktor hat juristische und taktische Konsequenzen in einem tatsächlichen Notwehrfall, welche die Entscheidung ›Schießen oder nicht schießen?‹ noch schwieriger und problematischer macht, als sie ohnehin schon ist.

Trotzdem haben die kleinen Taschenpistolen eine Existenzberechtigung, die weit über die Bedeutung als ›Ausgeh‹- und ›Salonpistole‹ hinausgeht: Bei konspirativen Einsätzen in der Unterwelt, z. B. bei der Bekämpfung des Rauschgifthandels, sind diese kleinen Faustfeuerwaffen oft die einzigen, die sich am Körper verstecken lassen und die man bei Entdeckung ›erklären‹ kann. Amerikanische Polizisten haben schon vor Jahren erkennen müssen, daß ihre .38er Zwei-Zoll-Revolver oder andere großkalibrige Waffen in Kriminalitätsvierteln, wie z. B. der New Yorker Bronx, genauso Aushängeschilder ihrer polizeilichen Tätigkeit waren wie die Dienstmarke oder der Ausweis. Aus den USA stammt auch die Idee von der ›back-up‹-Waffe, einer Zweitwaffe, die von Polizeibeamten des uniformierten und nichtuniformierten Dienstes versteckt neben der Dienstwaffe geführt wurde, als ›onion field-Versicherung‹. Mit dieser Bezeichnung ›onion field‹ (›Zwiebelfeld‹) verbindet sich in ganz Amerika die Erinnerung an einen Zwischenfall, der sich vor mehr als zehn Jahren in Südkalifornien abspielte und seitdem als das klassische Lehrbeispiel genommen wird.

Bei der Überprüfung eines Fahrzeuges wurden zwei Zivilfahnder der Los Angeles Polizei durch die Fahrzeuginsassen Gregory U. Powell und Jimmy L. Smith – beide vorbestraft, auf Bewährung entlassen und zu diesem Zeitpunkt gerade bei der Durchführung einer Serie bewaffneter Überfälle – überrumpelt:

Als sich der erste Beamte dem Fahrzeug zur Überprüfung der Insassen näherte, stiegen Fahrer und Beifahrer aus. Der 29jährige Powell zog eine 7,65 mm-Pistole und richtete sie auf den ihm nahestehenden Polizisten, Detective Ian Campbell, dessen eigene Waffe noch im Holster war. Powell benutzte dann Campbell als Schild, drückte ihm die Mündung an den Kopf und forderte dessen Kollegen Hettinger auf, die von ihm in den Anschlag gebrachte Dienstwaffe fallen zu lassen. Hettinger, der das Leben seines Freundes bedroht sah, entschied sich keinen weiteren Widerstand zu leisten und gab seine Waffe dem Beifahrer, Jimmy Smith. Powell und Smith zwangen nun beide Polizisten, sie zu begleiten, und flüchteten vom Tatort. Sie verließen Hollywood und fuhren zusammen etwa 100 Meilen in südlicher Richtung aus dem dichtbesiedelten Großbezirk Los Angeles heraus. Nahe der Kreuzung von Highway 99 und Highway 33 bogen sie von der Autostraße ab und fuhren in einen Feldweg hinein, der durch ausgedehnte Zwiebelfelder führte. In diesem Zwiebelfeld wird Campbell von Powell erschossen, offensichtlich, um eine spätere Identifizierung der Entführer zu verhindern. Sein Kollege Hettinger kommt der eigenen Ermordung Sekunden später durch eine kopflose und panikartige Flucht in die Dunkelheit zuvor. Obwohl beide Täter hinter ihm herschießen und das Gelände absuchen, kann er entkommen und die Fahndung nach den beiden Mördern auslösen. Noch während er sich in dem Zwiebelfeld versteckt hält, wird er Zeuge, wie beide Männer abwechselnd in den am Boden liegenden Polizisten vier Schüsse abgeben. Powell und Smith werden später gefaßt und verurteilt.

Dieser Zwischenfall löste erregte Diskussionen aus. Wie sollte man sich in einer Situation verhalten, in der man selbst oder ein Kollege mit dem Leben bedroht und zur Aufgabe der Dienstwaffe aufgefordert wird? Der ›onionfield‹-Zwischenfall wird seitdem als Lehrbeispiel bei Eigensicherungsseminaren herangezogen, der amerikanische Schriftsteller Wambaugh (›Die Chorknaben‹) veröffentlichte eine minuziöse

Dokumentation des Handlungsablaufes, der beteiligten Charaktere und der nachfolgenden juristischen Maßnahmen, ein Spielfilm entstand. Die Problematik ist in das Bewußtsein vieler amerikanischer Polizeibeamten eingeprägt, als Reaktion auf den Mord an Detective Campbell schnellte der Verkauf kleiner Verteidigungswaffen, 6,35 mm-Pistolen, großkalibriger Derringer, Zwei-Zoll-Revolver usw. sprunghaft in die Höhe. Immer mehr Beamte tragen heute neben ihrer eigentlichen Dienstwaffe eine ›back-up‹-Pistole oder einen -Revolver als Notnagel.

Das Thema ›Eigensicherung‹ wird bei der deutschen Polizei immer noch recht stiefmütterlich behandelt. Lediglich einzelne Bundesländer (Nordrhein-Westfalen) oder einzelne Stadtpolizeien haben sich intensiver um die Aufarbeitung bemüht. 1982 wurden mehr Beamte bei Schußwaffenzwischenfällen verletzt oder getötet als in den Jahren davor. Einige der Zwischenfälle zeigten erhebliche Defizite in der Eigensicherung auf, schwerwiegende Mängel in den Vorsichtsmaßnahmen bei der Annäherung an einen Verdächtigen oder bei der Festnahme. Hier soll nun nicht einem paranoiden Denken der Polizei das Wort geredet werden, in dem jeder Bürger als potentieller Angreifer gesehen wird, aber etwas mehr Vorsicht bei der Arbeit wäre schon anzuraten! Auch die Behörde macht sich hier einer sträflichen Vernachlässigung ihrer Fürsorgepflicht schuldig, die Aus- und Fortbildung von Polizeibeamten läßt auch heute noch vieles zu wünschen übrig. Die Entscheidung, ob sich der Schußwaffenträger, ob Zivilist oder beamtet, mit einer Zweitwaffe als Notanker ausrüsten soll, ist in der Bundesrepublik durch gesetzliche Schranken eingeengt. Auch da, wo es möglich ist, bleibt es letztlich oft eine Frage der Bequemlichkeit oder des Gefährdungsbewußtseins, ob ein ›Dauer-Waffenträger‹ neben der primären Verteidigungswaffe noch eine zweite oder auch beim Ablegen der großkalibrigen Pistole eine alternative kleine ›Zimmerflak‹ führt.

Im Nachfolgenden sollen einige dieser kleineren Pistolen vorgestellt werden, von der brauchbaren 9 mm kurz bis zur exotischen .22 l.r. Vorab sei von der oft anzutreffenden Meinung gewarnt, bei der ›Zweitwaffe‹ kann man ruhig Abstriche in Sachen Qualität in Kauf nehmen. Gerade in dieser Waffenklasse wird viel Minderwertiges für wenig Geld und viel Unnützes für unverschämte Summen zum Kauf angeboten.

Beretta – die 9 mm kurz wird salonfähig!

Die Patrone 9 × 17 mm (kurz oder .380 Browning) hat bisher immer ein Schattendasein zwischen den beiden Patronen 9 mm Para und 7,65 mm geführt. Bei näherer Betrachtung erscheint diese Benachteiligung recht unlogisch: Die 9 mm kurz ist bislang das größte Kaliber gewesen, das in einer Selbstladepistole ohne Verriegelung, d. h. mit einfachem Masseverschluß verschossen werden konnte. Erst in jüngster Zeit wurde mit der 9 × 18 mm ›Ultra‹ ein seit dem Zweiten Weltkrieg verschollenes Konzept wieder aufgenommen, das sich aber nicht durchsetzen konnte. Die 9 mm kurz hingegen entstand 1908 durch John M. Browning und hat sich seitdem in Europa einer gewissen Beliebtheit erfreut. Dieser Patrone ist wesentlich mehr zuzutrauen als der kleineren und schwächeren 7,65 mm. Waffentechnisch besteht kein Grund, der 7,65 mm den Vorzug zu geben: Die meisten Pistolen, die für dieses Kaliber gebaut werden, sind auch in 9 mm kurz erhältlich – ohne daß die Außenmaße größer sind! Aus diesem Grund ist auch immer für das größere Kaliber zu raten – die beiden kleineren Patronensorten für Taschenpistolen, 7,65 mm und 6,35 mm, sind wesentlich schwächer und bringen in bezug auf Rückstoß, Schußlärm und Mündungsblitz keine spürbaren Vorteile.

Nicht nur neue Geschoßformen haben die 9 mm kurz wieder ins Gespräch gebracht, auch eine Generation neuer Pistolen, an deren Spitze die Beretta Modell 84 steht. Es ist schwierig, über diese Pistole nicht ins schwärmen zu geraten: Die M 84 bildet einen durchaus annehmbaren Kompromiß zwischen Größe, Handlichkeit und Feuerkraft. Sie ist unbedingt zuverlässig, verschießt alle möglichen Patronensorten und ist störunempfindlich: Wir haben es bei unseren Tests regelrecht versucht, mit verschmutzter Munition, mit Bleigeschossen, abgefeilten Vollmantel-Projektilen, mit Hollow Points und ähnlichen Tricks Ladehemmungen zu produzieren. Dies ist und muß möglich sein, uns gelang es nicht! Die Beretta M 84 folgt in ihrem Aussehen traditionellen Merkmalen dieser italienischen Waffenfirma: Auch bei früheren Pistolen, wie der 951 oder 92 und der kleineren M 34 ist der Gehäuseteil des Rahmens im Laufbereich oben offen. Dies macht die Pistole gefällig vom Aussehen, hat aber auch einen sicherheitstechnischen Aspekt – wenn

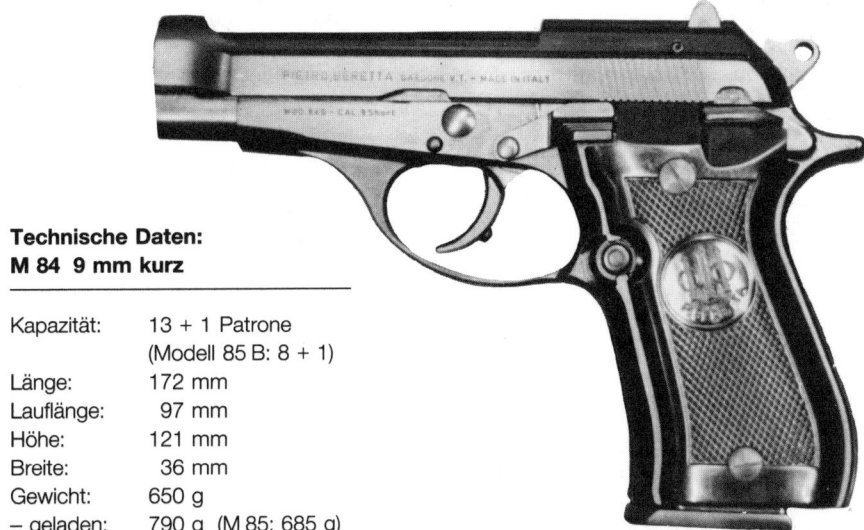

Technische Daten:
M 84 9 mm kurz

Kapazität:	13 + 1 Patrone
	(Modell 85 B: 8 + 1)
Länge:	172 mm
Lauflänge:	97 mm
Höhe:	121 mm
Breite:	36 mm
Gewicht:	650 g
– geladen:	790 g (M 85: 685 g)

sich die leere Hülse nicht aus einer kleinen Auswurföffnung herausschlängeln muß, bestehen weniger Chancen, mit einer Ladehemmung konfrontiert zu werden, die man im Englischen als ›stovepipe‹ (Ofenrohr) bezeichnet. Auch das manuelle Einladen einer Patrone in den Lauf gestaltet sich dadurch einfacher. Die M 84 ist ein Ganzstahlmodell – wahlweise mit Plastik- oder Holzgriffschalen erhältlich.

Die Beretta-Konstrukteure haben sich einiges gedacht, als sie diese Pistole entwarfen: Die M 84 (bzw. auch ihre 7,65 mm-Version, die M 81) hat einen beidseitigen Sicherungsflügel ab Werk. Linkshänder können nach Abnahme der Griffschalen den Magazinhalter auf die rechte Waffenseite verlegen. Auch die eingebaute Magazinsperre, die ein Schießen der Pistole ohne Magazin verhindert, läßt sich durch Entfernen der auf der rechten Waffenseite unter dem Griffstück befindlichen Feder ausschalten.

Mit den Holzgriffschalen liegt die Waffe auch noch bei großen Händen annehmbar, mittlere Handgrößen empfinden die M 84 als ideal, kleinere Hände sollten auf die Plastikgriffe zurückgreifen. Die Bedienelemente an dieser Waffe sind für alle Größen gut zu erreichen. Der Abzug ist weich und bricht bei ca. 4,5 kg im DA-Schießen und bei 1,8 kg für den SA-Abzug! Ein Triggerstop an der Unterseite des Abzugs verhindert ein Durchfallen oder verreißen. Die Visierung ist fest installiert und im Prinzip zu klein fürs Scheibenschießen – aber dafür ist diese Pistole auch nicht gedacht. Trotzdem ist es möglich, das ganze Magazin auf 25 m in einen Streukreis von 15 cm zu halten – freihändig stehend, ohne lange zu zielen. Auf 25 m

liegt die Treffpunktlage des Visiers genau im Schwarzen. Seit diese Waffe auf dem Markt ist, hat sie einen Siegeszug ohnegleichen angetreten, und das nicht von ungefähr – es ist schwierig, dieser Pistole mit ihrem doppelreihigen Magazin und ihren 13+1-Patronen aus dem Weg zu gehen. Sie bietet sich als Zweitwaffe, als Ausgehstück geradezu an: Seit mein guter Freund A. Barnea, der in zwei ›heißen‹ Erdteilen (in Argentinien und Israel) als Polizist und Sicherheitsexperte tätig war, diese Pistole in seine ansehnliche Batterie aufgenommen hat, bleibt seine 9 mm Para immer öfter zu Hause. Ein geborener Skeptiker, was neue Waffen anbelangt, hat sich seine Begeisterung für das Modell 84 mit jedem weiteren Jahr mehr gesteigert.

Für Leute mit ganz kleinen Händen hat die Firma Beretta noch ein schmaleres Modell auf den Markt geworfen: Die Beretta 85 B ist die M 84 mit einreihigem Magazin und einem entsprechend schmaleren Griff. Mit Holzgriffschalen ist die 85 B so breit wie die M 84 mit Plastikgriffen. Setzt man Plastikgriffe an die 85 B, so hat man einen Griffdurchmesser von 3 cm! Diese Pistolen haben eine normale Sicherung, keinen Entspannhebel. Man kann sie also auch gesichert und gespannt tragen. Im Gegensatz dazu hat die FN Browning-Version des Modells 84 keinen Sicherungsflügel im Griffstück, sondern einen Entspannhebel auf der linken und rechten Seite des Verschlußgehäuses (ähnlich wie die Walther PP und PPK). Entstehende Ähnlichkeiten zwischen beiden Pistolen sind nicht rein zufällig: Die Browning 9 mm kurz wird von Beretta gefertigt – mit den entsprechenden Unterscheidungsmerkmalen. Neben der andersartigen Sicherung hat die FN-Version ein geschlossenes Verschlußgehäuse mit einer seitlichen Auswurföffnung. Sonst sind sich die beiden Produkte in Ausführung und Leistung sehr ähnlich: Die FN-Version hat gleichfalls ein Abzugsgewicht von 1,8 kg (SA) und 4,2 kg (DA). Gewicht, Maße und Magazinkapazität sind die der Pistole M 84. Die FN-Version läuft unter der Bezeichnung ›FN/BDA‹ oder ›Multicalibre‹.

Berettas Modell 70

Eine der führigsten Taschenpistolen der SA-Klasse ist und bleibt die Beretta M 70, die in den Kalibern 9 mm kurz, 7,65 mm und .22 l.r. erhältlich ist. Für unsere Tests waren nur das Kaliber 9 mm und .22 l.r. interessant: Die KK-Patrone hat einige Vorteile bei einer ›back-up‹-Waffe, die man nicht ohne weiteres von der Hand weisen sollte. Anders als die 9 mm-Patrone ist die .22 l.r. eine sehr rückstoßschwache Munition, deren Bleigeschosse oder leicht ummantelte Hochgeschwindigkeitspatronen schwere Verletzungen durch Verformung und Aufsplitterung des Projektils herbeiführen. In dieser Hinsicht wird die KK-Patrone von vielen Schützen arg unterschätzt. Sie ist z. B. durchaus in der Lage, in den Torso oder durch den Schädelknochen einzudringen. Der geringe Rückstoß erlaubt es, sehr schnell mehrere Schuß nah beeinander zu plazieren. Dieser ›multiple hit‹-Effekt hat sich in mehr als einem Fall als mannstoppend erwiesen. Verschiedene Staaten haben daher Spezialisten ihrer Sicherheitsorgane in bestimmten Aufgabenbereichen mit .22 l.r.-Pistolen ausgerüstet und sie ausgebildet, ›Feuerstöße‹ von zwei, drei Doubletten auf ein Ziel abzugeben. Berichte von einer größeren Anzahl Zwischenfälle, die sich in den letzten Jahren summiert haben, weisen auf, daß dies hochgesteckte Vertrauen in die kleine Sportpatrone gerechtfertigt ist, wenn man die geringe terminalballistische Wirkung *eines* KK-Geschosses durch *mehrfache* Treffer ausgleicht.

Für bestimmte Personen, die aufgrund ihrer Konstitution (oder weil sie die Schußangst nicht überwinden können) eine kleinere, rückstoßschwache Pistole wählen wollen, ist die .22 l.r. mit Hochgeschwindigkeitspatronen ideal. Die KK-Patrone hat einen zusätzlichen Effekt: Sie produziert fast ausnahmslos Steckschüsse und durchdringt fast nie Wände oder Türen. Aus diesem Grund kam sie in die engere Wahl, als man in den siebziger Jahren Möglichkeiten

suchte, durch bewaffnete Flugbegleiter dem Trend der Flugzeugentführungen Einhalt zu gebieten. In mehr als einem Fall wurden auch Luftpiraten durch KK-Pistolen ausgeschaltet. Nach unbestätigten Berichten gehört die Beretta 70 zu den bevorzugten Waffen der Flugsicherheitsbeamten verschiedener Staaten. Ihr Vorteil liegt in ihrer hervorragenden Deutschußeigenschaft, die bisher jeder Schütze bestätigen konnte, den wir mit den Beretta 70-Versionen schießen ließen: Die Handlage ist u. a. das Resultat des Fingerhakens am Magazinboden, der die Pistole auch noch für Personen mit mittleren und mittelgroßen Händen ›haltbar‹ sein läßt. Die Pistole ist außerdem sehr kompakt und schmal und trägt unter dem locker getragenen Hemd kaum auf: Die neuen Griffschalen mit einer Daumenauflage sind leider breiter als die herkömmlichen flachen, älteren Modelle: An der Daumenauflage mißt der Griff 35,6 mm, wo die flachen Griffschalen bei rund 3 cm aufhören! Die Beretta 70 hat einen SA-Abzug, kann aber gefahrlos im geladenen und entsicherten Zustand geführt werden. Der normale Sicherungsflügel der Waffe ist zu klein und so wenig vertrauenserweckend, daß es nicht angeraten werden kann, die M 70 ›cocked and locked‹ zu führen. Das Abzugsgewicht betrug bei mehreren Testwaffen zwischen 2 kg und 3,5 kg – je älter und gebrauchter die Waffen waren, desto besser und leichter ihr Abzug. Die Visierung ist zu niedrig – aber diese Pistole ist weder eine Scheiben- noch eine Präzisionswaffe für Schüsse auf 25 m Entfernung. Für den Nahbereich, wo diese Waffe in .22 l.r. oder 9 mm kurz eingesetzt wird, braucht man keine Visierung. Trotzdem kann man auf Entfernungen bis 15 m

Die M 70 hat eine hervorragende Handlage, deutlich zeigt diese Aufnahme die Bedeutung des Fingerhakens am Magazin bei einer mittelgroßen Hand (Handschuhgröße 8½). Das Griffstück der M 70 wird in Stahl und Leichtmetall gefertigt – zumeist findet sich die Stahlausführung in 9 mm kurz-Versionen; aber auch für diese Waffen gibt es Alu-Griffstücke. Der Pfeil zeigt auf den Magazinhalteknopf, dessen Position bei dieser kleindimensionierten Waffe sehr gut gelöst ist. Der Daumen kann den Halter erreichen, ein Auslösen der Magazinhalterung beim Führen der Waffe im Hosenbund ist so gut wie ausgeschlossen.

mit dieser Beretta ohne Mühe Ratten jagen, Milchbüchsen bekämpfen und Zigarettenschachteln vom Angriff abhalten. Auf 15 m blieb der Streukreis der .22 l.r.-Version bei einer Lauflänge von 90 mm (3,5 Zoll) unter 5,5 cm! Mit dem 150 mm langen Zusatzlauf kann man sogar noch bessere Ergebnisse erzielen, aber dieser Lauf ist für die Selbstverteidigung nicht geeignet. Die 9 mm kurz-Variante hat natürlich bei gleicher Lauflänge nicht eine so gute Ausnützung der ballistischen Leistung der Patrone: Auf 15 m betrug der größte

Die Beretta M 70 in .22 l. r. mit dem Ergebnis einer schnell abgegebenen 5-Schuß-Folge auf sieben Meter. Das Magazin faßt acht Patronen, mitunter läßt sich auch eine neunte hineindrükken, die aber dann zu Ladehemmungen führt!

gemessene Streukreis knapp 10 cm. Die Beretta M 70 ist preisgünstig: 1982 waren in der Bundesrepublik neue Pistolen für Preise zwischen DM 200.– und 250.– angeboten. Für diesen Betrag bietet das Modell nicht nur gute Qualität, sondern auch eine Menge Spaß am Schießen – besonders im Kaliber .22 l.r.

Beretta M 70	9 mm kurz	.22 l.r.
Kapazität:	7 + 1 Patr.	8 + 1 Patr.
Länge:	165 mm	165 mm
Höhe:	123 mm	123 mm
Gewicht:	660 g	625 g
– geladen:	740 g	680 g
LM-Version:	–	480 g
– geladen:	–	540 g

Walther PPK, hier im Kaliber 7,65 mm abgebildet.

Walther TPH, sie wird außer im Kaliber .22 l.r. auch noch in 6,35 mm gefertigt.

Die ›Waltherchen‹ 9 mm kurz und .22 l.r.

Das Hauptargument, das man gegen Pistolen wie die Bernadelli, die Astra oder Sterling vorbringen kann, lautet etwa so: Warum sollte ich mir eine solche Taschenpistole kaufen, wenn ich für das gleiche Geld eine Walther, Mauser HSC oder die HK 4 kaufen kann? Die Walther PP oder ihre verkleinerte PPK rangiert nach wie vor in der Kundengunst an oberster Stelle. In Verruf ist diese Pistole nicht wegen ihrer Qualität oder Zuverlässigkeit geraten, sondern eher wegen des mit ihr assoziierten Kalibers 7,65 mm. In 9 mm kurz oder als KK-Pistole ist ›Waltherchen‹ (wie die Waffe jahrelang in Polizeikreisen genannt wurde) eine durchaus akzeptable Pistole. Ein Zeichen für ihre anhaltende Bedeutung ist auch in den zahlreichen Nachahmungen und Kopien zu sehen. Selbst die neue Sig-Sauer P 230 greift in ihrer Form und Konzeption weitgehend auf die Vorgabe Carl Walthers aus dem Jahre 1929 zurück. Einen Nachteil hat die Walther-Pistole, er ist jahrzehntelang Grund für ›Hemmungen‹ und Versager bei unzähligen Zwischenfällen gewesen. Der Entspannhebel/Sicherungsflügel auf der linken Verschlußrahmenseite hat die unangenehme Eigenschaft, durch den Rückstoß aus seiner oberen, horizontalen Position abzukippen. Drückt der Schütze nun erneut ab, so trifft das Schlagstück nicht auf den Bolzen, vor den sich bereits die Sicherungswalze geschoben hat. Der Schuß bricht nicht,

aber der Aufprall läßt den Entspannhebel wieder in seine ursprüngliche Lage zurückgleiten. Ein Blick auf die Waffe läßt also die Ursache der Hemmung nicht erkennen. Ein zweites Abziehen löst den Schuß aus. Der Schütze schüttelt den Kopf und wundert sich, denkt nicht länger darüber nach, bis er demnächst wieder mit einem solchen Versager konfrontiert wird. Es dauert eine ganze Zeit, bis man dahinterkommt. Der Verfasser behalf sich bei seiner PP schließlich mit einer Radikallösung: Der Entspannhebel wurde festgeklebt! Entspannt wurde nun über den Abzug, mit dem Daumen der linken Hand zwischen Schlagstück und Bolzen. Dieser hier geschilderte Defekt tritt auch nicht bei allen PP oder PPKs auf, aber doch bei so vielen und in so ungünstigen Momenten, das er jahrzehntelang bei der Polizei als Versager registriert wurde. Mit dieser Ausnahme (Gefahr erkannt / Gefahr gebannt – möchte man sagen) ist die PPK eine überaus zuverlässige und führige Waffe – die PP liegt bei Personen mit großen Händen natürlich besser in der Hand als ihre ›geschrumpfte‹ Ver-

sion. Die Standardgriffschalen lassen zu wünschen übrig. Der Spannabzug ist bei vielen Waffen ab Werk zu schwer: Bei einer Waffe wurden sogar 9,5 kg gemessen. Dagegen hält sich das SA-Abzugsgewicht in erträglichen Maßen von 2,25 bis 3,4 kg. Für Waltherchen zu empfehlen: entweder die Pachmayr-Griffschalen oder eine gut punzierte Holzversion. Wirklich zuraten kann man bei der PP oder PPK nur im Kaliber 9 mm kurz – obwohl zur Zeit sehr billige Angebote aus Behördenbeständen in fast neurwertigem Zustand zu haben sind, aber in 7,65 mm. Im Kaliber .22 l.r. hat Walther seit Jahren eine noch kleinere Version auf den Markt gebracht, die TPH, die man mit Fug und Recht als Westentaschen-Pistole bezeichnen kann. Walthers Jüngste, die PP Super im Kaliber 9 × 18 mm Police, hat sich leider als totgeborenes Kind erwiesen. Schade, denn diese Waffe verband die besten Eigenschaften des kleinen Kalibers mit einer guten Visierung und einer führigen Handlage. Sie wäre ein würdiger Nachfolger der Modelle PP und PPK gewesen.

Vergleich PP, PPK und TPH

Kaliber:	9 mm kurz	9 mm kurz /	.22 l.r.	.22 l.r.
Länge:	179 mm	155 mm	155 mm	135 mm
Höhe:	109 mm	100 mm	100 mm	93 mm
Gewicht:	665 g	590 g	560 g/440 g*)	325 g
Kapazität:	7 + 1 Patr.	6 + 1 Patr.	7 + 1 Patr.	6 + 1 Patr.
Lauflänge:	98 mm	83 mm ·	83 mm	71 mm

*) Die PPK ist sowohl mit Stahl- wie mit Alugriffstück in den Kalibern 7,65 mm und .22 l.r. hergestellt worden.

High Standard Derringer
.22 Magnum

Bei Derringern überkommt den Verfasser immer ein ungutes Gefühl. Diese nostalgischen Rückfälle in die Zeit der Mississippi-Dampfer und Pokerspiele haben die unangenehme Eigenschaft, Schießunfälle am laufenden Band zu produzieren. Sie gehen in der Tasche los, lösen den Schuß bereits beim Einklappen des Laufpaars aus usw. Dieser schlechte Ruf der Derringer resultiert u. a. aus der Tatsache, daß eine Vielzahl von kleinen Firmen und Werkstätten Waffenschrott in dieser Form auf den Markt gebracht haben. Allerdings sind die Derringer auch wegen ihrer kleinen Form, ihrer SA-Mechanismen und kurzen Läufe unfallträchtig. Eine löbliche Ausnahme bildet der hier gezeigte High Standard in .22 Magnum. Sein Spannabzug umgeht eine Reihe von Bedienproblemen anderer Waffen, sein Kaliber .22 Magnum macht das Schießen erträglich, was man von .38 Spl.-Waffen dieser Art nicht unbedingt sagen kann. Diese Pistole gibt es noch in vernickelter Ausführung und soll problematisch sein. Die normale gebläute Version schoß jedenfalls – zwar mit einem Abzugsgewicht von gut und gern 10 kg, aber sie

schoß! Mit dem Treffen ist es bei dieser Art Waffen allerdings problematisch und der Spannabzug tut ein übriges!

Zweischüssig, Gesamtgewicht geladen 312 g, Breite 25 mm, Länge 130 mm, Höhe 85 mm.

Freedom Arms-Mini-Revolver
.22 l.r.

Meine erste Reaktion: Oh – sheeet! Diese Waffe ist ein zur Realität gewordener polizeilicher Alptraum. Da fertigt jemand einen funktionierenden fünfschüssigen KK-Revolver an, den man in der Brusttasche eines Anzugs, in der Handfläche oder in der Gesäßfalte verstecken kann. Der Hersteller meint, mit diesem Mini-Instrument eine Zweitwaffe für Polizisten für den äußersten Notfall gefunden zu haben. 10 cm Länge und 5,5 cm Höhe lassen diese Waffe tatsächlich als sehr leicht zu verstecken klassifizieren – der Tag, wo mit einem solchen Ding ein Flugzeug entführt wird, ist nicht fern – trotz Kontrolle und wahrscheinlich erst, nachdem der Luftpirat geschossen hat – denn wer wird dieses Mini-Revölverchen ernst nehmen? Gerade das muß man aber, weil diese Waffe (sie wird auch in .22 Magnum gefertigt!) durchaus ernstzunehmende Treffer bis auf 15 m erbringen kann. Mit bestimmten Munitionssorten konnten wir auf diese Entfernung den Trommelinhalt in einen Kreis von 7,5 cm bringen! Mit Hollow-

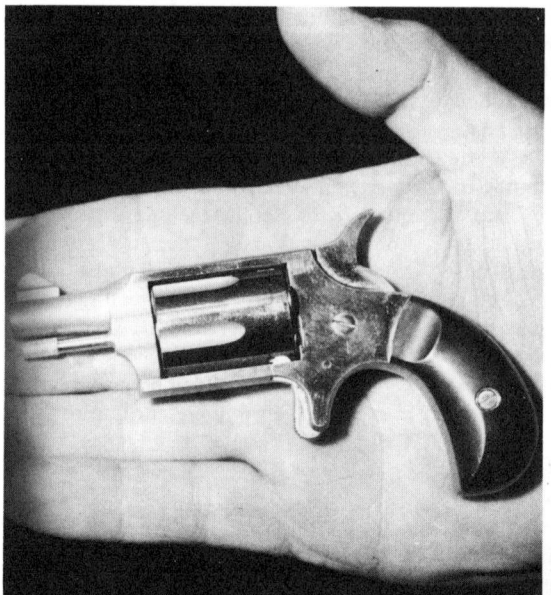 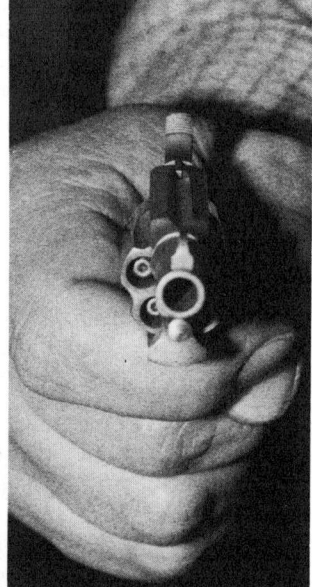

Der .22 l.r. Minirevolver läßt sich leicht in der Hand verbergen!

Points kann dieses Mini-Monster tödlich sein! Hinzu kommt, daß diese Stainless-Revolver in sehr guter Qualität erstellt werden. Der SA-Abzug bricht bei 1800 g! Der Abstand Trommel – Lauf lag bei 0,017 cm, resp. 0,010 cm! Gesamtgewicht geladen 128 g, Breite 20 mm.

Llama 9 mm kurz, Modell III A

Diese SA-Ganzstahlpistole ist etwas für Leute, die eine .45 Colt Government haben und eine bediengleiche Taschenpistole als Alternative führen wollen. An der Llama III A ist bis hin zur Griffstücksicherung alles genauso wie bei der großen M 1911. Die ventilierte ›Laufschiene‹ ist natürlich etwas spleening – sie gibt zwar der Waffe eine typische Silhouette, aber sie erfüllt keine praktische Funktion bei dieser Taschenpistole. Die Handlage der III A ist erstaunlich gut, ihre Funktion zuverlässig. Magazinkapazität 7 Patronen, Länge 160 mm, Gewicht 585 g, geladen 650 g. Breite 3 cm. Preislich liegt diese Pistole zwischen DM 300.– und 400.–.

Besonderes Merkmal dieser Waffe ist ihr an das Browning-Prinzip angelehntes Verriegelungssystem – auch unnütz bei der 9 mm kurz-Patrone. Aber angeblich erlaubt die Verriegelung die Verwendung von stärkeren Laborierungen.

Bedingt brauchbar! So könnte man die **Semmerling LM-4** bezeichnen, die als manuell zu repetierende Pistole ein Unikum im Waffenbau des 20. Jahrhunderts darstellt. Dieser Winzling faßt 5 Patronen .45 ACP mit der Maßgabe des Herstellers nur Laborierungen zu benutzen, die den militärischen Rahmen-Spezifizierungen entsprechen. Die Semmerling wird über einen Spannabzug geschossen, und nachdem der Abzug wieder in seine vordere Stellung zurückgeglitten ist, wird die Waffe mit der zweiten Hand geladen – indem man den Lauf nach vorn schiebt. Dadurch wird die Hülse nach rechts ausgeworfen und beim Zurückziehen des Laufes eine neue Patrone aus dem Magazin in die Kammer gestreift. Einen herkömmlichen Verschlußrahmen oder Schlitten gibt es nicht. Der Schütze muß also dies kleine Kraftpaket mit dem urigen Feuerball vor der Mündung des 92 mm langen Laufes nach jedem Schuß durchladen. Dabei sind beide Hände in bedrohlicher Nähe der Mündung und ein entsprechender Unfall in der Hektik einer Combatsituation ist denkbar, in der sich der Semmerling-Schütze ein, zwei Finger der linken Hand wegschießt oder sich ein Guckloch von der Größe des 11,5 mm-Geschosses in den Handrücken stanzt. Die Semmerling ist etwas kleiner als die Detonics und etwas größer als verschiedene 6,35 mm-Pistolen. Die Waffe hat imposante Ausmaße für eine .45er: Sie ist nur 133 mm lang, 95 mm hoch und ganze 22 mm breit (!), wenn man die Werksgriffschalen abnimmt und statt dessen zwei Metallscheiben aufsetzt, welche die Firma für den stolzen Preis von $ 25.– liefern kann. Leer bringt die Ganzstahlpistole gute 623 g auf die Waage –

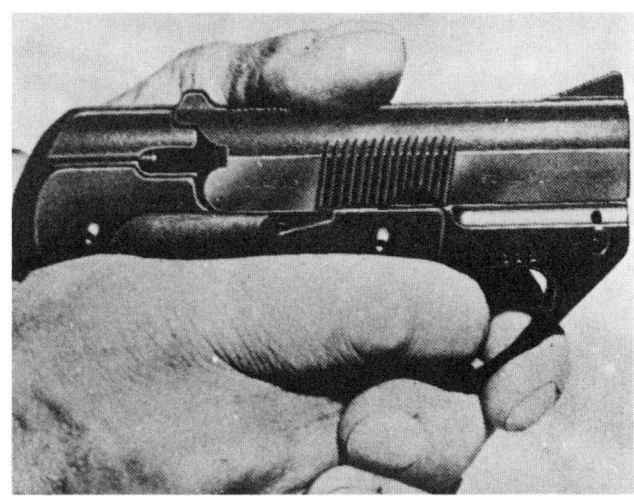

kein leichtes Kind also! Verarbeitung und Finish der Waffe entspricht dem ungewöhnlichen Preis, diese LM-4 ist keine billige Spritze, sondern ein hochwertiges Instrument für den speziellen Gebrauch, den Sondereinsatz, als Trumpfass im Ärmel, wenn man schon alles verloren glaubt. Der Preis der Semmerling, die nicht für jeden Schützen ist und kräftige Hände braucht, um den Rückstoß zu kompensieren, liegt bei DM 2498.– (Fa. Engels, Ffm.). Wem aber sein Leben lieb ist und wer meint, es nur einer .45 ACP anvertrauen zu wollen, der könnte mit der LM-4 die richtige back-up-Pistole finden.

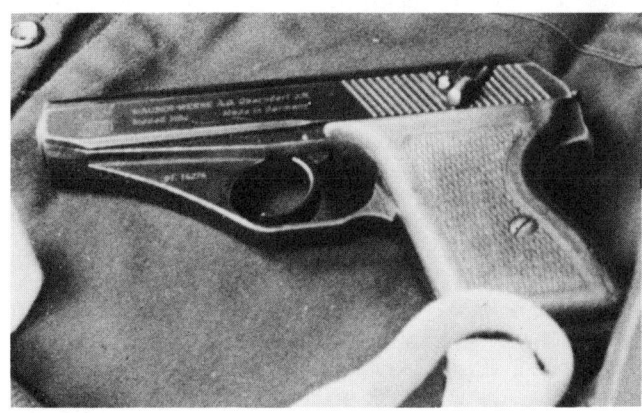

Die **Mauser HSc** geht auf die Vorlage von Walthers PP zurück. Sie wurde nach dem Zweiten Weltkrieg noch einmal in Oberndorf aufgelegt, allerdings ist die dortige Produktion eingestellt worden und diese Pistole wird jetzt unter Lizenz bei der Fa. Renato Gamba in 7,65 mm hergestellt. Mitunter sind aber auf dem hiesigen Markt noch alte Mauser-Pistolen in 9 mm kurz erhältlich, die jahrelang für DM 300.– bis 350.– gehandelt wurden. Die HSc konnte durch Lauf- und Magazinwechsel wahlweise in 7,65 mm und 9 mm kurz benutzt werden, die neue Renato-Gamba-Fertigung ist lediglich für die kleinere Patrone ausgelegt, die sich in Italien nach wie vor einer großen Beliebtheit erfreut. In 9 mm kurz hat die HSc folgende Maße: Länge 160 mm, Höhe 110 mm, Breite 28 mm, Magazinkapazität 7, Gewicht 660 g. Stahlgriffstück.

Die **SIG-Sauer** ist eine jener Waffen, die in jüngster Zeit unter modernsten Gesichtspunkten als Verteidigungspistolen ohne Sicherung für den Polizeieinsatz entworfen wurden. Es gibt nur zwei Dinge an ihr auszusetzen: Sie ist zu groß und zu teuer! Die P 230 hat die Dimensionen der Walther PP: Wo die PP 30 mm breit war (was bei der PPK auf 25 mm reduziert wurde!), ist die P 230 31 mm breit. Ansonsten ist die Waffe 168 mm lang, 119 mm hoch und wiegt mit Stahlgriffstück in 9 mm Police 730 Gramm schwer. Mit Leichtmetallgriff, mit dem die Pistole in 9 mm kurz, 7,65 mm und .22 l.r. ausgestattet wurde, liegt sie je nach Patronenart leer bei 500 g, 515 g und 480 g.

Man hätte die Waffe auf jeden Fall kürzer und schmäler bauen können, wenn man sie nicht von Anfang an auf die 9 mm Polizeipatrone ausgelegt hätte. Von der Verarbeitung und der Funktionssicherheit ist die P 230 eine echte Verbindung von schweizer und deutscher Qualitätsarbeit. Der DA-Abzug bewegt sich im Bereich von 5 kg, der SA-Abzug liegt um 1800 g. Das Visier ist sehr gut durchdacht und die Pistole ist ein Vergnügen beim Schießen. Nur der Preis ist nicht vergnüglich: Frankonia bietet die P 230 in 9 mm kurz für rund DM 836.–, mit Stahlgriffstück in 9 × 18 mm für DM 974.– an.

Nieten

Die AMT ›Back up‹ in .380 / 9 mm kurz ist unter den verschiedensten Namen auf dem Markt aufgetaucht, ›OMC‹, ›TDE‹, Back-Up usw. Sie wird als kleinste 9 mm kurz auf dem Markt angeboten und hat tatsächlich die Dimensionen mancher 6,35 mm ›Damenpistolen‹ — aber sie schießt nicht, oder nur manchmal! Wir hatten bei unseren Tests so viele Probleme mit dieser Pistole, daß wir uns eine zweite besorgten, und auch jene schoß, oder schoß nicht – offen-

sichtlich nach ihrem eigenen Belieben. Natürlich wird die AMT Back-Up in stainless gemacht, und als solche dürfte sie für viele Liebhaber von Edelstahl-Pistolen verlockend sein. Vielleicht findet jemand auch eine, die schießt – wir hatten nicht das Glück. Schade, rein vom Äußerlichen erscheint die Back-Up eine interessante Pistole. Mit einer Kapazität von 6+1, einem geladenen Gewicht von 560 g, einer Breite von 24,5 mm und einer Gesamtlänge von weniger als 12 cm schien sie ideal, den Ansprüchen an eine Taschenpistole zu

entsprechen. Nur funktionieren müßte sie. Letzte Meldung: Sie wird jetzt auch als .22 l.r.-Pistole gefertigt.

COP .38 Spl./.357 Magnum

Auch diese Waffe ist in den USA mit großem Hallo angekündigt worden und hat als ›onion-field-Versicherung‹ viel Vorschußlorbeeren bekommen. Das Ganze ist eine Art Super-Derringer, ein vierschüssiges Kraftpaket, ausgelegt für die .357 Magnum. Eine Kipplaufwaffe mit einer Lauflänge von 81 mm, die mit der Magnum-Patrone kaum zu gebrauchen ist, es sei denn, der Schütze ist gleichzeitig bayerischer Gebirgs- und Talmeister im Fingerhakeln und verfügt über entsprechende Kräfte in Mittel-, Ring- und Zeigefinger: Das Abzugsgewicht liegt so um 8,5 kg für den Spannabzug, die Waffe wird hauptsächlich mit dem Mittelfinger und einem Teil des Ringfingers gehalten und boxt natürlich

in .357 Magnum wie ein wildgewordenes Maultier in die Faust. Dazu die Außenmaße: 14 cm lang, 10,5 cm und 30 mm breit. Gesamtgewicht: 795 g leer! So richtig überzeugend ist diese vierfache Abschußvorrichtung nicht. In .38 Spl. ist er einigermaßen erträglich, aber der Mündungsblitz ist auf jeden Fall sehenswert, in .357 Magnum wird er zur Feuerlanze! Das Ausziehen der leergeschossenen Hülsen bereitet oft Probleme, und zu allem Übel kommt es mitunter vor, daß dieses Gerät aus rostfreiem Stahl zwei Schüsse auf einmal abgibt. Der Cop-Derringer wird in Deutschland für runde 1100.– Deutsche Mark verkauft. Für soviel Geld ein Problempaket, das sich lediglich zum Angeben, aber nicht zum Schießen eignet.

Brünner Modell 70/7,65 mm

Auch diese Pistole schießt nur, wenn sie dazu Lust hat! Dies mag etwas überspitzt klingen, aber was soll man von einer Pistole halten, die zwar ab Werk mit Schußbild geliefert wird, dann aber keinen Schuß abgeben kann, weil der Schlagbolzen zu kurz ist? Nachdem wir über ein halbes Dutzend dieser Billigangebote getestet hatten, mußten wir feststellen, daß es sich offenbar um keinen Einzelfall handelt. Zündversager und Ladehemmungen waren an der Tagesordnung. Der Spannabzug ist grausam, der schlimmste lag bei 16,5 Pfund, der SA-Abzug lag zwischen 3,5 und 5 kg. Mit zehn Pfund bewegte er sich da in verdienter Nachbarschaft mit der AMT Back-Up.

IV. Custom-Umbauten und Modifikationen an Serienwaffen

Der interessierte Combatschütze wird sich selten mit der gekauften Waffe in ihrer fabrikmäßigen Auslieferung zufriedengeben. Ob er nun diese Faustfeuerwaffe als Verteidigungs- und Gebrauchswaffe erworben hat oder dem Kreis der sportorientierten Combatschützen angehört, er wird sehr bald das Bedürfnis verspüren, an seinem Serienmodell einige Veränderungen vorzunehmen, um diesen Revolver oder diese Pistole seinen persönlichen Bedürfnissen anzupassen. Ein ganzer Industrie- und Gewerbezweig hat sich um diese Umbauten und Änderungen gebildet – die Palette von Abzugsbügeln bis zur

Verkürzung von Lauf, Schlitten und Magazinschacht, um aus einer serienmäßigen Holsterwaffe eine Pistole auf Taschengröße zu reduzieren. Eine Fülle von Möglichkeiten bietet sich an, und auch in der Bundesrepublik haben sich einige Büchsenmacher mit Custom-Ausstattungen und Modifikationen einen Namen gemacht. Was soll man nun ändern lassen, was erfüllt einen praktischen (Gebrauchs-)Wert, was ist unsinniges Beiwerk?

Als Einführung in dieses Thema und als Denkanstoß hat Frank Rackley, Ausbilder beim San Francisco Police Department, Waffen- und Taktikspezialist, in

Zusammenarbeit mit einem kalifornischen ›gunsmith‹ einige Punkte zum Thema Custom-Ausstattung zusammengefaßt. Als Amerikaner hat Frank Rackley natürlich auf das Beispiel der .45 Colt Automatic zurückgegriffen, die als Gebrauchs- und Umbauwaffe in den USA immer noch an erster Stelle rangiert. Viele seiner Hinweise und Vorstellungen sind aber trotzdem auch auf andere Waffenmodelle übertragbar. So steht z. B. an zweiter Stelle in den USA die FN Browning High Power (Modell 35) auf der Umbauliste – auch für sie werden eine Vielzahl von Teilen als Customausstattung angeboten.

Die ›personalisierte‹ .45 ACP-Selbstladepistole

von Frank Rackley

Die Colt .45 Automatic hat seit langem den Ruf, eine der besten Combat-Faustfeuerwaffen der Welt zu sein. Wie kommt man dann dazu, vorzuschlagen, sie zu modifizieren? Die Antwort ist relativ einfach: Jeder Schütze hat unterschiedliche Eigenschaften und Fertigkeiten. Weiterhin ist jede Pistole – trotz der Serienherstellung und der Austauschbarkeit der Teile – etwas unterschiedlich. Der durchschnittliche Schütze ist normalerweise recht zufrieden mit einer werksmäßigen Produktionsausgabe. Andererseits entdeckt eine wachsende Zahl von Schützen, daß sie ziemlich spezielle Bedürfnisse haben und unterschiedliche Ansprüche an ihre Waffen stellen – die wachsende Anzahl von Personen, die sich den verschiedenen Schießsportarten hingeben, wie Metall-Silhouetten, Combatschießen oder Scheibenschießen sind nur ein Beispiel. Eine andere Gruppe von Benutzern ist in

der Polizei und im Sicherheitswesen zu finden – für diese nimmt der Begriff ›Combatpistole‹ eine Bedeutungn von (Über-)Leben und Tod an. Jede dieser Gruppen wird andere Bedürfnisse nach Veränderungen an ihrer standardmäßig gelieferten Faustfeuerwaffe haben.

Im Prinzip ist der Begriff von der ›Custom‹-Ausstattung falsch, es handelt sich hierbei nicht um eine Art Kundendienst – wir sollten eher von einer maßgeschneiderten oder ›individualisierten‹ Waffe sprechen.

Der Anfang

Der kritische Moment besteht in der Auswahl eines Büchsenmachers, der diese Arbeiten übernehmen will und kann. Wenn Sie noch keinen Fachmann kennen, hören Sie sich um. Sehen Sie sich die Arbeiten an anderen Waffen an. Selbst wenn die Sonderausstattungen

für jemanden nicht unbedingt dem entsprechen, was Sie sich selbst wünschen, wird die jeweilige Qualität Ihnen helfen, eine Entscheidung zu fällen, ob dieser Handwerker Ihren Anforderungen entspricht. Sprechen Sie mit dem Büchsenmacher. Sollten Sie feststellen, daß *er Ihnen erklärt, was Sie brauchen,* statt Ihnen zuzuhören, wie Sie erklären, was Sie möchten, seien Sie vorsichtig. Dieser Mann wird eher ein ›Customisierer‹ als ein ›Individualisierer‹ sein.

Wenn Sie einen Büchsenmacher gefunden haben, sagen Sie ihm *genau,* wofür Sie Ihre Faustfeuerwaffe benutzen wollen. Lassen Sie ihn die von ihm vorgeschlagenen Modifizierungen genau erläutern und auch *warum* diese Veränderungen durchgeführt werden sollten. Warren Galliano von der W. G. Company in Oakland, Kalifornien, hat eine langjährige Erfahrung im Bauen und Modifizieren von .45er Pistolen nach den un-

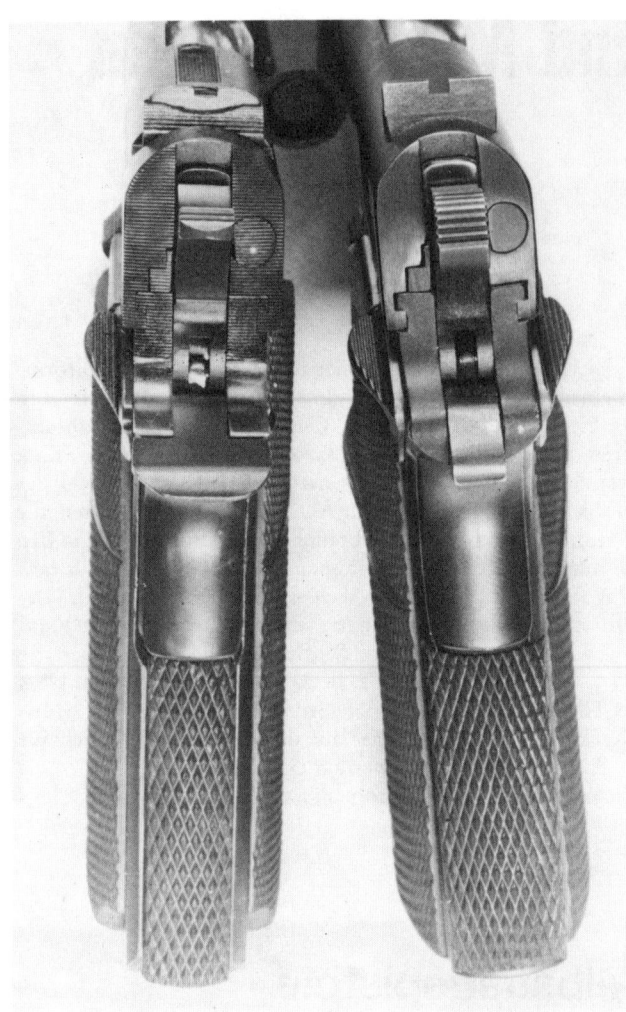

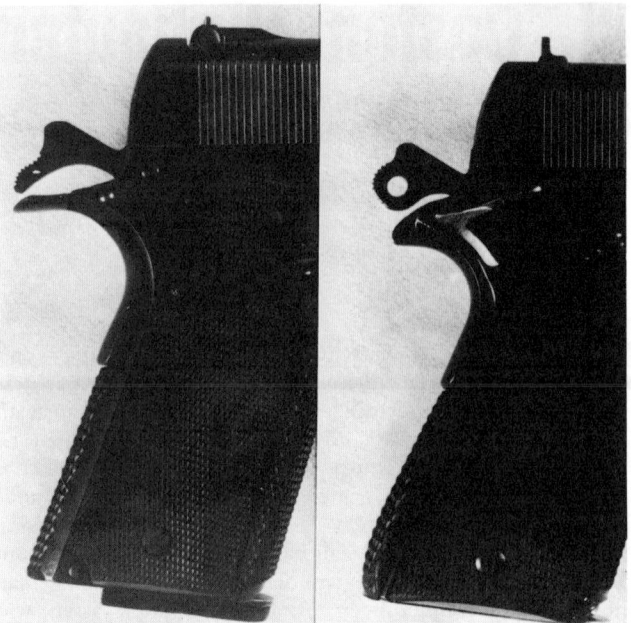

Ein gutes Beispiel für unterschiedliche Variationen zeigt im Bild links die Rückansicht der beiden Combat Commander: Die Waffe rechts hat eine starre, hochkontrastige Visierung und beidseitige Sicherung, die linke Pistole eine verstellbare Visierung mit sauber abgerundetem Kimmenblatt. Die Rückseite ist quergefräst, um Lichtreflexe beim Anschlag auszuschließen. Eine breitere Griffstücksicherung mit lang ausgestalteter Rückstoßschulter und ein abgefräster Daumensporn am Schlagstück ergänzen die ›Personalisierung‹. Links wurde auch ein flaches Schlagfedergehäuse eingesetzt, während rechts der breite, gewölbte Typ die Handlage bestimmt.

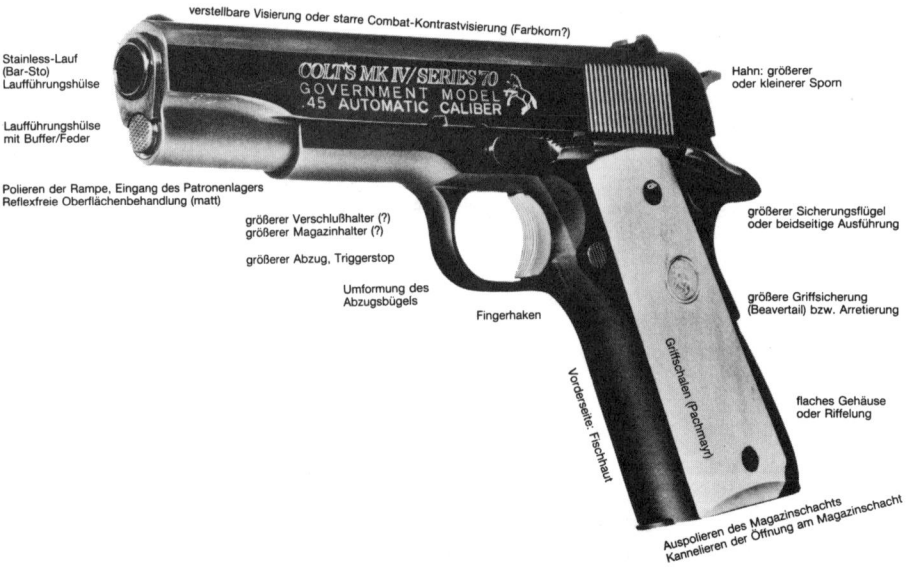

verstellbare Visierung oder starre Combat-Kontrastvisierung (Farbkorn?)

Stainless-Lauf (Bar-Sto) Laufführungshülse

Laufführungshülse mit Buffer/Feder

Polieren der Rampe, Eingang des Patronenlagers Reflexfreie Oberflächenbehandlung (matt)

größerer Verschlußhalter (?) größerer Magazinhalter (?)

größerer Abzug, Triggerstop

Umformung des Abzugsbügels

Fingerhaken

Vorderseite: Fischhaut

Griffschalen (Pachmayr)

COLT'S MK IV/SERIES 70 GOVERNMENT MODEL .45 AUTOMATIC CALIBER

Hahn: größerer oder kleinerer Sporn

größerer Sicherungsflügel oder beidseitige Ausführung

größere Griffsicherung (Beavertail) bzw. Arretierung

flaches Gehäuse oder Riffelung

Auspolieren des Magazinschachts Kannelieren der Öffnung am Magazinschacht

Die Aufnahme zeigt eine Zusammenstellung der verschiedensten Veränderungen und Modifikationen, die an der Colt-Pistole durchführbar sind – nach Meinung der Autoren dieses Buches sind nicht alle der hier aufgeführten Möglichkeiten tatsächlich sinnvoll: z. B. sollte der Schütze davon Abstand nehmen, die Griffsicherung der Colt zu arretieren (wie das in den letzten Jahren in Mode gekommen ist). Hat er Probleme mit einem positiven Einpressen der Griffsicherung, so hilft oft eine Verbreiterung dieses Waffenteils. Auch ein größerer Magazinhalteknopf ist eher fragwürdig. Im Holster führt er oft zum unbeabsichtigten Lösen des Magazins aus der Waffe.

terschiedlichen Bedürfnissen seiner Kunden. Nach einer kurzen Zeit mit ihm, war ich von der Notwendigkeit überzeugt, mit Bedacht zu überlegen, wie weit man beim Umbau einer Faustfeuerwaffe gehen darf. Warrens Art, seine Kunden zu interviewen, ist sehr hilfreich, um die jeweiligen Entscheidungen zu treffen. Seinen Fragen konzentrieren sich grundsätzlich auf diese:
»Warum wollen Sie das verändern, was Sie jetzt haben?«

In ähnlicher Weise wird er seinem Kunden abraten, es sei denn, die Modifizierungen geschehen aus dem einen oder mehreren der nachfolgenden Beweggründe:

– zur Erhöhung der Zuverlässigkeit
– Verbesserung der Genauigkeit
– zur Vereinfachung und Erleichterung der Bedienung
– die Verbesserung der äußeren Erscheinungsform der Waffe durch sorgfältige Ausführung der Modifizierungen. (Dieser Aspekt seiner Arbeit ist natürlich zweitrangig, aber eine sehr wünschenswerte Tugend.)

Ein Blick auf die nachfolgenden Veränderungen verdeutlichen die Verwirklichung und Umsetzung dieser Grundsätze. Die Abbildungen zeigen im Vergleich einen serienmäßigen Colt Lightweight Commander zu einer von der W. G. Company abgeänderten Testwaffe. Das W. G. Co-Produkt hat mehr Umbauten, als die meisten Waffenbesitzer fordern würden, aber es steht als gutes Beispiel für die Möglichkeiten eines Kunden.

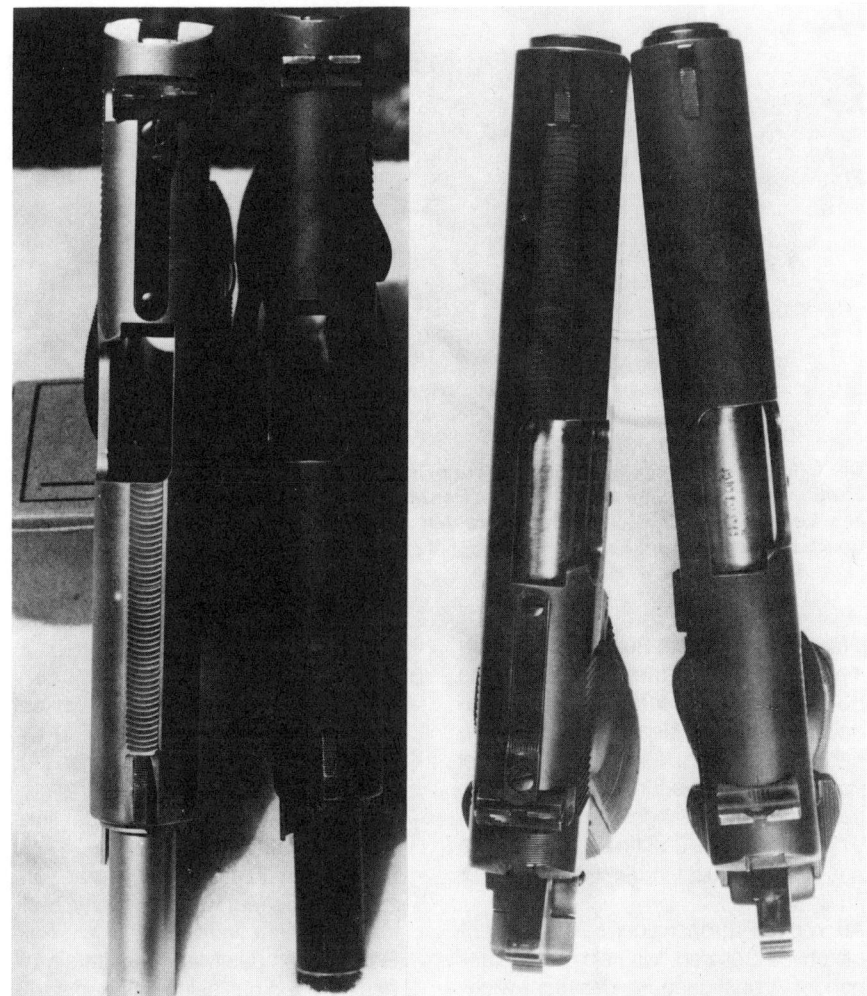

Einsetzen eines verstellbaren Visiers in den Combat Commander und die hier gezeigte Fräsung der Visierlinie ergibt eine reflexfreie Waffenoberseite mit einem kontraststarken Visier. Links die sandstrahlpolierte und (Electroless-Nickel-) oberflächenbehandelte Pistole.

Zuverlässigkeit

Ein Grundsatz Warren Gallianos Zuverlässigkeitsprogramms heißt ›Sichergehen, daß jedes Teil paßt!‹ Die Toleranzen der Waffenteile zueinander hängen von der beabsichtigten Verwendung der Pistole und der in ihr zur Verwendung kommenden Munition ab. Um ein Beispiel zu nennen: Ein stramm sitzendes Verschlußstück und eine enge Laufführungshülse entsprechen den Vorstellungen eines Sportschützen, der ›Löcher in Papierscheiben stanzt‹. Die gleichen engen Toleranzen können völlig gegensätzlich negativen Einfluß auf die Zuverlässigkeit einer Pistole haben, die als Dienstwaffe ›draußen‹ unter widrigen Wetter- und Umwelteinflüssen dem dazugehörigen Staub, Sand, Schlamm und Dreck ausgesetzt sein wird. Die Art der zur Verwendung kommenden Munition wird darüber entscheiden, ob eine Bearbeitung von Rampe und Ausfräsung des Patronenlagers erforderlich ist.

Links die ›serienmäßige‹, rechts eine umgebaute Waffe: Auch die ›Serienmäßige‹ hat bereits einige Veränderungen erfahren, wie der aufmerksame Betrachter sofort erkannt haben wird: Beide Pistolen haben Pachmayr-Griffschalen, der serienmäßige Combat Commander hat natürlich nicht ein so gutes, starres Kontrastvisier wie die Pistole rechts auf dem Bild!

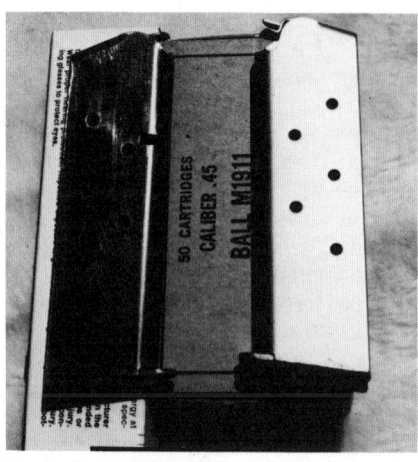

Die Öffnung des Magazinschachtes wurde eingefräst, um ein einfaches, schnelles Einführen der Magazine zu erleichtern. Der Magazinboden, mit einem Stück schwarzen Leders beklebt, sichert das Einrasten des Magazins ab und schützt es vor Beschädigungen beim Fallen.

Zwei .45 ACP-Magazine, links ein werkmäßiges, brüniertes Magazin, rechts ein poliertes und nach Nitex-Verfahren oberflächenbehandeltes Exemplar.

Was bei Vollmantel-Rundkopfgeschossen kein Problem macht, kann bereits bei Teilmantel-, aber besonders bei Kegelspitz- und Hohlspitzgeschossen zu Ladehemmungen führen. Die Winkel von Rampe und Lager-Ausfräsung müssen aufeinander abgestimmt sein, um eine zuverlässige Zuführung der Patrone aus dem Magazin in das Patronenlager zu erreichen.

Auch das Patronenlager selbst braucht oft etwas Polieren, was ein oft übersehender Arbeitsgang ist, der recht wichtig sein kann. Sind diese drei Bestandteile der Selbstladepistole sauber bearbeitet und poliert, lassen sich nach Warrens Aussage sogar leere Patronenhülsen problemlos zuführen. Er betont aber, daß jede Pistole an diesen Stellen einen unterschiedlichen Arbeitsaufwand benötigt.

Eine andere gebräuchliche Modifizierung bezieht sich auf die Auswurföffnung. Zuverlässiger Auswurf der abgeschossenen Patronenhülse wird durch ein Herabsenken der Öffnung erreicht, wobei der untere ›Fenster‹-Teil mit einer vertikal einstellbaren Fräse bearbeitet wird. Um die Hülsen beim Auswurf zu schonen, kann die Auswurföffnung auch wie beim Colt Gold Cup verändert werden.

In seinen eigenen Waffen benützt Warren nur Colt-Magazine und ist davon fest überzeugt, daß sie die besten sind. In seinen Worten: »Die hatten die längste Zeit, um die Magazine richtig hinzukriegen.« Einige von uns, ich eingeschlossen, haben verschiedene Magazine aus den unterschiedlichsten Quellen unter unseren Sachen. Warren schlägt einige einfache Schritte zur Überprüfung

von Magazinen vor, die man bereits in Besitz hat oder kaufen will:
– Nehmen Sie *Ihre* Pistole beim Einkauf mit.
– Verwenden Sie nur leere Magazine für den Test.
– Das Magazin sollte sich leicht einführen lassen und fest einrasten.
– Der Verschlußfang sollte immer vom Zubringer erfaßt und sicher in Stellung gebracht werden.
– Bei Drücken des Magazinhalters muß das Magazin aus seinem Schacht rutschen, auch wenn dieser nicht senkrecht nach unten zeigt.

Versagt das Magazin bei einem dieser Testteile, kaufen Sie es nicht. Überprüfen Sie die Funktion der leeren Magazine regelmäßig und kontrollieren Sie die saubere Zuführung der ersten und letzten Patronen, indem das Magazin mit Exerzierpatronen geladen und der Repetiervorgang per Hand nachvollzogen wird. Ein Einfräsen der Öffnung am Magazinschacht und Gummi- oder Lederplättchen am Magazinboden fördern eine schnelle Einführung des Magazins und sein sicheres Einrasten. Gerade diese Veränderung wird am häufigsten an Combatwaffen durchgeführt. Anstatt der oft verdächtigten Magazinhalter-Feder liegt es oft am Holster, wenn ein Magazin sich unbeabsichtigt aus der Waffe löst: Besonders Inside-Holster sind sehr oft schuld an solchem Versagen. Holster sollten dahingehend überprüft (und verändert oder ausgetauscht) werden, ob sie mit dem Magazinhalter in Konflikt kommen – die so modische Vergrößerung des Magazinhalter-Knopfes ist unter diesem Gesichtspunkt eine Störquelle.

Treffergenauigkeit

Werksmäßige .45 ›Autos‹ und ihre Genauigkeit ›direkt aus dem Karton‹ können durchaus akzeptabel sein, aber immer mehr Schützen wollen ihre Waffe auf verschiedenen Wegen ›akkuratisieren‹. Die W. G. Company fängt dabei am Lauf an. Die meisten Fabrikläufe brauchen eine Überarbeitung der Mündung. Dieses ›crowning‹ sorgt für kleinere Streukreise – das zeigen Testbeschüsse vor und nach der Überarbeitung. Die Standard-Laufführungshülsen vertragen ein Verengen oder ein Auswechseln und das Laufgelenk sowie der dazugehörige Stift sollten sorgfältig auf überflüssiges Spiel untersucht und eingepaßt werden.

Sofern eine verstellbare Visierung benutzt wird, zieht Warren Galliano die Visierung von Smith & Wessen vor. Sie werden etwas weiter vom Verschlußende installiert, um die Gefahr einer Beschädigung zu vermeiden. Eine kleinere Schraube zur Befestigung des Visiers als bei S & W wird verwendet und die Feder wird dünner, um ihre Verkürzung auszugleichen. Der Schlitz im Verschlußstück zur Aufnahme des Visiers wird vorsichtig ausgefräst, um jedes Spiel des eingepaßten Visiers zu vermeiden. Das Korn wird festgelötet. Variable Visierungen sind ein ›Muß‹ für Schützen, die sich verschiedener Munition bedienen oder wiederladen wollen. An den meisten .45er Pistolen werden außerdem Gold Cup-Abzugsteile (bes. d. Stollen) eingebaut, um einen besseren, trockenen Abzug zu erhalten. Um Spiegelungen entlang der Visierlinie zu vermeiden, wird bei den von Warren Galliano umgebauten Waffen sehr viel mit einer Maschine mattiert. Die gezeigte Oberflächenbearbeitung hat sich von allen Formen am besten bewährt, es ist eine kreisförmige Mattierung, die unter den verschiedensten Lichtbedingungen gute Dienste erweist.

Bedienelemente

Blickt man auf die langen Listen angebotener Ersatz- und Austauschteile, kann man verstehen, warum viele Schützen verwirrt werden, wenn sie eine Auswahl treffen wollen. Auch hier gilt: Weniger ist oft besser! Warren warnt, daß nur diejenigen Teile verwendet werden, die tatsächlich gebraucht werden. Teile wie die ›Beavertail‹-Griffsicherung oder flache bzw. gebogene Schlagfedergehäuse stehen an erster Stelle für Schützen, deren Hautlappen zwischen Zeigefinger und Daumen immer wieder vom Hahnsporn gezwickt wird oder die zu kleine oder große Hände haben. Griffschalen können in den verschiedensten Größen, Formen und Ausführungen fertig gekauft werden. Als nächstes kommen Teile wie beidseitige Sicherungen, lange und kurze Abzüge.

Die Oberflächenbehandlung der Waffe ist oft genauso gut eine Frage des persönlichen Stiles wie der Notwendigkeit: Verschiedene Formen von der Parkerisierung und Phosphatisierung, über Electroless, Vernickelung, Nickel-Elek-

Eine im Electroless-Nickelplatierung oberflächenbehandelte Pistole Combat Commander. Natürlich sind die Teile der Visierung tiefschwarz brüniert.

troplattierung bis hin zur Hartverchromung sind möglich. Für Personen, die ihre Waffen im Innenbundholster tragen, in heißen Gegenden oder salzhaltiger Luft arbeiten, ist ein solcher Rostschutz eine zwingende Notwendigkeit. Oft aber reicht eine gut tiefe Brünierung, die, von Zeit zu Zeit geölt, lange Jahre gute Dienste erweisen kann und – billiger ist. Grundsätzlich ist eine Vielzahl von Modifikationen möglich – aber nur die wenig-

sten machen sich wirklich bezahlt und sind sinnvoll. Bevor Sie an dieses Gebiet herangehen, fragen Sie sich, *was Sie wollen und warum.* Sprechen Sie mit Ihrem Büchsenmacher und sehen Sie sich seine Arbeit an, bevor Sie ihren Auftrag vergeben. Das fertige Produkt wird Ihre persönliche, individualisierte Waffe sein, die vielleicht für niemanden sonst passen wird. Vor allem, modifizieren Sie nur das, was Sie brauchen!

Custom-Umbauten und Teile

Der engagierte Combatschütze wird mitunter das Verlangen empfinden, an seiner werksmäßig gelieferten Waffe einige Veränderungen in der vorstehend beschriebenen Art zu unternehmen. Mitunter kann er auch bei der Lektüre von Waffenzeitschriften oder Firmenkatalogen entsprechend angeregt werden. Nun muß man nicht unbedingt nebst Pistole oder Revolver in die USA reisen, um einen combatgerechten Umbau von einem der ›Größen‹ dieser Sparte fabriziert zu bekommen – dies ist auch in der Heimat möglich. Einige der grundsätzlichen Modifikationen kann man auch selbst durchführen – ohne Büchsenmacher zu sein oder mit dem Gesetz in Konflikt zu kommen. Wen die ›Do-it-yourself‹-Methode interessiert, der sollte, bevor er unnützes Lehrgeld zahlt, unbedingt zu den bereits erwähnten Büchern von Johannes P. Heymann greifen: ›Schußwaffen-Werkbuch für Waffenfreunde‹ / ›Schußwaffenzubehör selbermachen‹, beide vom Motorbuch Verlag, Stuttgart, erschienen. Diese Bände liefern hervorragende Anregungen und vermitteln das notwendige ›Gewußt wie‹. Neben Tips für Custom-Umbauten, dem Bau eines Schießkinos und ähnlich Nützlichem werden auch Angaben zum Selbermachen von Holstern und Patronenträgern geliefert. Wie gesagt, der Kauf dieser Bücher lohnt sich, das dafür ausgegebene Geld bekommt man auf dem Umweg über gesparte Fehlschläge und vergeudetes Material wieder herein.

Der wenig voreingenommene Waffenbesitzer wird anhand der Auswahl und Fülle der Custom-Teile und Umbau-Möglichkeiten mehr als verwirrt sein – ein ganzer Wirtschaftszweig hat sich hier entwickelt, und es ist ähnlich wie beim Auto und seinem Zubehör: Vieles sieht auf den ersten Blick gut aus, ist aber in Wirklichkeit höchstens schmückendes, aber recht unnützes Beiwerk. Frank Rackley hat mit seinem pragmatischen Ansatz schon die richtigen Schwerpunkte gesetzt, seine Ausführungen sollen an dieser Stelle noch etwas ergänzt werden, um verständlich zu machen, worum es uns eigentlich geht. Als umgekehrter Kernsatz aus den Erläuterungen Rackleys sei hier noch einmal betont, daß nichts an der Waffe verändert oder gebastelt werden sollte, das die Bediensicherheit gefährden könnte. Weniger ist oft besser als mehr! Ein gesundes Mißtrauen gegenüber dem so oft als ›revolutionär‹, ›neu‹ und ›un-

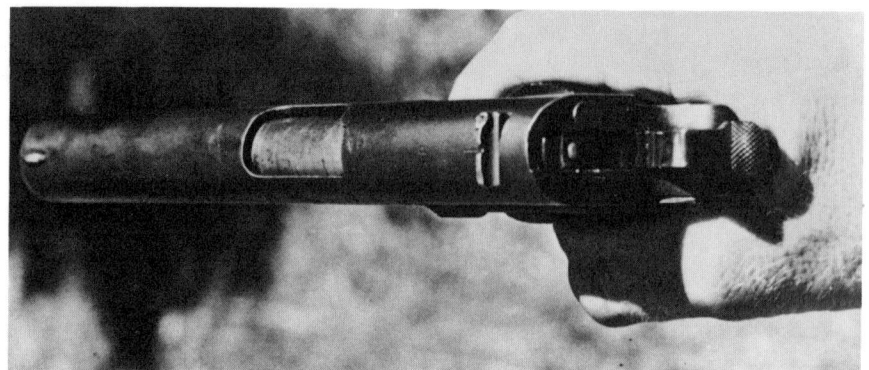

Dieses Foto zeigt die normale U-Kimme einer GI-Colt Government mit einer typischen Beschädigung des Kimmenblatts, wie sie im harten Feldeinsatz erfolgen kann. Für die gehobenen Ansprüche beim Combatschießen taugen diese werksmäßigen Colt-Visiere nichts.

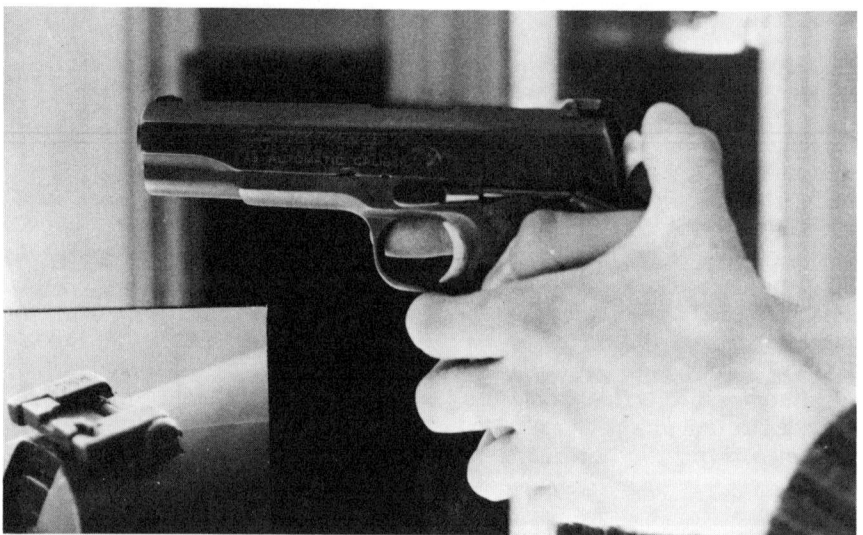

Anders als bei Scheibenpistolen muß das Visier bei einer Verteidigungswaffe so angebracht sein, daß es nicht bei der Bedienung behindert. Das links im Bildausschnitt gezeigte MMC-Visier ist verstellbar und paßt genau in die Schwalbenschwanz-Ausfräsung des Werksvisiers. Es ist stabil, niedrig genug, um mit dem Werkskorn benutzt zu werden und somit eine der günstigsten Typen für den Eigen-Umbau einer Waffe. Mit etwas Feilen paßt es auch auf die FN HP. Bei ICA, Beilstein, wird es für DM 75.25 ohne und für DM 81.75 mit weißer Kimmenumrandung verkauft.

umgänglich notwendig‹ angekündigten Schnickschnack macht sich bezahlt. Einige Beispiele:

1. Der Leser wird im ganzen Buch den Hinweis auf Griffadapter vermissen. Diese Alu-Teile, die man an den Griffrahmen anschrauben kann, um z. B. bei S & W-Revolvern den kleinen Griff fülliger zu machen, sind eine total von der Zeit überholte Erscheinung. Die Firma Tyler vertrieb jahrzehntelang einen solchen Adapter, der u. a. auch beim FBI Verwendung fand. In einer Zeit aber, wo man allerorten Custom-Griffe für fast jede Serienwaffe kaufen kann, ist ein solcher Notbehelf überflüssig geworden. Der Griff, resp. die Griffschalen

sind aber die erste und vornehmlichste Stufe des Umbaus. Mit keinem anderen Waffenteil kann so gut Einfluß auf die eigenen Schießleistungen genommen werden wie mit einem passenden Custom-Griff. Den kann jeder, der auch nur einen Schraubenzieher von einer Axt unterscheiden kann, selbst anbringen.

2. Gefährlicher als der nur überflüssige Tyler-Adapter ist ein ›Trigger-shoe‹. Dieser über den Abzug zu streifende und festzuschraubende Aufsatz verbreitert die Fingerauflage des Abzugs, was z. B. beim Scheibenschießen durchaus von Vorzug sein kann. Von diesem Ersatzteil kann nur immer wieder abgera-

ten werden: Zum einen verbreitert der Trigger-Shoe den Abzug zumeist über die Weite des Abzugbügels hinaus, so daß der Abzug z. B. beim Einstecken der Waffe in das Holster mit den Holster-Innenwänden in Berührung kommt und ausgelöst werden kann. Zum andern werden aber beim combatmäßigen Üben alle Waffenteile in Anspruch genommen und Schrauben lockergeschossen. Nicht nur einmal ist es vorgekommen, daß sich gerade mitten in einem Durchgang der Triggershoe in seiner Halterung gelöst und den Abzug blokkiert hat. Solange dieses Mißgeschick nur auf dem Schießstand passiert, kommt der Schütze mit dem Spott seiner Kameraden weg – aber was ist die Folge, wenn sich ein solcher Aufsatz ›draußen‹, im Moment höchster Not löst? Nach Murphys Gesetz (»Was schiefgehen kann, wird schiefgehen«) muß gerade beim Combatschießen verfahren werden.

3. Unter dem Begriff ›Jet-Funnel‹ wird dem gläubigen Käufer ein Adapter für die Colt-Pistole verkauft, den er unter den Griffschalen an der Grifföffnung des Magazinschachtes anbringen kann. Der Jet-Funnel soll hier wie ein Trichter wirken und ein Einführen des Magazins erleichtern. Schön und gut, auf den ersten Blick sieht das Ding auch ganz logisch aus – es erfüllt auch die mit ihm angepriesene Funktion, hat aber den Nachteil, daß nun alle Magazinböden mit einer entsprechend dicken Zusatzschicht beklebt werden müssen. Der normale Magazinboden sitzt sonst in der Vertiefung des Funnel-Trichters und mit dem üblichen Schlag auf die Unterseite des Griffes zum festen Einrasten des Magazins ist es nun nicht mehr getan. Die Magazinbodenstücke, vom anglisierten Combatschützen auch als ›pads‹ bezeichnet, haben aber die unangenehme Eigenschaft, sich immer dann zu entfernen, wenn man sie gerade am nötigsten braucht: Da sie zumeist angeklebt werden, gehen sie oft den Weg alles Geklebten und fallen irgendwann einmal ab. Lebhafte Zeugenschaft dieser Behauptung wird jeder scharfsichtige Beobachter ablegen können, der schon einmal nach einer Combat-Schießmeisterschaft über die Stände gewandelt ist. So mancher ›Pad‹ liegt da lieblos verloren im Staub. Der Funnel ist ohnehin eine kaum notwendige Errungenschaft: Hat man Probleme, die Magazine in die Colt hineinzufummeln, so sollte man mehr üben. Zusätzlich kann man ja die Öffnung etwas ausfräsen, wenn man dies wirklich notwendig findet. Auch hierzu

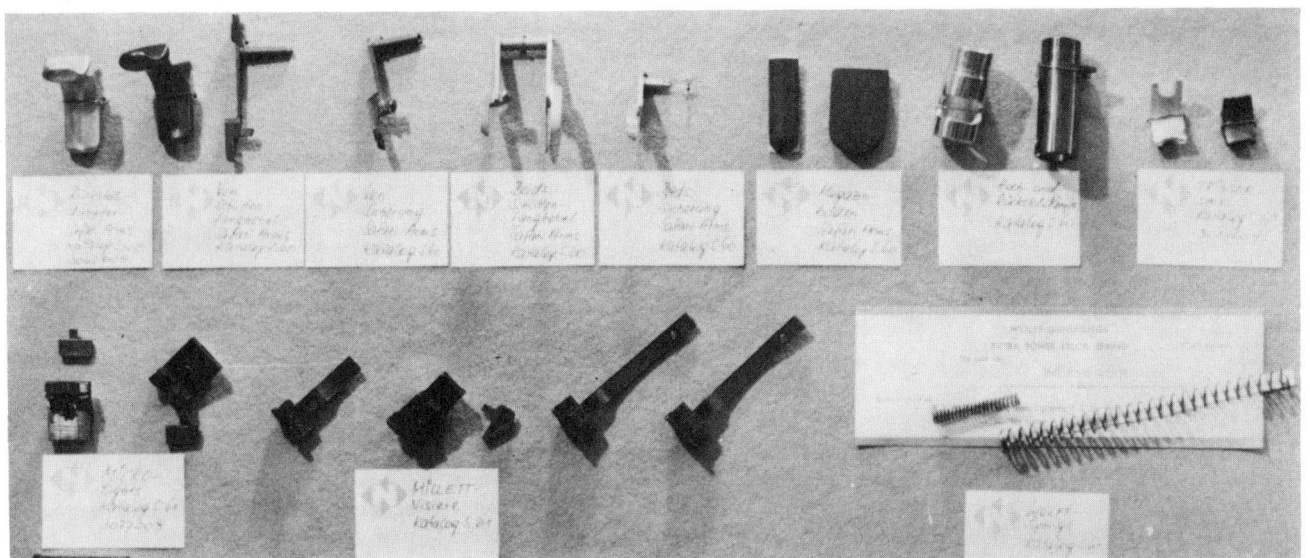

Die Firma Neumann, Langenzenn, hat ständig ein Sortiment von Safari-Arms-Teilen, Millet- und Micro-Visiere am Lager. Hier eine Auswahl verschiedener Teile und Visiere.

bedarf es keines Meisterbriefes der Büchsenmacherinnung, sondern nur etwas Sorgfalt mit Feile und Schmirgelleinen. Aber warum sollte man die sowieso nicht gerade kleine Colt mit einem Jet-Funnel und dicken Magazinboden noch größer (höher) machen?

4. Der Verfasser wird schon skeptisch, wenn er die verlängerten Schlittenfanghebel sieht, die bereits zum guten Ton der Customumbauten gehören. Sind sie tatsächlich notwendig? Erleichtern sie das Nachladen so sehr? Ist es nicht eher schlechte Feuerdisziplin, wenn man mit völlig leerer Pistole dasteht und nun ein Magazin nachführen muß, ohne eine Patrone im Lauf zu haben? Und wenn man in der Deckung nachlädt, wie sich das gehört, kommt es dann auf den Sekundenbruchteil an, den man vielleicht mit dem längeren Hebel gewinnt? Eine doppelseitige Sicherung ist gerechtfertigt, ein größerer Sicherungshebel kommt einem in der Hitze des Gefechts tatsächlich zugute, aber ein größerer Schlittenfanghebel? Oder ein größerer Magazinhalteknopf? Da sollte man mit Bedacht seine Entscheidungen treffen.

Es gibt Umbauten und Teile, die sind tatsächlich gut und wichtig: Nach den Griffen steht da an erster Stelle die Visierung, die man je nach Bedarf und Gusto starr oder verstellbar installieren kann. Verstellbare Visierungen waren lange Zeit in Combatschützen-Kreisen verpönt, weil sie sich im harten Dauereinsatz als zu wenig standfest erwiesen hatten. Visierungen hatten sich locker geschossen, Schrauben waren herausge-

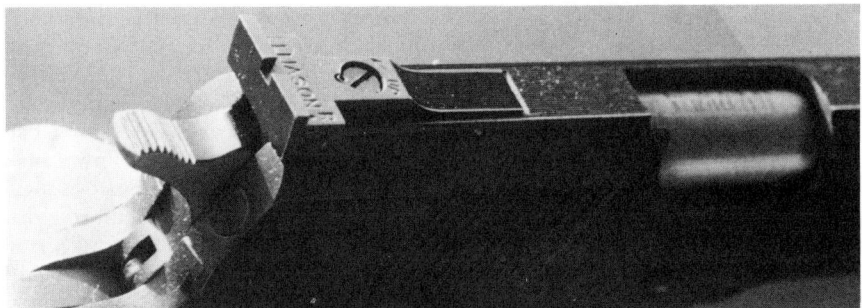

Custom-Arbeit an einer Colt Gold Cup: Das Millet-Visier wurde in die Visierschiene eingepaßt, deren Längsfräsung Lichtreflexe vermeidet. Obwohl das noch nicht abgerundete Kimmenblatt sehr weit rückwärts liegt (um ein Maximum an Visierline zu erhalten), überdeckt es nicht das Schlagstück. Bei der Fa. Neumann kostet dieses Visier je nach Ausführung und Waffe zwischen DM 128.– und DM 158.–.

fallen, einige Modelle flogen sogar ganz weg. Ein anderes Problem boten die hohen, kontraststarken Scheibenvisierungen, die manche Schützen auf ihre Colt-Pistolen montierten. Die großflächigen, kantigen Kimmenblätter waren zwar gut bei der schnellen Ziel- und Visierbilderfassung, waren aber überall im Weg. Man holte sich an den Kanten schnell blutige Hände. In der Zwischenzeit sind aber verschiedene gute und brauchbare Modelle auf den Markt gekommen, die den Anforderungen des Combatschießens genügen. Beim Einbau einer solchen Visierung in eine Pistole, die auch als Verteidigungswaffe zum Einsatz kommen soll, müssen nicht nur die Ecken des Kimmenblattes abgerundet werden, sondern das ganze Visier muß so auf dem Oberteil des Verschlußgehäuses plaziert sein, daß es dem

schnellen Spannen des Schlagstückes nicht im Wege steht.

Mit etwas Sorgfalt und Fachkenntnis kann man ein solches Visier noch selbst installieren, bei einem Büchsenmacher kostet der Arbeitsgang je nach Art und Bauweise zwischen DM 100.– und 175.–.

Der eckige Abzugsbügel ist in der Combatliteratur überbetont worden, die Frage bleibt offen, ob er tatsächlich so zuträglich für eine bessere beidhändige Anschlagsweise ist, oder ob er nicht (bei ungenauer Muskel- und Kräftekoordination) eher dazu führt, daß der Schütze die Trefferlage nach links verreißt? Anstelle des stark ausgeprägten Bügelhakens (der nachträglich nur durch Anschweißen eines Werkstückes und viel Fleiß mit der Feile hergestellt werden kann) reicht es mitunter auch, nur die

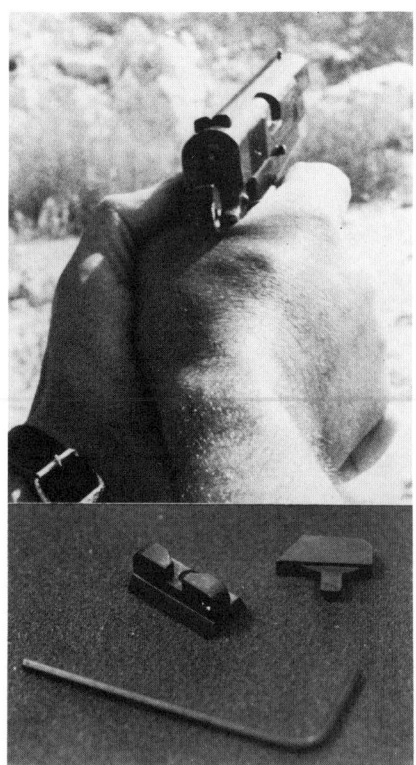

Die FN HP-9 mm Para hat ab Werk eine absolut unbefriedigende starre U-Kimme. Abhilfe schafft z. B. der sehr gute, kontrastreiche Visiersatz von Jim Hoag, der ursprünglich für die Colt-Modelle geschaffen, mit etwas Einpassen auch anstandslos auf die FN aufsitzt. Der Satz ist mit Schlüssel für runde 20 Dollar direkt beim Meister zu beziehen.

Vorderseite des normalen Abzugbügels aufzurauhen oder mit einer Fischhaut zu versehen. Man kann sich aber auch

ein leeres Griffstück mit entsprechender Ausformung liefern lassen und einbauen. So liefert z. B. die amerikanische Firma ›MS Safari Arms‹ nicht nur serienmäßig produzierte Custom .45er Pistolen, sondern auch die in diesen Waffen benutzten Einzelteile, mit der man nun seine eigene Waffe modifizieren kann. James Hoag, der bekannte Custom-Spezialist aus den USA, dessen verschiedene Custom-Umbauten drüben gesucht sind und lange Wartezeiten erfordern, liefert auf dem Postweg auch seine Einzelteile zum eigenen Einbau. Kann man Custom-modifizierte Waffen von der Stange kaufen? Diese Frage scheint sich selbst ad absurdum zu führen, aber im Prinzip gibt es das, eine seriengefertigte Custom-Pistole. Anders kann man die Produkte von M-S Safari Arms, Phoenix/Arizona, nicht bezeichnen. Diese Firma fertigt zwei Versionen der Colt-Pistole an, die bereits alle wünschenswerten Custom-Modifikationen beinhalten. Beide Waffen sind darüber hinaus noch unglaublich robust und zuverlässig: Jim Shults, Freund des Verfassers und Chefredakteur des amerikanischen Militärmagazins ›Gung-Ho‹, hat eine serienmäßig von dieser Firma ausgelieferte Pistole, das Combat-Modell ›Enforcer‹, getestet. Die Enforcer ist eine Stainless-Version mit einem 96,5 mm langen Lauf, die für den Feldeinsatz prädestiniert ist. Folgerichtig wurde diese Pistole einer Wasser-Schlamm-Staub-Sand-Tortur unterzogen, deren Hauptziel darin lag, Ladehemmungen zu erzeugen. – Fehlanzeige. Die Waffe funktionierte unter den

Einige Firmen, wie z. B. Frankonia, bieten als Teil ihres Kundendienstes auch Custom-Modifikationen an den von ihnen gelieferten Waffen an. Die Brünner VZ 75 wird wunschgemäß mit dem S & W-Mikrometervisier, eckigem Abzugsbügel, längerem Schlittenfanghebel usw. geliefert.

schwierigsten Verhältnissen. Interessant war die Reaktion anderer namhafter Firmen, die gleichermaßen Custom-Modifikationen von Standardwaffen anboten, als Shults ihnen anbot, auch ihre Waffen unter entsprechenden Umständen zu testen. Mehrere der so angesprochenen winkten ab, sie glaubten nicht, daß ihre Produkte dem standhalten würden. Neben dem Modell Enforcer wird das Modell ›Matchmaster‹ für die Ansprüche der mehr sportlich orientierten Schützen angeboten. Auch diese Waffe ist robust und zuverlässig. Diese Pistole wird mit 5″- und 6″-Lauf geliefert und hat ein garantiertes Trefferbild von resp. 76 mm und 64 mm Streukreis auf 46 m (50 yards) Schußentfernung. Wem es zu umständlich ist, diese Waffen aus dem

Eine Colt Government-Modifikation zum Scheibenschießen mit hohem, verstellbarem Visier und entsprechendem Korn, einem längeren Lauf, längeren Sicherheitsflügeln, besserem barrelbushing usw. Die Griffschalen ergeben bei aller Schmuckschnitzerei rutschfeste Griff-Flächen. Eine Besprechung des Magazins erfolgt im nachfolgenden Kapitel ›Nachladen‹.

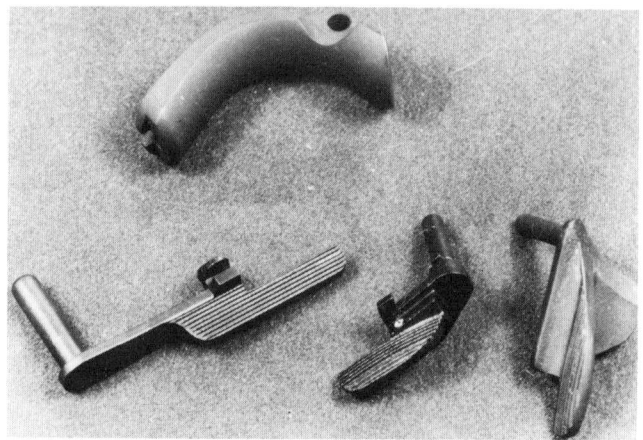

James W. Hoag zählt in den USA zu den führenden ›Customizern‹. Über den Postversand kann man seine Teile auch einzeln bekommen. Zu sehen sind hier die Colt-Griffstücksicherung, breite Ausführung ($ 31.20), ein Satz Colt-Sicherungsflügel und -Verschlußhebel und die ›Speed safety‹ für die FN Hi-Power-Pistole (resp. $ 25.35, 23.40, 27.60).

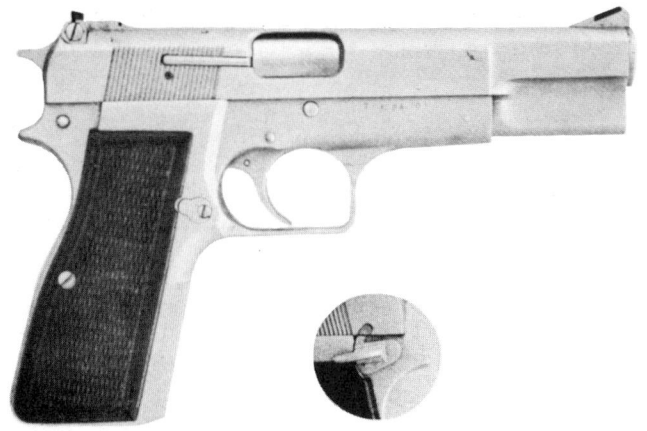

Qualität hat seinen Preis, auch in den USA: Diese Browning Hi-Power ›Competition grade‹ entnahmen wir aus Hoags Katalog als Beispiel für Hoags Art, Waffen zu modifizieren: Die Gehäuseteile und Lauf sind neu zusammengefaßt. Die Mündung wurde bearbeitet, ebenso die Rampe. Die Auswurföffnung ist größer, der Abzugsbügel verändert, der Abzug auf genau 1800 g eingestellt. Ein Smith & Wesson-Visier und -Schleppkorn ergänzt die Waffe, die mit einem größeren Sicherungsflügel ausgestattet wurde. Die Vorderseite des Abzugsbügels und beide Seiten des Griffstückes wurden mit einer Fischhautfräsung griffiger gemacht. Dieser Umbau kostet bei Kundenlieferung der Waffe je nach Grad der verringerten Toleranzen: ›Match‹ $ 704.– und ›Standard‹ $ 512.–.

Der ›Enforcer‹ von MS Safari Arms in .45 ACP – eine Variation des Combat Commanders. Die Waffe ist auch in 9 mm Para und .38 Super erhältlich. Der Griff ist verkürzt, das Magazin faßt nur 6 Patronen .45 ACP. Das Gewicht dieser Ganzstahlausführung 992 g. In den USA ist der Listenpreis mit $ 632.– angegeben.

Ausland zu importieren, kann dies über eine deutsche Firma tun: Neumann bietet diesen Service an, Fischlein und Engels, Frankfurt, haben mitunter einzelne Safari Arms-Waffen im Angebot.

Zu erwähnen ist noch, daß beide Modelle in verschiedenen Oberflächen-Vergütungen angeboten werden, so daß der Waffenkäufer auch von dem rostfreien Stahl Abstand nehmen kann: Teflon, Armaloy, brüniert, verschiedene rostfreie Stahlsorten, aber auch Alu-Griffstücke usw.

Auch in der Bundesrepublik oder in den europäischen Nachbarländern gibt es Büchsenmacher, die dem amerikanischen Standard eines Swenson, Haag oder Pachmayr (der neben Gummi-Griffschalen auch Customarbeiten höchster Qualität fertigt) entsprechen. Zwei Paradebeispiele seien herausgegriffen: Peter Kersten ist den Lesern des DWJ schon seit langem bekannt. Er gehört zu den Waffenbauern, die eine Pistole oder Revolver nach den Wünschen des Kunden ›personalisieren‹. Dabei beschränkt sich dieser Fachmann nicht nur auf die amerikanischen Vorbilder wie Colt oder Smith & Wesson, sondern kann entsprechende Arbeiten auch an einer P 38, einer Walther PPk oder ähnlich ›ur-europäische‹ Pistolen vornehmen. Auch aus Paderborn kommt die Firma Peters Stahl, die .22 l.r.-Wechselsysteme für die SIG/Hämmerli P 240,

SIG P 210 und für die FN Hi-Power anbietet (DM 1698.–, 1227.–, 972.–). Schweizer Schützen können sich u. a. an die Firma Schneebeli, Winterthur/St. Gallen, wenden. Diese alteingesessene Büchsenmacherfamilie ist auch gewillt, auf Sonderwünsche von Kunden einzugehen. So konnte man Peter Ernst

Grimm, dem Chefredakteur des ›Schweizer Waffen-Magazins‹, einen durch amerikanische Anregungen entstandenen Traum erfüllen: Den .44 Magnum M 29 von Smith & Wesson auf Taschenformat getrimmt. Die Idee ging auf einen ›Custom Combat Magnum‹ der Firma Sentinel Arms in Pennsylva-

Die Version ›Matchmaster‹ ist in den gleichen Kalibern wie der Enforcer erhältlich. Diese Pistole hat die Normaldimensionen der Colt MK IV und wiegt 1140 g. Der Preis $ 632.–. Auch dieses Modell ist von Jim Shults getestet worden, und nach absichtlicher Verschmutzung auf Treffergenauigkeit getestet, ergab diese Waffe Streukreise von anderthalb Inch auf 25 yards. Ladehemmungen: Nil.

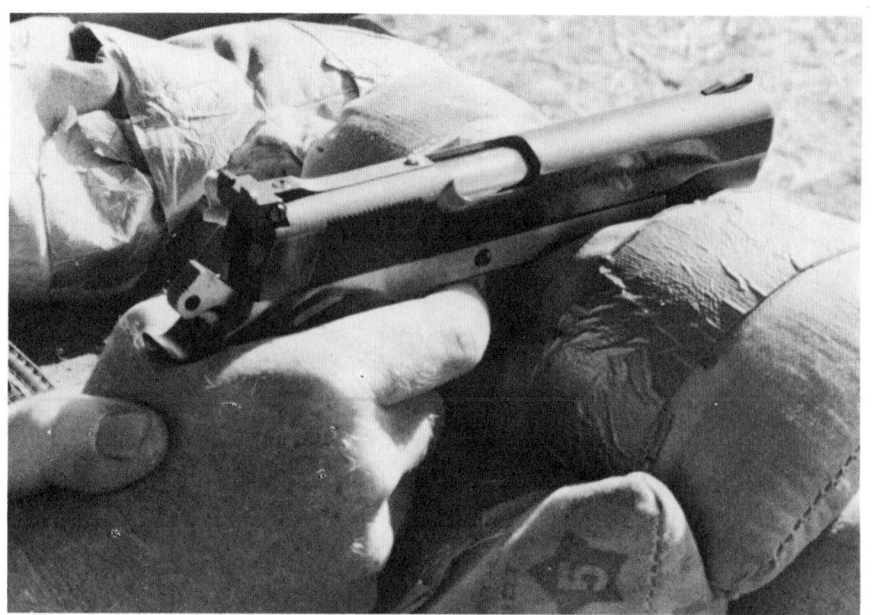

Der Matchmaster auf dem Schießstand. Das verstellbare Visier ist von der Firma Behlert. Für eine Combatwaffe reicht es zu weit über den hinteren Teil des Verschlußgehäuses hinaus. Deutlich zeigt dieses Bild die Funktion der geschwungenen, breiten Rückstoßschulter der Griffsicherung. Auch die breite Ausfräsung an der Auswurföffnung ist zu erkennen.

nia zurück, dessen Lauf überdies noch mit Mag-na-port-Schlitzen versehen wurde. Diese Einfräsungen kurz vor der Mündung leiten einen Teil der Gase schräg nach oben und wirken so dem Hochschlag des Rückstoßes entgegen. Über den Wert solcher Mag-na-port-Modifikation streiten sich die Fachleute: Rein rechnerisch läßt sich nachweisen, daß ein Viertel bis ein Drittel des Rückstoßes durch diese Einfräsungen des Laufes reduziert wird. Dem Schützen steht aber nun nicht nur ein Feuerball vor der Mündung, sondern auch über dem Lauf, bei bestimmten Anschlagsarten kann ihn der scharfe Luftzug der nach oben verdrängten Gase im Gesicht irritieren.

Peter Grimm verzichtete auf dieses ›Magnaporting‹, und der Büchsenmacher Helmut Weiss aus dem Hause Schneebeli begann, den M 29 mit ursprünglich 6″-Lauf auf ein Mindestmaß gesundzuschrumpfen. Dabei mußte Griff-Form und -Rahmen verändert werden, der Luftspalt zwischen Trommel und Lauf

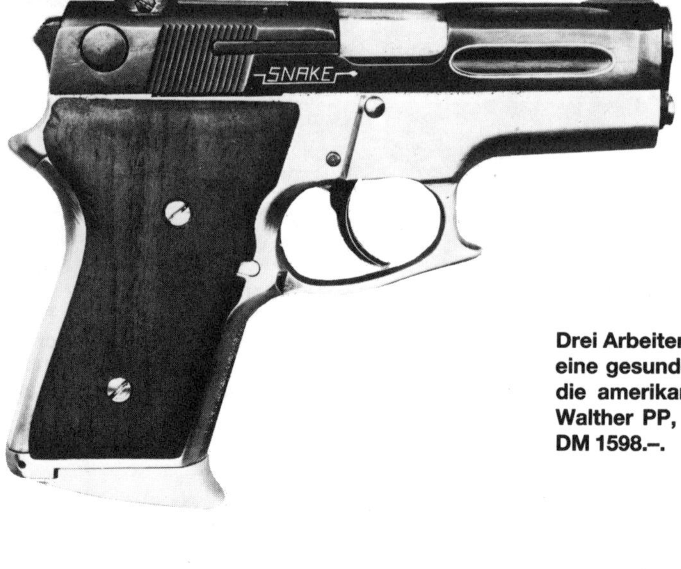

Drei Arbeiten von Peter Kersten, Paderborn. Unten die ›Snake‹, eine gesundgeschrumpfte Version der M 39, deren Inspiration die amerikanische Devel ist. Diese Waffe ist kürzer als die Walther PP, faßt 7 + 1 Patronen 9 mm Parabellum und kostet DM 1598.–.

auf 0,1 mm reduziert, der Schloßgang verbessert, das Timing korrigiert, die Oberfläche bronziert, ein schmalerer Abzug eingebaut werden und auf den Lauf kam ein neues Schnellziehkorn – ohne den hellroten Plastik-Inset. Aus dem M 29 war nun ein 1,1 kg schwerer, kaum 20 cm langer Snubbie geworden, mit dem man sowohl .44 Spl.- als auch .44 Magnum-Patronen verschießen konnte. Der Lauf, auf 65 mm verkürzt, brachte sogar bessere Streukreise als der ursprüngliche Werkslauf, was wohl auf die Verengung des Trommel-Laufspalts und das bessere Timing zurückzuführen ist. Nach Peter Grimms Ausführungen ist der Schneebeli .44er durchaus noch mit vollen Magnum-Ladungen erträglich zu schießen, wobei er selbst eine Eigenlaborierung vorzieht, deren Leistung im Mittelfeld zwischen der Magnum- und der Special-Ladung liegt und eine V_2 von 271 m/s und eine E_2 von 58 mkg erbringt.

Diese Gesundschrumpfung der sonst so unhandlichen M 29 gefiel offenbar auch noch anderen Kunden der Firma Schneebeli, weitere Aufträge gingen ein und nach Auskunft der Firma ist man bereits dabei, einige weitere ›Schneebeli Custom .44 Magnum-Revolver‹ anzufertigen. Der Preis liegt bei ca. 1800 Franken für Waffe und Umbau ab Winterthur.

Schneebelis .44er Umbau der S & W M 29. Eine genaue Beschreibung der Waffe und der ballistischen Werte findet sich in der Nr. 1 des ›Schweizer Waffen-Magazins‹, dem wir dieses Foto verdanken.

Adressen (Visiere und Teile):

MMC – Miniature Machine Company, 210 East Poplar, Deming NM 88030/USA

MS – Safari Arms, P.O. Box 23370, Phoenix AZ 85063/USA

ICA, Postfach 31, 7129 Auenstein od. Rieslingstr. 6, D-7141 Beilstein

Neumann, Hindenburgstr. 3, 8506 Langenzenn

H & A Sander, Königstr. 51, 4100 Duisburg (neben Waffen u. Wiederladegeräte, -zubehör auch J. E. Clark .38 Super- und .45 ACP-Matchpistolen von Colt und andere Umbauten, u. a. ein Griffspanner-Umbau der Colt MK IV und Gold Cup, außerdem Crown City stainless-Teile, Griffstücke und Bedienelemente für die Colt-Pistole.

Kersten Waffentechnik GmbH, Haller Str. 8, D-4790 Paderborn

Peters Stahl, Senefelderstraße, D-4790 Paderborn

James W. Hoag, 8523 Suite C, Canoga Avenue, Canoga Park, CA 91304/USA

Schneebeli Waffen, 8401 Winterthur, Rudolfstraße 17, oder: 9000 St. Gallen, Rorschacher Str. 52/Schweiz

G. D. RFrhr von Hüls, Frankfurter Str. 8, 6110 Dieberg

King's Gun Works, 1837 Glenoaks Blvd., Glendale, Ca. 91201/USA

Armand Swenson, P.O. Box 606, Fallbrook, Ca. 92028/USA

Pachmayr's, 1220 S. Grand Ave., Los Angeles, Ca. 90015/USA

V. Die Schrotflinte als ideale Verteidigungswaffe

Die Situation war typisch für den amerikanischen Polizeialltag: Nächtlicher Einbruch in einem Supermarkt. Als der erste Streifenwagen auf dem Parkplatz hinter dem Gebäude einschwenkte, drückte der Beifahrer auf einen Knopf am Armaturenbrett. Mit lautem Rasten löste sich die Halterungssperre der dort befestigten Schrotflinte. Das Fahrzeug war kaum zum halten gekommen, da sprang der Beamte auch schon heraus und bewegte sich auf einen mit Kisten und Mülltonnen verstellten Fassadeteil zu, an dem ein alter Kombi stand. Im Hintergrund war die Sirene eines zweiten Fahrzeuges zu hören, das als Unterstützung über Funk herangerufen worden war und jetzt vom Streifenwagen zur Vorderseite des großräumigen Supermarkts dirigiert wurde.

In diesem Moment öffnete sich eine Tür am Lieferanteneingang und zwei Schemen zeichneten sich vor dem hellen Hintergrund ab. Sekundenbruchteile später hatte der Fahrer die Scheinwerfer des ›Cruiser‹ eingeschaltet, war einen Schritt zur Seite gesprungen und hatte die beiden Gestalten mit ›Freeze‹ angerufen. Die Täter reagierten schnell, obwohl sie von dem gleißenden Licht überrascht schienen. Ein Karton fiel zu Boden, und beide versuchten sich mit einem Spurt dem Kombi zu nähern. Nach wenigen Schritten aber sahen sie sich einem Polizeibeamten mit einer auf sie gerichteten Schrotflinte gegenüber, der hinter dem Auto aufgetaucht war, die Waffe im Schulteranschlag und nur ›Forget it!‹ (›Vergiß es‹) sagte. Die Warnung wurde unmißverständlich durch das ratschende Metallgeräusch des Repetierens unterstrichen, als der zweite Einbrecher einen pistolenähnlichen Gegenstand in der Hand sichtbar werden ließ. Doch die drohende Mündung der 12 gauge pump action hatte den Widerstandswillen gebrochen – ein klapperndes Aufschlagen zeigte an, daß der andere seine Waffe – einen jener typisch billigen . 22 ›Saturday night special‹ – fallengelassen hatte. Alles andere war nur noch Festnahme-Routine ...

Beamter des New Yorker Spezialeinsatzkommando ›Emergency Service Unit‹ vor einem nächtlichen Einsatz zur Festnahme eines entflohenen Doppelmörders im Sommer 1979. In der Hand die Ithaca M 37, in den Worten eines Teamführers »our bread & butter weapon«, eine auf 37 cm Lauflänge verkürzte Spezialversion mit Gewehrvisier und einem Handriemen am Vorderschaft, um ein Abrutschen der Hand zu vermeiden.

Wieder einmal hatte sich die hohe psychologische Drohwirkung der Repetier-Schrotflinte im Einsatz bewiesen. Aus der Sicht eines gestellten bewaffneten Täters ist die 18 mm-Mündung einer 12gauge so groß wie das Loch einer Feldhaubitze – selbst eine .45er hat nicht diese Drohwirkung. Bewußt oder unbewußt wirkt dabei die Angst vor der vermeintlichen Wirkung einer Schrotgarbe aus nächster Nähe mit: Selbst in Polizeikreisen hört man mitunter noch von dem »einen Schuß, der den Täter quer über die ganze Straßenbreite zurückwarf« oder ihn »fast in Stücke riß«. In ähnlicher Weise herrschen oft auch noch Mythen über die Treffsicherheit der Schrotflinte vor, mit der selbst ›Schlumpschützen‹, ohne zu zielen, jeden Angreifer aus den Stiefeln reißen können.

Die Legendenbildung um die Polizeiflinte ist reich an Einzelheiten und Fehleinschätzungen in jeder Richtung, so auch der, daß die Flinte der Maschinenpistole an Reichweite und Treffergenauigkeit, besonders aber im Einsatz gegen Fahrzeuge, weit unterlegen sei und deshalb für die Einführung in bundesdeutschen Landen ausfalle. Angeblich hätte z. B. das Flintenlaufgeschoß bereits auf 25 m eine fragwürdige Trefferwahrscheinlichkeit, daß ein Schießen auf Autoreifen kaum noch gewährleistet sei, wäre ein Schuß auf eine Autotür mit 00 Buck bereits bei fünf Meter fraglich, auf 15 m aber durch fehlende Durchschlagskraft unmöglich usw. usw.

Diese Aussagen – von technischen Beratern der deutschen Polizeiorgane angeführt – verfolgen mit ihrer unrichtigen Faktenerstellung lediglich eine Tendenz bundesdeutscher Ausrüstungsbürokratie: ›Schützenhilfe‹ für jene politischen Entscheidungsträger zu leisten, welche die Einführung besserer und polizeigerechter Einsatzmittel aus Angst vor Pressereaktionen und dem empörten Aufschrei bestimmter ›gesellschaftlicher Gruppierungen‹ hintertreiben. Es sind die gleichen ›Entscheidungsträger‹, welche die Gefährdung von Unbeteiligten durch querschlagende Vollmantelgeschosse genauso in Kauf nehmen, wie ständige Unfälle mit Maschinenpistolen oder verletzte Polizeibeamte bei Demonstrationen wegen fehlender Distanzmittel und Schutzkleidung – jedoch jederzeit gern auf die dienstverpflichteten Polizisten zurückgreifen, wenn es gilt, Fehlentscheidungen und fragwürdige Projekte gegen aufgebrachte Bürger durchzudrücken.

Allem voran aber stehen falsche Auffassungen über die tägliche Einsatzrealität bundesdeutscher Polizei, die den Streifenbeamten für das Feuergefecht auf mittlere und große Entfernungen gegen eine kriegsstarke Gangstertruppe ausgerüstet sehen wollen, obwohl Statistiken aufzeigen, daß die meisten tatsächlich gelieferten Feuergefechte auf kürzeste Entfernungen abliefen und nach zwei, drei Schuß maximal beendet waren. Außer acht gelassen wird dabei, daß ein weitaus größerer Waffengebrauch lediglich zur Drohung, gegen Tiere oder Sachen (Fahrzeuge) erfolgt, hier aber eignet sich die Flinte mit ihrem breiten Munitionsspektrum besser als die Maschinenpistole. Die Bekämpfung der Höchstkriminalität und des Terrorismus, bei dem vielleicht der Einsatz von Maschinenwaffen zu rechtfertigen wäre, unterliegt jedoch dem Aufgabenbereich von Spezialeinsatzkommandos – und gerade die sind es, welche als einzige und auf Versuchsebene mit Polizeiflinten ausgerüstet wurden!

Dabei ist die Flinte als Verteidigungswaffe das beste ›Allround-Mittel‹: Mit lethaler Munition hat sie eine ungeheuer hohe Mannstop-Wirkung auf kurze und mittlere Entfernungen. Geht man von Buckshot auf Slugs (Flintenlaufgeschosse) über, so erhöht sich die Einsatzfähigkeit auf über 100 Meter. Im nichtlethalen Bereich ist sie für Warnschüsse hervorragend: Der laute Knall wirkt überzeugend, und man muß sich wenig Gedanken machen, etwa von einer Ladung Buckshot erschlagen zu werden, die nach senkrechter Abgabe in die Luft wieder heruntergeregnet kommt. VM-Geschosse sind da weitaus gefährlicher und haben in Ausnahmefällen schon zu Verletzungen mit Todesfolge geführt! Sie kann zum Abschuß von Tränengaspatronen und barrikadenbrechender TG-Geschossen, zum Signalisieren mit Leuchtkugeln, zum Verschuß von Stunbags, Vollgummiprojektilen oder Nylon-Schrot benutzt werden. Letztlich hat man mit der Flinte auch noch ein ganz wichtiges Argument in der Hand, mit dem man Angriffe mit ›kalten Waffen‹ (Schlag- oder Stichwerkzeugen) erfolgversprechend abwehren kann.

Das beste Argument für die Flinte aber ist ihre hohe Drohwirkung, die auch auf einen hartgesottenen Angreifer paralysierend wirkt, womit das erste und höchste Ziel des Combatschützen erreicht wäre – es nicht zum wirklichen Einsatz der Waffe kommen zu lassen und die Gefahrensituation ohne tödlichen Ausgang abzuwenden.

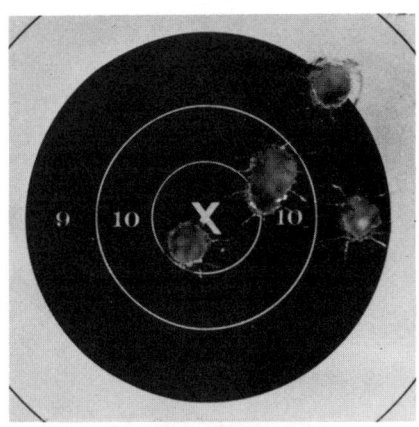

Gegenargument Treffergenauigkeit: Trefferbild 50 m geschossen mit Remington 12 gauge ›Slugger‹ Hollow point rifled slugs, Hülsenlänge 70 mm, aufgelegt. Waffe Remington 870 mit 20″-Lauf und Gewehrvisier. Auf dem Bild ist die Trefferlage von sechs Schuß – eine Magazinladung zu sehen, drei Projektile vereinigten sich zu dem Scheibenloch rechts vom ›X‹.

Gegenargument Wirkung gegen Autos: Diese alte Waschmaschinentrommel, deren Blech wesentlich stärker als das der modernen Fahrzeuge ist, wurde aus 7,5 m mit einer Patrone Winchester 00 Buck Magnum beschossen. Die zwölf Geschosse aus der 70 mm-Hülse durchschlugen die Trommel auf beiden Seiten, drangen in das dahinter plazierte 25 mm-Fichtenbrett ein und erreichten auch dort teilweise einen Durchschlag!

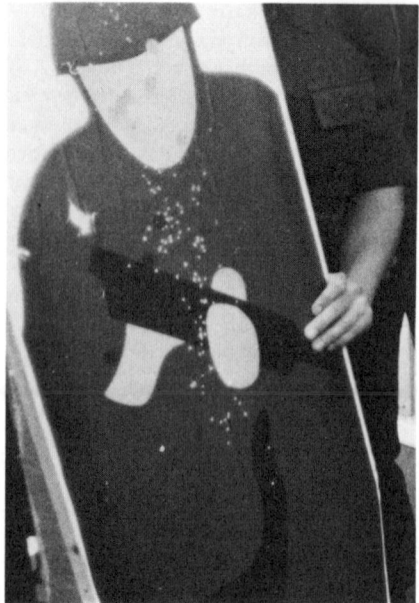

Die von Heckler & Koch gelieferte halbautomatische Flinte mit ihrem Shot-Diverter. Rechts die Wirkung des Diverters aus drei Meter Entfernung: Eine linienförmige Schrotgarbe vom Kopf bis zum Bauchnabel.

Die Auswahl
der Schrotflinte

Die Diskussion um das Für und Wider zur automatischen Polizeiflinte hat sich in der Bundesrepublik um die Anschaffung einer von Heckler & Koch importierten halbautomatischen Flinte der italienischen Firma Franchi niedergeschlagen. Das Hauptargument gegen die Pump-Action-Repetierer, welches den Kauf der Franchi-Flinte schmackhaft machen sollte, bezog sich auf die Bediensicherheit des Halbautomaten: In der Hektik des Einsatzes könnte der Schütze das Repetieren vergessen oder das Zurückreißen des Vorderschaftes nicht vollständig durchführen und so Ladehemmungen herbeiführen. Oder: Es soll Schützen geben, die in der Erregung des Feuergefechts mit der linken Hand Vorderschaft und Lauf umfassen und sich so selbst am Durchladen hindern. All dem gegenüber stände die einfache Handhabung einer Selbstladeflinte, wo es nur noch auf das einmalige Zurückziehen des Kammerstengels ankäme.

Diese Argumentation entbehrt nicht einer gewissen Berechtigung: Für den Ungeübten ist der Ladevorgang einer Pump Action in der ersten Zeit tatsächlich etwas problematisch – aber im Gesamtzusammenhang unkomplizierter als die Bedienung einer Maschinenpistole oder eines G 3-Sturmgewehrs. Jedenfalls kein Problem, welches sich durch

ein sorgsames Training nicht ausmerzen ließe! Unberücksichtigt blieb bei der Einführung der ersten polizeilichen Flinte in der Bundesrepublik die Tatsache, daß es sich hierbei um Bewaffnung von Spezialeinheiten handelt, welche die eingangs erwähnten Schwierigkeiten aufgrund ihres hohen Trainingsniveaus durchaus bewältigen könnten.

Welchen Vorteil aber bietet die Selbstladeflinte tatsächlich?

a) Schnelle Schußbereitschaft für den zweiten Schuß (Doublette). Die Zeit für den Repetiervorgang fällt weg; jedoch bleibt der Zeitgewinn unbedeutend, da der starke Rückstoß die Waffe aus der Ziellinie schlägt und der Schütze vor einem zweiten Schuß die Waffe ›nachrichten‹ muß. Hier hat sich oft der Repetiervorgang durchaus als helfend erwiesen! In der traditionellen Gewehrform der bisherigen Polizeiflinten bleibt die mögliche schnelle Aufeinanderfolge der Schüsse ohne Bedeutung in der Einsatzrealität – anders aber bei der MPi-ähnlichen High Standard 10 B, deren Gewichtsverlagerung eine bessere Rückstoßverlagerung bietet. Hier ist abzuwarten, was neue Waffenentwicklungen anbieten werden.

b) Bedienungserleichterung. Abgesehen von den oben angeführten Punkten gibt es ein Argument, welches schwer für die Selbstladeflinte spricht: Beim Schießen über Deckungen hinweg oder im Liegen ist eine Repetierbewegung am Vorderschaft sehr hinderlich. Bleiben

wir bei der taktischen Überlegung, daß man nach einem Schußwechsel sofort in Deckung gehen sollte, bzw. daß nach Beschuß aus mittleren und großen Entfernungen die Bodenlage die sicherste ist, so wird es ratsam, einen zweiten Blick auf die Selbstladeflinte zu werfen. In jeder Hinsicht aber gilt es, sich über diesen Nachteil der sonst genehmen Pump-Action klar zu sein und das Durchladen auch im Liegen zu üben.

Die oft angeführte Munitionsunabhängigkeit der Pump Action ist bei näherem Hinsehen kein gutes Argument gegen die Selbstladeflinte: Im Ernstfall reduziert sich die für das Combatschießen verwendete Munition auf zwei, drei Arten. Spezialmunition, wie Tränengaspatronen, Leuchtsterne oder Stun-Bags, werden kaum in Serie abgeschossen, so daß sich ein manuelles Durchladen bei dieser selten zur Verwendung kommenden Munition als kein Hindernis gegen die Selbstladeflinte anführen ließe. Die normalerweise verschossenen Buckshot oder Slug-Ladungen stellen kein Problem für einen Selbstlademechanismus dar. Ein Vorteil der Pump-Action gegenüber den Selbstladern besteht in der Beseitigung von Ladehemmungen: Mit einem Zurückreißen des Vorderschaftes lassen sich verklemmte Hülsen wesentlich schneller und einfacher aus der Waffe entfernen als mit dem Zurückziehen des Kammerstengels – die Hebelwirkung des letzteren ist geringer. Verklemmte Hülsen sind aber ein einzukalkulierendes Risiko des Röhrenmagazins. Bei einer geladenen Waffe drückt die Magazinfeder ständig auf die Patronen. Bei äußerer Wärmeeinwirkung (Flinte im Fahrzeug unter direkter Sonnenbestrahlung) oder hoher Luftfeuchtigkeit können die jeweiligen Patronen, ob aus Plastik oder Pappe, ihre gleichmäßige Form verlieren, sich aufstauchen oder verquellen. Die Folge ist eine steckengebliebene Patrone im Magazin oder in der Kammer. Waffen ohne Magazinverlängerung sind für diese Hemmungen unanfälliger, weil die Federkraft der kürzeren Röhrenmagazine weniger Druck auf die Hülsen ausüben muß – hier ist der Grund zu suchen, warum die meisten amerikanischen Polizeien bei fünfschüssigen Waffen bleiben. Zur Vorbeugung sei empfohlen, die Flinte nicht ständig voll geladen zu halten, die Patronen öfter auszuwechseln und die Waffe vor jedem Gebrauch zu überprüfen. In der Bediensicherheit besitzen die Pump-Action-Flinten eine nicht zu unterschätzende Eigenschaft, die sich in der Praxis als lebensrettend in jeder Hinsicht erweisen kann.

Die Pump-Action kann gefahrlos unterladen und mit entspanntem Verschluß im Fahrzeug transportiert werden. Im Einsatzfall kann sie im gleichen Zustand vom Schützen geführt werden. Sollte es notwendig werden, den Schußwaffengebrauch anzudrohen, oder muß geschossen werden, so genügt eine einzige Bewegung des linken Arms: Der Schütze braucht nicht seine Handhaltung verändern, seine Abzugshand bleibt an ihrer Stelle, der Anschlag wird nicht verändert. Dieser Umstand macht die Pump-Action eigentlich zur schnelleren Waffe! Das Ladegeräusch wirkt als zusätzliche Unterstreichung der Waffendrohung,

die allgemeine Sicherheit im Gebrauch der Flinte wächst, wenn sie nicht bei jedem Vorwand sofort in den durchgeladenen Zustand versetzt werden muß. Es gehört zugegebenermaßen etwas Selbstvertrauen dazu, die Waffe erst dann durchzuladen, wenn es unabdingbar notwendig erscheint – jedoch verschafft der übungsmäßige Umgang mit der Schrotflinte dieses Vertrauen.

Für den zivilen Combatschützen bietet sich die Pump-Action aufgrund der gesetzlichen Restriktionen in bezug auf Halbautomaten und ihre Magazinkapazität an – gleichzeitig sollte er aber einen Blick auf eine andere Flintenart werfen, die sich für die Selbstverteidigung, besonders aber als ›Haus- und Hofwaffe‹ anbietet: die Doppelflinte.

Nicht umsonst ist die Doppelflinte lange Jahre hindurch weiter bei der Polizei benutzt worden, obwohl es bereits Pump-Actions oder Selbstladeflinten gab. Einige US-Departments gaben z. B. ihren Detektiven solche extrem verkürzten ›Handkanonen‹ – denen zumeist auch noch der Schaft abgesägt war –, weil Kriminalbeamte selten Zeit und Muße fanden, mit der Pump-Action zu üben, und so Bedienfehler vermieden werden konnten. Die Doppelflinte ist die am einfachsten zu beherrschende Waffe, deren Nachladen unproblematisch ist, in der keine Rücksicht auf Magazinfedern oder Sicherungen genommen werden braucht.

Wohlbemerkt – gemeint ist hier die Hahndoppelflinte, die gefahrlos im geladenen und ungespannten Zustand in der Ecke des Schlafzimmers, in der Halterung unterm Schreibtisch oder im Fahrzeug ›vergessen‹ werden kann, bis sie gebraucht wird. Im Alten Westen wußte man um die zweihundertprozen-

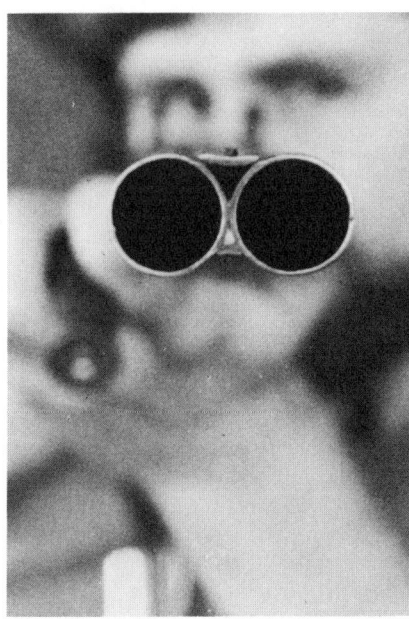

Die Hahndoppelflinte hat *zwei* überzeugende Argumente, um einen Angreifer zur Aufgabe zu bringen!

tige Drohwirkung einer abgesägten Doppelflinte und um ihre Feuerkraft. Sie ist so einfach im Gebrauch, daß der Umgang mit ihr keiner Übung bedarf und jede Farmerin damit umgehen konnte. In einem zivilen Verteidigungsszenario eines Haus- und Grundbesitzers ließe sich die ausreichende Anwendbarkeit der Doppelflinte dokumentieren. Dies wäre die Waffe, zu der der Verfasser greifen würde, wenn er Einbruchsgeräusche in Keller oder Garage hören würde. Die Faustfeuerwaffe wäre zu dem releriert, was sie in ihrer eigentlichen Bestimmung ist – Zweitwaffe und letzter Notbehelf. Selbst zwei oder drei Täter ließen sich mit einer

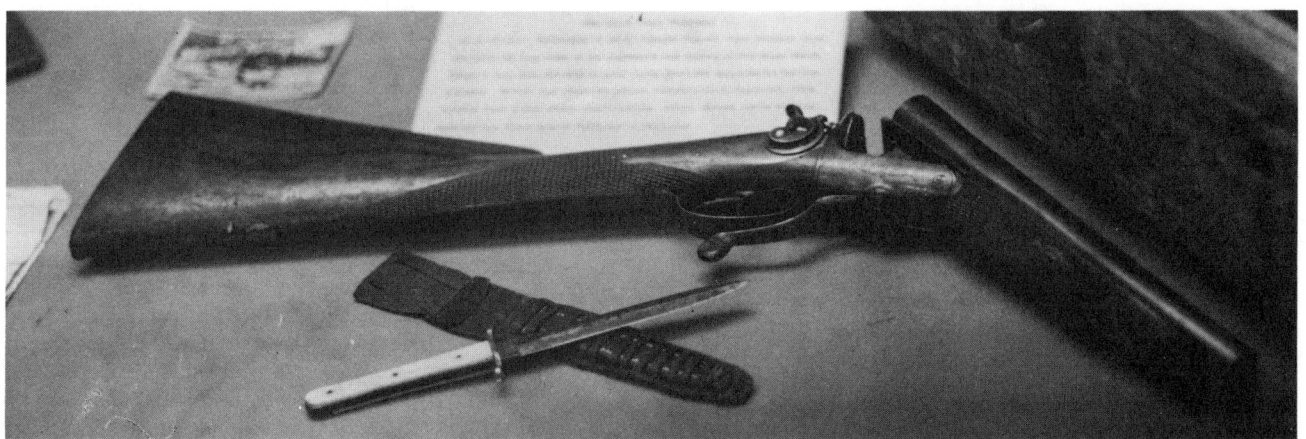

Verbrechensrealität im Kalifornien der Goldrausch-Epoche: Mit dieser abgesägten Hahndoppelflinte versuchte ein Buschräuber Mitte des vorigen Jahrhunderts den Überfall auf einen Geldtransport.

Die Rossi-Hahndoppelflinte ist eine preisgünstige ›Haus- und Hof-Flinte‹ im Kaliber 12 mit 20 Zoll langen Läufen (51 cm). Ihr Vorteil: Sie kann immer geladen und entspannt irgendwo in der Ecke stehend auf ihren Einsatz warten.

solchen Waffe noch in Schach halten und bei einer größeren Angreifergruppe (die wohl kaum zur Einbruchsrealität gehört) würde auch eine größere Munitionskapazität nichts nützen. In der offenen Konfrontation käme man nicht dazu, mehr als zwei, drei Schuß abzugeben. Die Doppelflinte bietet darüber hinaus die Möglichkeit, mit verschiedenen Ladungen eine ›Antwort‹ dem jeweiligen Angriffs- und Bedrohungsgrad anzumessen und so möglichst weit vom Gebrauch tödlicher Gewalt Abstand zu nehmen: Der rechte Lauf, dessen Abzug der vorderste ist und daher der zuerst benutzte, könnte mit Nylonschrot oder einem leichten Jagdschrot geladen sein (vielleicht sogar einer Tränengaspatrone), um zur Abwehr eines mit Schlag- oder Stichwaffe Angreifenden auf die Beine abgeschossen zu werden. Der linke Lauf wäre für den absoluten Ernstfall mit Nr. 4 Buckshot oder 00 Buck geladen. Um keinen Zweifel aufkommen zu lassen – selbst ein Schuß mit leichtem Jagdschrot Nr. 1 (4 mm Einzelkorngröße) oder Nr. 7 (2,5 mm) wird mit großer Wahrscheinlichkeit schwerste Verlet-

zungen oder tödlichen Ausgang zur Folge haben, wenn er aus kurzen Entfernungen auf die Körpermitte trifft.

Mit etwas Übung kann eine Doppelflinte fast genauso schnell nachgeladen werden, wie es braucht, um mit einer Pump-Action zwei Schuß abzugeben und durchzuladen: Wie abgebildet, können in den Fingerzwischenräumen weitere Patronen gehalten werden, um dann sofort nach Öffnen des Verschlusses zur Hand zu sein. Ohne viel Fingerfertigkeit zu besitzen, kann man aber auch immer gleichzeitig zwei Patronen aus der Tasche oder aus der am Kolben befestigten Elastikschlaufe ziehen und in die Kammern gleiten lassen. Gerade in der häuslichen Notwehrsituation aber bleibt die Nachladefrage eher akademisch als praxisbezogen. Als Fazit könnte gelten: Die Doppelflinte hat auch heute noch ihren Platz über dem heimischen Herd!

Leider sind die Hahndoppelflinten in den letzten Jahren etwas aus der Mode gekommen: In Europa wird z. Z. relativ wenig angeboten. Da ist die ›Rossi‹ zu nennen, ein brasilianisches Produkt im

Kaliber 12/76 Magnum mit 20 inch Lauf (51 cm) oder mit 12 inch (33 cm). Wie bei der Rossi halten sich bei der russischen ›Baikal‹-Jagdflinte die Preise im Rahmen von 300–400 DM, so daß eine Umrüstung durch Kürzen des Laufes seitens eines Büchsenmachers vertretbar wäre. Gänzlich abzuraten ist von dem Versuch, eine alte Hahndoppelflinte (möglichst noch mit Damastläufen!) durch Absägen auf eine ›Combatflinte‹ umzubauen. Dies käme nicht nur einem waffensammlerischen Sakrileg gleich, sondern wäre auch selbstmörderisch. Viele der älteren Hahndoppelflinten sind lediglich mit Schwarzpulver beschossen und würden dem hohen Druck moderner Treibmittel nicht standhalten. Unsinnig ist es auch, zur Selbstverteidigung eine gekürzte Doppelflinte mit innenliegenden Schlagstücken zu nehmen: Solcherart Waffen, die man nicht zuletzt in Gangsterkreisen immer wieder findet, haben den augenscheinlichen Nachteil, daß sie nicht im ungespannten Zustand geladen gehalten werden können. Sie wären für den gedachten Zweck völlig ungeeignet.

Während sich die für Verteidigungszwecke bestimmten Selbstladeflinten auf eine relativ kleine Gruppe von Markenerzeugnissen italienischer und amerikanischer Hersteller beschränken, steht der potentielle Käufer in der Auswahl einer Pump-Action vor einem viel größeren Marktangebot. Rein äußerlich sind kaum Unterschiede zu erkennen, und da Schrotflinten allgemein sehr robust sind, lassen sich schwer Kriterien festlegen. Im Handel sind normalerweise zwei Lauflängen erhältlich: 20 und 18 inch (ca. 50 bzw. 45 cm), und zwei Visierarten: ›Gewehrvisierung‹, d. h. mit normalem Korn und verstellbarer Kimme, die zumeist mit dem längeren Lauf gekoppelt wird, und ein einfaches Perlkorn, so wie es auch auf Jagd-Flintenläufen vorkommt. Es ist erstaunlich, wie genau man mit diesem Perlkorn bis

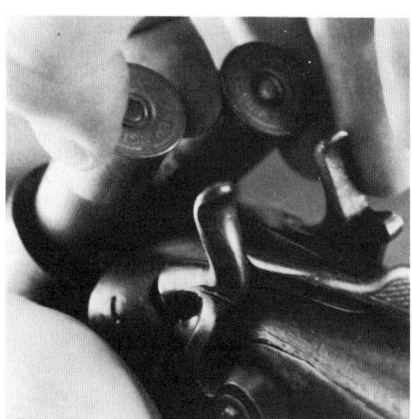
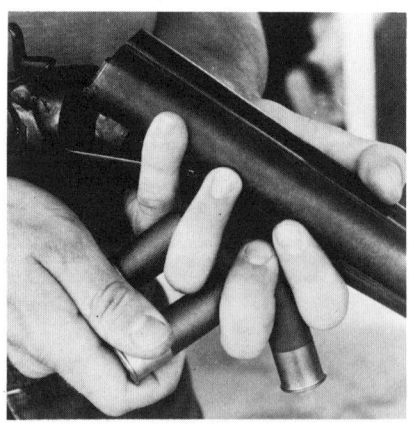

Reservepatronen zwischen den Fingern der linken Hand zu halten, ist ein alter Jägertrick aus den Tagen des Wilden Westens. Mit etwas Fingerfertigkeit können beide Läufe gleichzeitig geladen werden.

114

auf 25 Meter schießen kann, jedoch sollte man – besonders wenn der Verschuß von Flintenlaufgeschossen geplant ist – von vor.nerein auf das bessere Gewehrvisier bestehen. Es ist bezeichnend, daß amerikanische Spezialeinheiten, die eine extrem kurze Flinte von 14.5 inch (37 cm) bei ›Stake-out‹-Einsätzen verwenden, diese Waffen zumeist mit Gewehrvisierung ausrüsten.

Hier gilt es, vor dem Ankauf zu überlegen, in welcher Form die Waffe letztendlich zur Anwendung kommen wird: Soll sie lediglich als ›Zimmerflak‹ in der Wohnung oder im Haus aufbewahrt werden, so kann ein Perlkorn und selbst ein sehr kurzer Lauf völlig ausreichen. Wenn die Waffe jedoch im offenen Gelände eingesetzt werden soll, muß eine Gewehrvisierung her – besonders wenn an das Verschießen von Slugs gedacht ist. Ähnlich verhält es sich auch mit der Lauflänge. Im Zweifelsfalle ist immer dem längeren Lauf Vorzug zu geben. Mündungsknall und -blitz sind geringer, was besonders beim nächtlichen Einsatz oder in Gebäuden von Bedeutung ist. Der 20 inch-Lauf hält auch die Schrotgarbe besser zusammen und erzeugt gleichmäßigere Trefferbilder, plus: Für das Verschießen von Slugs ist er besser geeignet. Mit der Anbringung von Griffstück-Adaptern, welche die Schrotflinte zu einer zwar kurzen, aber nur noch im Hüft-Stil zu schießenden Nahkampfwaffe machen, entfällt die Notwendigkeit für eine Gewehrvisierung. Aber selbst bei einem Klappschaft bliebe es zu erwägen, ob nicht ein normales Perlkorn (mit dem diese Modelle zumeist ausgestattet sind) die Waffe in ihrem Anwendungsspektrum zu sehr beschränkt.

Die geringere Lauflänge von fünf Zentimetern, welche ein 18-inch-Modell gegenüber dem 20-inch-Modell bringt, ist

von zweifelhaftem Vorteil: Sehr viel handlicher wird die Flinte dadurch nicht – der kürzere Eindruck, der mehr Bewegungsfreiheit ›drinnen‹ suggeriert, ist nur ein subjektiver Faktor. Objektiv machen die 5 cm kaum etwas aus – mehr Training im Vorgehen mit der Langwaffe* hilft eher, die Ungelenkigkeit des anfänglichen Umgangs mit der Flinte zu überwinden, als der etwas kürzere Lauf, für den die angeführten Nachteile in Kauf genommen werden müssen.

Als Auswahlkriterie bei einer zum Combatschießen gedachten Schrotflinte sollte die Zuverlässigkeit des Mechanismus an erster Stelle stehen. Eine ganze Reihe herkömmlicher Modelle verschiedener Hersteller, die noch im Handel sind, haben nur eine Verschlußstange (im Engl. ›action bar‹), welche den Druck auf den Vorderschaft auf die Verriegelung des Mechanismus beträgt. Es ist sehr einfach, diese Modelle zu erkennen. Die Stange ist links zwischen Lauf und Röhrenmagazin zu sehen und der runde Vorderschaft kann mit der Hand hin und her rotiert werden – er hat mehr Spiel, als bei einem Modell mit doppelten Verschlußstangen, d. h. je einer Verbindung auf beiden Seiten der Waffe. Einseitige Systeme neigen zu Ladehemmungen, welche durch einen verdrehten Vorderschaft erzeugt werden, der nun auch die Verschlußstange nach oben oder unten verbiegt und so mehr Friktion erzeugt oder sie in Extremfällen gänzlich verklemmt. In der sprichwörtlichen ›Hitze des Gefechts‹, wo der Schütze sich vielleicht mitsamt Waffe von Deckung zu Deckung rollt und in dieser Zeit die Ladebewegung durchführt, bzw. vor Aufregung kaum auf die

_____

* siehe hierzu Boger, ›Combattraining für den Ernstfall‹, Abschnitt: ›In Gebäuden oder Räumen‹, Motorbuch Verlag, 1979.

Remington Modell 870 mit 18″-Lauf. Perlkorn und Klappschaft im Zielanschlag – die psychologische Wirkung der Mündung wird in diesem Bild sehr deutlich.

gradlinige Übereinstimmung des Vorderschaftes achtet, sind solche Versagerquellen nicht ungewöhnlich. Bei Smith & Wesson, die jahrelang Flinten dieser Art vertrieben haben, erwägt man den Übergang auf Doppelstangen; in der neuen Winchester 1200-Serie ist dieser Schritt bereits vollzogen worden, nachdem es zuviel Beanstandungen mit den ›einarmigen‹ Systemen gegeben hatte.

Der Umstand, daß ein Großteil der amerikanischen Polizei (noch) mit der Ithaca M 37, einem ›Single action bar‹ ausgerüstet ist, spricht nicht etwa für ein solches System, sondern eher für die paßfeste Form des Ithaca-Vorderschaftes, der dem Verdrehen entgegenwirkt. Die M 37 war eine der ersten Flinten,

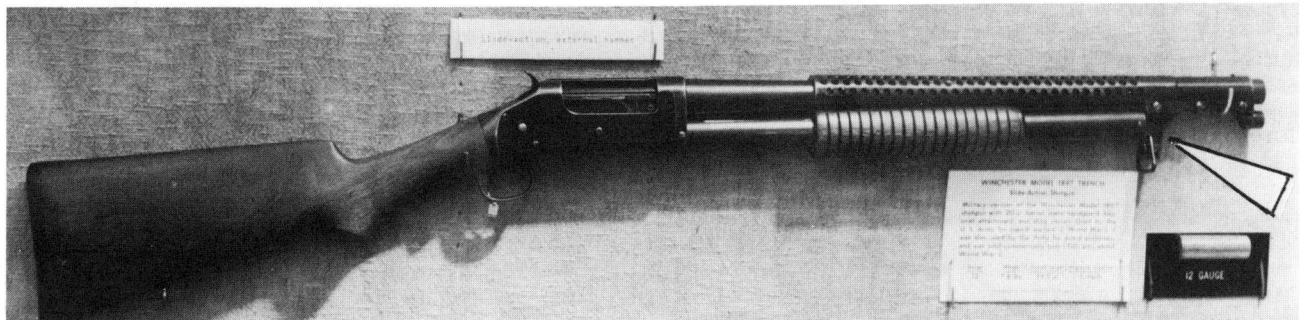

Die Winchester Modell 1897 war die erste ›Pump-Action‹-Schrotflinte, die serienmäßig für den gefechtsmäßigen Einsatz ausgerüstet wurde: Neben der ventilierten Laufverkleidung verfügte sie über eine Bajonett-Aufpflanzvorrichtung (Pfeil). Die M 97 hatte einen externen Hahn, der es gestattete, die Flinte in geladenem, entspannten Zustand zu führen. Als ›Trench gun‹ wurde diese Flinte im Ersten Weltkrieg von den US Marines an der Westfront eingeführt und war wegen ihrer Wirksamkeit im Nahkampf sehr berüchtigt.

Die Remington 870 ›Wingmaster‹ ist die nach übereinstimmender Meinung aller befragten Experten verschiedenen Polizeien und unserer Testpersonen die beste Flinte. Hier in den zwei grundsätzlichen Varianten: Oben mit Gewehrvisierung und 20″-Lauf im ›Military‹-Lock mit Laufmanschette, Bajonettadapter und ›Parkerisation‹-Finish. Das verlängerte Röhrenmagazin faßt 7 Patronen. Darunter die 18″-Version mit dem Remington-Klappschaft und Perlkornvisierung. Diese Version ist siebenschüssig, das verlängerte Röhrenmagazin faßt nur sechs Patronen. Remington-Flinten und Zubehör werden in der Bundesrepublik u. a. von der Firma Helmut Hofmann GmbH importiert, die diese Waffen aber nur an Behörden abgeben.

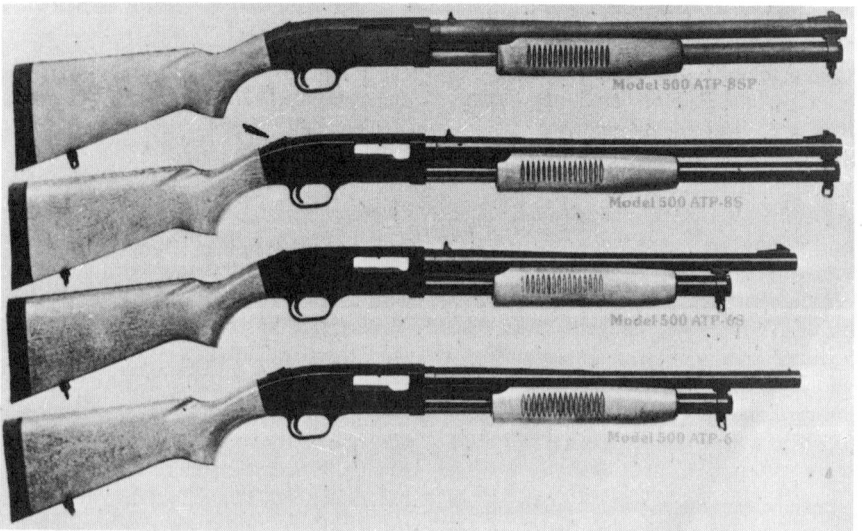

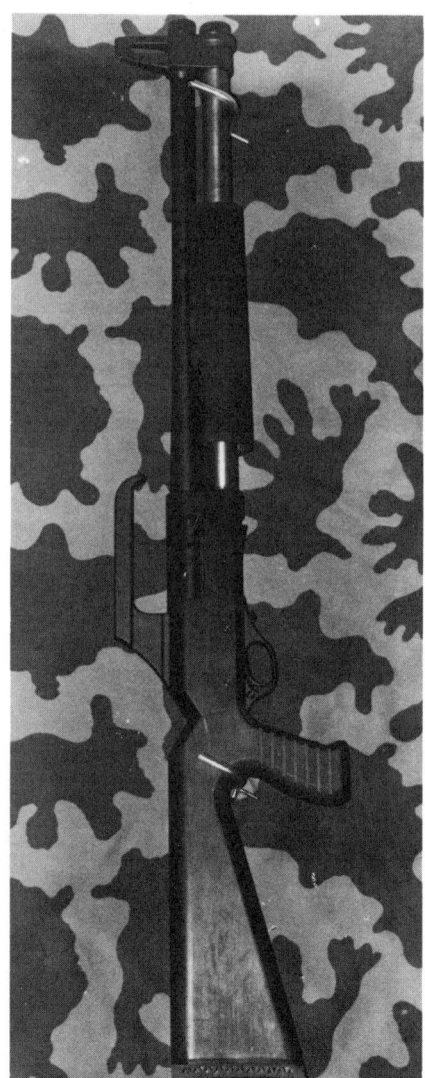

Mossbergs 500 ATP-Serie rangiert wie die Remington unter den empfehlenswerten Waffen dieser Art. Anders als die Remington haben sie keine Magazinverlängerungen, sondern kommen modellmäßig als achtschüssig in der 20″-Lauf-Version und als sechsschüssig in der 18″-Lauf-Variante vor. Die Visieranordnung ist besser als bei der Remington, die Visierlinie länger. Statt der umständlichen Druckknopfsicherung am Abzug hat die Mossberg-Flinte einen Schieber auf der Gehäuseoberseite im Bereich des Kolbenhalses (Pfeil), der problemlos vom Daumen der Abzugshand bedient wird.
Länge: (20″-Lauf) 101 cm, (18″-Lauf) 96 cm,
Gewicht: (20″) 3,05 kg, (18″) 2,95 kg.

Die italienische Firma Fabarm, Brescia, produziert diese Pump-action-Flinte im ▶ Military-Look. Der Grundgedanke, den Schaft gradlinig zur Laufachse zu halten, bedingte die hohe Visierung, die auch als Tragegriff ausgestaltet wurde. Dieses Design hat nicht nur optischen Wert, sondern wirkt sich in der gradlinigen Übertragung des Rückstoßes aus. Die Flinte wird nicht so weit aus der Ziellinie gestoßen. Die Waffe hat eine Kapazität von sieben Schuß und ist für das Kaliber 12 Magnum (Hülsenlänge 76 mm) ausgestattet. Lauflänge 20 Zoll, Gesamtlänge der Waffe 100 cm bei einem Gewicht von 3,1 kg.
In gleicher Konfiguration stellt Fabarm auch eine halbautomatische Version mit kurzer, vierschüssiger Magazinröhre her.

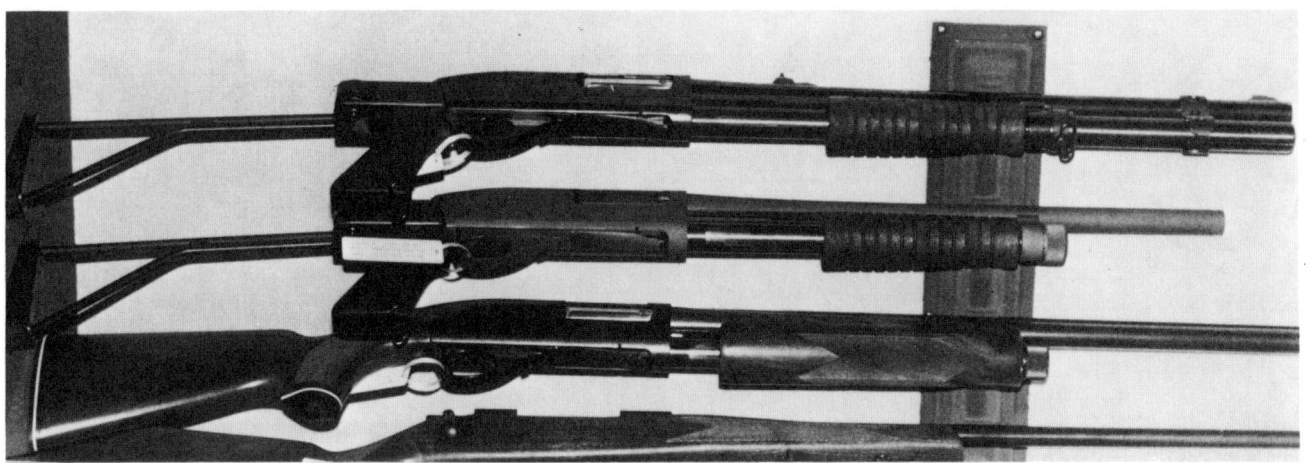

Diese seitlichen Klappschäfte sind bei der Züricher Firma Swiss Firearms Trade, Postfach 633, CH 8050 Zürich, und bei ICA zu beziehen.

die spezifisch für den Polizeieinsatz vertrieben wurde. Sie hat allerdings eine Eigenschaft, welche dem Combatschützen entsprechen könnte: Die Ithaca kann ab Fabrik oder nachträglich dergestalt eingerichtet werden, daß sie fast ›automatisch‹ schießt – bei zurückgehaltenem Abzug fällt der Schlagbolzen, sobald der Verschluß wieder verriegelt ist. Ein Schütze kann also eine Serie Schüsse so schnell abgeben, wie er die Repetierbewegung durchführen kann, und das ist sehr schnell!

Bei anderen Herstellern verhindert ein Unterbrecher, daß der nächste Schuß fällt, und der Abzug muß erneut betätigt werden.

Die Ithaca M 37 hat eine einzige Öffnung im Systemkasten, nach unten hin, welche gleichzeitig zum Laden und zum Auswerfen der leeren Hülsen dient. Diese Gestaltung sollte ursprünglich der universellen Verwendbarkeit der Waffe für Rechts- und Linksschützen entgegenkommen, hat sich aber als Nachteil erwiesen. Eine verformte Hülse kann leicht den gesamten Vorschluß blockieren und zu einer schwer zu behebenden Ladehemmung führen. Ein anderes Problem zeigte sich im Einsatz: Beim Schießen über Deckungen hinweg, so etwa über die Kühlerhaube eines Autos, wurden Hülsen oft nicht weit genug ausgeworfen oder prallten von der Deckung ab und blieben so in der Auswurföffnung stecken. – Bei einer spektakulären Schießerei vor einigen Jahren beanstandeten mehrere Polizisten diesen Fehler ihrer Waffen und bei den zufällig geschossenen Fernsehaufnahmen sind die fluchenden Beamten zu erkennen, wie sie ihre Ladehemmungen beseitigen.

Die seitliche Auswurföffnung moderner Flintentypen beseitigt diese Fehlerquelle

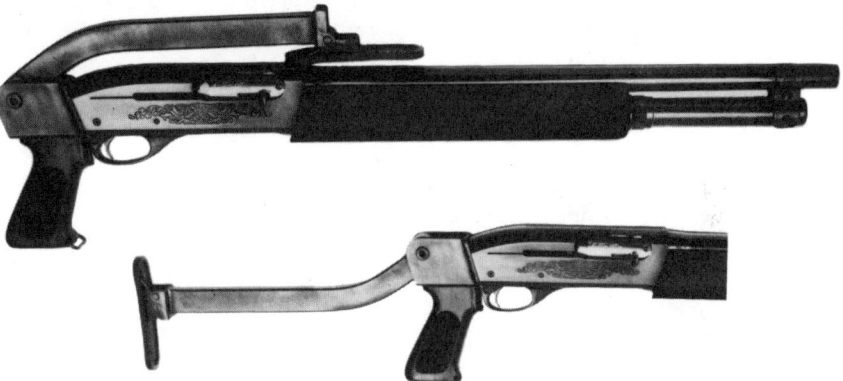

›Sidewinder‹. Eine auf den Polizeisektor spezialisierte Firma in den USA, Sage International Ltd., bietet diese Combat-Conversion der Remington Modell 1100-Selbstladeflinte an, bzw. deren Teile, damit sich ein Besitzer seine Flinte umrüsten kann: Die ›customisierte‹ Remington hat einen Klappschaft, eine Magazinverlängerung und umgeänderte Feder- und Führungshülsen-Anordnung. Außerdem wurde der Lauf nahe der Mündung von der Firma Mag-na-port Arms mit einer Reihe von Bohrungen versehen (›Pro-port‹), die einen Teil der Gase nach oben leiten, um dem Hochschlagen der Waffe entgegenzuwirken und den Rückstoß zu reduzieren. Die ganze Waffe kostet in den USA $ 650.–. Die hier gezeigte Version hat den 46 cm-Lauf und eine Sieben-Schuß-Kapazität.

und ist eine zusätzliche Hilfe, wenn mal eine verformte Hülse aus der Kammer ›geklaubt‹ werden muß.

Zum Zubehör

In den letzten fünf Jahren hat die weite Verbreitung von Flinten im Polizeibereich auch die Forderung nach kürzeren, handlichen Modellen gebracht. Wollte man nicht auf notwendige Lauflängen verzichten, so gab es nur einen Weg zur Reduzierung der Gesamtlänge: Anstelle des herkömmlichen Gewehrkolbens wurde ein Klappschaft angesetzt. Remingtons Entwicklung für das

Modell 870 ist die bisher günstigste Lösung dieses Problems. Mit dem umgelegten Schaft hat die Waffe bei einem 20 inch-Lauf eine Gesamtlänge von 78 cm und einen gut geformten Pistolengriff. Die Waffe wird handlicher und läßt sich in extremen Nahkampfsituationen, wie z.B. beim Absuchen von Gebäuden, besser führen, aber: Der Rückstoß wird merklich härter. Schießt man die Waffe mit eingeklapptem Schaft, merkt man, was man in der Hand hat! Der ausgeklappte Metallschaft ist trotz Gummipolster recht hart in der Schulter, und beim gezielten Schuß über die Visierung reibt das Metall nicht gerade sanft an Wange, Jochbein oder Kinnlade. Vorsicht ist geboten beim schnellen Schul-

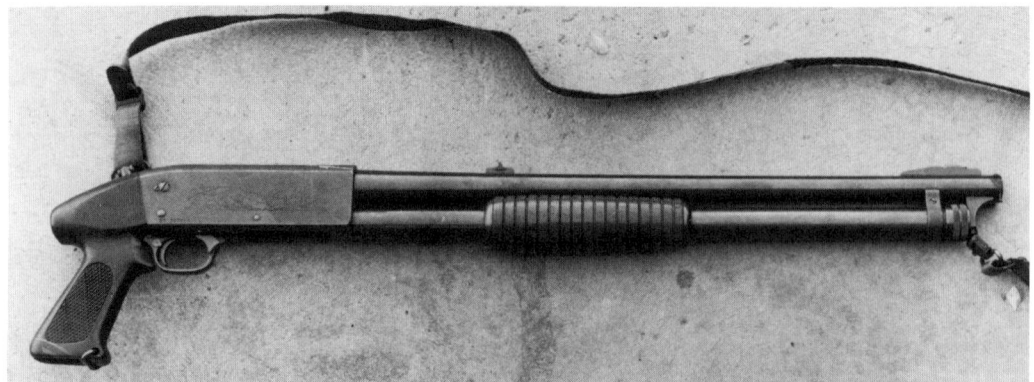
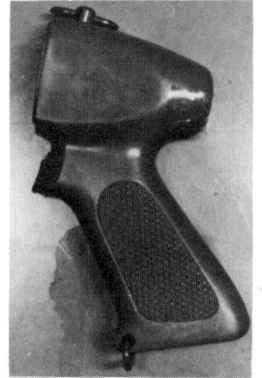

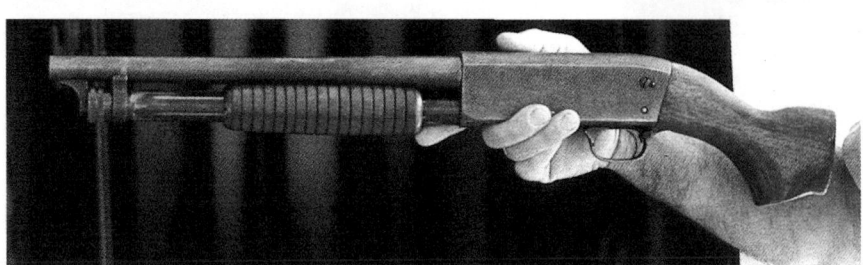

Ithaca M 37 mit dem von der Choate Machine & Tool Company gefertigten Plastikgriff, der auch von der Fa. ICA, Beilstein, verkauft wird. Rechts die ›Saalkampf‹-Version der Spezialeinheit des L. A. Sheriff Dept., eine auf Unterarmlänge verkürzte fünfschüssige Ithaca M 37: Beim Hüftschuß wird der Schaftsstummel hinter dem Pistolengriff auf der Hüfte oder an der Körperseite abgestützt!

teranschlag mit dem offenen Klappschaft, der sehr viel schneller an der Kleidung oder unter dem Arm hängenbleibt als der normale Holzkolben (der darüber hinaus noch über eine breite Gummischaftkappe zur Rückstoßminderung verfügt!).

Der Klappschaft ist – und darüber kann nichts hinwegtäuschen – ein Kompromiß und Notbehelf. In jeder Hinsicht ist ein Holzschaft vorzuziehen, zumal der Metallschaft die Waffe noch schwerer macht (ca. 3,5 kg gegenüber 2,95 kg im ungeladenen Zustand) und den Schwerpunkt ungünstig nach hinten verlagert. Aber es gibt Situationen und Umstände, die eine kürzere Waffe verlangen, so beim Einsatz in Zivil oder bei beengten Fahrzeugverhältnissen – dann ist die Remington 870 und ihr Klappschaft noch ein annehmbarer Kompromiß.

Für die ›Haus- und Hofwaffe‹, die sich in den USA steigender Beliebtheit erfreut, hat die Firma Choate Machine and Tool Co. (P.O.Box 218 Bald Knob, Arkansas 72010) einige sehr gut geformte und durchdachte Zubehörteile auf den Markt gebracht. Neben einem seitlichen Klappschaft, der sehr an ein MPi-Modell erinnert, ist der Pistolengriff und korrespondierende Vorderschaft aus Plastik zu nennen, der für rund 45 Dollar in Schwarz oder Olivgrün erhältlich ist. Bisher ist dem Verfasser noch kein Fall in Erfahrung gekommen, daß diese Plastikgriffe aus ›Polypropolyne‹ gebrochen wären oder ähnlich Schaden

genommen hätten. Die Anbringung benötigt keinen Büchsenmacher und ist in wenigen Minuten vollzogen.

Für den Combatschützen, der mit seiner Waffe viel schießen möchte, ist zu empfehlen, daß er einen scharfen Blick auf eine Laufverkleidung wirft. Bereits

im Ersten Weltkrieg hatten amerikanische ›Battle Shotguns‹ einen durchlöcherten Blechmantel über dem Lauf, der verhinderte, daß der Schütze beim Nachladen mit dem heißen Metall in Berührung kam. Später kam diese hilfreiche Einrichtung aus der Mode, selbst

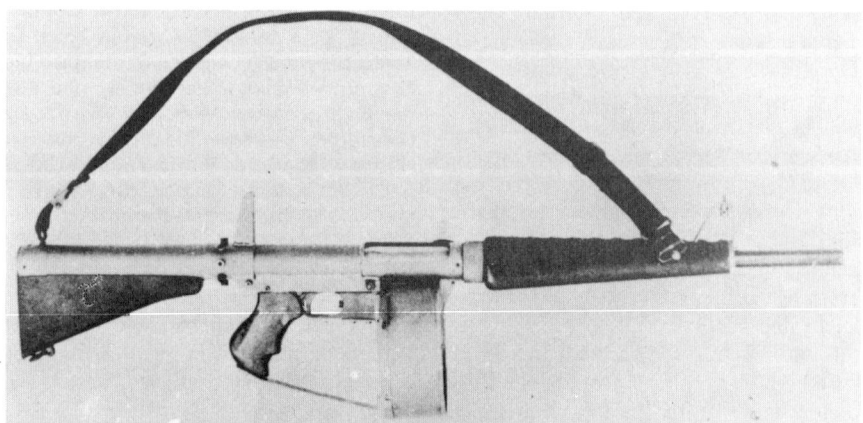

Prototyp der Atchisson 12 ga-Flinte mit Trommelmagazin. Diese Waffe, die als Halbautomat oder mit einem Wechselschalter für Dauerfeuer in den USA erhältlich ist, wurde als Combatwaffe für den militärischen und SWAT-polizeilichen Bereich entworfen. Dieser Prototyp wurde als Rückstoßlader gebaut, der wie eine Maschinenpistole zuschießend operiert. Die Kadenz liegt je nach Patronenart zwischen 290 und 320 Sch./m. Das endgültige kommerzielle Modell ist ein Gasdrucklader mit einer Länge von 99 ccm, einem Gewicht von 4,9 kg leer und einer Kadenz von 280 Sch./m. Geladen wird die Waffe mit einem einreihigen Kastenmagazin mit acht Schuß oder einer 20-Schuß-Trommel (s. Bild). Die Atchisson weist die Richtung auf, den die Schrotflintenentwicklung für den militärischen Gebrauch nehmen wird. Waffen dieser Art werden zukünftig eine Alternative zu den kleinkalibrigen Sturmgewehren bieten. 1982 wurden die ersten der Atchisson-›Sturmflinten‹ für runde $ 450.– auf dem Markt gehandelt. Die Feuerkraft dieser Waffe ist enorm: Ein Feuerstoß von drei Schuß 00 Buck Magnum entläßt in weniger als 0,75 sec 36 Geschosse aus der Mündung – dagegen macht sich eine Uzi geradezu kläglich!

die jüngst von der US Armee angekauften Flinten für Wachmannschaften sind nicht damit ausgestattet, obwohl sich bei den intensiven Feuergefechten des Vietnam-Krieges die Notwendigkeit eines solchen Handschutzes erwiesen hatte. Ithaca fertigt noch Kühlmäntel für ihre M 37. Choate Machine and Tool Company dürfte auch mit einer solchen Hilfe aufwarten und eine Firma, die sich North American Ordnance Corporation nennt und eine modifizierte Winchester-Version anbietet, kann auch mit so einem Zubehörteil aufwarten.

Fast ein ›Muß‹ sind die Elastikschlaufen für Reservemunition, welche es für Schrotflinten aller Kalibergrößen gibt. Auf einem Elastikband sind fünf Schlaufen für Schrotpatronen angebracht. Das Band selbst wird von der Mündung her über den Kolben gezogen und sitzt bombenfest. Bei einem Preis von rund 5 Dollar ab Firma bleibt nichts zu wünschen übrig, oder? Ein Nachteil sollte jedoch nicht verschwiegen werden: Die fünf Patronen am Schaft verlagern – besonders wenn es sich um Flintenlaufgeschosse handelt – den Schwerpunkt merklich nach hinten.

Abzuraten ist von einem Erzeugnis, das

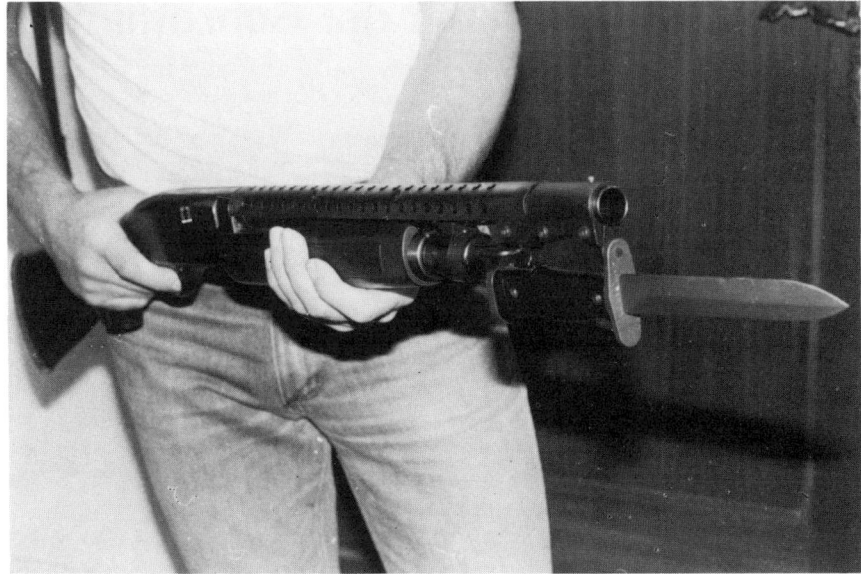

Winchester Pump action mit Bajonett-Aufpflanzung für das US M 4-Messerbajonett und ventiliertem Laufmantel, in Anlehnung an die M 97-Schrotflinten, die im Ersten Weltkrieg von amerikanischen Marineinfanteristen als ›trench guns‹ benutzt wurden. Auch heute noch werden bei der US Armee derart ausgestattete Ithaca-Flinten geführt.

Der im Text beschriebene Patronenträger von Perry's Ammo Sling Co., Route 1. Box 227; Apollo, PA 15613, USA. Der Preis beträgt rund $ 4.–. Die Firma Milt Sparks, Idaho, fertigt einen ähnlichen Schaftüberzieher aus Leder, der aber sieben Patronen hält (kann im Bundesgebiet über ICA bezogen werden). Mit etwas Geschick kann man sich aber einen solchen Patronenträger auch selber fertigen.

unter der Bezeichnung ›SWAT Sling‹ in den USA angeboten wurde: Für den Preis von 25 Dollar wird ein Gewehrriemen aus Nylon vertrieben, auf dem Schlaufen für 15 Schrotpatronen sitzen. Ganz abgesehen von der Tatsache, daß bei einem etwas hektischen Combatdurchgang durch das Gelände Patronen aus dem hin- und hergeschleuderten Riemen fallen werden, ist das baumelnde Anhängsel mit dem kollektiven Gewicht von 15 Patronen im höchsten Grad irritierend und jedem sauberen Anschlag abgängig. Dies zeigt nur, was man Unbedarften alles andrehen kann, wenn man es in der Werbung mit den passenden Adjektiven wie ›commando‹ oder ›SWAT‹ anpreist.

Eine ähnlich unsinnige Einrichtung für den praxisnahen Gebrauch – es sei denn zum Wildern – ist eine Vorrichtung für die seitliche Anbringung einer Taschenlampe am Gehäusekasten der Flinte. Das Ganze wird als ›S.W.A.T. Combat Light Mount‹ bezeichnet, wird links über dem Abzug befestigt, verlagert das

Waffengewicht seitlich und rückwärts und ist dort noch jedem Schlag oder Stoß ausgesetzt. Die Lampe kann nicht ohne Veränderung des Anschlages anoder ausgeschaltet werden und ist für den Schützen weitaus gefährlicher als für den potentiellen Gegner: Selbst beim Übungsschießen hängt das Lampenende gefährlich nahe am Gesicht des Schützen und dürfte irgendwann einmal die ohnehin sträflich teure Anschaffung (Preis der Montage ohne Lampe in der Schweiz 78 Franken) noch mit einem gehörigen Schlag auf die Nase heimzahlen!

Der Verfasser hat bisher jedenfalls noch keine SWAT-Einheit gesehen, die eines der genannten Accessoires an ihren Waffen trug. Gerade in Spezialeinheiten, die einen sehr hohen professionellen Grad der Angehörigen aufweisen, herrscht ein ›No-Nonsense-Approach‹ vor, der jeglichen unnötigen Schnickschnack oder überflüssiges technisches Beiwerk als eklatanter Verstoß gegen das Kiss-Prinzip verurteilt.

Combatschießen mit der Schrotflinte

Eine der am häufigsten anzutreffenden Legenden über Schrotflinten ist die, daß man wegen der breiten Streuung der Waffe den Lauf nur in die ungefähre Richtung des Ziels plus/minus 10 m halten muß, um mit einem Schuß Ziel und umgebende Botanik in Staub und Rauch aufgehen zu lassen. Wie so vieles, ist diese Vorstellung vom ›Volksbildungsinstrument Nr. 1‹ – dem Fernsehen – und den dort gezeigten Polizei- und Westernfilmen geprägt worden. In der Realität gilt die Faustregel, daß sich eine Schrotgarbe pro Meter Flug um einen Inch (2,56 cm) öffnet, d. h. das selbst in zehn Metern Entfernung eine Ladung 00 Buck lediglich eine Fläche von 25 × 25 cm abdeckt, plus/minus 10 cm nach jeder Seite. Dies entspricht etwa der Fläche zwischen Krawattenknoten und erstem Jacketknopf bei einem mittelgroßen Mann. Wie die Realität tagtäglich beweist, kann man sehr wohl auch mit der Flinte vorbeischießen, besonders, wenn man noch dem althergebrachten und unnützen Brauch des Hüftschießens anhängt.

Wie schon an anderer Stelle erwähnt, ist der Hüftschuß sowohl mit Faustfeuer- als auch mit Langwaffe ein gefährliches

Der am häufigsten auftretende Grund für eine Ladehemmung in der sonst so zuverlässigen Pump Action liegt beim Schützen: Unter Streß besteht eine Tendenz, die zum Laden notwendige Vorderschaftbewegung nicht vollständig auszuführen – ›short stroking‹. Dem muß durch gründliches Trainieren von Anfang an entgegengewirkt werden. Beim Hüftanschlag mit eingeklappter Stütze besteht die Gefahr, zu hoch zu schießen. Von Anfang an muß daher darauf geachtet werden, niedrig zu halten. Schrotkugeln, die vor dem Ziel auf den Boden schlagen, kommen immer noch als Querschläger an. Ein ganzes FBI-Schießprogramm wurde auf der Basis dieser Riccochetierwirkung aufgebaut. Ein Schuß aber, der über oder am Angreifer vorbei geht, zeigt überhaupt keine Wirkung!

Eine typische Situation: Links unten auftauchendes Ziel beim Vorgehen. Der schnell abgegebene Deutschuß liegt zu hoch, ein häufig zu beobachtender Fehler, wenn das Ziel tiefer als die eigene Gürtellinie liegt! Der Staub (Pfeil) zeigt deutlich Ausdehnung und Lage der Schrotgarbe bei dieser Entfernung (5–6 m!). Der Schütze handelt richtig – er bewegt sich gleichzeitig mit dem Repetieren, um einen besseren Schußwinkel und Einblick in den Graben zu bekommen. Ein richtiger Gegner (kein Pappkamerad) hätte sich auch seitlich oder nach vorn in Deckung geworfen, wenn ihm das Blei so scharf über den Kopf fliegt, und wäre vom ersten Stand nicht mehr zu erfassen gewesen – dem wurde hier entgegengewirkt.

Cola-Büchsen sind hervorragende Ziele zum Eingewöhnen des schnellen Repetiervorganges und der Garbenwirkung: Die erste Gruppe Büchsen (links) wurde getroffen, der Staub zeigt die Ausdehnung der Garbe.

Zweiter Schuß (rechts), während links noch der Staub steht.

Der Repetiervorgang zum dritten Schuß ist fast abgeschlossen, rechts im Kreis die leere Hülse. Zeitraum: Zweieinhalb Sekunden bis zum Brechen des 3. Schusses.

Risiko, das man nur dann eingehen sollte, wenn man es aufgrund der Lage nicht vermeiden kann. Im Klartext: Wenn die Entfernung zum Ziel so kurz ist, daß man es mit der Mündung berühren könnte. Bei allen anderen Situationen ist ein schulterhoher Anschlag genauso schnell (und für jeden Notfall immer noch schnell genug) und treffsicherer. Dies gilt auch mit der Flinte. Selbst bei der gekürzten, mit Pistolengriff versehenen Nahkampflinie für den häuslichen Schutz sollte man die Waffe so hoch wie möglich anschlagen, um den Lauf in den unteren Bereich der Blickrichtung zu bringen und eine unbewußte Korrektur der Richtung zu ermöglichen.

Wir alle kennen Schießstand-Weltmeister, die bei einer festgesetzten Entfernung ein Ziel im Hüftschuß und in 12 Uhr genau in die Mitte treffen können – besonders nach mehrmaligem ›Einschießen‹. Im Ernstfall läßt einem nur niemand die Zeit, die genaue Entfernung abzuschreiten, sich breitbeinig vor dem Ziel aufzustellen, es mit beiden Augen fest anzublicken und dann in aller Ruhe und Besonnenheit in den Anschlag zu kommen. Ein Angreifer kann oberhalb oder unterhalb unseres Gesichtskreises auftauchen, sein Körper ist oft zum großen Teil in der Deckung oder wir haben ihn lediglich aus den Augenwinkeln wahrgenommen und versuchen nun unsere Waffe in den Anschlag zu bringen, während wir uns seitlich und schnellstens aus seiner Schußrichtung zu entfernen versuchen.

Der Schuß mit der Schrotflinte muß also in gleicher Weise intensiv geübt werden wie der Gebrauch der Faustfeuerwaffe. Von Anfang an sollte man auf zwei Elemente großen Wert legen, damit sich keine Fehlverhalten einprägen, deren Abgewöhnung nur um so schwieriger ist, je länger man ihnen verhaftet war:

1. Anschlag der Waffe in Schulter- oder Brusthöhe.
2. Korrekte Bedienung der Waffe mit der Ausgangssituation ›Teilgeladen‹.

Zu 1: Nach einer kurzen Eingewöhnungsphase, bei der man sich mit der Funktion der Waffe, ihrem Rückstoß und Hochschlagen aus der Ziellinie im gezielten freien Schulteranschlag, im knienden, hockenden und liegenden Zielanschlag vertraut gemacht hat, wird zum instinktiven Schießen übergegangen. Ohne den Kopf zum Kolben zu neigen, wird die Waffe in den Schulteranschlag gebracht. Beide Augen blicken auf das Ziel über den Lauf, der Körper

Anschlagsarten

Oben: Zielschuß stehend – die Aufnahme zeigt, wie sehr die Visierlinie durch den Rückstoß aus dem Ziel geschlagen wird.

Unten: Zielschuß unter Ausnützung von Deckung – hier muß auch das Nachladen in der Deckung unter ständiger Beobachtung des Zieles geübt werden.

nimmt eine Art Combatcrouch ein, der linke Fuß ist etwas vorgesetzt, um für die Vorlage des linken Armes (mit der Hand am Vorderschaft!) zu kompensieren. Die Visierung wird nicht benutzt. Der Anschlag erfolgt aus der High-Port oder einer lockeren Tragehaltung der

Waffe mit dem Lauf nach unten heraus. Er ist genauso schnell wie ein Hüftanschlag und jeder angebliche Zeitverlust bleibt nur ein subjektives Empfinden. Aus dieser Haltung kann mit Körperdrehung nach rechts oder links geschossen werden, besteht eine hohe Treffer-

Links: Brusthoher Anschlag – die Abzugshand stützt sich auf dem Brustmuskel nahe dem Sternum ab. Bei diesem Anschlag ist die Waffe sehr weit im unteren Gesichtskreis und läßt sich gut kontrollieren.

Unten: Hüftanschlag mit eingeklapptem Schaft. Die rechte Hand stützt sich an der Bauchseite unterhalb des Brustkorbes ab. Die hier gezeigte Entfernung von den Scheiben ist etwa die Maximaldistanz für den Hüftschuß, der brusthohe oder Schulteranschlag ist für Entfernungen über sechs Meter sicherer.

wahrscheinlichkeit nicht nur auf Ziele in mittlerer Entfernung von 15 bis 30 m, sondern auch bei Zielen, die über Kopfhöhe oder unterhalb Kniehöhe auftauchen.

Beim Schießen aus der Bewegung, z. B. im Zick-Zack-Lauf, sollte nur dann abgedrückt werden, wenn man für einen Sekundenbruchteil die Bewegung gebremst hat und mit beiden Beinen auf dem Boden steht. Hier kann aus einem brusthohen Anschlag geschossen werden, bei dem man bemüht sein sollte, den Schaft so hoch wie möglich zu bringen, ihn zwischen Achselhöhle und Oberarm einzuklemmen oder auf dem Oberarmmuskel aufzusetzen. Kein

Hüftanschlag also, sondern viel höher, stets bemüht, die Waffe so weit wie möglich in den unteren Gesichtskreis einzubringen, um eine Kontrolle der Waffenrichtung zu gewährleisten.

In ähnlicher Weise wird mit eingeklapptem Schaft oder mit jenen Waffen verfahren, die nur einen Pistolengriff haben: Die Waffe wird mit beiden Händen so hoch wie möglich gehalten, so daß die rechte Hand mit dem Pistolengriff in Höhe des Brustbeins ist. Nur beim Schuß im Nahbereich (bis zu 6 m) kann die rechte Hand niedriger gehalten werden, sie sitzt dann unterhalb des Rippenansatzes in der Magengrube, wobei der gesamte Unterarm an die Körpersei-

te gepreßt ist, um den Rückstoß aufzufangen. In dieser Haltung kann eine sehr schnelle Aufeinanderfolge der Schüsse erzielt werden.

Zu 2: Die Pump-Action ist eine Waffe, deren Gebrauch von Anfang an richtig erlernt sein sollte. Zum richtigen Training gehört, daß nach jedem Schuß sofort durchgeladen wird, möglichst schon die Rückstoßbewegung ausnutzend. Nur so wird sich der Schütze daran gewöhnen (besonders jene von automatischen Waffen Verwöhnte!), daß er einer Repetierbewegung bedarf, um wieder abwehrbereit zu sein. Hier muß strengste Selbstkontrolle ansetzen

 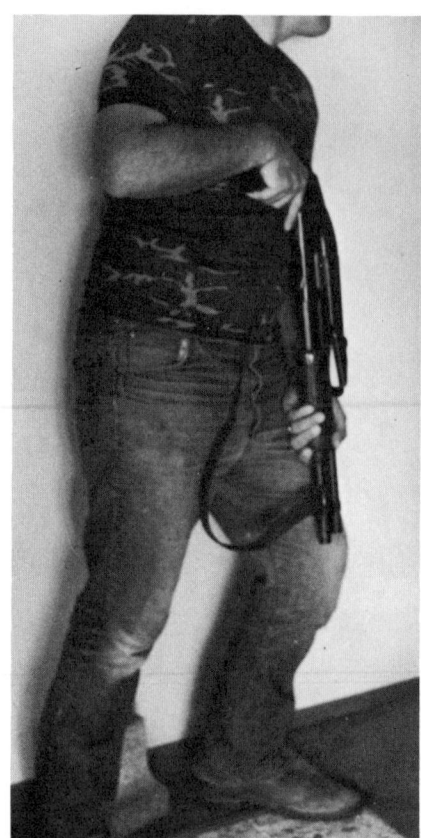 

Der Umgang mit der Langwaffe innerhalb von Räumlichkeiten will gelernt sein, so auch das Vorgehen mit der Flinte. Der Klappschaft eröffnet hier Möglichkeiten: (links) beim Umrunden von Ecken, (Mitte) beim Annähern an Türen und Ecken. Rechts die ›High Port-Haltung‹, die den schnellen Schulteranschlag erlaubt.

oder es bedarf der Aufsicht durch einen Ausbilder.

Jede Übung wird mit der Waffe im teilgeladenen Zustand angefangen, d. h., der Verschluß ist abgeschlagen (entspannt), das Röhrenmagazin gefüllt. Erst beim Startsignal wird durchgeladen und gefeuert. Die Sicherung wird für den gefechtsmäßigen Gebrauch völlig außer acht gelassen. Dieses Überbleibsel aus der jagdlichen Verwendung der Pump-Action, zumeist ein Knopf hinter dem Abzug, den es auf die andere Seite zu drücken gilt, ist ein zeitaufreibendes Hindernis. Es ist viel einfacher und problemloser, die teilgeladene und völlig sichere Waffe durchzuladen, als mit der Sicherung herumzufummeln. Bei einem ganz prekären Ernstfall kann man auch den Vorderschaft bis zum Anschlag zurückreißen, so daß bereits eine Patrone auf dem Ladelöffel vor der Kammer zu liegen kommt und nur noch der Verschluß durch gänzliches Vorstoßen des Vorderschaftes geschlossen werden muß.

Wenn hier vom ›Stoßen‹ oder ›Reißen‹ des Vorderschaftes die Rede ist, dann nicht von ungefähr: Eine große Gefahr bei der Bedienung der Pump-Action ist das zu langsame und nicht vollständige Zurückziehen des Vorderschaftes: Dadurch kann es zum Nicht-Auswurf der Hülse kommen oder zum fehlenden Transport der nächsten Patrone. Flinten sind robuste Waffen und können den kleinen Stoß vertragen. Von Anfang an sollte der Schütze bemüht sein, auf seine rasche und energische Durchladebewegung nach dem Schuß zu achten – die Hülse muß weit ausgeworfen werden!

Zum Training aber gehört auch das schnelle Aufmunitionieren. Auf dem Übungsparcour sollten Deckungen eingebaut sein, hinter denen nachgeladen wird. Das Hineindrücken der Patrone in die Ladeöffnung ist nicht leicht, da der Druck der recht starken Magazinfeder überwunden werden muß. Der Übungsablauf sollte daher so gestaltet sein, daß der Schütze immer gehalten ist, nachzuladen, wobei die Patronen aus der Tasche, dem Gurt oder der Schafthalterung entnommen werden und der Schütze am Ende des Durchgangs mit einer geladenen Waffe steht –

die er in den sicheren, teilgeladenen Zustand zurückversetzen muß.

In der ›fortgeschrittenen Phase‹ sollte der Schütze auch angehalten werden, in den Munitionsarten zu variieren und nach dem initiären Feuerschlag mit 00 Buck bei entfernteren Zielen mit Slugs nachzuladen. Mit dem Flintenlaufgeschoß und einer Gewehrvisierung an der Waffe sind Zielschüsse auf Kopfscheiben hinter Deckung oder auf 75 m entfernte Mannscheiben durchaus im Bereich des Realistischen und sollten so einbezogen werden. In ähnlicher Weise kann auch eine Übung in einer Combatschießanlage geschossen werden, wobei ›Täter mit Messer‹ oder ›Angreifer mit Schraubenschlüssel‹ (bildliche Darstellung) statt mit einer Schrotladung 00 Buck in die Körpermitte mit einem Schuß Jagdschrot auf die Beine gestoppt werden – um so im Rahmen der Verhältnismäßigkeit zu bleiben.

Wer sich mit der Flinte vertraut gemacht hat und sie aus dem ›Eff-eff‹ beherrscht, sollte sich überlegen, ob er den Gebrauch der Sicherung völlig außer acht läßt: Bei den meisten Fabrikaten ist die

Sicherung als kleiner Knopf im Bereich des Abzugbügels angebracht, schwer zu finden und erfordert ein Umgreifen der Abzugshand. Im Notfall kann es hier zu einer prekären Verzögerung kommen. Eine Ausnahme bilden z. B. die Mossberg-Flinten, deren Sicherung als Schieber oben auf dem Kolbenhals in Reichweite des Daumens liegt. Die Waffe ist ohnehin teilgeladen zu halten, aber mitunter erfolgt ein Durchladen, der Schütze sieht sich aber durch die Situation gezwungen, die Waffe weiterzuführen, will nicht oder hat keine Zeit zum Entladen, möchte aber ein Sicherungselement ›vorschalten‹. In diesem Fall kann es geraten sein, den Verschluß halb zu öffnen, so daß die Patrone zwar noch in der Kammer, der Verschluß aber nicht verriegelt ist. In diesem Zustand ist der Abzug blockiert, eine kurze Vorwärtsbewegung des Vorderschaftes aber läßt den Verschluß zurasten und macht die Flinte sofort feuerbereit.

Welche Munition?

Ja, natürlich Schrot! möchte man im ersten Augenblick antworten. Aber die Auswahl der entsprechenden Schrotflintenkaliber und des dazugehörigen ›Futters‹ ist nicht so einfach, wie es auf den ersten Blick erscheinen möchte. Für eine combatgerechte Flinte kommt in erster Linie das Kaliber 12 (gauge) in Frage, aber auch da gibt es Unterschiede: Gewöhnlich besitzen die Repetier-Schrotflinten eine Kammerlänge von 70 mm (2¾ Zoll), wie z. B. bei den Remington oder Ithaca-Modellen. Mitunter treten aber auch ›Magnum‹-Versionen auf, wie z. B. die Fabarm-Flinten, die serienmäßig für die längere 76 mm Hülse (3 Zoll) gefertigt werden. Aus diesen Magnum-Flinten können problemlos auch die kürzeren 12/70-Patronen verschossen werden – umgekehrt nicht! Progressivere Pulver und ausgeklügelte Laborierungen haben es den Munitionsfirmen aber ermöglicht, auch für die 12/70-Patronen ›Magnum‹-Dimensionen zu erreichen. Verschiedene Firmen, so Winchester-Western, bieten neben ihren Normallaborierungen in der Hülsenlänge 70 mm (2¾ Zoll) auch eine Magnum-Ladung an, die aus den ›riot-guns‹, den Repetierschrotflinten, ohne Probleme verschossen werden kann. Der Unterschied: Die Magnum-Patronen haben mehr Schrote und eine stärkere Pulverladung. In der gebräuch-lichsten Schrotmunition für das gefechtsmäßige Schießen, dem berühmten ›00 Buck‹ (im engl. spricht man das als ›double-0-buck‹), dem deutschen Reh- oder Sauposten, bedeutet das zwölf statt normal neun Bleischrote à 8 mm und 7,5 g statt 6,6 g Treibladung! Ein Unterschied, der sich im Ziel bemerkbar macht!

Bis vor wenigen Jahren war 00 Buck die Schrotflintenmunition schlechthin: In 95% aller amerikanischen Polizeiflinten wurde nur diese Munition verwendet und sonst nichts anderes – höchstens, daß man für den Beschuß von Schlangen oder bei Gefangenentransporten noch ein kleineres Jagdschrot als nicht-tödliche Munition mitführte. Relativ wenige Polizeidepartements gaben Flintenlaufgeschosse (slugs) an ihre Streifenwagenbesatzungen aus, noch weniger ließen ihre Beamten damit üben. Dabei haben diese 18 mm-Bleibatzen in den USA durchaus Tradition. In einigen Bundesstaaten sind sie die einzige gesetzlich erlaubte Geschoßform, um auf Rehwild Jagd zu machen! Erst die durch den Terrorismus veränderte Verbrechensstruktur, die Aufstellung von Spezialeinheiten und die entsprechend vorangetriebene Forschung in der Waffen- und Munitionstechnik brachte Veränderungen. Slugs haben aufgrund ihrer hohen Schock- und Mannstop-Wirkung verstärkt Eingang in die Polizeipraxis gefunden. Für viele Praktiker bieten sie bei Geiselnahmen die Möglichkeit, mit der Flinte an der Geisel ›vorbeizuschießen‹ und den Geiselnehmer wirkungs-

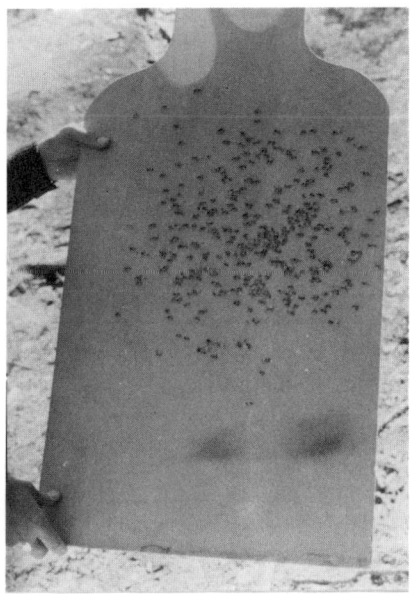

Hier wurde Jagdschrot zum Üben genommen. Die Treffer auf der Scheibe rechts zeigen nachdrücklich die Wirkung einer Garbe auf die Entfernung 7,5 m!

Korrekte Ausdehnung der Schrotgarbe auf 7,5 m: Die 00 Buck-Schrote haben sich voneinander gelöst und sind in einem Quadrat von 15 × 25 cm eingeschlagen – ein Streukreis in ovaler Form von etwa 20 cm Ausdehnung, was der Faustregel von 2,5 cm Öffnung pro ein Meter Flugbahn annähernd entspricht. Munition: Remington 12 gauge Magnum.
Der Einschuß im Kopfbereich der Scheibe stammt von einem Remington ›Slugger‹ Flintenlaufgeschoß aus 12 m Entfernung.

voll niederzukämpfen, oder im Notwehrfall den Feuerkampf mit einem Heckenschützen aufzunehmen. Zuerst aber mußten einige Mißverständnisse und Mythen ausgeräumt werden. Früher, als Schrotflinten ausnahmslos mit Choke-Bohrungen zur Jagd benutzt wurden und man bei der Treibjagd ein, zwei Flintenlaufgeschosse für den Fall der Fälle mitnahm, wenn man im Unterholz einem erbosten Eber über den Weg lief, war das dafür notwendige Geschoß wesentlich kleiner als der Laufdurchmesser und konnte eine irgendwie geartete Treffsicherheit höchstens bis 35 m aufwarten lassen. Heute können wir aus einer 20-Zoll-Repetierflinte auf 50 m erstaunlich kleine Trefferbilder erbringen und eine Mannscheibe auf 100 m noch problemlos treffen: Remingtons ›Slugger‹ mit ihrem Gewicht von 28,35 Gramm fallen auf 100 Meter etwa 35 cm – das entspricht dem Abstand Nasenwurzel-Brustbein bei einem mittelgroßen Menschen. Gute Flintenlaufpatronen, wie Winchesters Super X, Remingtons Slugger oder Rottweils

Brenneke, werden auf 100 m-Streukreise zwischen 25 und 30 cm erzielen. Das 31,5 g-Brenneke hat auf diese Entfernung noch eine Fluggeschwindigkeit von rund 310 m/s und eine Auftreffenergie von 140 mkg!

Im Bereich der Schrotladung ist in jüngster Zeit eine Modeerscheinung zu beobachten gewesen, die weg von der jahrelang bewährten 00-Ladung zu kleineren Buckshot-Kalibern führte: Die ballistischen Tests amerikanischer Polizeien hatten ergeben, daß die sich öffnende 00-Garbe ab 40 m zu große Lücken aufwies. Ein Täter konnte so mit etwas Glück unbeschadet oder nur ›leicht angekratzt‹ den 9 Kugeln entkommen. Im Gegensatz dazu bot Nr. 4 Buck ein besser deckendes Trefferbild auch auf mittlere Entfernungen – die Wahrscheinlichkeit, daß ein Täter von mehreren der 27 Kugeln vom Kaliber 5 mm getroffen wurde, erschien höher. Rein theoretisch deutete alles darauf hin, daß No. 4 Buck als polizeiliche Standard-Ladung eine wesentlich günstigere Leistung als die größere 00-Schrotgruppe aufweisen konnte. Diese Testergebnisse machten in der zweiten Hälfte der siebziger Jahre die Runde, Besprechungen wurden in verschiedenen Polizei- und Waffenzeitschriften veröffentlicht und die neuen Erkenntnisse als revolutionierende Entdeckung gepriesen. Einige Polizeibehörden schlossen sich diesem Trend auch an, jedoch folgte bald die Ernüchterung: Zwar deckte der Nr. 4 Rehposten eine Mannscheibe z. B. auf 25 m besser ab, aber die einzelnen Schrote hatten zuwenig Auftreffenergie, um ernsthafte Verletzungen und damit eine Gefechtsunfähigkeit des Angreifers zu erwirken. Im praktischen Einsatz mußten Polizisten erfahren, daß die leichteren 5 mm-Kugeln oft kaum Winterjacken oder Lederkleidung durchdrangen! Auch wurde der Streukreis zu groß: Auf 25 m bleibt eine 00 Buck-Garbe innerhalb eines Radius von 70 bis 80 cm, No. 4 aber breitet sich auf 110 bis 120 cm aus. Die Polizei von Washington, D.C., die als erste den

Schritt zu No. 4 unternommen hatte, kehrte 1980 wieder zu 00 Buck zurück. Die geringere Penetrationsfähigkeit leichterer Rehposten bietet aber dort einen Vorteil, wo man bei Fehlschüssen eine Gefährdung Unbeteiligter weitgehend ausschließen will: Während 00 Buck Türen und Wände der modernen Leichtbauweisen durchschlägt, besteht diese Gefahr bei Nr. 3 oder 4 nicht mehr – als Verteidigungsmittel für die ›Haus-und-Hof‹-Flinte sollte man diesen Umstand durchaus in Rechnung ziehen. Einer unserer Tester hat aus diesen Gründen seit Jahren seine Pump-action mit folgenden Sorten Schrot geladen, um eine abgestufte Reaktion auf einen möglichen Angriff auf seine Behausung zu erreichen: Die Waffe steht unterladen und entsichert neben seinem Bett, und die erste Patrone, die beim Durchladen dem Lauf zugeführt wird, ist eine Nr. 4, danach folgen zwei Patronen 00 Buck und zuletzt, für alle Eventualitäten ist noch mit Slugs geladen!

Die kleineren Jagdschrot-Sorten sind aus nächster Entfernung absolut tödlich – im Bereich unter drei Meter kann sich die Schrotgarbe nach Verlassen des Laufes kaum öffnen und produziert daher eine großflächige, tiefe Wunde mit hohen Gewebezerstörungen. Bei mittleren und größeren Entfernungen verlieren die Schrote schnell an Fluggeschwindigkeit und Auftreffenergie, sie produzieren daher meist nur oberflächliche Verletzungen und sind oft kaum in der Lage, Kleidung wirksam zu durchdringen. Zum Üben beim Combatschießen mit der Flinte sind die Jagdschrotladungen mit den Schrotgrößen 2–4 mm hervorragend geeignet. Diese Patronen sind weit billiger als die teuren 00 Buck, ihr Auftreffen auf die Pappscheibe ist für den Schützen sofort erkennbar. Zum Üben bieten sich auch sogenannte Schrot-Reduzier- oder Trainingsläufe an: Dies sind patronenähnliche Läufe, die wie eine Schrotpatrone geladen werden können. Eine Bohrung im Stoßboden nimmt entweder eine .22 lang- oder 9 mm-Schrotpatrone oder eine 4 mm

Buckshot-Größen und Ladungen im Vergleich, Fa. Winchester Western

Kaliber		12/70 Standard	12/70 Magnum	12/76 Magnum
000	(8,5 mm)	8 Stück / 6,6 g		10 Stück / 6,6 g
00	(8,0 mm)	9 Stück / 6,6 g	12 Stück / 7,5 g	15 Stück / 8,0 g
0	(7,0 mm)	12 Stück / 6,6 g		
Nr. 1	(6,5 mm)	16 Stück / 7,0 g	20 Stück / 7,0 g	24 Stück / 7,5 g
Nr. 4	(5,0 mm)	27 Stück / 6,6 g		41 Stück / 8,0 g

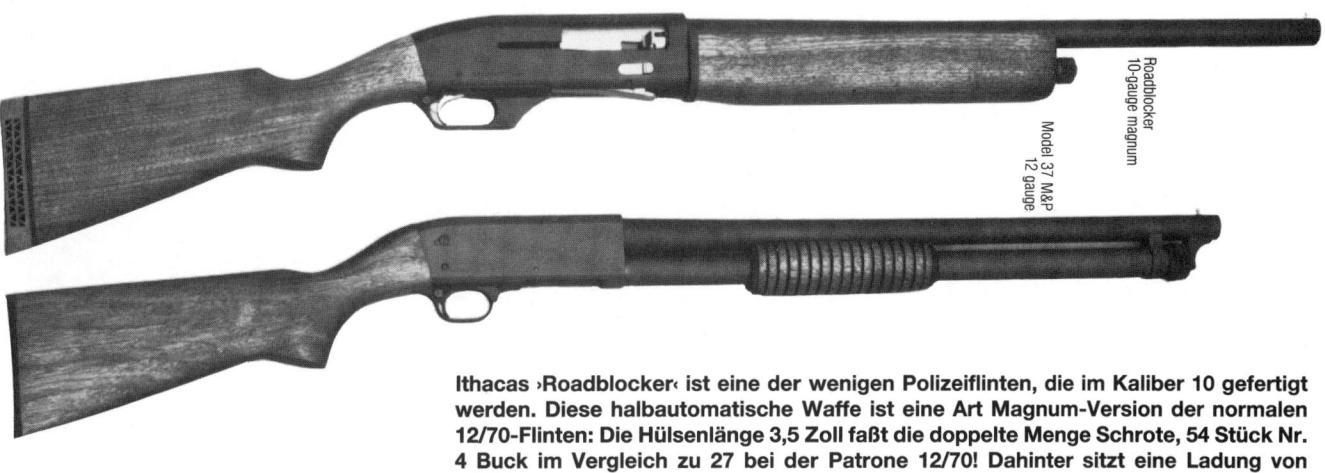

Roadblocker
10-gauge magnum

Model 37 M&P
12 gauge

Ithacas ›Roadblocker‹ ist eine der wenigen Polizeiflinten, die im Kaliber 10 gefertigt werden. Diese halbautomatische Waffe ist eine Art Magnum-Version der normalen 12/70-Flinten: Die Hülsenlänge 3,5 Zoll faßt die doppelte Menge Schrote, 54 Stück Nr. 4 Buck im Vergleich zu 27 bei der Patrone 12/70! Dahinter sitzt eine Ladung von 7,5 Gramm.

M 20 auf. Mit dieser Art ›Einstecklauf‹ kann der Deutschuß mit der Flinte auf verkleinerte Scheiben selbst innerhalb von Räumen geübt werden. Bei Frankonia kosten diese Läufe je nach Art DM 54.–.

Viel ist in den vergangenen Jahren über die Möglichkeit diskutiert worden, aus Schrotflinten nichttödliche Gummi- und Nylon-Schrote, Stun-Bags oder ähnliches abzuschießen und Angreifer unterhalb der Schwelle des tödlichen Schußwaffeneinsatzes mit einem Schuß gegen die Beine z. B. abzuschrecken.

Diese Möglichkeiten existieren, sind aber sowohl vom Technischen wie vom Juristischen viel weiter begrenzt, als dies auf den ersten Schritt erscheinen mag. Die technischen Versuche und serienmäßigen Entwicklungen in dieser Hinsicht sind zwar weit gediehen, es wird auch weitergeforscht, aber eine tatsächlich garantierte nicht-tödliche oder -schädigende Abwehrmunition gibt es nicht, wird es auch in absehbarer Zeit nicht geben. Selbst der Gummi-Schrotschuß gegen die Beine eines Angreifers, selbst ein rikochettierender Schuß, dessen Abpralleffekt vom Pflaster vor dem Ziel vor allem Auftreffenergie reduzieren soll, kann schwerwiegende Folgen, etwa durch Gesichts- und Augenverletzungen haben. Da die genannten nichttödlichen Geschosse auch auf Entfernungen über 20 m wirksam sein sollen, müssen sie eine sehr hohe V_0 haben, die ihrerseits dazu führt, daß jeder direkte Beschuß unter drei Meter mit Stun-Bags, Prasselschrot aus Nylon oder Gummi u. ä. schwerste Verletzungen am menschlichen Körper verursacht. Beim Abprallschuß vor und damit gegen

›Elast-A-Slug‹ wird von Sage International Ltd. hergestellt (2271 Star Ct. Auburn Heights, Michigan 48057) und ist sowohl im tödlichen Einsatzbereich bei Direktbeschuß bis zu 30 m als auch im nichtlethalen Bereich durch rikochettierenden Beschuß zwischen 3 und 45 Metern anwendbar. Das Kunststoffgeschoß wiegt 9,4 Gramm und hat eine V_0 von 270 bis 300 m/s je nach Lauflänge (18″ oder 20″). Von der Firma wird es zum einen als Einsatzmittel für Spezialeinsätze wie auch als Trainingsmittel für Schießübungen innerhalb von Räumen angeboten.

›Poly-Shot‹ wurde in Österreich entwickelt und ist eine Schrotpatrone, bestehend aus ca. 160 schwarzen Platikschroten à 4 mm für die ›Verteidigung und zur humanen Verbrechensbekämpfung‹ (Firmentext). Die V_0 der Schrotladung beträgt rund 400 m/s und nimmt entsprechend schnell ab, da das Gewicht der einzelnen Schrote nur 0,04 g beträgt. Gedacht ist an eine Angriffsabwehr mittels Abprallschuß auf die Beine oder an einen direkten Notverteidigungsschuß. Um die Plastikschrote auf dem Bild sichtbar zu machen, wurde ihnen beim Gießen Metallpulver beigefügt. Vertrieb: Joh. Springers Erben, Wien.

die Füße eines Angreifers ist zwar ein schmerzhafter, doch weitgehend folgenschwerer Erfolg wahrscheinlich, jedoch wird ein großer Teil der Schrote am Ziel vorbeigehen und kann Unbeteiligte gefährden. Ein entsprechender Einsatz will also wohl überlegt sein und kann nur unter bestimmten Umständen juristisch vertreten werden. Allgemeingültige Aussagen und Verhaltensmaßregeln sind unmöglich.

Bei der Auswahl der Schrotmunition für die Verteidigung gelten die gleichen Grundsätze wie bei der Auswahl von Faustfeuerwaffen-Patronen. Jede Waffe und jede Munition ist nicht gleich, durch Testserien muß ermittelt werden, welche Marke und welche Munitionsart in der eigenen Flinte die beste Wirkung ergibt. Bei unseren Testserien mit der Remington 870 ergaben sich frappierende Unterschiede, die u. a. auf die Form der Verdämmungspropfen, auf die Art der Krimpung etc. zurückgeführt werden können. Als Faustregel gilt: Es soll eine möglichst gleichmäßige Streuung der Schrotgarbe erreicht werden. Bei Buckshot heißt das ca. 2,5 bis 3 mm Öffnung pro Meter Flugbahn. Mit Remington 12/70 Magnum-Patronen (12 Projektile 00 Buck) wurden aus der Entfernung 7,5 Meter eine Trefferfläche von 15 × 25 cm erreicht. Dagegen ergaben Federal-Patronen völlig unterschiedliche Streukreise: Entweder blieb

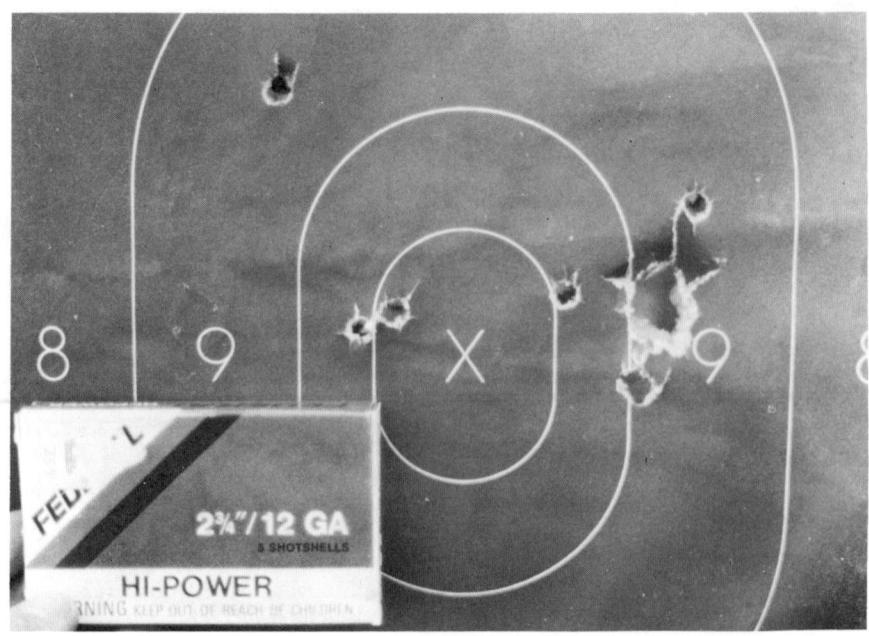

Die Schrotgarbe hat sich nicht sauber vom Verdämmungspropfen gelöst, der große Eindruck rechts stammt vom Schrotbecher.

die Schrotgarbe zusammen (Bild) oder sie verteilte sich unregelmäßig in einem Radius von 55 cm! Winchesters Super X Magnum erzielte eine gleichmäßig wiederkehrende Trefferqualität von durchschnittlich 20 cm-Streukreis.

Diese Ergebnisse zeigen nur, daß es notwendig ist, die zur Verwendung kommende Munition auf ihre Wirkung zu testen. Bei Flintenlaufgeschossen treten aufgrund unterschiedlicher Treibspiegelformen und Geschoßgewichte von Hersteller zu Hersteller noch größere Unterschiede auf, so daß der Schütze sich nicht einfach auf seine Visierung verlassen kann.

VI. Nachladen!

5. April 1970, Newhall (Kalifornien), entlang der Bundesautobahn Route 99. Um 23.36 Uhr erreicht die Leitstelle der California Highway Police (CHP) den Anruf eines Autofahrer, der kurz vorher durch einen Pontiac von der Fahrbahn abgedrängt und von den zwei männlichen Insassen des Fahrzeugs im Vorbeifahren mit einem .38 Spl. Zwei-Zoll-Revolver bedroht wurde. Eine entsprechende Meldung geht an die Streifenfahrzeuge. Gegen 23.50 Uhr stellt eine Zweimannstreife der CHP, bestehend aus den 23jährigen Polizisten Roger Gore und Walter Frago, den fraglichen Pontiac an einem Rasthaus mit dem Namen ›Jay's Restaurant‹ und fordert Unterstützung an. Die Gäste der Autobahnraststelle werden in den folgenden Minuten Augenzeugen des Geschehens. Was beide Beamten zu diesem Zeitpunkt nicht wissen können: Der Pontiac ist unter falschem Namen gekauft worden; die Insassen, der 35jährige Jack Twining und der 27jährige Bobby Davis, haben ein langes Vorstrafenregister. Beide sind bereits wegen Bankraub und Angriffe auf Polizeibeamte vorbestraft. Am 5. April sind sie in der Vorbereitung eines weiteren Bankraubes unterwegs. In ihrem Auto befinden sich neben dem bereits bekannten .38 Spl.-Revolver, zwei .45 ACP-Pistolen, ein 4-Zoll .357 Magnum und eine abgesägte 12 gauge Schrotflinte. Alle Waffen sind geladen. Mit ihrem Streifenwagen blockieren die Beamten Gore und Frago die Ausfahrt der Raststelle, der Suchscheinwerfer und die normalen Scheinwerfer sind auf den Pontiac gerichtet. Gore und Frago sind an ihrem Fahrzeug in Deckung gegangen und fordern die Insassen auf, den Pontiac mit erhobenen Händen zu verlassen. Erst nach der dritten Aufforderung steigt plötzlich der Fahrer (Davis) aus. Es bedarf einer weiteren Anweisung, bis Davis die Hände hebt. Jetzt verläßt Roger Gore seine Deckung, er geht mit gezogenem Dienstrevolver auf Davis zu und bugsiert ihn in die ›Adler‹-(Durchsuchungs-)Haltung am rückwärtigen Teil des Pontiac. Sein Kollege Fra-

go begibt sich in diesem Moment zur Beifahrerseite, seine Schrotflinte hält er in der ›High-port‹-Haltung quer vor der Brust. Als er mit der linken Hand die Beifahrertür öffnet, behält er die Ithaca M 37 mit dem Lauf nach oben in der rechten Hand. Walter Frago sieht sich überraschend der Mündung des .357 S & W Highway Patrolman gegenüber. Nach Zeugenaussagen ruft er noch »Hold it!« und versucht seine Flinte in den Anschlag zu bringen. Zwei Schüsse aus dem Revolver durchschlagen seine Brust der Länge nach und führen den sofortigen Herzstillstand herbei. Twining springt jetzt aus dem Pontiac heraus und schießt auf Gore, der immer noch seinen Partner in Schach hält. Die Schüsse verfehlen den Beamten, auch Gores Abwehrfeuer geht an ihrem Ziel vorbei und trifft einen parkenden PKW. Der sich jetzt unbeobachtet sehende Davis zieht seinerseits einen .38 Spl. S & W Bodyguard und eröffnet das Feuer auf Roger Gore aus nächster Nähe: Zwei Schüsse treffen den CHP-Beamten in die linke Brustseite und bleiben unter dem rechten Schulterblatt stecken. Auch diese Schüsse, so die spätere Obduktion, führen den sofortigen Tod herbei. Diese Tat wird nicht nur von Dutzenden Gästen in der Raststelle beobachtet, sondern auch von dem gerade eintreffenden ›Back-Up‹-Team, die Gore und Frago zur Unterstützung herbeigerufen hatten. Der zweite CHP-Streifenwagen kommt unmittelbar nahe zum ersten zum Stehen. Die Beamten, James Pence und George Allen, beide 24 Jahre alt, sind aus dem Fahrzeug heraus und hinter den geöffneten Türen in Stellung, noch bevor der Wagen richtig zum Halten kommt. Bereits unter Beschuß durch die beiden Mörder, setzt Pence noch eine Meldung an die Leitstelle ab. Zeitpunkt: 23.56 Uhr. Pence erwidert das Feuer mit seiner .357 Magnum, sein Partner Allen lädt die Flinte durch und wiederholt unter dem Eindruck der Situation noch einmal diese Ladebewegung — am Tatort wird später eine Schrotpatrone aus der Flinte gefunden. Beide Täter greifen auf

ihr Waffenlager im Pontiac zurück, als sie ihre Revolver leergeschossen haben: Twining nimmt sich eine .45er Pistole, gibt einen Schuß ab und greift sich die zweite .45er, als die erste Waffe eine Ladehemmung hat. Bobby Davis zieht eine abgesägte Pump Action aus dem Fahrzeug und rennt zu einer Stelle, von der er den Polizisten Allen unter flankierenden Beschuß nehmen kann. Allen hat zu diesem Zeitpunkt die verbliebenen drei Patronen seiner Flinte auf den Pontiac abgeschossen. Lediglich eine Schrotkugel trifft Twining an der Stirn, fügt dort eine Fleischwunde zu und prallt am Schädelknochen ab. Allen läßt die Flinte fallen, zieht den Revolver und versucht sich hinter dem Heck des Streifenwagens in Sicherheit zu bringen. Noch bevor er hier einen Schuß abgeben kann, wird er von der ersten Buckshot-Ladung aus Davis Flinte getroffen und sinkt zu Boden. Ein reflexartig abgegebener Schuß des in Gesicht und Brust Verletzten durchschlägt den eigenen Kotflügel. Ein zweiter Schuß trifft ihn. Ein zufällig in den Parkplatz vor der Raststätte eintreffender Reisender, der 31jährige Gary Ness, der Zeuge des Zwischenfalls wird, versucht Allen aus der Schußlinie zu ziehen. Als das leblose Gewicht des Beamten diesen Versuch vereitelt, zieht Ness die Schrotflinte des Getroffenen an sich und richtet sie auf Davis. Die Waffe ist leer. Eine Schrotladung aus Davis Flinte verfehlt ihn wie durch ein Wunder. Ness hebt daraufhin den .357 Magnum-Revolver des Beamten auf und gibt einen Schuß auf seinen Angreifer ab. Zwar geht auch dieser Schuß fehl, aber ein absplitternder Geschoßteil fügt Davis eine Fleischwunde an der Brust zu. Als Ness ein zweites Mal abziehen will, fällt der Schlagbolzen auf eine bereits abgeschossene Hülse. Wehrlos gegenüber einem auf ihn zukommenden Mörder springt dieser mutige Mann jetzt in Deckung, die Dunkelheit des Parkplatz-Umfeldes rettet ihn. Der Streifenpolizist Pence hat währenddessen seinen Revolver leergeschossen und versucht nun in fliegender Hast, seine Waffe aus einer Patronentasche am Gürtel (›Drop-Pouch‹) nachzuladen. Twining erkennt die Hilflosigkeit seines Gegenübers und zielt mit Bedacht, nachdem vorher nur hektische Schüsse abgegeben worden sind. Zwei 230 grain-Geschosse schlagen in den unteren Rippenbereich des Beamten, zwei weitere Schüsse treffen ihn in die Beine. Der Schenkelknochen wird durchschlagen, Pence rutscht in eine sitzende Position, während er immer noch versucht, Reserve-Patronen aus seiner Tasche zu klauben. Twining geht jetzt auf Pence zu, lehnt sich über den Kofferraum und schießt Pence in den Kopf.

Der Funkspruch, den Pence bei Eintreffen am Tatort abgab, wurde von einer in der Nähe befindlichen Streife der CHP aufgenommen. Um 23.59 treffen die ›Chips‹, Holmes und Robinson, beim Rasthaus ein und sehen noch den letzten Akt des Schußwechsels. Holmes springt aus dem bremsenden Streifenwagen heraus und gibt sofort drei Schüsse aus seinem Dienstrevolver ab, sein Beifahrer bringt die Flinte in den Anschlag, als eine .45er Kugel aus Twinings Waffe gegen die offene Beifahrertür schlägt. Beide Täter verschwinden jetzt in der Dunkelheit und flüchten zu Fuß vom Tatort. Holmes und Robinson versuchen zuerst, ihren niedergeschossenen Kollegen zu helfen. Der letzte noch Lebende, Streifenpolizist Allen, verblutet wenige Augenblicke später.

Davis wird wenige Stunden später in einem gestohlenen Campingbus an einer Straßensperre gestellt. Den Besitzer des Wohnmobils, der sich versucht hatte, mit einem .38 Spl. zur Wehr zu setzen, hatte Davis zuvor zusammengeschlagen, obwohl er von einer .38er Kugel leicht verletzt war. Von dem Bamten an der Straßensperre eingekreist, ergibt sich Davis ohne weiteren Widerstand. Sein Tatpartner, der sich mit einer Flinte und einem Revolver seiner Opfer versorgt hatte, dringt in ein abgelegenes Privathaus ein und nimmt die Bewohner als Geisel. Die Frau kann jedoch fliehen und alarmiert die Polizei. Gegen 9 Uhr morgens läßt Twinings seine letzte Geisel nach längerer Verhandlung frei. Als eine Frist zum Aufgeben verstreicht, stürmt ein SWAT-Team das Gebäude nach dem Einsatz von Tränengas, wird aber von den Schüssen Twinings zurückgetrieben, weil die Beamten in den dichten Tränengasschwaden den Täter nicht ausmachen können. Bei einem zweiten Angriff, zwanzig Minuten später, um 10.22 Uhr, begeht Twinings Selbstmord.

Die beiden abgeschossenen Hülsen bleiben oben, der Rest ist wieder in die Kammern zurückgerutscht. Nicht immer klappt es, aber meist. Mit ›spitzen Fingern‹ bekommt man aber leere Hülsen leicht aus der Trommel.

Der geschilderte schwere Schußwaffenzwischenfall, der zum Tod von vier Polizeibeamten innerhalb von fünf Minuten geführt hat, gehört bereits zur ›Geschichte‹ der CHP. Er ist ein klassisches Beispiel für die mögliche Realität einer bewaffneten Auseinandersetzung mit zu allem entschlossenen Verbrechern und ist zum Lehrfall an vielen amerikanischen Polizeischulen geworden. Dank der vielen Zeugenaussagen war eine minuziöse Rekonstruktion der tragischen Konfrontation möglich, die in Lehrbüchern und als Schulungsfilm umgewertet werden konnte. Der Tod der vier amerikanischen Polizisten bei Newhall entstand aus einer unglücklichen Verkettung von Umständen, die in dieser Auswirkung glücklicherweise eine Ausnahme und nicht die Regel darstellen. Der Verfasser hätte an dieser Stelle auch ein Beispiel aus Deutschland nehmen können – wie z. B. das Feuergefecht zwischen schwerbewaffneten Polizisten und drei RAF-Terroristen in einem Wäldchen nahe einem Vorort von Dortmund 1978 –, aber dieser Fall aus Kalifornien zeigt deutlich die Probleme der Feuerdisziplin und des Nachladens, denen man sich in einem Ernstfall gegenübersehen kann – und auf die in der polizeilichen Schießausbildung nicht genügend vorbereitet wird. Der Schock dieses 5. Aprils wirkt noch heute nach, elf Jahre nach dem Geschehen wurde dem Verfasser bei einem Besuch in Kalifornien dieser Fall nicht nur einmal, sondern mehrere Male geschildert – von

verschiedenen Beamten, die die Opfer kannten, die in der Nachbereitung der Tat die Ermittlungen führten oder die von dem Fall im Unterricht gehört hatten. Jeder hat für sich seine Schlüsse und Überlegungen aus diesem vierfachen Mord gezogen – die offensichtlichen Probleme mit dem Nachladen haben bei einigen Beamten dazu geführt, Pistolen den langsameren Revolvern vorzuziehen.

Für mich ist der gesamte Vorgang auch ein Hinweis auf die Schwierigkeiten mit der Feuerdisziplin, die jeder von uns in solch einem Fall hat oder haben kann. Das doppelte Durchladen der Schrotflinte ist symptomatisch – es hat seine Parallelen im Durchladen von Pistolen in der Hektik. Mehr als einmal wurden an Tatorten ausgeworfene, unbenützte Patronen gefunden. Die meisten Beamten sind kaum mit ihrer Holsterwaffe so vertraut, daß sie instinktiv alles richtig machen, wenn der Ernstfall eintritt – viel weniger ›bediensicher‹ sind sie bei der Anwendung der ihnen im Streifenwagen zur Verfügung stehenden Zweitwaffe: Auch in den USA wird das Training mit der Schrotflinte vernachlässigt, wie unsicher normale Streifenpolizisten sind, wenn sie beim Einsatz tatsächlich zur MPi greifen, kann man immer wieder in Deutschlands Straßen beobachten. Es fängt bei der Handhabung der Waffe an, und wer kann im Ernstfall nach einem Schußwechsel tatsächlich genau sagen, wieviel Schuß abgegeben wurden? Unter Todesangst diszipliniert

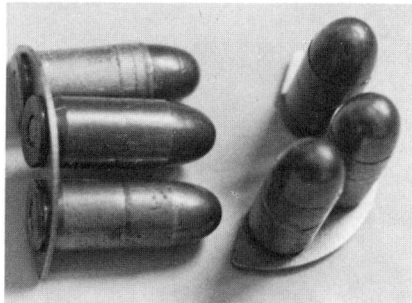

Die Halbmond-Clips für Revolver-Patronen, hier die Weltkrieg-I-Version für die Patrone .45 ACP, für die es auch eine Standard-Leinentasche mit sechs Fächern gab, die am Gürtel getragen wurde.

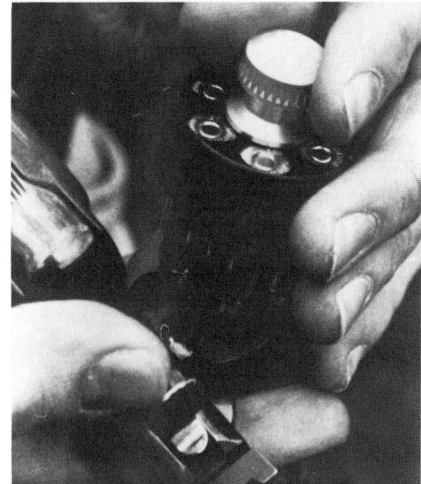

Der HKS-Lader ist von allen Modellen dieser Bauart noch der praktischste. Eine Drehung des Knopfes läßt die Patronen frei in die Kammern fallen.

Matich-Speedloader mit sechs Patronen .38 Spl. Wadcutter. Die Patronen werden in die Kammern eingeführt, dann wird der Loader an der überhängenden Lasche aufgebrochen und abgezogen. Er öffnet sich als länglicher Streifen und gibt dabei die Patronen frei – mitunter aber werden auch einige wieder aus der Kammer gezogen! Wie bei allen diesen Ladehilfen muß der Einsatz geübt werden, damit kein Durcheinander passiert. Vertrieb: ICA.

Bianchi Streifenlader: Diese Ladestreifen aus verstärktem Gummi oder Kunststoff halten sechs Patronen fest und bieten der ladenden Hand genügend Platz zum Festhalten. Sie sind darüber hinaus auch billig und nehmen wenig Platz weg. Außerdem sind sie universal, d. h. anders als die Speedloader sind sie an keinen Waffentyp gebunden und können für alle Trommel- und Rahmengrößen verwandt werden!

und ruhig Schüsse abzugeben und darauf zu achten, daß man sich nicht leerschießt, diese ›Tugend‹ erhält man nicht durch die schießstandtypischen Übungen, wie sie allerorts immer noch mit ›Combatschießen‹ oder ›praxisnahe Schießausbildung‹ bezeichnet werden: »5 Schuß stehend, beidhändiger Anschlag in Augenhöhe auf Mannscheibe angreifender Täter, Feuer frei!« Ich kenne nur wenige Ausbilder, die zu dem Begräbnis erschossener, früherer Schüler gehen würden (die das tun, sind die besten!).

Feuerdisziplin will geübt werden, immer und immer wieder, bis der Schütze seine Doubletten in fast rhythmischer Art abfeuert und danach sofort seinen Standort wechselt, Deckungen ausnutzt und beim Nachladen nicht fummelt. Unabhängig davon, ob er durch irritierenden Lärm über Lautsprecher beschallt wird oder ob sein Ausbilder neben ihm steht, ihn anschreit, ihm ständig in die Seite bufft, zwischen die Beine tritt oder ähnliches Ablenkendes unternimmt. Klingt ungewöhnlich? Nun in einer deutschen Polizeieinheit einer größeren Stadt gehört eine solche Behandlung des Schützen durch den Ausbilder (der aber seiner Zeit und seinen Kollegen um vieles voraus ist) zum Alltäglichen.

Stimmt die Feuerdisziplin, hat man mit dem Nachladen den geringsten Ärger: Natürlich sind Revolver hierbei aufgrund ihrer Konstruktion benachteiligt.

Die uralte Idee der Halbmond-Clips setzt sich leider nicht durch! Aber auch das Nachladen einer Pistole wird, so kann man noch oft genug auf Schießständen beobachten, zur Fummelei. Ganz großes Unverständnis erntet man, fordert man vom Schützen nicht nur ein Leerschießen zu vermeiden, sondern auch in einem Moment, der ihm günstig erscheint, ›aufzustocken‹.

Dieses Nachmunitionieren einer halbleeren Waffe, Pistole oder Revolver, ist taktisch gesehen nicht nur ›guter Stil‹, sondern lebensnotwendig und logisch. Man muß nicht erst die Trommel oder das Magazin leer haben, bevor man mit dem Nachladen beginnt.

Der Revolver mit der seitlich ausschwingbaren Trommel ist allen früheren Systemen, ob seitlicher Ladeöffnung wie beim Colt SAA oder Kipplauf wie beim Webley, haushoch überlegen: Die Trommel kann ausgeschwenkt werden, ohne daß die Hülsen und vollen Patronen gleich in den Sand fallen – ein kurzes Andrücken der Auswerferstange genügt nun, um den ganzen Inhalt kurz anzuheben. Läßt man die Auswerferstange nun zurückgleiten, so fallen die schwereren Patronen wieder in ihre Kammern zurück, zumeist bleiben die etwas gedehnten leeren Hülsen aber oben. Mit zwei, drei Fingerbewegungen lassen sie sich nun ausziehen, wegwerfen und es kann aufgestockt werden. Zugegeben, der Pistolenschütze ist auch hier im Vorteil, er braucht nur sein

halbleeres Magazin durch ein volles ersetzen – sofern vorhanden! Aber die
geschilderte Möglichkeit aufzumuniti-
nieren, wird bei Revolverschützen aus
Unkenntnis oder Mangel an Selbstvertrauen kaum genützt.

Die Nachlademöglichkeiten mittels
Speedloader machen aus einem Revolver
zwar immer noch keine Magazinwaffe,
aber sie erleichtern das Einführen von
Patronen in die Trommelkammern erheblich, wobei Speedloader immer noch
eine recht fummelige Ladehilfe darstellen. Das Ei des Kolumbus wurde hier
noch nicht ge- oder erfunden. Alle
Speedloader haben mehr oder minder
große Nachteile – sie sind oft zu groß
und bulkig, um sie in Zivil mitzuführen.
Sie lassen bei Fehlbedienung auch mal
ihren Inhalt neben der Trommel in den
Sand fallen, öffnen sich, wenn sie es
nicht sollen, und lassen ihre Patronen-
ränder nicht los, wenn der Augenblick
gekommen ist. Von federgeladenen
›Schleuder-Instrumenten‹, die Patronen
in die Kammern schnellen lassen, sei
hier abgeraten, sie verstoßen zu sehr
gegen das Kiss-Prinzip und sind störanfällig. Gute Erfahrungen wurden mit
dem HKS-Speedloader gemacht oder
mit dem ›Second Six‹, der sehr viel bei
amerikanischen Polizeien benutzt wird.
Die Bianchi-Streifenlader stellen eine
Konzession an die Nachladegeschwindigkeit dar, sie passen aber am besten in
schmale Gürteltaschen oder in die Jacke
der Zivilkleidung. Sie tragen weniger
auf, erlauben aber nur das gleichzeitige
Einladen von zwei Patronen. Da sie
aber mehr Grifffläche bieten als die einzelne Patrone, verkürzen sie die Lade-
zeit erheblich: Sie sind bei allem Nachteil erste Wahl, gestatten sie zumal das
Aufstocken einer oder mehrere Patronen in eine halbvolle Trommel.

Speedloader müssen in entsprechend geformten Gürteltaschen geführt werden,
sonst werden sie fast zwangsläufig ihre
Patronen in die Hose- oder Jackenta-
sche entleeren. Nur wenige Modelle, so
z. B. der Matich, machen da eine Ausnahme. Für den Gürtel gibt es die verschiedensten Ledertaschen und Vorrich-
tungen, um die Reservepatronen zu halten: Allen voran die schmalen und deshalb sehr beliebten ›Drop-Pouches‹, die
nach vorn abklappen und einen Streifenlader oder sechs (manchmal passen auch
7 oder 8) Patronen lose halten.

Der Kel-Lite Speedloader ist einer der ersten seiner Art gewesen und besteht
gänzlich aus Gummi. Der Patronenrand wird in einer Gummimulde gehalten, nach
Einführen der Patronen in die Kammern wird der Lader ›abgepellt‹. In seiner einfachen Konstruktion ist der Kel-Lite, der von der Fa. Safariland vertrieben wird,
eigentlich ›idiotensicher‹.

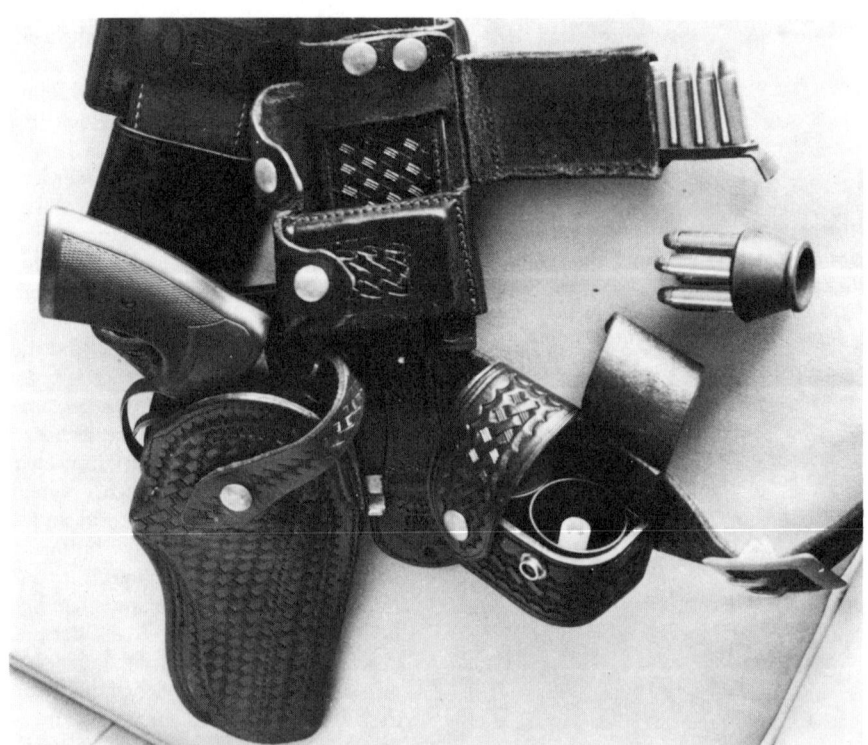

Typischer amerikanischer Dienstgürtel mit zwei verschiedenen Ledertaschen für die
Reservemunition. Oben die als ›Drop pouches‹ bekannten Schachteln mit Bianchi-
Streifenlader. Darunter eine Doppeltasche für Safariland-Speedloader mit eingesetz-
tem Plastikbecher, der die Patronen sicher und geräuscharm hält.

Vor den Drop-Pouches sei etwas gewarnt: Sie sind gut, flach und entsprechen den Anforderungen der Praxis.
Aber die Tücke steckt auch hier im Detail. Nichts als ihr Eigengewicht zwingt
die Patronen, aus der schmalen Öffnung
der Tasche zu fallen. Das Leder kann
sich unter Feuchtigkeitseinwirkung zu-
sammenziehen oder verbiegen und so
die Patronen festklemmen. Dem kann
abgeholfen werden. Auf der Rückseite
der Pouch, dort, wo sie zum Gürtel hin

Als dritte Möglichkeit wären offene oder geschlossene Schlaufen, die über den Gürtel gezogen werden und sechs Patronen nebeneinander halten. DeSantis verkauft eine kleine Tasche, die je zwei Patronen zu drei Paaren dergestalt anordnet, daß der Schütze immer zwei Patronen zugleich ergreifen und in die Trommel einführen kann.

Für Speedloader hat Safariland diesen Metallklipp entwickelt, der mit einer Handbewegung auf jeden Hosengürtel aufgezogen werden kann. Eine billige und schlanke Alternative zu den runden und massiven Speeloader-Taschen aus Leder.

Vierfache Speedloader-Tasche: Nachdem die beiden oberen entnommen wurden, kann der Träger abgeklappt werden (s. Druckknopf!) und gibt zwei weitere Trommelladungen frei. Hersteller: Safariland, hier mit Speedloadern der gleichen Firma.

niszenz an die gute alte Zeit im Wilden Westen, wo man noch mit vollgespicktem Gürtel in den Saloon trat – aber heutzutage sollte man den Wert oder Unwert dieser Dinge zu erkennen wissen. Der Umstand, daß auch die GSG 9-Männer solche Dinger am Gürtel haben, spricht nicht etwa gegen die hier vorgetragene These. Diese Lederschlaufen lassen die Munition den Umwelteinflüssen ausgesetzt, hat man die Patronen zu lange so durch die Welt geschleppt, braucht man sich nicht zu wundern, wenn die Messinghülsen Grünspan ansetzen. Die Patronen aus den Schlaufen zu fingern (sie sind immer zu weit oder zu eng!) vergeudet kostbare Zeit. Leiern die Schlaufen aus, so verliert man mitunter auch eine. Besser sind noch die Träger mit breitem Elastikband anstelle der Lederschlaufen.

Reist man viel umher oder ist sonst oft unterwegs, reichen die normalen Pappschachteln, in denen Munition geliefert wird, als Container nicht aus. Spätestens nach mehrmaligem Ein- und Auspacken brechen die Falzränder. Verhältnismäßig billig, aber ungeheuer praktisch und widerstandsfähig sind die Plastikschachteln, die von zwei Firmen angeboten werden: MTM ist jedem Wiederlader aufgrund ihrer Ladebretter bekannt. Diese Firma fertigt aber auch die verschiedensten Transportschachteln aus unverwüstlichem Plastik für lose Patronen oder auch für Pistolenmagazine. Für die Aufbewahrung von Spezialmunition oder der ›Dritten Ration‹ im Aktenkoffer oder in der Einsatztasche sind diese Schachteln hervorragend geeignet. Wen das lediglich aus einem Kunststoffstück bestehende Scharnier zwischen

verdeckt ist, einen daumenbreiten Schlitz oder ein Loch einstanzen, damit man mit dem Finger dem Herausfallen der Patronen nachhelfen kann. Wie gesagt, bei Verwendung mit Streifenlader kein Problem, benutzt man aber die Pouches zur Aufnahme loser Patronen, dann macht sich diese Öffnung bezahlt. Gewarnt sei an dieser Stelle auch vor den Patronenschlaufen, die man am Gürtel hat oder als Träger mit aufgesetzten Schlaufen aufschieben kann: Sie sehen sehr dekorativ aus, wirken männlich und bringen eine historische Remi-

Links eine Magazintasche, daneben die im Text erwähnten Patronenträger, die sich im Dauergebrauch als unpraktisch erwiesen!

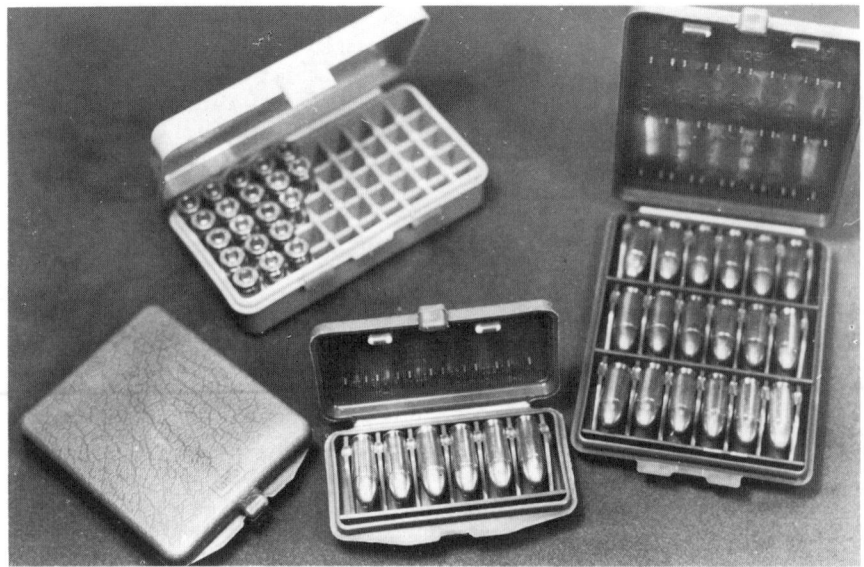

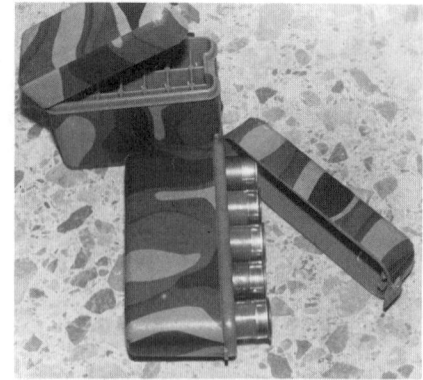

MTM-Schachteln für Pistolenpatronen. Sie sind aus braunem Kunststoff. Die hier abgebildeten Varianten kosten in den USA zwischen zwei und vier Dollar und bei ICA zwischen DM 4.50 und 8.50.

MTM-Munitionsschachteln für 5 Schuß Schrot bzw. 20 Schuß Gewehrmunition .308. Beide Schachteln sind aus hellem Plastik (rot) gefertigt und mit einem nichtglänzenden Klebeband im Tarnmuster überzogen. Dieses Klebeband ›No-Mar‹ der Firma Hunter's Specialities, Inc. (Clear Rapids, Iowa 52404, USA) kostet zwar runde fünf Dollar pro Rolle, ist aber sehr wirksam und für viele Tarnzwecke an Waffe und Ausrüstung zu gebrauchen. Neben dem hier gezeigten Tarnmuster Wald gibt es das Band auch in weiß. Es läßt sich nach Gebrauch auch ohne Beschädigung der Waffenbrünierung oder des Schaftholzes wieder abreißen.

Ober- und Unterteil stutzig macht – die Firma garantiert das Nichtzerreißen dieser Verbindung für drei Jahre. Tatsächlich aber hält dieses dünne Stück Plastik länger. Wir jedenfalls haben bei normalem Gebrauch noch keine ›Verluste‹ erlebt.

MTM fertigt eine Vielzahl der verschiedensten Größen und Box-Formen neben ihren Wiederlade-Hilfen. Einige davon sind spezifisch für den polizeilichen Einsatz gedacht: Fünfer- oder Zehner-Packs für Schrotpatronen lassen sich auf einem Gürtel oder Gewehrriemen aufziehen, oder außen am Trageriemen der Gasmaskentasche. Andere Muni-Schachteln schützen die Munition im Kofferraum oder z. B. in einem Fall, wo man einem unter Beschuß liegenden Kollegen per Wurf Nachschub zukommen lassen muß, wie es z. B. bei Geiselnahmen als Problem auftreten kann. Die Anschaffung von MTM's Katalog lohnt sich, er ist für zwei Dollar direkt bei der Firma zu erhalten: MTM Molded Products Co., 5680 Webster Street, P.O. 1438 Dayton Ohio, 45414, USA. MTM-Produkte werden hierzulande u. a. von den Firmen ICA und Neu-

Diese einfachen Patronengürtel, in denen 25 Schrotpatronen in Elastikschlaufen gehalten werden, sind in den USA für 4 oder 5 Dollar erhältlich. Man kann sich selbst mittels eines breiten Elastikbandes solche Schlaufen auf einen Gurt oder Schulterriemen aufnähen. Dafür bietet sich u. a. besonders der US Army-Lochgurt an, den es in jedem Surplus-Geschäft und Abenteuer-Ausstatter für wenige Mark gibt.

Crawford International (8455 Colesville Rd., Silver Spring, Md. 20910, USA) bietet für Spezialeinheiten diese taktische Weste an, die in zwei Varianten (QRV-1 mit abnehmbaren Munitionstaschen und QRV-2 mit festen Schlaufentaschen für Gewehr- oder Schrotpatronen) genau nach den Wünschen des Kunden in Farbe und Größe maßgefertigt wird. Links: Das hier gezeigte Modell QRV-2 hat als Kernstück sechs mit Velcro-Klettverschlüssen versehene Brusttaschen für Schrotpatronen. Unterhalb der Gürtellinie sind vier Magazintaschen für Pistolenmagazine angebracht, die aber auch für entsprechend geformte ›pouches‹ für Speedloader, Verbandszeug etc. ausgewechselt werden können. Reißverschluß und Klett-Gürtel um die Taille haben eine Art ›Notzieh-Funktion‹, bei der die Weste mit einer Bewegung geöffnet und abgeworfen werden kann. In ähnlicher Weise sind auch die anderen Modelle QRV-1 konzipiert, deren Munitionstaschen abnehmbar und für jede entsprechende Magazin- oder Munitionsart erhältlich sind. Jeder Mann im Team kann sich also mittels der Grundweste und den aufknöpfbaren Elementen seine persönliche Zusammenstellung von Ausrüstung und Munition ›maßschneidern‹. – Mitte: Halterungen und Laschenbänder um die Taille gestatten ein Ansetzen zusätzlicher Ausrüstungsteile, wie z. B. Stablampe und Taschen für Tränengaswurfkörper. Die kleine, flache Tasche links neben der Lampe ist für Handschellen gedacht. – Rechts: In gleicher Weise kann auf der anderen Körperseite die Faustfeuerwaffe getragen werden. Am Rücken ist die Weste offen, um einen Hitzestau zu vermeiden, und kann mittels der Schnürung genau der Körperform des Trägers angepaßt werden. Von der Verarbeitung und vom Material her ist dies die beste und individuell am günstigsten zu variierende Munitionsweste, die wir im Test hatten. Sie ist ausbaufähig und widerstand den verschiedenen Härtetest- und Zerreißproben. Je nach Ausstattung kostet sie bis zu $ 100.–, aber selbst einige Privatpersonen fanden an ihr soviel Gefallen, daß sie die QRV-2 z. B. als Survival- oder Jagdausrüstung kauften.

mann vertrieben. Die Helmut Hofmann GmbH (Postfach 60, 8744 Mellrichstadt) bietet in ihrem Sortiment ähnliche Plastikboxen der Firma Flambeau aus gelbem Kunststoff an. Auch sie verdienen Beachtung, und der Käufer kann so das für ihn Passende auswählen.

Der Langwaffenschütze hat beim Nachladen mehr Probleme als der Benutzer einer Faustfeuerwaffe. Schrotpatronen sind einzeln fast schon so umfangreich wie ein kleines Pistolenmagazin, von magazinierter Gewehr- oder MPi-Munition ganz zu schweigen. Zum Umfang der Munition und ihrer relativen Unhandlichkeit kommt das hohe Eigengewicht. Nur wenige Unbedarfte werden z. B. die Munition für ihre Verteidigungsflinte im Lieferkarton à 25 Stück neben ihrer Waffe aufbewahren, um

dann im Ernstfall nach Waffe und Schachtel zu greifen. In der Praxis taucht dieses Problem mit der ›zweiten Ration‹ Schrotpatronen bei amerikanischen Polizeieinsätzen immer wieder auf. Die Beamten springen aus dem Streifenwagen und eilen dem Ort der Handlung zu. Die Reservemunition aber bleibt im Kofferraum des Fahrzeugs, wo die Patronenschachtel nicht selten seit Monaten liegt, beschädigt oder aufgerissen ist und beim Zugriff die in ihr lagernden Schrotpatronen im Kofferraum und auf die Straße ergießt. Für amerikanische Dienstgürtel gibt es – wie für die Revolverpatronen – natürlich auch Lederschlaufen auf einem aufziehbaren Träger, die vier oder sechs Patronen halten. Sie haben den gleichen Nachteil wie die kritisierten anderen Pa-

tronenschlaufen. Das Eigengewicht der 00 Buck tut noch ein übriges, um die Schlaufen auszuleiern. Zudem nehmen die vier oder sechs Patronen am Gürtel zuviel Platz ein, und wer will schon den ganzen Tag mit diesem zusätzlichen Gewicht und wie ein Infanterist behangen seinen Streifendienst versehen? Wann greift man denn schon mal zur Flinte? Die ›Perry Ammo Sling‹ am Kolben oder eine MTM-Schachtel am Trageriemen bieten sich als wesentlich bessere Lösung an und reichen für den normalen Einsatz aus. Der zivile Combatschütze, der z. B. bei Fahrten über Land, auf seinem Bauernhof oder im Jagdrevier eine Riot-Gun mit sich führt, sollte auf die jagdliche Lösung zurückgreifen. Für Treibjagden gibt es bei jedem Jagdausstatter Patronengürtel aus

Combat Equipment Sales Inc. (1307 Skyview, Prescott Arizona, 86301) vertreibt diese ›Universal Combat Vest‹, die gemäß den Wünschen des Kunden und seiner Skizze für jede mögliche Waffen- und Ausrüstungsart zusammengeschneidert wird. Vorauszuschicken ist, daß die Grundweste zwischen $ 110.– und 130.– kostet und für jede Zutat, wie z. B. der eingebaute Riemensitz ($ 60.–), extra gezahlt werden muß. Die Weste kann zusätzlich mit Kampftaschen und Rucksack am Rücken oder mit extra Munioder Ausrüstungstaschen an den Oberschenkeln ergänzt werden. Der Redaktionsstab von Gung-Ho hat diese Westen getestet, fand sie hervorragend zugänglich in bezug auf die Unterbringung der Ausrüstung und sehr bequem beim Abseilen, aber fehlerhaft verarbeitet. Die entsprechende Kritik bezog sich auf Nähte, Säume und andere Einzelheiten und es wird erwartet, daß der Hersteller auf diese Punkte eingehen wird. Trotz allem: Gute Ansätze und die Möglichkeit für den Kunden, auf die Gestaltung und Form seiner persönlichen Weste Einfluß zu nehmen. Preislich allerdings in astronomischen Höhen!

Diese Weste hat durchaus einen besonderen Verwendungsbereich als Survivalausrüstung oder für Rettungsmannschaften (Paramedics, Alpin etc.). Man kann die Taschen z. B. auch für erste Hilfe-Ausrüstung benutzen. Hierfür eignet sich besonders die Hüft-Tasche, während die Magazintasche am linken Oberschenkel schlecht verarbeitet war und den Anforderungen eines harten Feldeinsatzes wohl nicht standhalten konnte. Die Weste kann mit eingebauter Abseilberiemung oder auch mit einer zusätzlichen ›Stabo-Extraction‹-Beriemung ausgestattet werden: In Brusthöhe sind die beiden D-Ringe zu sehen, mit dem der Mann nach oben gehievt werden kann.

Leder mit entsprechend vielen Schlaufen. Noch besser ist ein Gürtel oder Riemen, den man sich nicht erst um die Hüften schlingen muß, sondern einfach nach mexikanischer Banditenart über die Schulter wirft. Jetzt kann man auch auf die große Spannbreite der verschiedenen Munitionen zurückgreifen, denn in einem solchen Gürtel kann man sich leicht eine Reserve für die verschiedensten Verwendungszwecke zusammenstellen – also auch zum jagdlichen Einsatz der Verteidigungswaffe.

Polizeiliche Spezialeinheiten haben andere Bedürfnisse als der zivile Schütze und selbst ihre Kollegen aus dem Streifendienst. Trotz allem sollen die Tragewesten, die für die Ausrüstung von SWAT-Einheiten entworfen wurden, an dieser Stelle nicht unerwähnt bleiben, weil sie interessante Lösungsvorschläge und Zusammenstellungen aufweisen.

Wir haben verschiedene dieser Westen getestet und auch einsatzmäßig geführt. Dabei fielen bereits einige Modelle ›durch die Roste‹, die hier nicht mehr genannt werden brauchen. Oft hapert es trotz guter Ideen an der Qualität des benutzten Materials oder an der Ausführung des Schnittmusters, der Vernähung usw.

Nordac Manufacturing Corporation (Route 12, Box 124, Fredericksburg, Va. 22405, USA) bietet eine Fülle militärischer Ausrüstungsgegenstände vom Scheitel bis zur Sohle an, die alle nach den Regierungsanforderungen der US Armee gefertigt werden. Auch hier lohnt es sich zuerst einmal, den Katalog anzufordern. Die abgebildeten Munitionswesten kosten je $ 72.50 und sind (links) für 9 mm-Maschinenpistole (10 Magazintaschen, 4 weitere für Ausrüstung) und (rechts) für .223-Sturmgewehre, sechs weitere für Ausrüstung). Für den Preis und die Ausstattung sind die Nordac-Westen erstaunlich günstig. Einziger Nachteil: Sie sind ab Fabrik etwas weit geschnitten und einige der Testpersonen mochten nicht das Material: Das olivgrüne, reißfeste Nylongewebe ist steifer als Segeltuch und raschelt bei bestimmten Bewegungen. Auch diese Weste ist am Rücken offen und dort in der Taillenbreite verstellbar – sie wird bereits bei einigen amerikanischen SWAT-Teams benutzt.

Magazine

Das Magazin einer Selbstladepistole ist ihr untrennbarer Bestandteil, ohne diesen oft vernachlässigten ›Clip‹ ist sie so gut wie unbrauchbar. Normalerweise wird vom Hersteller neben dem Magazin in der Waffe noch ein zweites, das ›Reservemagazin‹ mitgeliefert. Den anspruchsvollen Combatschützen wird diese begrenzte Ration für seine Pistole kaum genügen – Magazine kann man nie genug haben. Obwohl sie zumeist nicht diesen Eindruck machen, sind Magazine hochempfindlich und die Hauptursache

für Ladehemmungen und andere Störungen an der Waffe: Bei unseren Testversuchen mit verschiedenen Munitions- und Geschoßsorten konnten wir immer wieder feststellen, daß es zumeist am Magazin lag, wenn eine Pistole den Dienst versagte. Eine geringe Veränderung an der Breite der Magazinlippen, eine schwache oder zu starke Feder, ein verdreckter Zubringer – und schon gab es Ladehemmungen. Der Winkel des Zubringers oder die Stärke der Magazinfeder entscheiden darüber, ob eine Patrone reibungslos in den Lauf eingeführt wird oder nicht. Selbst werksneue Magazine, die mit der Pistole geliefert wurden, haben bei unseren Testschüssen Hemmungen produziert, während

das andere Magazin aus der Originalpackung die Waffe fehlerfrei mit Hollow-Points oder ähnlichem schießen ließ.
Deshalb: Weist eine Pistole Störungen auf, sollte man zuerst das Problem durch ein Wechseln der Magazine angehen, bevor man weiter nach Fehlerquellen sucht. Über das Kontrollieren von Magazinen ist an anderer Stelle schon die Rede gewesen, hier soll noch kurz auf ›überlange‹ Magazine eingegangen werden: Die Firma Neumann z. B. bietet solche 15- und 20-Schuß-›Stangen‹ für verschiedene 9 mm und .45 ACP-Waffen an. Für das Combatschießen sind solche Zugaben recht zweifelhaft: Sie verändern die Schwerpunktlage der

Mehr ›Gag‹ als tatsächlich einsatzfähiges Magazin ist diese amerikanische Schlagring-.45-Magazinverbindung. Beim beidhändigen Anschlag kommt dem Schützen die vordere Fingerauflage tatsächlich sehr gut zustatten – zum ›plinking‹ oder Scheibenschießen ist dieser ›Combat-Griff‹ daher auch ganz spaßig. An einer Verteidigungswaffe ist dieser Schnickschnack jedoch fehl am Platz: Beim Zugriff müßte man die Hand erst einmal in den Griff ›einfädeln‹, wem will man mit dem Magazin zum Schlagring eigentlich im Ernstfall an das Kinn? Auch beim Magazinwechsel dürfte der Schlagring (übrigens aus Kunststoff!) recht hinderlich sein. Verkauft wird das gute Stück für $ 14.95 – von Morris Lawing, 1020 Central Ave., Charlotte, N.C. 28204.

Waffe erheblich, lassen sich kaum in der Waffe führen, weil ihre aus dem Griff ragende Überlänge stört, und sind zudem nicht so zuverlässig wie die Originalausgaben. Trotzdem: Auf dem Schießstand, beim Plinking oder ähnlichem Vergnügungsschießen können solche Munitionsdepots durchaus ihren Zweck erfüllen und viel Freude bereiten.

.45 Colt Government-Besitzer haben die Möglichkeit, aus einer unglaublichen Menge von Surplus-Quellen, Original- und Fremdherstellern ihre Magazine zu kostengünstigen Preisen zu beziehen. Sehr viel Schrott – das sei einschränkend hier erwähnt – kommt dabei zu Tage, aber auch neuwertige und brauchbare Stücke. An führender Stelle unter den Fremdherstellern ist die Firma ›Devel Corporation‹, die verschiedenes Zubehör auf den Markt bringt – darunter auch ein *Acht*-Schuß-Magazin für die .45 Colt! Dieses Magazin ist im Gegensatz zu verschiedenen Heimfertigungen zuverlässig und hat sich bei einigen IPSC-Wettkämpfen bestens bewährt: Für rund 20 Dollar ist es von der Firma (Anschrift: 3441 West Brainard Rd. Cleveland, OH 44122, USA) zu beziehen.

VII. Holster

Die Auswahl des richtigen Holsters ist fast gleichschwierig wie die Wahl des Schußwaffentyps. Auch hier sollte nichts überstürzt oder ›von der Stange gekauft‹ werden. Die gleichen Überlegungen, die für die Auswahl der Waffe ausschlaggebend waren, sind entscheidend bei der Holsterwahl: Welchem Gefahren- oder Arbeitsbereich soll die Schußwaffe entsprechen – wie ist sie zu tragen? Verdeckt unter der Jacke, als

sichtbare Abschreckung im Außenholster, an einem Dienstgürtel? Welche möglichen Szenarios kommen für den Schußwaffenträger in Frage? Wie wichtig ist das absolute Verdecken der Waffe – wie unsichtbar muß sie beim Tragen bleiben?

In europäischen Breitengraden tragen nur uniformierte Polizisten und Sicherheitsbeauftragte (Wachfirmen) Schußwaffen sichtbar als äußerliche Ab-

schreckung. Selbst ein österreichischer Bauer oder ein deutscher Jäger wird sich bei der Revierbegehung nicht wie Wyatt Earp mit Schnellziehholster und Waffengürtel ausstatten, während es in anderen Erdteilen und besonders in konfliktreichen Gegenden durchaus statthaft geblieben ist, als Zivilist offen eine Faustfeuerwaffe zu führen. Aber für den Schußwaffenträger unserer Region ist zwangsläufig das verdeckte Tragen

Eine Übersicht über verschiedene Holstertypen: Links oben ein Upside-down-Holster für einen .38er mit 5 cm-Lauf, daneben ein Cross-Draw-Modell (Bianchi Nr. 129) für einen .357 Magnum mit Sechs-inch-Lauf. Links unten ein Bianchi-Schulterholster herkömmlicher Art für kleine Pistolen oder Revolver mit Klemmhalterung, daneben ein offenes Sportholster für die Jagd oder zum Plinking. Rechts außen: Obere Reihe Inside-Holster von Safariland aus dünnem Rauhleder Magazintasche und Munitionshalter, darunter das Safariland LS-28 hier für das S & W-Modell 19, rechts unten ein Ankle Holster.

die primäre Form des Führens, wenn er auch sonntags vielleicht mit einem niedrig hängenden Schnellzieh-Holster auf dem Schießstand sportliches Combatschießen betreibt. Gehört er in die Reihen der uniformierten Sicherheitshüter, so hat er wenig Entscheidungsfreiheit: Behördenmentalität und Ausschreibungsbürokratie werden dafür sorgen, daß er ein ›von oben‹ ausgewähltes Holster erhält, daß zwar nicht logischen Gesichtspunkten oder der Einsatzrealität entspricht, dafür aber die von der Behörde gewünschte Billiglösung einer ›wollmilchgebenden eierlegenden Vollblutrindsau‹ darstellt. Doch zu diesen Ausgeburten später.

Der zivile Träger oder der in zivil eingesetzte Polizeibeamte ist – mit unterschiedlicher Schwerpunktlage – daran interessiert, daß er seine Waffe möglichst unauffällig und ohne große Behinderung trägt und sie im Notfall schnell einsatzbereit in der Hand halten kann. Jede Lösung des so gestellten Problems kann und wird immer nur einen Kompromiß zwischen den Elementen ›schnelle Schußbereitschaft‹, ›verdecktes Tragen‹ und ›Bequemlichkeit‹ sein, wobei es notwendig ist, einen kritischen Blick auf diese Kriterien zu werfen, um die Prioritäten darzulegen:

Wirft man einen Blick in verschiedene in- und ausländische Waffenzeitschriften oder will man den Vorgaben der Combatdurchgänge Glauben schenken, so glaubt man sich in das alte Dodge City versetzt: Allerorten, auch bei der polizeilichen Schießausbildung, wird das schnelle Ziehen geübt, werden Ziehzeitmesser als Maßstab eingesetzt und Szenarios erstellt, die eher dem aus Wildwestfilmen bekannten Show-down um 12 Uhr mittags auf der staubigen Straße vor dem Saloon entsprechen. Die Verbrechensrealität sieht anders aus. Wer sich plötzlich einer Schußwaffe in Kriminellenhand gegenübersieht, ist schlecht beraten, nun darauf zu hoffen, daß er schneller zieht, als der andere den Finger krümmen kann. Umsicht und eine stete Wachsamkeit gegenüber Gefahrensignalen sind eine bessere Lebensversicherung als ein Schnellzieh-Holster.

Wie schnell muß ein Holster sein? ›Schnelligkeit‹ ist ein relativer Begriff. Das Holster selbst ist nicht schnell, höchstens sein Träger, der entsprechend der Eigenschaften der ›Verwahrtasche‹ die Fähigkeit entwickelt hat, die Schußwaffe in einer zügigen Bewegung zu ziehen und in den Anschlag zu bringen. Die Schnelligkeit ist daher viel eher von

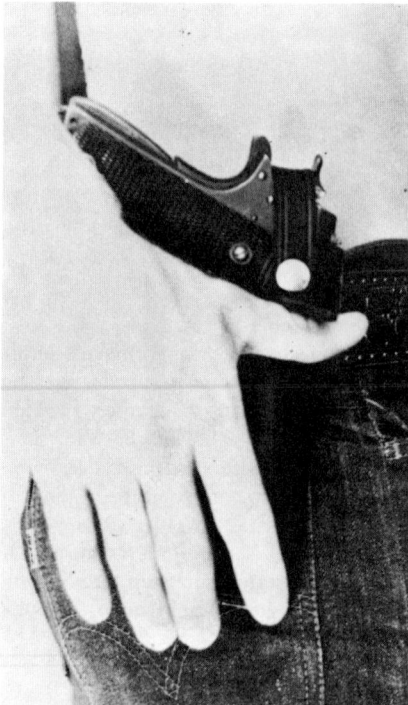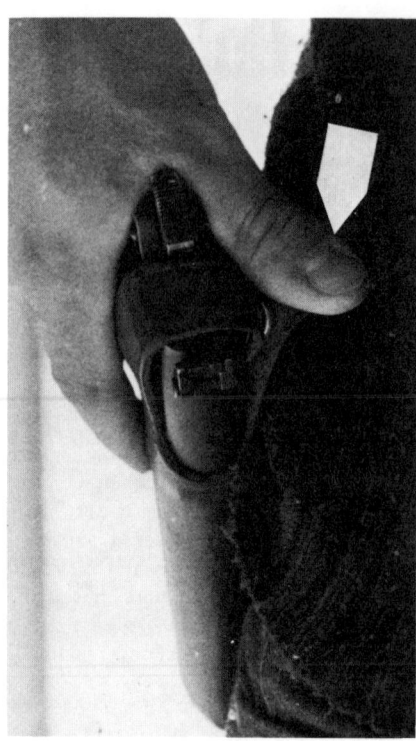

Druckknopf und Sicherungsriemen: Ihre Anordnung resultiert in unterschiedlichen Ziehbewegungen. Während bei der einfachen Riemensicherung (links) die Hand beim Hochgreifen zur Waffe durch den abgespreizten Daumen den Sicherungsriemen aufschnappen läßt, ist die Daumendruck-Anordnung (engl. ›thumb-break‹) komplizierter. Beim Zugreifen drückt der Daumen den Druckknopf auf – was bei einer schlecht koordinierten Abfolge von Greifen-Aufdrücken-Ziehen auch zur hektischen Fummelei und zum Zerren am nicht geöffneten Holster führen kann. Ist bei der Thumb-Break-Sicherung das Lederstück für den Daumen nicht metallverstärkt, weicht es schnell auf und drückt sich zur Seite, ohne den Druckknopf aufschnäppen zu lassen. Dieser Holsterteil (Pfeil) muß daher mit einer Schiene oder durch ein eingenähtes Stück Metall oder Plastik versteift sein. Bei diesem alten Bianchi-Holster aus dem Anfang der siebziger Jahre gibt es eine solche Versteifung noch nicht – auch heute werden Holster minderer Qualität zwar mit Thumb-Break-Schnäpper aber ohne den dafür notwendigen Zusatz gebaut.
Wichtig: Die Thumb-Break-Anordnung ist zwar langsamer während des Ziehvorganges, bietet aber mehr Sicherheit gegen ein Entwenden der Waffe durch einen Angreifer!

der körperlichen Kondition und Gelenkigkeit, vom Üben als von den ›schnellen‹ Eigenschaften der Tragevorrichtung abhängig. Ergo: Ein Schnellzieh-Holster erspart keineswegs das Training, es kann auch nicht die ziehhemmende Wirkung körperlicher Unbeweglichkeit oder ungelenker Finger auslöschen. ›Schnelle‹ Holster sind die für das sportliche Combatschießen entwickelten Gürtel-Holster-Kombinationen, welche die Waffe in Oberschenkelhöhe in einem zugriffgünstigen Winkel präsentieren. Für den normalen Schußwaffenträger sind diese schwere, oft metallverstärkten Gebilde unmöglich, für den uniformierten Schützen bieten die offenen Holster zuwenig Schutz der Waffe vor Umwelteinflüssen oder unbefugtem Zugriff.

Gerade beim verdeckten Tragen wird

die Schnelligkeit des Zugriffs zugunsten der engen Körperpaßform des Holsters zurückgestellt – es kommt weniger darauf an, einige Sekundenbruchteile beim Ziehen zu gewinnen, als daß die Waffe unter der Jacke, dem Hemd unauffällig bleibt. Wichtig außerdem: der sichere Halt der Waffe im Holster, Schutz vor Verlust durch Herausfallen oder unbefugtem Zugriff. Zwei Elemente sichern den Sitz der Waffe im Holster: die Paßform des Leders um die Waffenform und der Sicherungsriemen, der das Holster ›verschließt‹. An einigen Holstern, die zum Tragen unterhalb der Oberbekleidung oder als Innenbundholster gedacht sind, fehlen diese Riemen. Jedes Öffnen von Druckknöpfen oder Sicherungsriemen aber kostet Zeit und beeinträchtigt die ›Schnelligkeit‹ des Holsters. Hier aber geht Eigensicherung vor

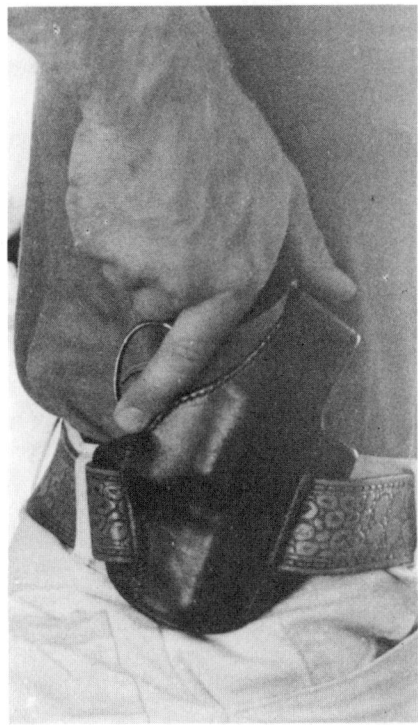

Deutlich zeigt sich hier das Problem beim Ziehen einer Waffe aus dem Hüftholster an der Schußhand-Seite: Der Schießarm muß sehr angehoben, die Schußhand am Gelenk abgewinkelt werden, um den Revolver sicher zu greifen.

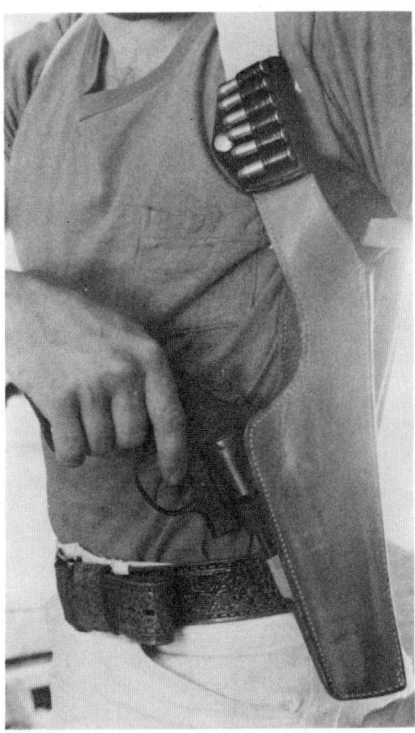

Beim Cross-Draw-Holster ist der Hand-Unterarm-Winkel beim Ziehen normaler, die Verrenkung im Schulterbereich des Schießarmes findet nicht statt.

schnellem Ziehen: Die Waffe muß auch bei einem schnellen Lauf, dem Sprung über ein Hindernis oder bei einer Wirtshausschlägerei sicher im Holster verbleiben. Sie sollte darüber hinaus dem Zugriff eines Angreifers, wenn nicht schon gänzlich entzogen, so doch weitmöglichst gesichert sein.

Zu oft ist es in den vergangenen Jahren vorgekommen, daß Polizeibeamte mit ihren eigenen Schußwaffen bedroht oder sogar angeschossen wurden, nachdem der Angreifer im Handgemenge die Dienstwaffe aus dem Holster reißen konnte. Gleichzeitig kann ein Sicherungsriemen des Holsters dazu dienen, daß der Hahn nicht unbeabsichtigt gespannt wird (bei DA-Pistolen und Revolvern), oder zusätzlich den gespannten SA-Mechanismus sichern, indem der Riemen zwischen Hammer und Schlagbolzen gelegt wird.

Erst wer tagelang eine Faustfeuerwaffe und Reservemagazin(e) mit sich führt, weiß um den Wert der ›Bequemlichkeit‹ von Holstern, sei es beim Tragen der Waffe an sich oder beim Ab- und Anlegen, wie es besonders beim kriminalpolizeilichen Dienst mehrmals täglich zwingend werden kann. Gerade die ver-

teidigungsstarken Waffen von 9 mm aufwärts besitzen ein merkbares Eigengewicht, das am Gürtel zerrt, den Sitz der Hose derart stört, daß man entweder mit stramm angezogenem Gürtel oder mit Hosenträger herumlaufen muß. Das Schulterholster ist erwiesenermaßen nicht ›schnell‹, aber es hat einen sehr hohen Tragekomfort. Gerade die neueren Modelle sind nicht mehr ›Halfter mit Zwangsjackencharakter‹, sondern an den Bedürfnissen von Polizeibeamten in Zivil orientiert, die oft mehr als acht Stunden Waffe, Reservemunition und Handschellen tragen. Selbst ein Ablegen des Schulterholsters ist einfacher und bequemer zu gestalten als das Ein- und Ausfädeln einer am Hosengurt getragenen Halterung: Hier hat der Verbraucher die Wahl zwischen mehreren Grundmustern.

Die streifenähnlichen ›Slide-on-belt‹- oder Gürtelschlaufen-Holster fallen nach einem Entfernen der Waffe kaum auf, mit ihnen kann man auch zur Not mal in die Kantine gehen, ohne gleich aufzufallen. Wer aber Waffe und Holster zusammen ablegen will und sich die Fummelei mit dem Ab- und Aufziehen ersparen will, sollte einen Blick auf die Klemmvorrichtungen oder Inside-Holster richten, wobei letztere die Waffe

auch sehr verdeckt halten. Der Nachteil der sonst fast idealen Inside-Holster liegt in ihrem beständigen Druck auf den Körper – sie saugen sich binnen weniger Stunden mit Schweiß voll, da die Haut an dieser Stelle kaum atmen kann.

Zum verdeckten Tragen sollte man ein Holster wählen, das die Waffe eng an den Körper anliegen läßt und relativ hoch auf dem Gürtel sitzt: Das Waffenende soll nicht unter der Jacke herausschauen (auch wenn man kurz den Arm hebt), der Griff sollte keine zu große Ausbeulung erzeugen. Daher wird ein solches Holster nicht direkt auf der rechten Hüfte, sondern hinter dem Hüftknochen getragen. Es kommt somit in die Nierengegend und kann bei überwiegend sitzender Tätigkeit und im Fahrzeug mehr als lästig werden.

In der Praxis haben sich zum verdeckten Tragen auf der Waffenhand-Seite die Pancake-Holster bei den Gürtelmodellen bewährt. Sie geben einen besseren, enger ›einziehenden‹ Sitz als diejenigen Modelle, die nur eine Gürtelschlaufe besitzen.

Aber gegen das Problem vom Waffendruck in Nierengegend gibt es nur ein Heilmittel: entweder links tragen und über kreuz ziehen (engl. cross-draw) oder Schulterholster – was auch auf eine Ziehbewegung über kreuz hinausläuft. Das Hüftholster auf der Seite der ziehenden Hand ist zwar schneller, es liegt auch in einer direkten Linie zum Ziel, so daß der Schütze nur noch eine Vorwärtsbewegung vom Holster zum Anschlag ausführt, aber es hat auch Nachteile: Im Sitzen kann der Schütze kaum noch an die Waffe gelangen, er sitzt auf ihr, was er auch am Schmerz im Rücken spüren kann. Bei einer Rangelei kann die Waffe von hinten aus dem Holster entrissen werden – von einer Seite also, wo der Schütze einen Zugriff zur Waffe nicht rechtzeitig erkennen kann. Außerdem wird er bei einer solchen Situation seine Schießhand zur Abwehr von Angriffen anderweitig benutzen.

Die lange verpönte Cross-Draw-Trageweise hat hier einige Vorteile, die beim täglichen Tragen einer Waffe schwer ins Gewicht fallen: Die Waffe ist links (oder bei Linkshändern rechts) vor dem Hüftknochen gelagert. Sie kann von der zweiten Hand ohne viel Umstände ergriffen und gezogen werden – indem die Hand mit dem Rücken nach innen zum sogenannten Kavallerie-Griff gedreht wird (Die US-Kavallerie führte ihre Revolverholster auf der rechten Hüftseite mit Griff nach vorn, da links offiziell für

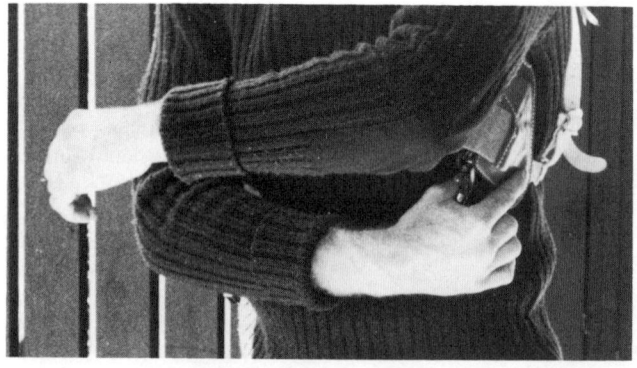
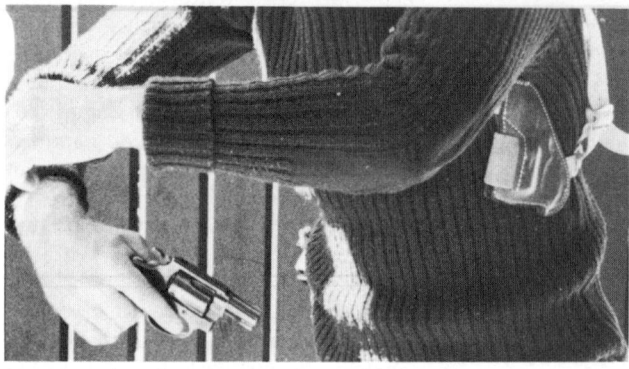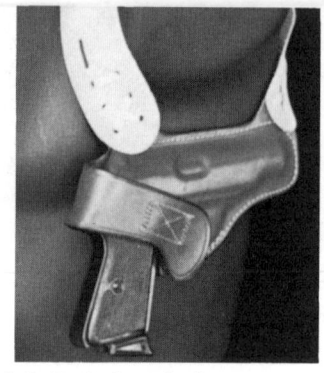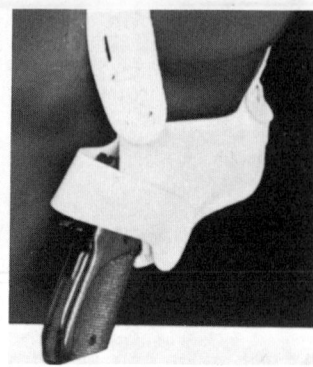

›Upside-down‹-Schulterholster Modell 19 von Safariland. Dieses Schulterholster ist bequem zu tragen. Die Waffe wird durch ein Elastikband gesichert, das den Abzugsbügel fest in die dafür vorgesehene Holstermulde drückt. Das Modell 19 existiert auch für größere Revolver, ist aber nur für die leichten .38er Snubnose-Typen zu empfehlen. Es ist anzuzweifeln, ob ein Elastikband die ständige Beanspruchung durch einen schweren Waffentyp entsprechen kann. Klettverschlüsse, wie sie von Safariland und anderen Firmen als Sicherungsmittel für Schulterholster angeboten werden (rechts unten), sind abzulehnen, da sie leicht durch Bewegung und Kontakt mit der Kleidung geöffnet werden können.

den Säbel reserviert war). Ein solcher Griff nach der Waffe mit der schwachen Hand kann sich in vielen Situationen als lebensrettend erweisen: Im Handgemenge, wenn die rechte Hand mit dem Angreifer beschäftigt ist (oder von diesem festgehalten, verletzt wurde). Oft muß gerade die stärkere Hand dazu herhalten, Türen aufzureißen, den Körper abzustützen und kann nicht zur Verfügung stehen. Beim Cross-Draw bekommt man dann noch die Waffe mit der anderen Hand zu fassen – mit etwas Übung auch aus dem Schulterholster.

Der oft gehörte Einwand, daß die im Cross-Draw mit dem Griff nach vorn getragene Waffe den Zugriff durch Angreifer leichtmacht, entbehrt nicht der Grundlage. Aber auch die normal auf der Schußhandseite getragene Waffe kann (wie oben erwähnt, von hinten) entwendet werden. Der Träger hat beim Cross-Draw-Holster eher die Möglichkeit, mit dem linken Arm die Waffe abzudecken und – da der Angreifer ihm gegenüber steht – einen unbefugten Zugriff rechtzeitig zu erkennen.

Sowohl der Art wie der Trageweise des Holsters sollten einige Überlegungen gewidmet werden, *bevor* es an den Kauf

geht. Die Vielzahl der auf dem Markt angebotenen Holster ist verwirrend. Wer nicht aufpaßt, muß hier einiges Lehrgeld zahlen. Das ideale Holster für alle Tragearten und Einsatzformen gibt es nicht, mitunter ist es angebracht, zwei vielleicht sogar drei oder mehr Holster für die verschiedenen Verwendungszwecke zu besitzen. Man sollte beim Kauf auch nicht das Holster nur in der Hand begutachten, sondern anlegen und mit der Waffe zusammen ausprobieren. In guten Fachgeschäften wird man kaum damit auf Stirnrunzeln stoßen. Vorsicht ist bei Exotischem geboten – Armbandholster, Einschübe für die Hosentasche etc. sind selten ihr Geld wert – und ihr Gebrauchswert im täglichen Leben ist bei allem James Bond-Flair gering: Das fängt schon beim Knöchel- oder Wadenholster an, das auf den ersten Blick so praktisch zum verdeckten Tragen erscheint. Für den Normalverbraucher ist es über-

Neuere Modelle der ›Breakfront‹-Serien haben bei Safariland Metallklemmen mit einem zusätzlichen Sicherheitsriemen erhalten und besitzen eine neue Schulterberiemung, die mit Magazin, Speedloader oder Handschellen ein Gegengewicht zur Waffe bildet.

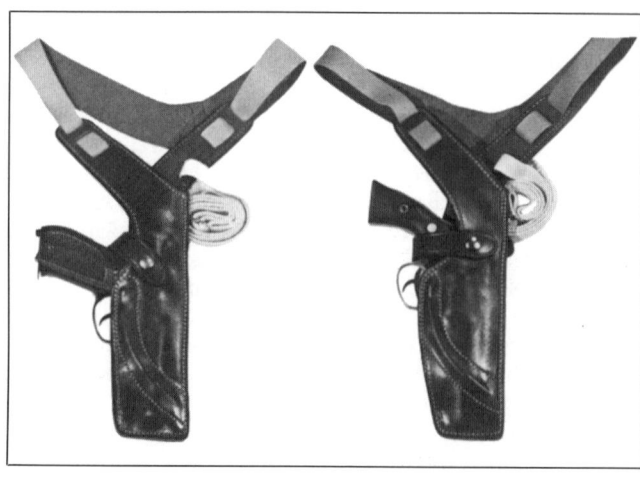

haupt nicht geeignet, höchstens für den konspirativen Einsatz in Verbrecherkreisen, wo man damit rechnen muß, daß der Blick auf Hosenbund und Achselhöhle fällt. Im Zweifelsfalle aber fühlt sich das Beinholster immer an – wie ein Klotz am Bein, es stört mitunter beim Gehen, vom Laufen ganz zu schweigen, rutscht oder schnürt die Durchblutung ab und obendrein ist ein Ziehen der Waffe kompliziert und zeitraubend.

Auf Qualität achten!

Leder ist noch immer der bevorzugte Werkstoff der Holstermacher – die Metall- und Plastikmodelle, die vor einigen Jahren auf den Markt kamen, konnten sich nicht durchsetzen. Lediglich die Firma Rogers konnte mit einigen Modellen, bei denen Plastik als Taschenmaterial benutzt wurde, Erfolge erzielen. Leder aber ist ein empfindliches Material, dessen Verarbeitung von Anfang an mit Sorgfalt erfolgen muß: ›Schludern‹ bei dem einen oder anderen Fertigungsprozeß, eine zu heiße Temperatur beim Formen oder Einölen – und schon ist die Elastizität dieses Naturstoffes verlorengegangen.

Ein Holster, das aus dem richtigen Leder geschnitten, gut geformt und genäht und das von Zeit zu Zeit etwas Ölpflege bekommen hat, wird Jahre, oft Jahrzehnte halten. Die dem Leder innewohnende Elastizität wird nicht verlorengehen, die Paßform zur Waffe bestehen bleiben. Auf der anderen Seite konnte der Verfasser erleben, wie Qualitätslederwaren innerhalb von zwei, drei Wochen zu Schaden kamen, weil die Besitzer diesem Teil ihrer Ausrüstung keine Sorgfalt und Pflege zukommen ließen. Trockenes Wüstenklima mit der ›richtigen‹ Beimischung von feinkörnigem Staub und Sand kann innerhalb von Tagen ein neues Stück Lederwerk in ein brüchiges, ausgetrocknetes und steinhartes Etwas verwandeln. Staub und Sand dringen in die Nadellöcher der Nähte ein und zerreiben das Segelgarn. Die Naht platzt. Ähnlich kann zu feuchtes Klima das Leder schimmeln und verrotten lassen. Von Zeit zu Zeit sollte daher auch dem Holster etwas Pflegezeit gewidmet werden – was in der Wüste oder im afrikanischen Regenwald mindestens alle zwei, drei Tage geschehen muß, kann in unseren Breitengraden nur in Monats- oder Vierteljahresabständen geschehen:

Qualitätsvergleich: Beide Taschen wurden in einem Zeitraum von über zwölf Monaten den Anforderungen des täglichen Gebrauchs am Gürtel ausgesetzt. Beide Taschen waren nach dieser Zeit noch einsatzfähig, obwohl die rechte ihre Form verloren hat und das Leder dunkler und weicher geworden ist. Links ein Produkt von Bucheimer, rechts von Bianchi. Die langen Lederlippen unterhalb der Druckknöpfe sind für ein schnelles Öffnen nicht vorteilhafter als die kurzen, kantigen Endungen beim Bucheimer Modell. Im Gegenteil: Beim Tragen mit der Öffnung nach unten blieben die längeren Deckel mitunter an der Kleidung, an Objekten in oder am Fahrzeug hängen und öffneten sich selbständig, was zum Herausfallen der Magazine führte.

Dem Leder muß mit einem guten Lederöl oder Sattelfett eine dünne Schutzschicht zugeführt werden, die mit einem Lappen aufgetragen, innerhalb kurzer Zeit einziehen wird. Die Nähte sollten überprüft und, wenn notwendig (z. B. nach einem Combatdurchgang, bei dem man sich auf der staubigen Bahn gerollt hat), mit einer kleinen Bürste (Zahnbürste) gereinigt werden und auch etwas Fett erhalten. Warnung vor zu starkem Ölen! Ein Stück Leder, das mit Öl getränkt wurde, wird nie seine ihm zugedachte Form halten und aus den Fugen gehen. Sattelseife ist dazu gedacht, trockene, durch Regen, Schweiß und Dreck strapazierte Riemen und Trensen wieder geschmeidig zu machen – an einem Holster wird es das Leder über das gewünschte Maß hinaus aufweichen und die Paßform verderben.

All dies nur zur Vorwarnung, weil oft auch gute Holster durch ein Zuviel oder Zuwenig an Pflege ruiniert werden. Worauf ist nun beim Holsterkauf zu achten? In der Fülle der angebotenen Modelle und Variationen verliert man leicht den Überblick, selbst große, bekannte Namen sind keine Garantie für Qualität. Der Käufer muß selbst wissen, was er will. Etwas Lederkunde kann nicht schaden – einige äußere Merkmale sind Warnzeichen, die viel über Sach-

verstand und Arbeitsqualität der Hersteller aussagen:

Das Leder: Bei den amerikanischen Qualitätsfirmen kommen nur die schwereren (dickeren) Lederpartien aus der Hals- und Schulterregion des Rindes zur Verwendung. Die Stärke des Leders ist abhängig von der Waffe, für die das Holster gefertigt werden soll. Eine 6,35 mm-Taschenpistole kann mit einer leichteren Lederstärke auskommen als eine .45 Colt Government oder eine .44 Magnum. Für Holster und Waffengürtel kommen daher nur Leder der Kategorien von 8 bis 12 Unzen-Stärken in Frage. Dies entspricht einer Dicke von ca. 0,32 mm bei 8-Unzen-Leder und rund einem halben Zentimeter in der 12-Unzen-Klasse. Einige Firmen sind dazu übergegangen, zwei unterschiedliche Lederflächen minderer Stärke zu einem Stück zu verkleben oder zu vernähen, um die notwendige Stärke zu erreichen – ein Prozeß, der unweigerlich zu einem Holster von schlechter Paßform und Haltbarkeit führen muß. Gerade hierzulande werden immer noch ›Holster‹ aus dünnen Lederflächen zusammengeschustert, da die für gute Qualität notwendigen Schulterpartien der Rinderhaut nicht nur sehr teuer sind, sondern sich auch schwer verarbeiten lassen. Gerade Schultern und Hals weisen auch oft

143

Links: Nach dem Preßformen der Holster werden die Lederstücke an der Luft auf einem Gestell getrocknet (Fa. Safariland).
Rechts: Endkontrolle bei Bianchi, hier kommen gerade Modell X 15 für Revolver aus der Fertigung.

Stacheldrahtspuren, Narben und andere Unebenheiten auf, die dazu führen, daß beim Ausschneiden der Holsterform viel Abfall entsteht. Auch hier ist beim Kauf auf Unebenheiten und schlechte Schnittspuren an den Kanten zu achten.

Die Naht muß sauber gestochen sein und mit starkem Segelgarn (gewachst) ausgeführt sein. Sie muß in ihrer vorgepreßten Mulde so liegen, daß der Zwirn mit der Oberfläche des Holsters abschließt und an den Schlaufen nicht übersteht. Eine ›aufgesetzte‹ Naht ist unweigerlich Beschädigungen von außen ausgesetzt, sie wird auffasern und schließlich platzen. Gerade an der Naht läßt sich die Qualität eines Holsters erkennen – entlang der am meisten strapazierten Flächen (am Abzugsbügel, an der Gürtelschlaufe am Zusammentreffen der beiden Hälften) sollte sie doppelt sein. Kein Endstück Zwirn darf als ›Schwanz‹ aus der Naht herausstehen. Die Einstichstellen sollten gleichmäßig durchgezogen sein.

Die Paßform: Bei einem gut angepaßten Holster kann man bereits von außen erkennen, für welchen Waffentyp dieses Stück Leder entworfen wurde. Die Linien der Waffen zeigen sich deutlich auf der Außenseite. Das Anpassen erfolgt bei der fabrikmäßigen Fertigung mit Metallabgüssen der Serienwaffen, von daher wird ein Standardholster für die .45 Golt Government z. B. nicht unbedingt für eine Custom-Modifikation

passen. Zum Anpassen wird das Leder angefeuchtet – nicht mit Wasser getränkt, wie man es immer wieder in Do-it-yourself-Empfehlungen liest! – und dann mit einer Druckpresse geformt. Danach wird dem Holster in einer Lufttrocknung die Feuchtigkeit entzogen und mit handwarmem Öl die Elastizität zurückgegeben. Zu heißes Öl, zu schnelles Trocknen oder eine zu hohe Temperatur bei diesem Vorgang kann dem Leder bleibenden Schaden zufügen.

Das Holster sollte so konstruiert sein, daß kein Teil der Waffe direkt mit den Nahtstellen in Berührung kommt – aus diesem Grund haben gute Holster entlang der ›Rückseite‹ (dort wo die Lederhälften am Abzugsbügel zusammentreffen) einen Keil eingeschoben, durch den die Naht läuft. Der Zusammenschluß der Lederflächen muß glatt sein. Mit feinem Sandpapier werden die rauhen Ecken abgeschliffen oder mit einer konkaven Klinge abgeschnitten. Diese Kante wird dann mit Beize, Farbe oder Wachs bestrichen, um die Poren zu schließen und dem gesamten Holster ein gleichmäßiges Äußeres zu verleihen. Bei schlecht verarbeiteten Stücken fransen die Nahtstellen (die außerdem verklebt sein sollten) am ehesten aus. Der Sicherheitsriemen muß breit genug sein und stramm sitzen – die Waffe darf, im Holster versorgt, keinen Millimeter Bewegungsspielraum haben, nachdem der Riemen geschlossen ist – er wird ohne-

hin früh genug ausgeweitet sein.

Allgemeines zur Holsterauswahl: Jedes Holster ist nur für eine bestimmte Waffe gefertigt worden, trotzdem sieht man immer noch Waffenträger, die ein Holster für verschiedene Pistolen- oder Revolvertypen benutzen (und es entsprechend ausweiten). Die Waffe darf nicht ›von selbst in die Hand gleiten‹: Das Holster soll die Pistole oder den Revolver fest ›am Mann‹ halten und nur ein fester Zugriff darf die Waffe freigeben. Ad-Hoc-Test für jedes Holster daher: Fällt die Waffe bei einer Rolle rückwärts, Rolle vorwärts heraus? Derartige sportliche Betätigung mag auf den ersten Blick absurd sein – wer rollt sich schon mitsamt Ballermann auf dem Boden? Aber bei näherer Betrachtung ist eine solche Kontrolle recht realitätsbezogen. Was nützt die beste .45er, wenn man bei einer Schlägerei den kürzeren gezogen hat und sich plötzlich auf dem Boden rollend wiederfindet – während das ›gute Stück‹ durch die Fallbewegung meterweit entfernt über das Parkett schliddert?

Ein Sicherheitsbeamter, der bei einer Übung mit seinem locker sitzenden Holster/P 38-Paket auffiel, mußte wenige Augenblicke später zur Kritik auch noch das schadenfrohe Gelächter der Kollegen verkraften: Sich mit Hechtsprung und Rolle von einem beschossenen Fahrzeug entfernend, griff er in der Deckung nach der Pistole – die neben der Wagentür im Sand lag.

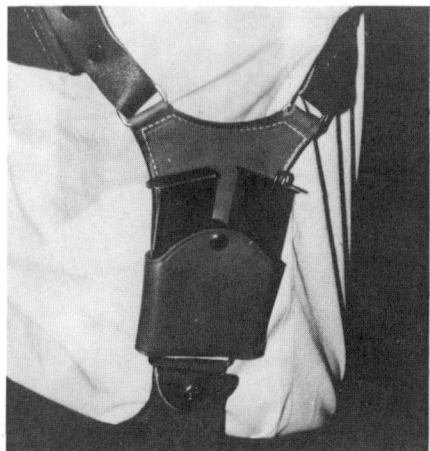
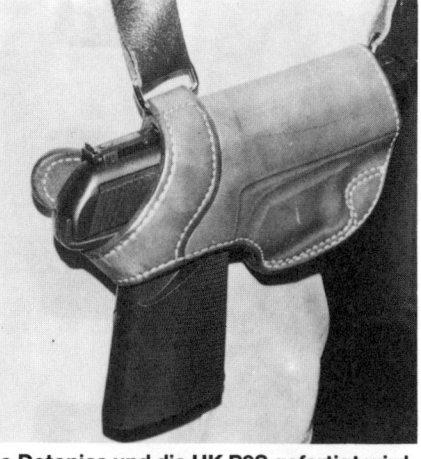
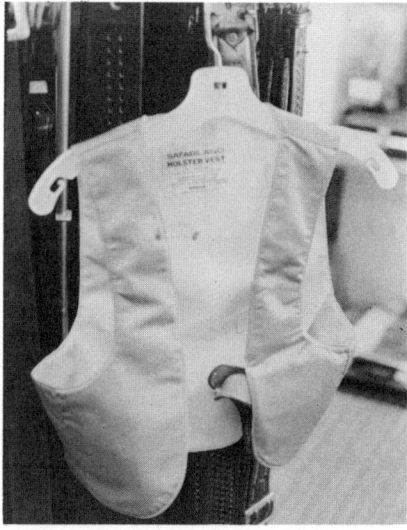

Bianchis M 13 ›Scorpio‹, das u. a. auch für die Detonics und die HK P9S gefertigt wird, ist eine interessante Magazin-Holster-Kombination, deren Brauchbarkeit sich in einem Langzeittest im Nahen Osten erwiesen hat. Leider ließ der ursprünglich gute Entwurf etwas in der Ausführungsqualität zu wünschen übrig: Die Verstellbarkeit der Schulterberiemung ist zu gering, die untere Holsteröffnung wird durch das Pistolenkorn aufgerauht. Das Holster selbst ist abnehmbar und kann auch am Gürtel getragen werden – doch die dafür vorgesehenen Schlitze liegen zu eng beieinander: Das mit der Waffe belastete Holster hat zuwenig Verbindungsfläche zum Gürtel und ›schlenkert‹ hin und her. Als Kombinationsholster für Schulter *und* Gürtel daher nur bedingt brauchbar.

Safarilands silber-seidene Trageweste, in die verschiedene Holstertypen durch Klettverbindung nach Upside-down-Art eingeschoben werden, ist ein unkonventioneller Versuch, den Tragekomfort zu verbessern. In kühleren Regionen ist diese Weste durchaus brauchbar.

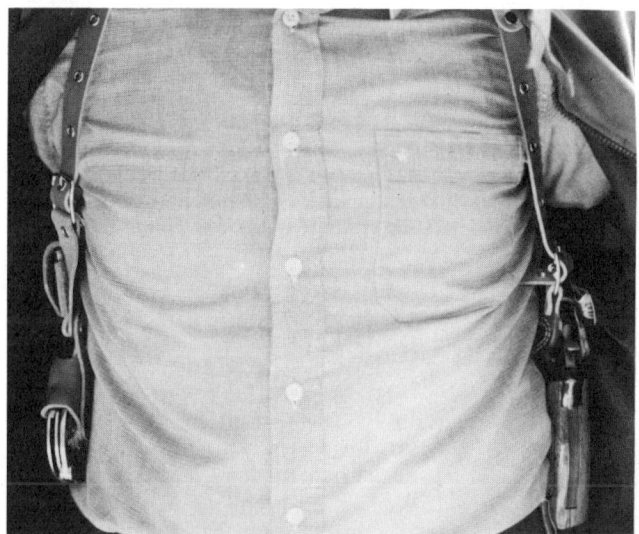

Alessi, eine kleine, in Europa weitgehend unbekannte Firma, fertigt hervorragende Holster an. Paßform, Nähte und Finish sind beispielhaft. Das hier gezeigte Upsidedown für den S & W M 19 mit vierzölligem Lauf trägt sich ausgezeichnet: Dank einer Schnallen-Verbindung läßt sich die Schulterberiemung gut variieren. Das ›Gegenlager‹ kann kombiniert werden, zwei oder drei Patronentaschen können untereinander gekoppelt hängen. Beispielhaft vor allem die Sicherung: Sowohl Handfesseln wie Schußwaffe sind vor dem Herausfallen durch eine Druckknopfverbindung bewahrt, die erst bei kräftigem Ruck nachgibt. Einziger Nachteil des sonst sehr gelungenen Designs: Beugt der Träger sich nach vorn – etwa bei einer Fahrzeugkontrolle am Autofenster, fällt das Holster mit Waffe in den Sichtbereich des Gegenübers. Es fehlt ein zweiter, unterer Riemen, der das Holster unter der Achselhöhle hält. Leicht zu beheben – statt das Holster mit der Hose zu verbinden, sollte der Käufer zwischen der Riemenhalterung an der Mündung und der Munitionstasche ein Gummiband ziehen, das beim Tragen unter den Schulterblättern sitzt und nicht stört. Ein weiteres Argument gegen das Alessi-Holster wurde von einem Kollegen eingebracht und sollte hier nicht verschwiegen werden: Zuviel Metall! – Tatsächlich hat die Holsterberiemung einiges an Ösen, Schnallen und Druckknöpfen aufzubieten. Rogers bietet eine stufenlos regulierbare Beriemung an, die auf der Basis von doppelt gelegten Klettverschlüssen arbeitet und eine Alternative sein könnte.

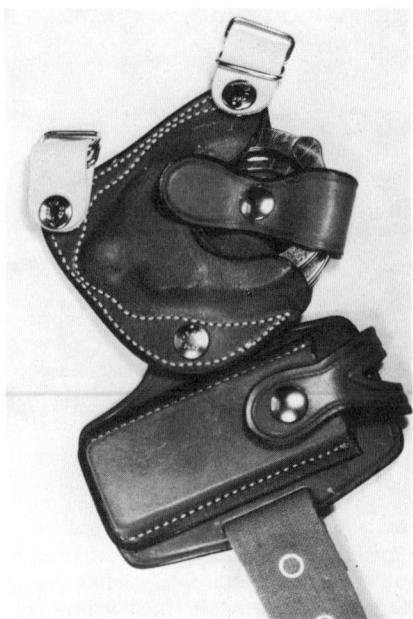

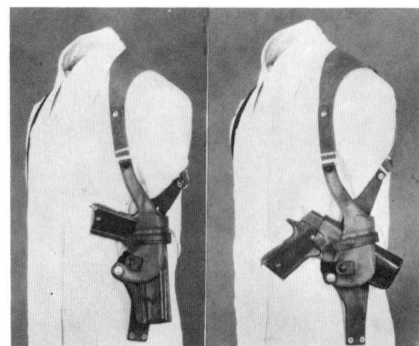

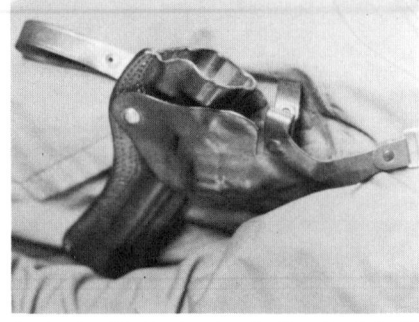

Eine Magazintasche mit Handschellenhalter als Gegengewicht für Safari-Schulterholster. Dank Druckknopfverbindung lassen sich diese Taschen beliebig kombinieren, z. B. als Doppelmagazintasche. Entsprechende Modelle existieren auch für Speedloader und Ladestreifen. Der Verfasser benützt die hier gezeigte Verbindung z. B. in Verbindung mit dem Bianchi-Scorpio-Holster (die betroffenen Firmen mögen dieses Sakrileg verzeihen!) – ein Beispiel, wie man bei entsprechender Marktübersicht durchaus verschiedene Fabrikate miteinander zu einem individuellen Wünschen entsprechenden Ausrüstungsstück kombinieren kann.

Auch die Methode der DeSantis-Schulterberiemung, die aus einer angenehm weichen Wildleder-Beriemung besteht, ist nicht ideal: Hier werden die Riemen mit Schrauben fixiert. Trägt man das Schulterholster z. B. zusammen mit einem Rucksack auf der Wanderung oder einer Schultertasche, machen sich diese Schraubenköpfe äußerst unangenehm bemerkbar. Auf der anderen Seite ist die Kippvorrichtung des DeSantis-Modell Nr. 8 für langläufige Waffen die einzige wirklich brauchbare Vorrichtung, um einen sechs Zoll langen Lauf im Schulterholster unterzubringen und ›flüssig‹ zu ziehen. Selbst schwere .357 oder .44 Magnum-Revolver sitzen in diesem Holster fallsicher. Die Nahtverarbeitung der DeSantis-Holster ließ nichts zu wünschen übrig, zur Verwendung kommt Nylonfaden – es ist allerdings fragwürdig, ob diese Holster ihre sehr stark ausgeprägte Waffenform auf die Dauer halten werden oder ob das Leder weich wird. Dem Verfasser erschien die verarbeitete Lederstärke etwas zu schwach für großkalibrige Waffen. Ein Dauertest war aus Zeitgründen nicht möglich.

Ein Semi-Schulterholster von Smith & Wesson, das per Schraubendruck über einen eingenähten Metallbügel den Revolver hält. Ein metallverstärkter Steg hält die Waffe auf der linken Körperseite in Brusthöhe. Eines der wenigen guten Holster, das unter dem Firmennamen vertrieben – und relativ schnell vom Programm abgesetzt wurde. Die übrigen S & W-Lederwaren fallen in ihrer Qualität neben vergleichbaren Produkten anderer Hersteller zurück und stellen nur den Versuch dar, durch das Renommee des traditionellen Firmennamens neue Absatzbereiche zu eröffnen. Das gezeigte Holster wurde ursprünglich von der Firma ›Jay-Pee‹ entworfen und gefertigt, dann von Smith & Wesson übernommen.

Inside-Holster

In den letzten fünf bis zehn Jahren haben Inside-Holster einen Siegeszug ohnegleichen auf dem Markt verzeichnen können. Während sie in den sechziger Jahren noch zum Exotischen gehörten, sind sie heute die meistverbreiteten (und -verkauften) Holstertypen für das verdeckte Tragen. Diese Popularität rührt von zwei Faktoren her: Einmal sind Inside-Holster im höchsten Sinne ›zivil‹. – Für ihren Gebrauch benötigt man keinen Dienstgürtel, keine besondere Gürtelbreite, bei den Klemmfedertypen sogar oft keinen anderen Halt als den Hosenbund. Sie fallen nicht auf, ›verschwinden‹ bei Entnahme der Waffe. Sie lassen sich leicht an- und ablegen und haben obendrein einen ›Understatement‹-Aspekt, sie wirken für den Beobachter weniger ›aggressiv‹ oder ›militant‹ als vergleichbare Gürtelholster. – Zum zweiten erfüllen sie ihren Zweck wirk-

Gürtelholster

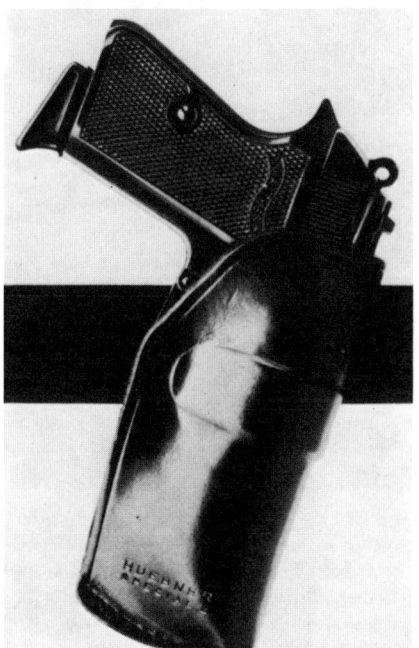 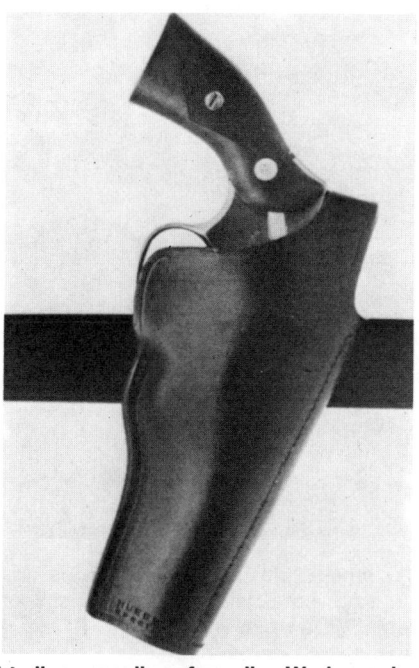 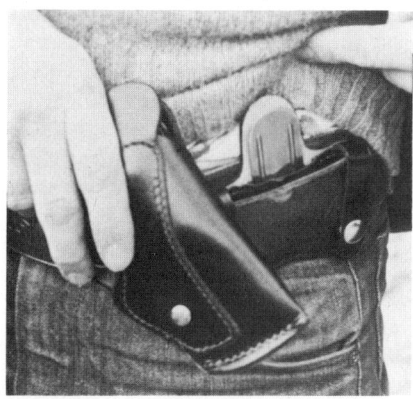

Bucheimers Modell 10 ist ein origineller Versuch, das schnelle Ab- und Anlegen des Holsters zu erleichtern: Der Taschenteil des Cross-Draw-Holsters greift über eine Metallzunge und ist an ihrer Rückwand per Druckknopf verbunden. Das Holster selbst ist in Verbindung mit einem breiten, steifen Hosengürtel gut zu tragen. Die Sicherung vor dem Herausfallen ist durch eine starke Klemmfeder gewährleistet. Sehr gut der abgedeckte Hahnbereich!

Sickingers ›Hübner Special‹ halten zwar nicht alles, was die aufwendige Werbung der Firma verspricht, sind aber gute, strapazierfähige Holster hiesiger Produktion.

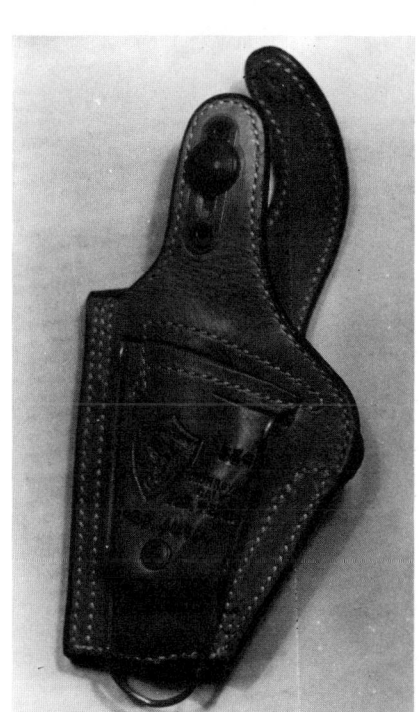 

Safarilands Gürtelklemmholster ›Klipspringer‹ erschien Anfang 1982 auf dem Markt und ist für kleine und große Faustfeuerwaffen erhältlich. Das Holster kann mit oder ohne Hosengürtel durch Einstecken in den Bund getragen werden und es bleibt an der Hüfte. Die lange, eigentümlich geformte Federklemme wirkt wie ein Haken, der bis zum unteren Holsterabschluß herumreicht. Neben den traditionell weitverbreiteten Waffen wie S&W M 19, .45 Colt und .38er Snubnose-Modell ist dieses Holster auch für die neue Beretta M 84 und die Walther PP und PPk erhältlich. Deutlich sichtbar ist hier auch ein von Safariland an vielen Modellen eingeführter Zusatz: Die Plastikverkleidung der Druckknöpfe.

DeSantis Modell 3 verwendet eine Druckknopfsicherung, die nicht mit dem Daumen geöffnet werden braucht (›thumb-break‹), sondern beim Ziehen der Waffe aufspringt (›pull-thru‹). Die Verbindung des Holsters mit der sechsschlaufigen Patronentasche ist originell und praktisch im Gebrauch. Leider folgt auch DeSantis der herkömmlichen USA-Holsterbauweise, die zwar Pistolenabzüge verdeckt, aber bei Revolvern den Zugriff auf den Abzug freiläßt.

lich hervorragend. Sie verbergen die Waffe, erlauben aber trotzdem einen schnellen Zugriff. Da die Waffe außerdem durch den gesamten Hosenbund an den Körper gepreßt wird, wirkt sie auf den Träger ›leichter‹ – ihr Gewicht ist besser verteilt als in einem Gürtelholster, wo die Waffenmasse nur an dem relativ engen Bereich von Holsterschlaufe und Gürtel zerrt.

Frühere Inside-Modelle besaßen lediglich eine Metallklemme, die je nach Firma breiter oder lederverkleidet war. Bei Erlahmen der Feder oder falschem Sitz konnte es vorkommen, daß der Benutzer beim Ziehen nicht nur die Waffe in der Faust hatte, sondern auch das Holster. Bei späteren Entwürfen wurde daher die Klammer durch eine aufknüpfbare Lederschlaufe ersetzt, die als ›Anker‹ um den Gürtel gelegt wurde. Inside-Holster unterscheiden sich im großen und ganzen von Hersteller zu Hersteller kaum: Die großen Firmen führen alle die Klemmodelle aus zumeist dünnem, weichem Rauhleder, nur kleinere Fabriken bemühen sich in diesem Bereich Neuland zu betreten.

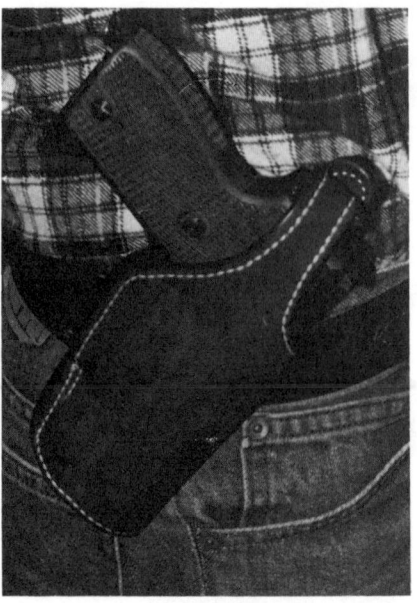

Der amerikanischen Qualität vergleichbar sind die Holster der französischen Firma ›Gil Creations‹ (hier für die P 6), die sich in ihren Entwürfen an die Beispiele aus den USA anlehnt, aber verstärkt Holster für europäische Waffentypen, u. a. auch für Manurhin-Revolver, herstellt.

Das gibt es immer noch! Pistolenholster, die den Abzug freilassen. Bei der P 6 mit ihrem sehr breiten Bügel ist ein sicherer Sitz der Waffe im Holster nicht mehr gewährleistet. Öffnet sich einmal der Druckknopf des Halteriemens – etwa durch eine Bewegung des Ellenbogens – kippt die Waffe bei der kleinsten Bewegung aus dem Holster.

Safarilands Modell 2 ›Hi-Ride‹ ist ein Holster im traditionellen Stil (hier für Linkshänder), das auf dem Gürtel aufsitzt, als gutes Beispiel wird hier die Breite der Gürtelschlaufe gezeigt, die für den sicheren Sitz notwendig ist. Die ›Hi-Ride‹-Serie diente nach ihrer Einführung auch zur Fortentwicklung eines variablen Einsteckmodells, den ›Paddle‹-Versionen. Ein mit porösem Gummi überzogenes Metallteil ist mit dem Holster durch eine Rändelschraube verbunden. Das Holster kann mit oder ohne diesen Zusatz getragen werden, als rechtsseitiges Hüftholster oder als Cross-Draw. Die Metallscheibe ist formbar und kann der Hüftrundung individuell angepaßt werden, auch der Griffwinkel läßt sich dank der Schraubenverbindung stufenlos verstellen. Das Hi-Ride, von der Firma unter dem Namen ›Hip Hugger‹ vertrieben, ist eines der wenigen wirklich variablen Holster, das mit und ohne Gürtel getragen werden kann. Jemand, der nur ein Holster für verschiedene Trageweisen kaufen will, ist mit diesem Modell wirklich gut bedient. Bei allen Testern kam die Vario-Möglichkeit gut an.

Gürtelschlaufen
und Mini-Holster

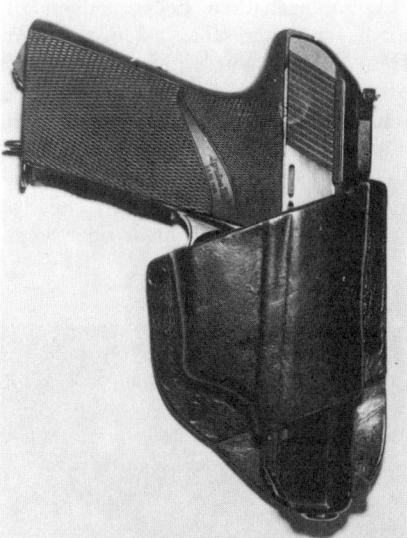

So sollte ein Gürtelschlaufen-Holster aussehen: Die Waffe wird eng an den Körper fixiert und durch gute Paßform des kräftigen Leders (10 Unzen) gehalten (Fabrikat: Horseshoe, England) ...

... und so stellt sich ein deutscher Holstermacher ein Schlaufenholster vor. Dieses Modell (für die P9S) wurde an die Behörde geliefert und war u. a. Standardausrüstung von Spezialeinheiten. Nach kurzem Gebrauch saß die Waffe bereits so locker, daß sie beim Laufen herausfallen konnte. Nachträglich forderte die Behörde ›Sicherheit‹ und ließ eine Riemenbefestigung anbringen: Ein an beiden Enden geknoteter Lederriemen wurde durch zwei Löcher des Holsters geführt und über die Waffe gezogen. Bestechend ist die Fertigungsart des Holsters: Das geformte, die Waffe umschließende Leder wurde auf eine andere Lederscheibe genäht, auf deren Rückseite wiederum die Gürtelschlaufen angebracht waren. Da der Hersteller selbst seiner Naht nicht ganz über den Weg getraut hatte, wurden noch einige Nieten zur Verstärkung angebracht. Das ganze Unikum sitzt wie ein steifer Kasten auf dem Gürtel – die wesentliche Eigenschaft der Gürtelschlaufe, das Anpassen an die Körperrundung, fehlt völlig (links das gleiche Modell für die PSP am Mann). Daß auch hierzulande gute Schlaufenholster gemacht werden können, zeigt Hübners ›Yaqui‹ der Firma Sickinger.

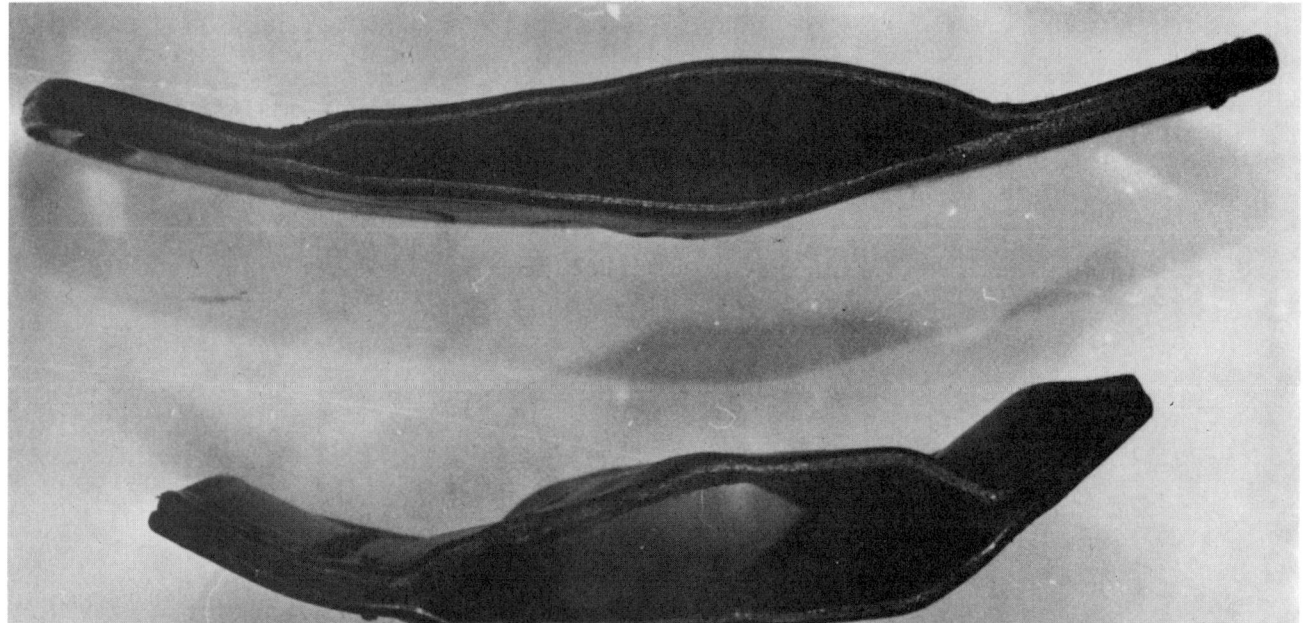

Zwei Gürtelschlaufen im Vergleich. Oben ein Revolvermodell von Don Hume, durchaus brauchbar, darunter eine bessere Ausführung von Safariland für die .45 Colt. Das körpernahe Lederteil ist etwas kürzer als das äußere. Nach dem Vernähen und der Formung behält die Schlaufe ihre dem Gürtelandruck entsprechende halbrunde Form bei. Dieses Holster bleibt auch im leeren Zustand oben offen und erschwert daher nicht das Zurückstecken der Waffe – ein bei Gürtelschlaufen manchmal problematisches Unterfangen.

›Exoten‹: Pancakes und andere flache Sachen

Von Zeit zu Zeit treten verschiedene Hersteller mit ausgefallenen Entwürfen auf dem Markt auf. Vor einigen Jahren erschien eine kleine Firma in Arkansas ›Roy's Custom Leather Goods, Inc.‹ mit einem fast runden Holster aus zwei zusammengenähten Lederscheiben auf dem amerikanischen Holstermarkt. Dem Entwurf wurde nicht viel Zukunft prophezeit. Vor allem die drei Gürtelschlitze waren für viele Spezialisten nicht einleuchtend. Roy's Pancake-Holster hat seitdem einen enormen Siegeszug angetreten. Allein die Tatsache, daß verschiedene Formen mehr oder weniger starke Anleihen bei dem Design aus Arkansas machten, zeigt, wie gut die Idee war. Obwohl Pancake eine geschützte Firmenbezeichnung ist, hat sich der Modellname für diese flache Holsterart eingebürgert. Sehr zum Leidwesen des ursprünglichen Herstellers weiß heute kaum noch jemand, wer diesen Typ entworfen hat.

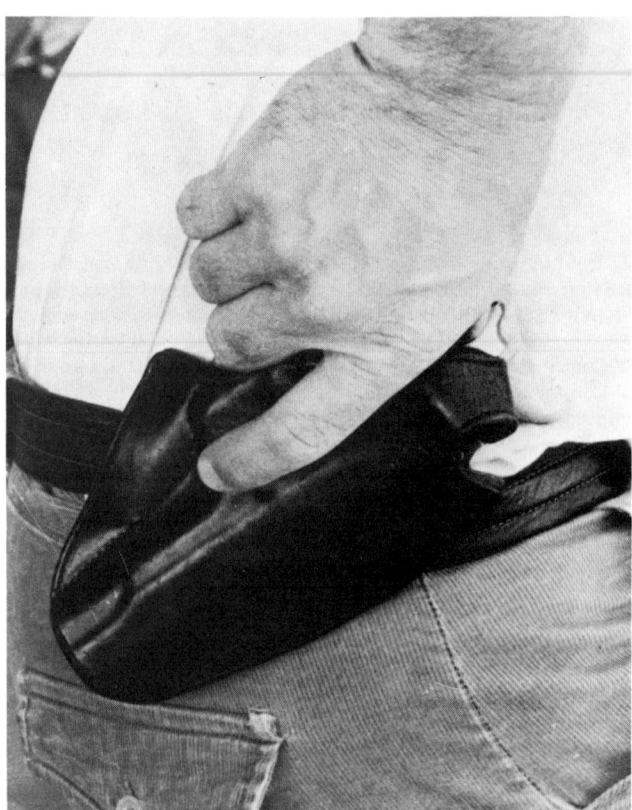

Ziehvorgang beim Pancake, der erst durch den extremen Schrägwinkel dieses Modells und die Position hinter dem Hüftknochen reibungslos abläuft. Hier zeigt sich der Vorteil des Rechtstragens (bei Rechtshänder) – der Ziehvorgang verlangt eine Vorwärtsbewegung in Zielrichtung.

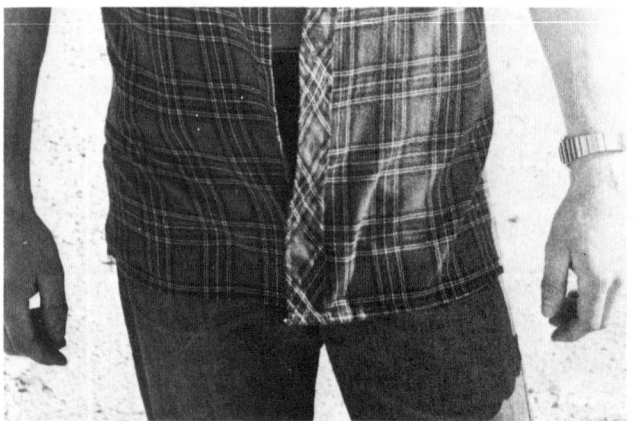

Zum verdeckten Tragen sind immer noch die Pancake-artigen (der engl. Name heißt nichts anderes als Pfannkuchen) Gürtelholster führend. Sie sind nicht ›schnell‹, ziehen aber die Waffe so eng an den Körper, daß man selbst großkalibrige Pistolen unter dem Hemd tragen kann. Die äußere Scheibenform des Pancakes hilft, die kantigen Abzeichnungen einer Pistole unter der leichten Kleidung zu verbergen.

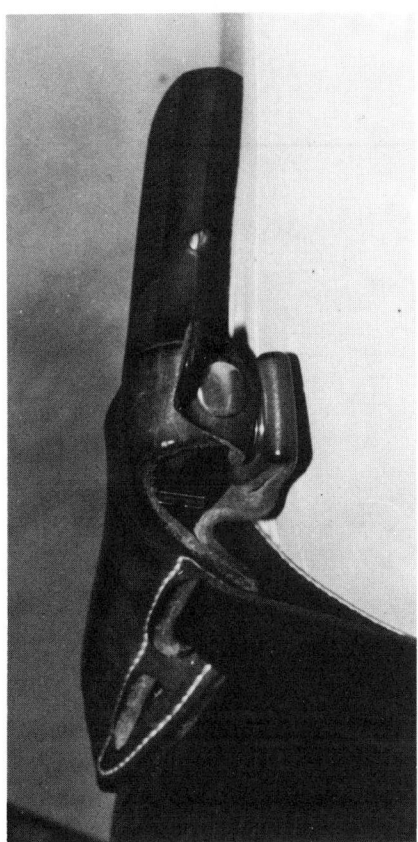

Ein vom Autor lange Jahre geführtes Pancake, umgeändert für die P9S. Das zusätzliche Riemenstück zwischen den Druckknöpfen erleichtert das Öffnen der Halterung. Bei dieser Aufnahme ist deutlich zu erkennen, wie eng die Waffe am Körper liegt. Zusätzlich sei noch erwähnt, daß kaum ein Pancake, welches drei Gürtelschlitze aufweist, tatsächlich zum Cross-Draw-Tragen auf der linken Körperseite geeignet ist.

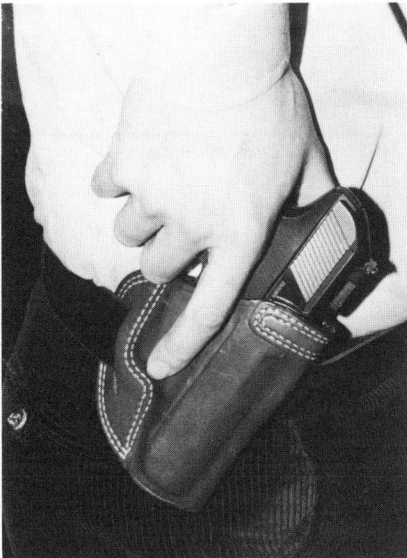

›Askin's Avenger‹ von Bianchi ist ein gut verarbeitetes Gürtelholster zum verdeckten Tragen ohne Sicherungsriemen. Der hintere Gürtelschlitz zieht den Griff der Pistole zum Körper ein und spannt das Leder fester um die Waffe. Bei straff geschnalltem Hosengürtel sitzt die Waffe fest im Holster und hat einen ziehgünstigen Winkel zur Hand. Hervorzuheben ist die breite Schlaufe zum Durchziehen des Gürtels, die sehr viel Fläche für einen festen Sitz bietet.

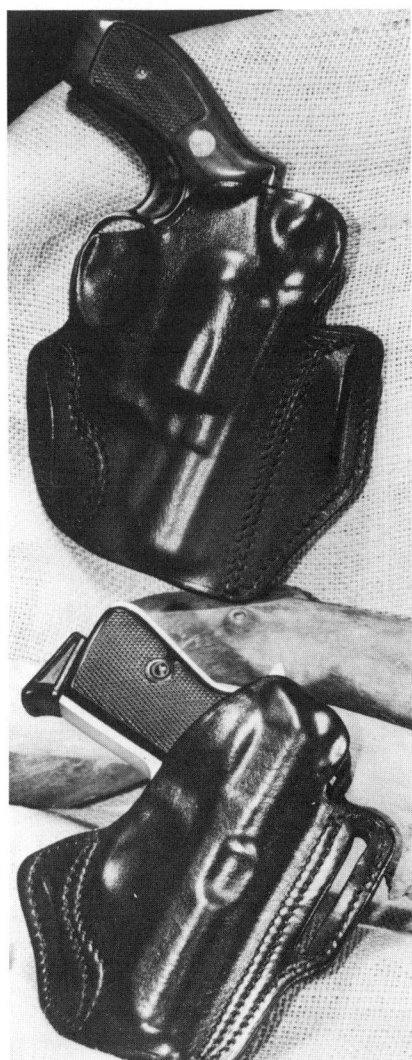

Anstelle des üblichen Sicherheitsriemens bietet DeSantis mit dem Modell 2 ›Speed Scabbard‹ ein die Waffe eng umschließendes Holster an, dessen oberer Teil sich um den Hahn verengt. Der Hahn ist vor unbeabsichtigtem Spannen geschützt, die Waffe ist relativ fest im Holster festgesogen, läßt sich aber bei direktem Zugriff schnell lösen. Der Vorteil dieser Holster liegt auch in der Abdeckung aller scharfen Kanten – die Kleidung wird geschont!

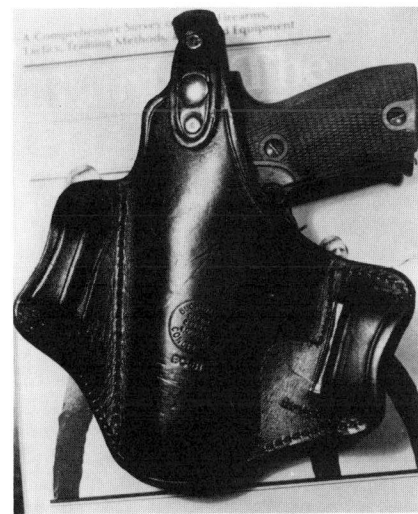

Bucheimer ist eine der wenigen Firmen, die ein passendes Holster für die Sig Sauer P 6 auf Lager hat. Das Modell Concealer erfüllt alle vom Namen herrührenden Ansprüche – es verdeckt die Waffe!

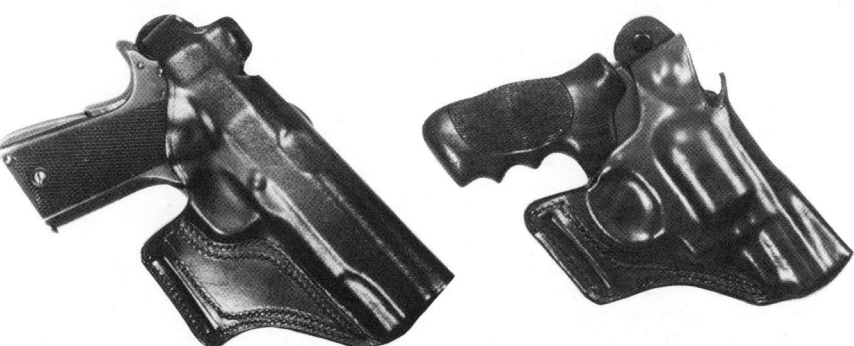

DeSantis ›No. 4‹ gibt es für eine ganze Reihe von Revolvern und Pistolen, z. B. auch für die FN/High Power, H & K 4 und P9S, für die Beretta 84 und 92 und die .45 Star PD.

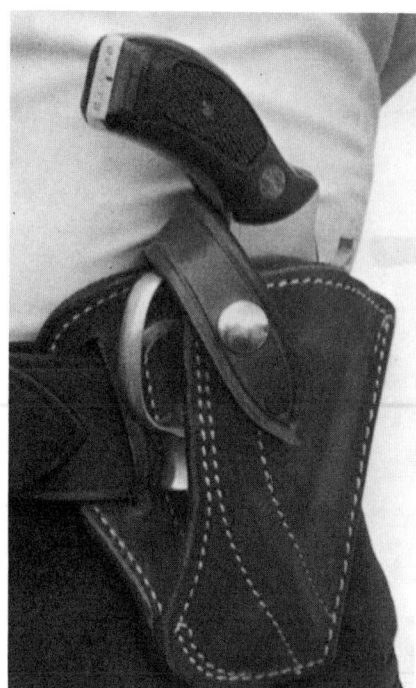

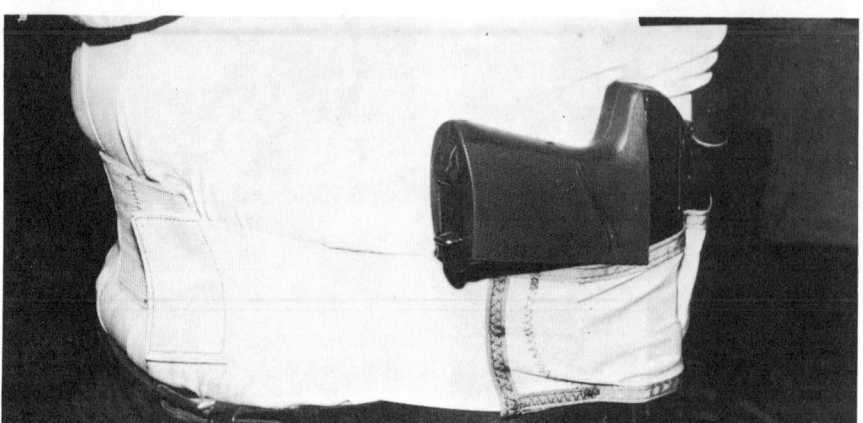

In Sachen ›Cross-Draw‹ existierte lange Zeit eine Stagnation auf dem Holstermarkt, erst in den letzten Jahren sind für diese Trageweise neue Entwürfe erfolgt und einige Firmen haben sich mit wirklich gutsitzenden Modellen Marktanteile erobert. Safarilands Serienmodell 550 (links) oder Bianchis ›Cyclone‹ und ›Autodraw‹ (die allerdings nur für die klassischen Waffenmodelle passen).

Beinholster sind – da stimmen die Meinungen aller Benutzer überein – kaum ›das Gelbe vom Ei‹. Sie sind unbequem, verhindern das schnelle Laufen und sind alles andere als ›schnelle Holster‹. Aber sie sind da und dort notwendiges Übel. Wenn schon ein Beinholster getragen werden muß, so sollte es von höchster Qualität sein, und Abstand sei von allen Konstruktionen geraten, welche die Wade miteinbeziehen: Der Wadenmuskel wird durch Fußbewegungen, beim Gehen, selbst beim Sitzen ständig in Bewegung gehalten, seine Form verändert sich. Jeder Gummistrumpf, jedes Halterband, das an diesem Körperteil das Gewicht einer Schußwaffe tragen soll, wird immer störend wirken und im Zweifelsfalle ins Rutschen kommen. Nur der Knöchel kann bei entsprechender Umformung des Holsters genügend Sitzfläche für eine Pistole oder einen Snubnose-Revolver bieten. DeSantis Ankle-Holster sind ein Beispiel, wie solch eine Knöchelhalterung aussehen muß. Innen ist das Holsterband mit Schafsfell gefüttert, es wird mit einem doppelt gelegten Velcro-Klettverschluß gehalten. Das gesamte Holsterband hat die anatomische Form des Knöchels. Der Hahn des Revolvers und die Visierung ist verdeckt, bei der Pistole z. B. auch der Sicherungsflügel.

Sehr exotisch, aber mit einem spezifischen Verwendungswert ist dieser Bauchgürtel von Bianchi aus Nylongewebe. Gedacht wurde an jene Einsatzmöglichkeiten, wo ein Tragen von Gürtelhose oder Jacke aufgrund der Auffälligkeit vermieden werden muß – z. B. am Strand. Dieses Bauchband, in verschiedenen Größen lieferbar, mit Gummizug und Velcroverschluß, nimmt alle Ausrüstungsteile von den Handschellen bis zum Ausweis auf. Es ist nicht ›schnell‹, aber verbirgt Waffe und Zubehör gut und wird mit einem lose fallenden Hemd getragen. Ein wahrer Exot, aber die Antwort auf ein lange vorhandenes Problem – bisher mußten sich Zivilbeamten, Bodyguards usw. bei Einsätzen in heißen Gegenden oder in der Unterwelt die Waffe mit Pflasterstreifen an Oberschenkel, Rücken oder Bauch befestigen. Da ist Bianchis ›Bellyband‹ besser und kann bei Reisen in unsichere Länder auch mal als Brustbeutel-Ersatz für Geld und Paß herhalten.

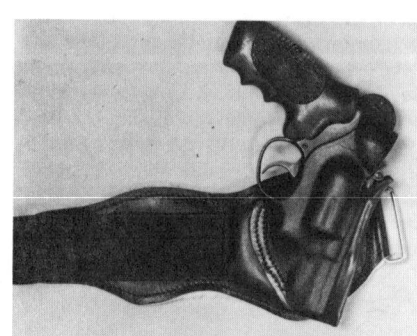

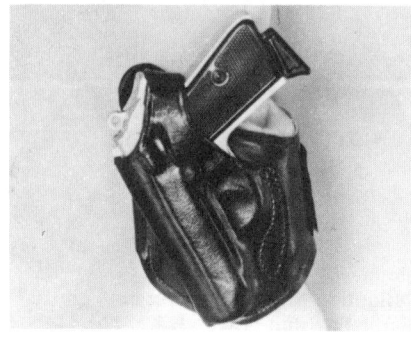

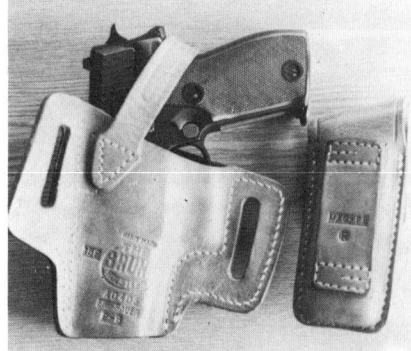

›The Bruno Holsters‹ stellt den europäischen Versuch dar, endlich die amerikanische Vorherrschaft auf dem Holstermarkt durch Verwendung guter Lederqualitäten zu brechen. Das Design könnte etwas weniger klobig sein, die Naht besser versenkt, aber im ganzen ein durchaus empfehlenswertes Holster, das auch von einem SEK der Bundesrepublik benutzt wird. Nur: Der Riemen gehört über den Hahn, nicht um den Griff der Waffe!

152

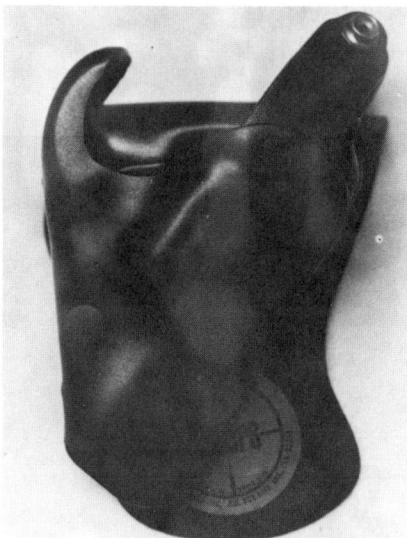

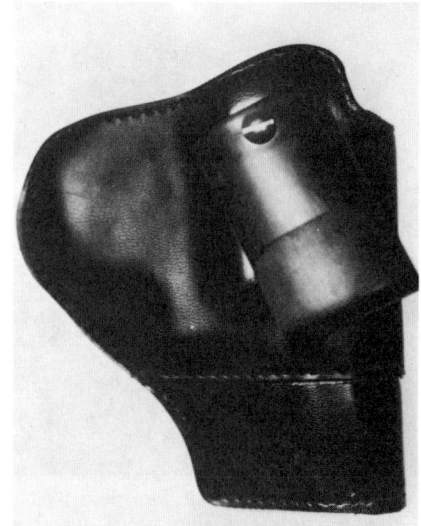

Rogers gelang es, Plastik und Leder zu einer guten Synthese zu verbinden. Links ein über den Gürtel schiebbares ›Paddle‹-Holster, rechts ein Inside-Modell, dessen Steg unter den Gürtel gehakt wird.

Inside-Modelle von DeSantis. Das Band mit Klettverschluß sichert den Sitz der Waffe unabhängig vom Typ oder von der Herstellermarke – Abweichungen in den Dimensionen von Taschenmodellen wurde durch die Verstellbarkeit Rechnung getragen. Es ist zweifelhaft, ob sich diese Idee durchsetzen wird – aber gut ist sie trotzdem!

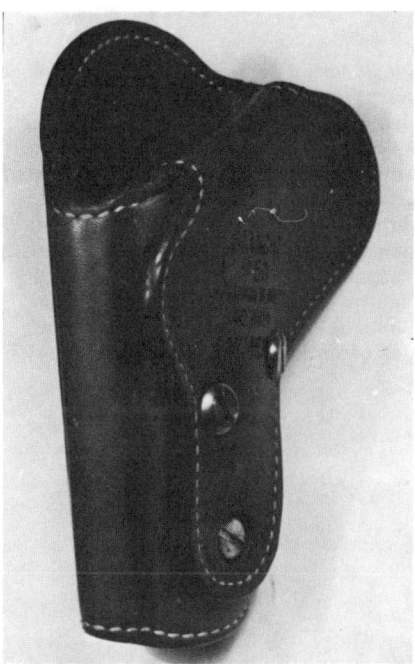

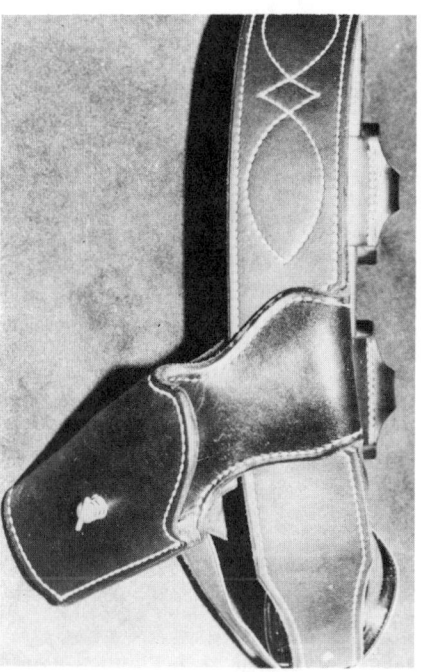

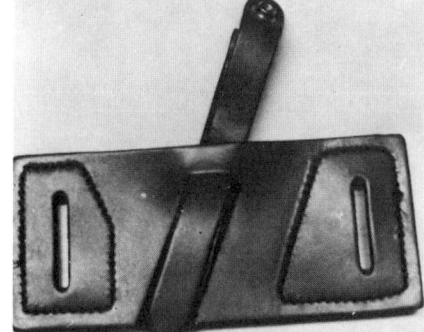

Das Rogers ›Switch‹-Holster ist eines der wirklich variablen Holster, die für verschiedene Waffenmodelle passen. Klettbänder erlauben das Umsetzen des Sicherungsriemens.

Für das sportorientierte praktische Pistolen- oder Combatschießen existiert eine Vielzahl von speziell angefertigten Schnellzieh-Holstern, deren Gebrauchswert auf den Schießstand beschränkt ist. Diese Konstruktionen – oft handelt es sich um Sonderanfertigungen (custom-)spezialisierter Künstler auf diesem Gebiet – sind steif, schwer und für den offenen Tragegebrauch. Erst in jüngster Zeit wurden die Vorschriften der IPSC mit Rücksicht auf Realitätsnähe geändert. Das verdeckte Tragen soll im Vordergrund stehen. Wettkampfholster sind oft keine reinen Lederprodukte, sondern verbergen unter ihrer Lederoberfläche Plastik- oder Metallformen, die genau der Waffe entsprechen und jede Verformung des Holsters verhindern. Dadurch sind sie größer und unhandlicher. Ihr Griffwinkel ist nicht auf den täglichen Gebrauch, sondern auf die optimale Ziehform für den schnellsten Anschlag ausgerichtet. Die Waffen stehen daher mehr vom Körper ab, um der Hand ungehinderten Zugriff zu geben. Ein Holster, das mit rund $ 50.– noch erschwinglich und durchaus für den gelegentlichen Schießstandgebrauch zu empfehlen ist, wird von Bianchi als Modell 50 ›Chapman Hi-Ride‹ vertrieben. Drei Schrauben sichern den festen Sitz am Gürtel und den Holsterdruck auf die Waffe. Zur Not kann man dieses Holster auch mal am Gürtel unter der Jacke tragen.

Inside-Holster

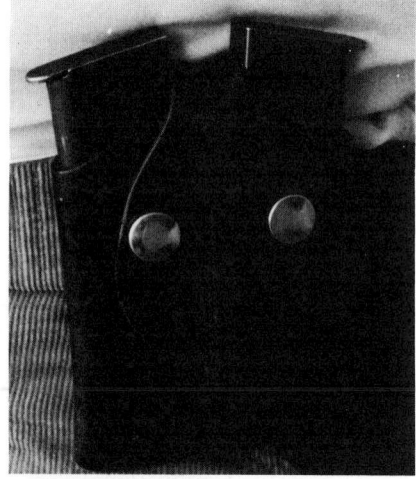

Magazintasche, wie sie aus dem IPSC-Schießen entstand und heute für das verdeckte Tragen benutzt wird. Beide Magazine lassen sich durch Ziehen (ohne Öffnen) der Druckknöpfe entfernen, sind aber noch vor dem Herausfallen durch die Eigenspannung des Leders gesichert.

 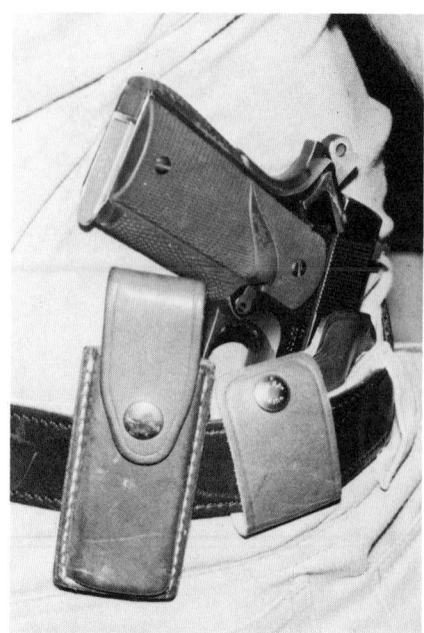

Alessi fertigt ein hervorragendes Holster für Pistolen und Revolver in verschiedenen Ausführungen. Die Scheibenform, der Körperrundung entsprechend geformt, verteilt das Eigengewicht der Waffe besser und verhindert eine Veränderung des Griffwinkels. Das Holster wird mit und ohne Hahnsicherungsriemen (mit Pull-thru-Druckknopf) geliefert. Gerade für Personen, die ihre SA-Pistolen in gespanntem und gesichertem Zustand führen, ist das Modell mit Riemen zu empfehlen. Es kann durchaus geschehen, daß der Sicherungsflügel durch eine Körperbewegung zurückgedrückt wird – besonders, wenn die Waffe mit den vergrößerten Custom-Teilen ausgestattet ist. Da ist der zusätzliche Sicherheitsfaktor durch den Riemen ein ›sanftes Ruhekissen‹. Unter den verschiedenen getesteten Modellen fand das Alessi-Stück den größten Beifall, da auch die Innenseite der Waffe durch ein hochgezogenes Lederteil vor Schweiß geschützt ist und nicht an der Kleidung reibt.

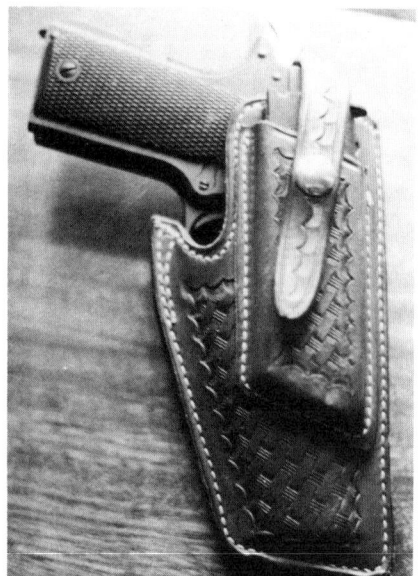

Safariland Modell 75 mit aufgesetzter Magazintasche und einfacher Riemensicherung. Dieses Holster gehört in die amerikanische Kategorie der ›Sportholster‹ für den normalen Gebrauch bei der Jagd, bei Wanderungen o. ä. Es sind keine schnellen, combatgerechten Holster – das Magazin wäre hier zum Nachladen auf der absolut falschen Körperseite –, sie zeichnen sich durch praktische Anwendbarkeit und einfache Konstruktion aus. Das Holster sitzt dergestalt am Gürtel, daß der Waffengriff vom Körper absteht, was z. B. einem verdeckten Tragen widersprechen würde. Sportholster sind weniger für den verteidigungsmäßigen Gebrauch gedacht als für das problemlose und einfache Mitführen.

Selbst eine so junge Firma wie Or Samson Ltd. aus Irael hat sich der Fertigung von Inside-Modellen gewidmet, die vor allem für die Beretta M 70 und die FN/High Power ausgelegt sind. In Israel – wo aufgrund des Klimas selten Jacken getragen werden – führen 80% der privaten Waffenbesitzer ihre Pistolen im Inside-Holster unter dem darüber fallenden Oberhemd oder T-Shirt. Die Erzeugnisse von Or Samson sind zwar nicht so gut wie amerikanische Modelle verarbeitet (was man vor allem an den Lederkanten merkt), aber Materialqualität und Nähte sind gut.

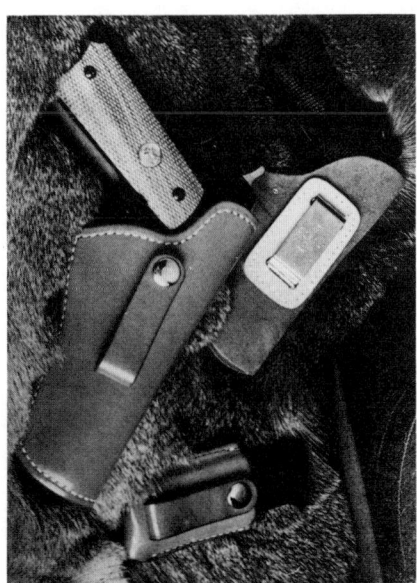

Die kleine Firma Milt Sparks in Idaho ist in den ganzen USA für ihre hervorragend gut durchdachten Produkte bekannt. Dieses Modell, das von Bruce Nelson entworfene ›Summer Special‹, hat eine eingearbeitete Metallspange im Holsteroberteil, die das Zurückführen der Waffe in das Holster erleichtert – ein bei Inside-Holstern sonst problematisches Unterfangen. Den Summer Special (hier für den Zwei-Zoll-Revolver) gibt es bereits für Pistolen wie die HK P 9S, die PSP, Berettas Mod. 84, die Detonics und andere neue Waffen. Milt Sparks Holster sind in der Bundesrepublik bei ICA, Auenstein. In der Klasse der Inside-Holster sind die ›Summer Special‹ so etwa das Beste, was man kaufen kann!

Andere Milt Sparks Inside-Modelle, eine Magazintasche eingeschlossen.

Diensholster und -gürtel

Das polizeiliche Diensholster zum Tragen über der Uniform ist von jeher in Deutschland ein besonderes Trauerspiel gewesen. Der Hang zur Uniformierung, zum Militärischen kam gerade bei den ›Verwahrtaschen‹ für deutsche Polizeiwaffen besonders deutlich zum Ausdruck. An anderer Stelle* wurde dies bereits ausführlich beschrieben und kritisiert. Nun zeigte sich auch im Zuge terroristischer Bedrohung und wachsender Gewaltkriminalität in der Bundesrepublik, daß es mit der hiesigen Polizeibewaffnung und -ausrüstung nicht zum besten steht. Eine neue Polizeipistole wurde in Auftrag gegeben und dafür brauchte man auch *ein* neues Holster. Alle Beamten, ob in den Bereitschaftspolizeien, bei der Motorradstreife, ob in Zivil oder bei der weiblichen Kripo, sollten die gleiche Waffe, das gleiche Holster führen. Es kam, wie es kommen mußte: Zwar entsprachen die neuen Entwürfe gewissen Anforderungen an ›Schnellzieh-Eigenschaft‹, aber sie mußten ob der gewünschten Verwendungsvielfalt (in Zivil, mit und ohne Steg über und unter der Jacke tragbar) natürlich komplizierte Konstruktionen bleiben. Die letztendlich von den Beschaffungsbehörden angekauften Muster blieben weit hinter der Brauchbarkeit zurück, die man amerikanischen Entwürfen und Serienmodellen zubilligen muß. Wieder einmal werden Beamte nun mit einem kostspieligen Stück ausgerüstet, das man nur mit ›mehr schlecht, als recht‹ umschreiben möchte. Zwischenzeitlich sammeln sich die Alarmmeldungen aus den Bundesländern. Das neue Diensholster am drehbar gelagerten Steg sorgt dafür, daß sich die ›Bösen‹ nun noch aus Polizeibeständen versorgen können. Bei verschiedenen Krawallen, zuletzt an der Startbahn West in Frankfurt, gelang es Störern, mit schnellem Griff Polizeipistolen an sich zu bringen. Im Frühjahr 1982 machte eine jugendliche Hausbesetzerin sogar Schlagzeilen. Sie hatte einem Polizisten die neu gelieferte P 6 aus dem neu gelieferten Holster gerissen und ihm damit gedroht. Glücklicherweise kam es zu keinem Schußwechsel – ein Kollege des Betroffenen sah sich gezwungen, seinerseits zu ziehen und die Rückgabe der Pistole durch Waffenandrohung zu erreichen. Als sich im Handgemenge während Häuserräu-

---

* siehe H. J. Stammel: ›Mit gebremster Gewalt, Polizeiwaffen von heute und morgen‹, Motorbuch Verlag, Stuttgart, 1974

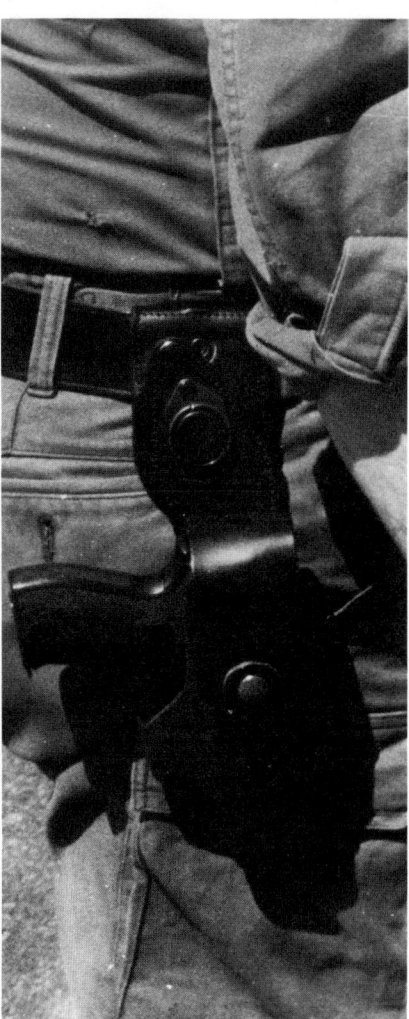

Das neue deutsche Polizeidiensholster für die P 6 – Sinnbild einer Tragödie aus Beschaffungsbürokratie und Behördenmentalität. Aus dem ursprünglich (Frühjahr 1979) erprobten ›Schneider‹-Holster der Troisdorfer Firma Höppner & Schumann entstanden, hat es mehrere Veränderungen erlebt, die seinen Gebrauchswert immer mehr einschränkten. Saß das Schneider-Modell (mit ›Köcher‹ und äußerer Fixierungsschlaufe) noch höher am Gürtel, so ›baumelt‹ das spätere Modell, weil es zu tief auf dem Verbindungssteg sitzt. Saß beim Schneider-Modell der Drehknopf noch verdeckt unter der Daumenplatte für den Sicherungsriementeil, so liegt er beim Endmuster für jeden Zugriff frei. Da der Taschenteil für die Pistole zu schnell ausleierte, wich Leder dem Plastikmaterial usw., usw. – In einigen Bundesländern wurde statt des Drehknopfes ein Fallriegel mit Riemensicherung verlangt. Dabei hätte man gute Vorbilder heranziehen können. Jahrelang besorgten sich bundesdeutsche Polizisten bei der Hamburger Firma Kron ein drehbar gelagertes Holster, das ›Guardsman‹ (vgl. Boger ›Combatschießen …‹, Motorbuch Verlag, Stuttgart) von Bucheimer.

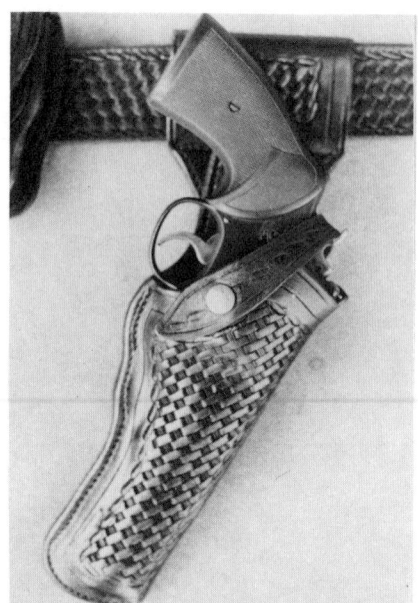

Das traditionelle Revolverholster läßt den Abzug frei, da (angeblich) die Gefahr eines unbeabsichtigten Durchziehens des Abzugs beim Revolver im Moment des Ziehens minimal ist. Ein Sicherheitsrisiko dieser Art existiert aber tatsächlich – und es besteht keine Notwendigkeit, den Finger im Abzugsbügel zu haben, bevor die Waffe auf das Ziel gerichtet ist. Dieses herkömmliche Holster-Muster mit dem nach vorn geneigten Waffengriff und dem abgesetzten Steg, der die Waffe unterhalb des Gürtels hält (hier als drehbar gelagertes ›Swivel‹-Modell) ist eine Fortsetzung des von Bill Jordan propagierten ›Border Patrol‹-Designs, das sich nach wie vor in den USA (und in vielen anderen Teilen der Welt) großer Beliebtheit erfreut. Es ist in der Handhabung günstig und zieh-schnell, erlaubt das Tragen einer hüftlangen Wetterjacke über den Waffengürtel und ist auch für das Sitzen im Fahrzeug noch brauchbar. Seine Nachteile (besonders in dieser Form mit freistehendem Abzug und außen geschlossenem Sicherheitsriemen) liegen in dem mangelnden Schutz vor dem Zugriff Unbefugter von hinten. Tatsächlich wächst die Kritik an dem grundsätzlichen ›Border Patrol‹-Muster in weiten Kreisen der amerikanischen Polizei. Der Forderung nach verdecktem Abzug, nach einer anderen Druckknopfsicherung (Daumenseite) ist in den jüngeren Serienmodellen der maßgeblichen Firmen Rechnung getragen worden.

mungen und Demonstrationen einige Holster von ihrem Steg lösten, entschied die Berliner Polizeiführung in einer internen Anweisung, den Beamten zu einer zusätzlichen Sicherung der Holster zu raten. Mit Schnur, Bindfaden oder Schnürsenkelstückchen sollte das drehbar gelagerte Teil an dem Gürtelschlaufen-Element verbunden werden.

Viele Beamte sind in Berlin und im Bundesgebiet zwischenzeitlich wieder dazu übergegangen, sich mit einem eigenen Holster vom Privatmarkt zu versorgen, das ihnen mehr Sicherheit bietet.

Welche Kriterien sind an Dienstgürtel und Holster zu stellen?

Natürlich kann nicht das gleiche Modell für den Innen- wie Außendienst, für weibliche Kripo, für Motorradstreifen und – und – und passen. (Diese Logik aber scheint zu hoch für Klimbim- und Verwaltungsbürokraten zu sein. Man will sich auch nicht im Ausland infor-

mieren, denn man will ein hiesiges Produkt kaufen.) Ein Dienstholster für den uniformierten Dienst soll die Waffe möglichst bequem und griffbereit, vor unbefugtem Zugriff und äußeren Klimaeinflüssen weitgehend geschützt halten. Bei dieser Aufzählung sind aber unterschiedliche Prioritäten für unterschiedliche Dienstbereiche anzulegen.

Keine Funkstreife setzt ihr Holster nebst der darin befindlichen Pistole derart dem Wetter aus wie die Motorradfahrer der Polizei, die ja auch nicht die Einheitsuniform, sondern eine besondere Schutzkleidung tragen. Hier wäre ein Modell mit einer Klappe oder Schutzkappe notwendig, so, wie es amerikanische Highway-Polizisten tragen. Für den Innen- und nicht-uniformierten Dienst sind andere Gürtelholster erforderlich als für den Streifendienst. Bei letzterem ist es ohnehin fraglich, wie lange man noch mit den bisherigen halblangen Jacken, den durch die aufgesetzte Seitentasche oder unterhalb der Jacke vorlugenden Holstern experimentieren

will. Z. Z. führen Streifenbeamte oft neben der Dienstpistole, dem Schlagstock und Reservemagazin auch noch andere Utensilien mit sich, die sie entweder am Riemen über die Schulter oder in der Hand halten müssen: Funkgerät, Taschenlampe. – Wohin mit dem individuellen Reizstoffsprühgerät, wenn es eingeführt wird? Ein Dienstgürtel, der alle diese Sachen aufnimmt und bereithält, wäre besser als das jetzige Provisorium, das in Ausübung dienstlicher Tätigkeiten nur hinderlich sein kann.

Einsatzbereitschaften, die im ›großen Einsatzanzug‹ auf Demonstrationen und bei Krawallen Dienst tun, sind mit den tiefhängenden Schnellzieh-Holstern schlecht beraten – zu leicht kommen Unbefugte im Gedränge an die Waffe. Hier wäre zu überlegen, ob nicht ein Schulterholster oder Brustholster alter Art unter der Dienstjacke mehr Schutz bieten würde. Der geringe Zeitverlust beim Ziehen ist in Anbetracht der besonderen Einsatzsituation bei Großveranstaltungen ohnehin zweitrangig.

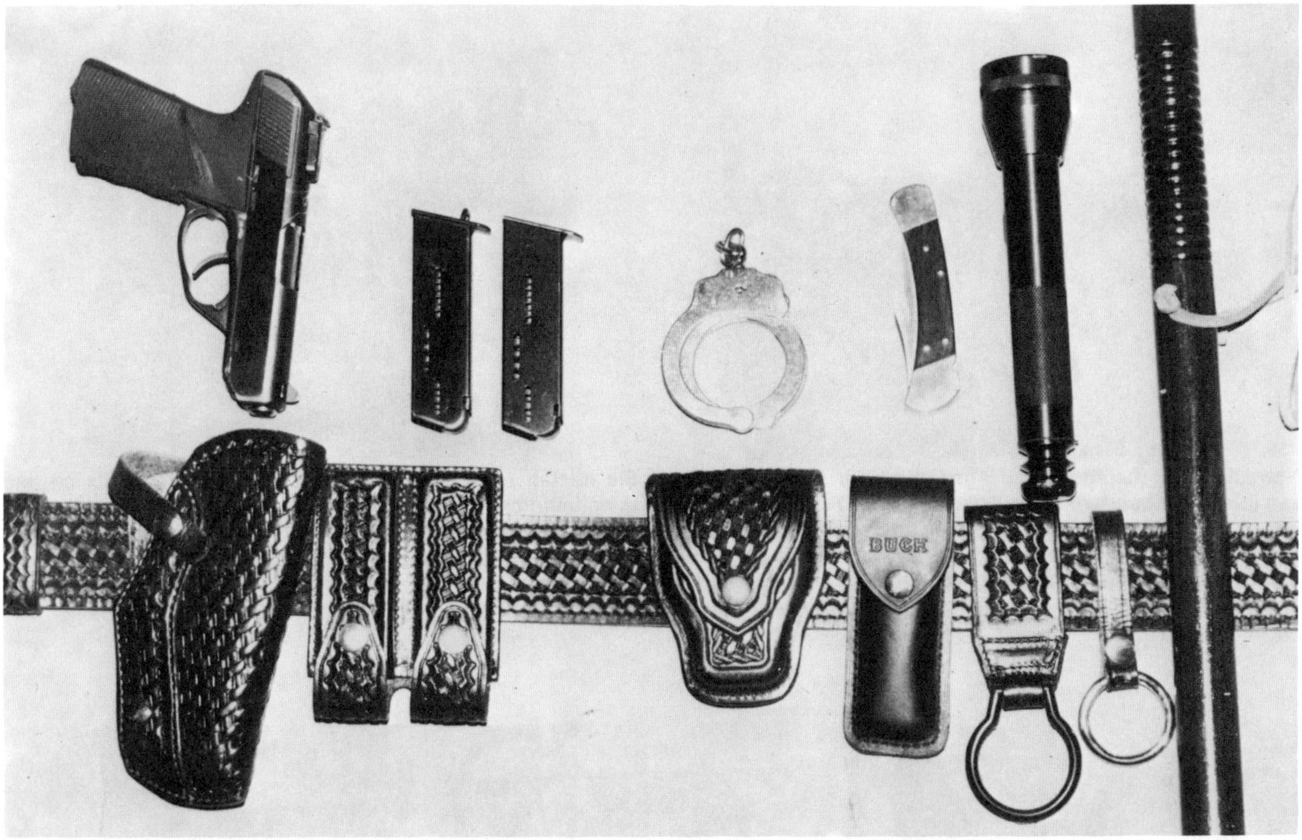

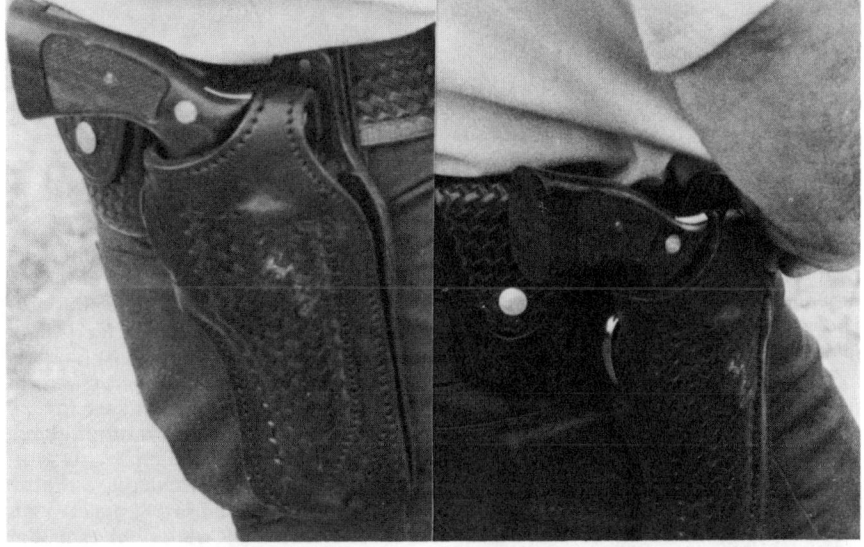

Beispiel für Holster-Gürtelanordnung nach amerikanischem Vorbild – hier wurden Produkte der verschiedenen Hersteller kombiniert. Während z. B. als Gürtel das Klettenverschluß-Design von Safariland gewählt wurde, stammt das Holster von Hunter, die Magazintaschen von Tex Shoemaker, die Handschellenhalter von Thompson Inc. und der Lampenring von Safariland.

Bianchis Modell 27 Frontbreak verfügt neben dem Federdruck über einen Sicherungsriemen, der die Waffe vor dem Herausfallen schützen soll. Erst nachdem die Trommel nach vorn aus dem Holster gedrückt wurde, wird der Lauf frei. Rechts daneben eine Vierfach-Tasche für Speedloader.

Ein ›Frontbreak‹-Holster besonderer Art. Der Abzug wird voll umschlossen, so daß der Revolver unter keinen Umständen durch den Zugriff einer anderen Person von hinten aus dem Holster gezerrt werden kann – auch wenn die Druckknopfsicherung gelöst wurde! Zum Ziehen muß die Waffe mit dem oberen Teil zuerst aus dem Klemmfeder-gesicherten offenen Vorderteil gezogen werden. Nachdem in den USA zu viele Beamte mit ihren eigenen Waffen bedroht, verletzt oder sogar erschossen wurden, setzen sich immer mehr Holster-Muster durch, die Sicherheit vor Schnelligkeit stellen. Kleinere Firmen wie Mixson, Fla., begannen diesen Trend, Bianchis ›The Judge‹ folgte in dieser Richtung. Heute gibt es diese sicherheitsorientierten Modelle von fast allen Firmen und für fast alle Revolvermodelle. Bild: The Shoemakers M.75 ›Quickfront‹.

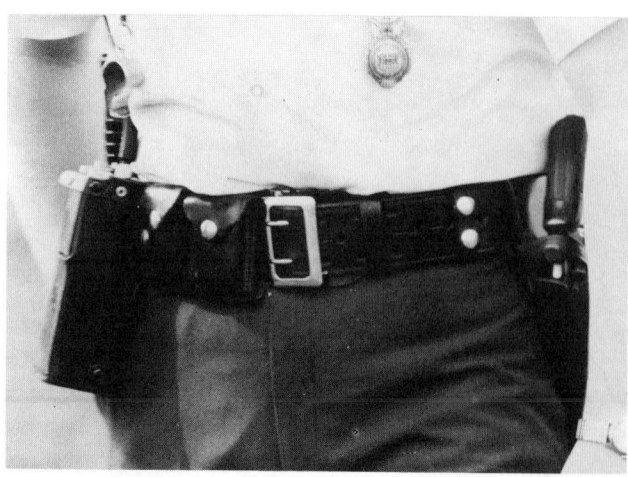

Normale Dienstholster-Gürtel-Ausrüstung für Revolverschützen (hier Linkshänder). Die Holstertasche ist Teil eines metallverstärkten Steges, der die Waffe in Unterarmhöhe nach vorn gewinkelt hält. Die Waffenmündung ist nach hinten gerichtet, daß ein unbeabsichtigt ausgelöster Schuß nicht das Bein des Trägers gefährden kann. Zu beachten ist die Tragevorrichtung für das Funkgerät.

Sie kosten nur einige Mark und sind doch so nützlich wie unentbehrlich: Diese aufschnallbaren Lederringe kann man sich ohne großes handwerkliches Können auch selbst machen – sie verbinden Hosen und Dienstgürtel und verhindern ein Hochrutschen. Einige Firmen fertigen diese ›Keeperrings‹ auch mit einer Art Geheimfach für den Handschellenschlüssel.

Magazintaschen können mit der Öffnung nach unten getragen werden, wenn die Druckknöpfe nicht ausgeleiert sind. Das Eigengewicht des vollen Magazins läßt es beim Nachladen leichter in die Hand gleiten.

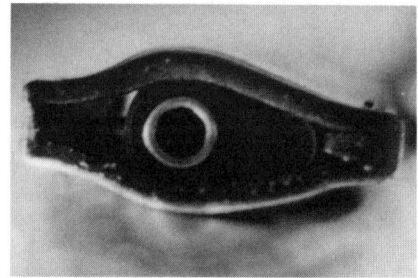

Safarilands Aufnahmeschiene für das Korn (aus Plastik) trägt wesentlich zum guten Sitz der Waffe und zum problemlosen Ziehen bei.

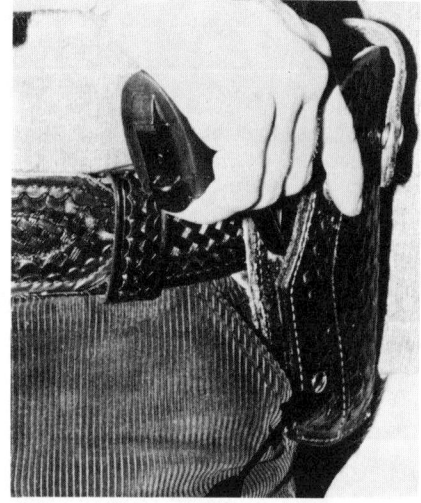

Die kaum beachtete oder bekannte Firma Hunter aus Kalifornien fertigt dieses Cross-Draw-Modell mit Klemmfeder-Verstärkung. Ursprünglich für einen Vierzoll-Dienstrevolver gedacht (und als solches war dieses Stück jahrelang im Dienst) wurde es vom Verfasser für die P9S benutzt. Diese ›Zweckentfremdung‹ widerspricht allen Grundsätzen zur Holsterauswahl und -verwendung, war aber – in diesem Fall – von Erfolg gezeichnet. Das Modell versieht weiter unbeschadet seinen Dienst, es paßt für die P9S wie angegossen und ist trotz Gebrauchsspuren 100% zuverlässig. Eine Schraube (Pfeil) wirkt auf die Klemmfeder und kann derart verstellt werden, daß die Pistole auch ohne Sicherungsriemen fallsicher fixiert ist. Der Sicherungsriemen ist an beiden Enden für verschiedene Tragearten mit Druckknöpfen ausgestattet und kann verschieden lang getragen werden.

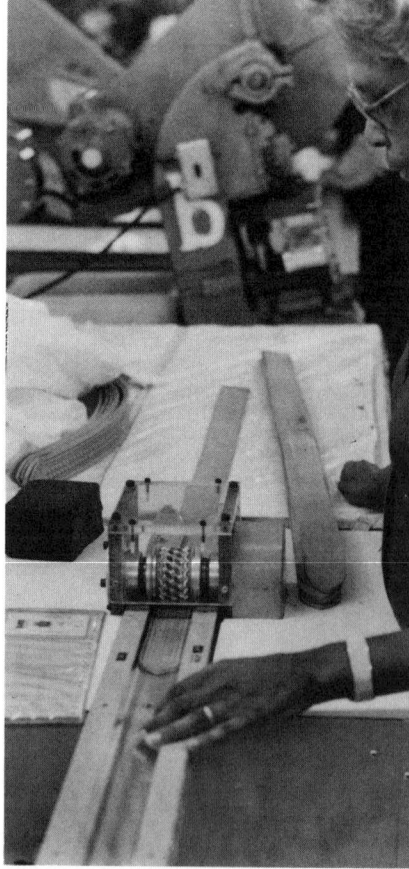

Fertigungsvorgang bei Bianchi. – Übrigens: Im täglichen Gebrauch ist Basketweave-Oberflächenmuster nicht nur schöner als eine glatte Oberfläche, sondern auch praktischer. Kleine Kratzspuren oder Druckstellen fallen nicht so schnell auf. Dafür kostet das Korbgeflechtmuster einige Mark mehr.

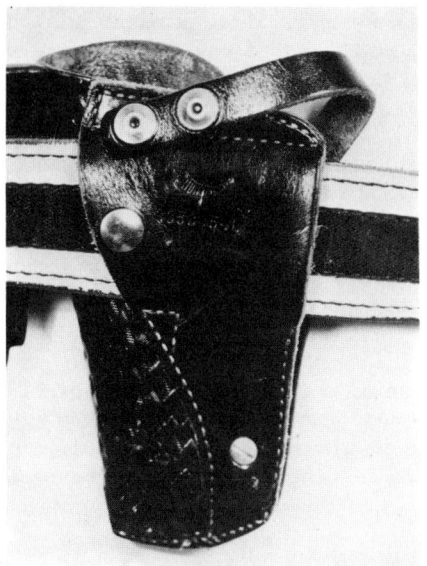

Wenn das Gürtelholster unverrückbar am Gürtel sitzen soll, hilft oft ein Do-it-yourself-Tip: Sowohl am Schlaufenteil des Holsters wie an der entsprechenden Stelle am Gürtel werden die Druckknopf-Teile angebracht. Das lästige Hin- und Herrutschen des Holsters ist unterbunden.

Assault Systems in St. Louis hat die Idee des Weltkrieg-Zwo-Brustholsters für Piloten aufgegriffen, das an einem Riemen über die Schulter getragen wurde. Allerdings wird nicht Leder verarbeitet, sondern ein starkes Nylongewebe, das gegen Feuchtigkeit unempfindlich ist. Der angesprochene Käuferkreis liegt im militärischen oder paramilitärischen Bereich, mit besonderer Berücksichtigung tropischer Klimazonen. Trotzdem, bei einem Preis von $ 30.– incl. Versand durchaus eine Überlegung wert.

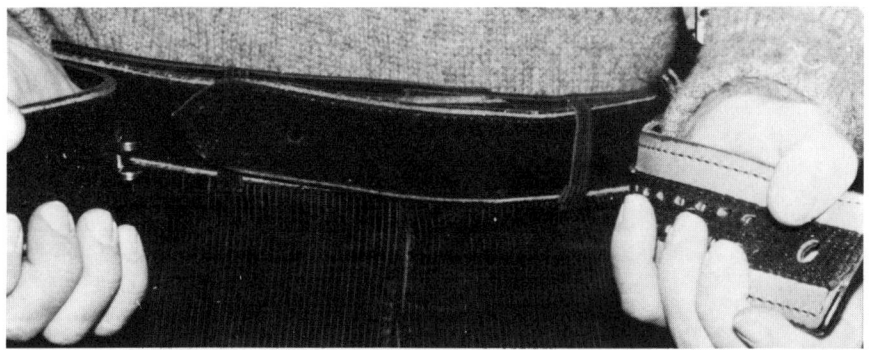

Die beste Erfindung seit Einführung des Klettenverschlusses: Safarilands Hosengürtel-Dienstgürtel-Kombination. Der Hosengürtel (er kann auch als normaler Riemen umgedreht getragen werden) bietet das Gegenstück zum Klettenband auf dem Holstergürtel, das nun unverrückbar festsitzt und mit dem Hosenbund eine Einheit bildet. Außerdem fehlt die glänzende Gürtelschnalle. Mehr und mehr werden die glänzenden Metallteile an Polizeigürteln zugunsten unauffälliger Abdeckungen oder Klettenverschlüsse zurückgedrängt.

Die Firma Nordac Man. Corporation fertigt amerikanische militärische Ausrüstungsgegenstände an – aber nicht als billige Kopien, sondern genau entsprechend den militärischen Abnahmebestimmungen. Hier das M 7-Dienstholster der US Army aus schwarzem Leder, das neben der Colt Government noch eine Reihe anderer Waffenmodelle, wie die FN HP, die M 75, M 59 oder P9S aufnehmen kann. Preis des Holsters $ 22.50.

Brigade Quartermasters Ltd. bietet diese Nylon-Messertasche mit Klettverschluß an, die an jeden Gürtel paßt und auch 9 mm- und .45 ACP-Magazine aufnimmt. Farben: Oliv, Schwarz. Name: ›Extra Large Pouch‹, Preis: $ 4.95. Aus mehreren Taschen dieser Art kann man sich eine Dreier- oder Vierer-Magazintasche herstellen, das Nylonmaterial ist nahezu unverwüstlich und läßt sich gut vernähen. Somit lassen sich diese ›pouches‹ auch an Westen oder in Jacken fest einnähen. Sie sind außerdem extrem flach, leicht und wasserabweisend.

Holsterfirmen und Adressen

Gegen eine geringe Gebühr (ein bis zwei US-Dollar in den Umschlag legen) erhält man von den meisten Firmen ohne große Umstände den Katalog und entsprechende Preislisten zugesandt. Man kann dann auch, besonders wenn man über eine Kreditkarte verfügt, direkt bestellen. Man sollte sich auch nicht durch große Namen täuschen lassen, auch kleinere Firmen, die sich in den Waffenzeitschriften keine ganzseitigen Annoncen leisten können, fertigen gute Ware und sind oft bemüht, den ›Großen‹ durch Qualität Märkte abzujagen.

USA

Alessi Holsters, 2465 Niagara Falls Blvd., Tonawanda NY 14150
Bianchi, 100 Calle Cortez, Temecula, CA 92390
Bucheimer, Box 280 Airport Rd., Frederick, MD 21701
Davis Leather Co., P.O.Box 446, Arcadia, Ca. 91006
De Santis Holsters, 155 Jericho Turnpike, New Hyde Park, NY 11501
The Hunter Corp., P.O.Box 467, Westminster, Co 80030
Lawman Leather, P.O.Box 447, Katy, TX 77449
Rogers Holsters, 10601 Theresa Dr., Jacksonville, Fla. 32216
Roy's Custom Leather, Hwy 132 & Rawhide Rd., Magnolia, Ar. 71753
Safariland, 1941 S. Walker Ave., Monrovia, Ca. 91016
Milt Sparks, Box 187, Idaho City, ID 83631

England

Horseshoe, 132 Aberford Rd./Woodlesford, Leeds LS26 8LG

France

Gil Creations, S.A.C.E. Quartier Puits St. Marc, 13780 Cuges Les Pines
Point de Mire, 86 Ave. du Docteur Arnold Netter, 75012 Paris

Deutsche Händler vertreten natürlich auch US-Firmen, und zumeist haben sie das gängige Sortiment am Lager: *ICA* hat Rogers, Milt Sparks, Safariland u. a. Modelle, mit der Schwerpunktlage auf verdeckt zu tragende Combatholster. *Neumann GmbH* führt das Safariland Sortiment, *Frankonia* und die *Fa. Engels* (Ffm) vertreiben Bianchi, *Krons Outfitter* in Hamburg die Holster von Bucheimer. *Johann Springers Erben* in Wien haben im vergangenen Jahr sogar eine eigene Holsterfertigung begonnen, die unter dem Namen ›Austrian Holsters‹ anlief. Auch in Deutschland gibt es Holstermacher, die den Vergleich mit ausländischen Custom-Anfertigungen nicht scheuen: *A. Drexler* (Lothringer Str. 5, München 80) oder *Harry Maakken* (Hasenkrog 3, 2061 Tönnenstedt), um nur zwei Beispiele zu nennen.

Die deutsche Jagdausrüstungsfirma Wegu (Gummi- und Kunststoffwerke W. Dräbing KG, Mündener Str. 31, D-3500 Kassel-Bettenhausen) vertreibt für etwas über DM 100.– dieses Gewehrfutteral, das der Verfasser für die beste Idee seit Erfindung der Luftmatratze hält: Im aufgeblasenen Zustand schützt das aus sehr starkem gummierten Leinen hergestellte Material nicht nur die Waffe beim Transport, sondern kann auch als Unterlage in der Stellung, als Sitzkissen usw. dienen.

VIII. »Und er sprach: Es werde Licht...«

Zu den Ausrüstungsteilen, über die jeder Combatschütze verfügen sollte, gehört eine Taschenlampe. Daß Taschenlampe nicht gleich Taschenlampe ist, wird dem Betrachter klar, der schon einmal die Möglichkeit hatte, einen Blick auf das Angebot amerikanischer Polizeilampen zu werfen, die dort zum alltäglichen Einsatz und Notwehrmittel geworden sind. Während bundesdeutsche Wach- und Schließmänner, Werkschutzleute, Objektschützer und Polizeibeamte noch mit Funzeln ausgerüstet sind, die von der am Knopfloch zu befestigenden Kastenlampe (die in der Dunkelheit auch nicht eingeschaltet ein herrliches Ziel im Torsobereich abgibt) bis zur hell glänzenden Stablampe aus Blech reichen, haben sich in den letzten zehn Jahren in den USA dunkel gebläute Stablampen verschiedener Firmen durchgesetzt, deren wichtigste Funktionsmerkmale fast gleich sind:

Für den schwersten Einsatz, und fast unzerstörbar, bestehen sie je nach Typ aus einem zwei bis vier Millimeter starken Gehäuse aus härtester Druckguß-Alu-Legierung, das zwei bis sechs Monozellen aufnimmt. In der letztgenannten Möglichkeit hat man einen schweren Schlagstock von einem halben Meter Länge in der Hand, mit dem man ›nur anzutippen braucht, damit dem Angreifer ein Licht aufgeht!‹. Hier liegt der eigentliche Wert dieser schweren Lampen, die durch Runterfallen, Werfen oder bei Benutzung als Hammer kaum zerstört werden können – sie sind Schlagwerkzeuge für den äußersten Notfall. Und als solche werden sie in den USA auch verkauft und bei der Polizei getragen. Es gibt sie in jeder Größe, für verschiedene Batterieformen (C- und D-Zellen) und daher für jede Hand und Körperkraft entsprechend anzupassen. Ihre Leuchtkraft ist erstaunlich stark. Da sie über ähnliche Spezialbirnen verfügen wie Autoscheinwerfer, bündeln sie das Licht anders als eine herkömmliche Lampe. Allein der Lichtstrahl kann bei bestimmten Modellen einen Angreifer blenden und ihn

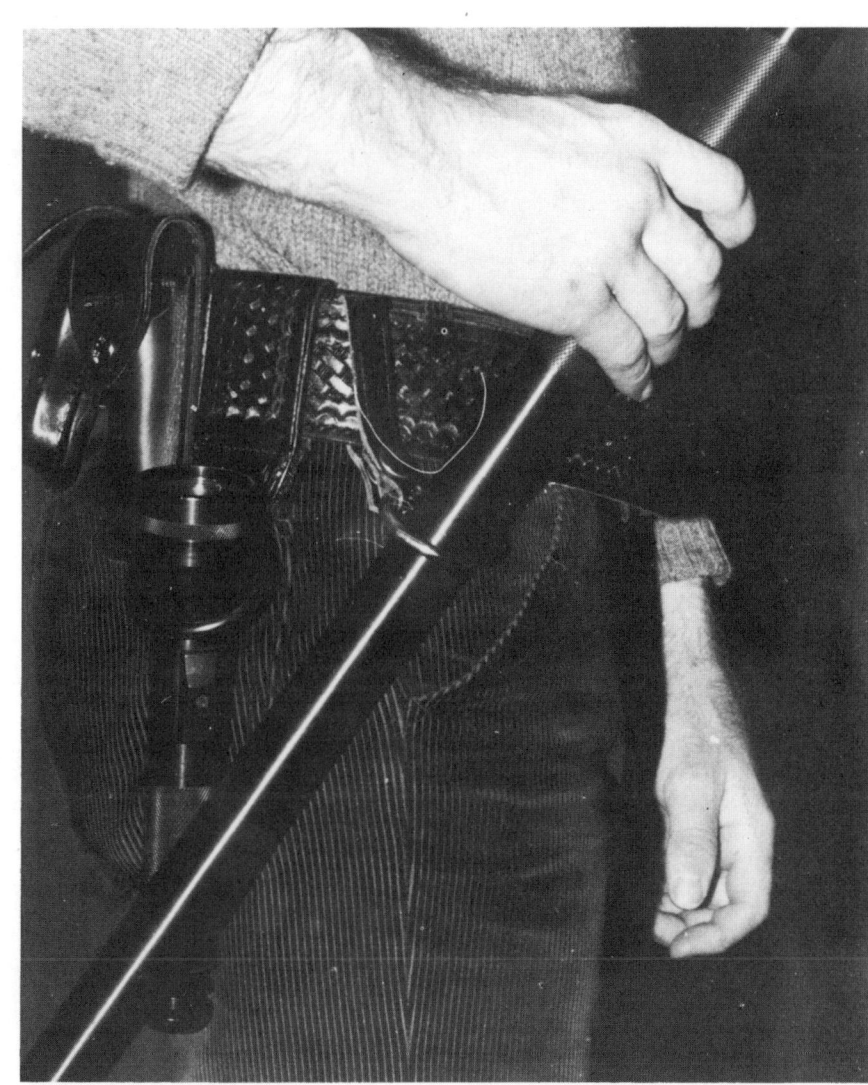

Neben dem Schlagstock (hier ein Alu-Modell von Safariland) tragen die meisten amerikanischen Polizisten eine mehr oder weniger große Stablampe in einer Ringhalterung, die als Schlagstock im Notwehrfall fungieren kann.

derart überraschen, daß er für einen Moment in seinem Tun innehält. Auf 50 oder 60 m kann man damit – wie vom Verfasser in Einsatzfällen schon durchgeführt – ein Zimmer von außen durch die Fensterscheibe aufhellen. Für das Absuchen von freiem Gelände und Gebäuden ist ein solches Instrument nur zu empfehlen. Für die ›grobe‹ Arbeit sollte

man sich ein Modell in der Größenordnung von 3, besser 4 bis 6 Zellen zulegen, das zur ständigen Ausrüstung griffbereit ins Fahrzeug in eine Halterung gehört oder ähnlich neben der Tür in der Jagdhütte oder auf dem Hof angebracht ist.

Für den ›konspirativen‹ Einsatz, auf Reisen oder im zivilen Bereich bietet sich ein kleineres Modell an, z. B. mit zwei, drei C-Zellen. Auch diese Typen haben noch eine sehr gute Leuchtkraft und sind als ›Argument‹ bei Auseinandersetzungen nicht zu verachten.

Hier ist im übrigen mit Vorsicht zu walten: Das Gewicht und die Härte dieser Lampen reichen bei entsprechender Schlagführung aus, um einen Schädelbruch zu erzeugen oder andere Knochen zu brechen. Vor Gericht wird man sich nicht mit ›nur eine Taschenlampe‹ herausreden können, wenn man sein Notwehrrecht mißbraucht oder überzogen hat. Aber als Hilfsmittel im äußersten Notfall kann man mit dieser Lampenart vielleicht Schlimmeres verhüten und einen Schußwaffeneinsatz umgehen. Im amerikanischen Polizeirecht ist die Verwendung der Lampe zumeist nicht dem Schlagstockeinsatz gleichgesetzt, sondern wird als weitere Eskalation in der Skala der Zwangsmittel gewertet. Das deutsche Recht enthält keine entsprechenden Regelungen, und entsprechende ähnliche Vorfälle lassen vermuten, daß ein Gericht einen Mißbrauch solcher Schlagwerkzeuge als strafverschärfende ›Vorsätzlichkeit‹ betrachten würde.

Bei der Absuche oder Überprüfung aber ist eine Lampe ein weniger aggressiv aussehendes Werkzeug als Schlagstock oder Schußwaffe. Beim Nähern einer verdächtigen Person kann man leger in der Hand die Lampe halten und sie – auch nur zur Ablenkung und zum Zeitgewinnen – auf einen plötzlich Angreifenden werfen, oder ihm in die Augen leuchten*, während man selbst zur Waffe greift.

Eine zweite Verwendungsmöglichkeit sei hier aus der Einsatzrealität gegriffen: Bei einer Übung in einem Altbau-Abrißhaus wurde eine fünfzellige Stablampe der Firma Maglite benutzt, um eine Wohnungstür zu zertrümmern: Mit wenigen Schlägen waren die Türfüllung und Rahmenbretter zersplittert – und das, ohne daß der derart zuschlagende Beamte sich vor der Türöffnung aufhalten mußte. Er stand seitlich und führte seine Schläge in weitem Bogen ausholend.

Eine Bemerkung am Rande: Im Fernsehen sieht man immer wieder, wie der Held seine Pistole oder Revolver zum Zerschlagen von Glasscheiben aller Art (auch an Fahrzeugen) benutzt. In der

Einige Lampen im Vergleich: Oben die fünfzellige Maglite, die über einen verstellbaren Scheinwerfer verfügt, darunter ein zweizelliges Modell. Für drei D-Batterien ist diese Taschenlampe, der am Ende ein ›Judo-Knopf‹ eingeschraubt wird. Wie die beiden Alu-Schlagstöcke nach ›Yawara‹-Art darunter, handelt es sich hierbei um eine fernöstliche Variante des Stockeinsatzes. Der kleinste Yawara, das ›Pro Light‹ (Jabsco Products, ITT, 1485 Dale Way, Costa Mesa, Ca. 92626) enthält zwei AA-Batterien und eine PR 224 Birne.

Realität sieht das anders aus. Eine Pistole dürfte den Schlag mit dem Waffenknauf kaum verzeihen; meist geht dabei der Magazinboden zu Bruch und die Patronen fallen heraus. Bei Revolvern können die Griffschalen platzen. Es ist auch schon vorgekommen, daß der so Dreinhauende völlig vergaß, daß seine Waffe gespannt war und sich mit tragischem Resultat ein Schuß auslöste!

Safarilands neueste Errungenschaft ist die mit Nikad-Batterien versehene, wiederaufladbare Version, die hier über den Stecker des Zigarettenanzünders gespeist wird.

---

* Zum Ablenken durch Werfen von Gegenständen siehe Boger, Combattraining, Motorbuch Verlag, Stuttgart.

IX. Combatschießen und praxisnahe Schießausbildung

Jahrzehntelang war die Schießausbildung, die bei Polizei, Militär und in Sicherheitsdiensten ähnlicher Art unternommen wurde, alles andere als praxisgerechtes, auf den Ernstfall ausgerichtetes Training. Die Schießausbildung war (und ist in vieler Hinsicht auch heute noch) für vorzeigbare, statistisch faßliche Ergebnisse gedacht, mit Punktzahlen, Ringen und Treffertabellen. Sie erfolgte in enger Anlehnung an sportliche Grundsätze, mit dem Gedanken im Hinterkopf, daß die höhere Ringzahl und Gesamtwertung auch den besseren Schützen aufzeigt. Gerade Behörden wie die Polizei können sich von den überkommenen Wertvorstellungen nicht lösen, sie brauchen ihre Ergebnistabellen, an denen Erfolg und Nichterfolg eines Schießlehrganges in Zahlen ablesbar ist, die man in Ordnern abheften, in Statistiken zusammenfassen und zur Legitimation der eigenen Daseinsberechtigung nach oben reichen kann. Mit einer praxisgerechten Ausbildung, die den Schützen für den Ernstfall vorbereitet, hat all das nichts zu tun. Im Höchstfall wird eine gewisse Fertigkeit im Umgang mit der Schußwaffe nachgewiesen.

Der Combatschütze – ob nun als ziviler oder uniformierter Schußwaffenträger – sollte sich darüber im klaren sein, daß Schießstandergebnisse wenig aussagekräftig über sein Vermögen sind, eine gefahrenträchtige Situation durchzustehen. Im Gegenteil, ein Überlegenheitsgefühl aus seinem Wissen um die eigene Fertigkeit von ›Ziehen-Schießen-Treffen‹ kann zu schwerwiegendem Fehlverhalten im Vorfeld und in der eigentlichen Konfrontation führen. Seine Fähigkeit, auf einem Schießstand, in einer relativ sterilen Atmosphäre die Waffe zu ziehen und in den Anschlag zu bringen, ein, zwei oder drei Dubletten in das Zentrum der Mannscheibe zu setzen (und das alles noch in vom Ziehzeitmesser registrierter Rekordzeit), wird ihm in der Realität wenig nützen. Ein Angreifer läuft nicht mit einer Ringscheibe auf der Brust herum, er wird auch nicht

Wenn man diese Perspektive einer .45er plötzlich präsentiert bekommt, hat man bereits etwas falsch gemacht! Jetzt ist es zu spät, sich auf eine Schnellziehprobe einzulassen.

warten, bis sich sein Gegenüber auf die Situation eingestellt hat, sich ›warmschießt‹ und sich in der Erwartung des Signalpfiffs aufgebaut hat. Jeder, der auf der Straße als Streifenpolizist Dienst getan hat (wo man Schießausbilder der Behörde selten sieht!) weiß, daß es der Täter ist, der die Situation bestimmt: Ort, Zeit, Dauer und Intensität des Angriffs. Der Beamte hat zuerst immer das Nachsehen – er muß *re*agieren: den Angriff als solchen Erkennen, seine Richtung, Herkunft und Intensität und die gesetzlichen Bedingungen zur Abwehr bedenken. Auch der zivile Combatschütze, der seine Waffe zur Selbstverteidigung mit sich führt, ist in dieser Situation, auch er darf nur *re*agieren; und sein per Waffenschein oder ähnlichem Dekret verliehenes Recht des Waffenführens beinhaltet auch die absolute Verpflichtung der Einhaltung von Gesetz und Recht.

Ziehen-Schießen! Auf Signalpfiff wird

Geländeübung – nur selten hat man Gelegenheit, Scheiben dergestalt ohne Gefahr anzuordnen: Nach kurzem Lauf (Nachsetzen hinter flüchtenden Tätern) ist der Schütze hier mit einem Täter im Bachbett konfrontiert und muß sich sofort einer anderen Scheibe im 90-Grad-Winkel rechts von ihm zuwenden. Beide Ziele sind trotz der Nähe schwer zu treffen. Es sind nur Schulter-Kopf-Silhouetten, die zudem nicht auf gleicher Höhe wie der Schütze, sondern unter ihm stehen.

diese Reaktion auf dem Schießstand eingehämmert, danach werden die Löcher in der Scheibe überklebt und die Trefferpunkte addiert. Die Realität sieht anders aus – nur Lebensmüde lassen sich gegen eine auf sie gerichtete Mündung zu Schnellziehproben hinreißen. In einer tatsächlichen Notwehrsituation lassen zu viele unbekannte Faktoren eine Reaktion ›Ziehen-Schießen‹ auf eine plötzliche Bedrohung zu verantwortungslosen Glücksspiel werden. Die Situation, aus der man zur Schußwaffe greift, sieht anders aus: Alarmiert durch Lärm im Haus steht man einem Einbrecher gegenüber, man eilt zu einer hilferufenden Person, man entdeckt plötzlich im Garten, im Forstrevier, auf dem Parkplatz eine verdächtige Gestalt – legt vielleicht schon einmal aus Vorsicht die Hand an den Waffengriff oder öffnet den Sicherungsriemen am Holster – aber ›Ziehen-Schießen‹? – Der Schußwaffenträger wird in 99 Prozent aller gefährlichen Situationen erst einmal durch die Androhung des eigenen Waffengebrauchs (vielleicht sogar mit einem Warnschuß) versuchen, die Situation unter Kontroll zu bringen. Erst wenn dieser Versuch mißlingt und der Angreifer trotz Anruf und drohender Mündung von seinem Vorhaben nicht abzubringen ist, darf unter Umständen geschossen werden. Ein Täter, der in 15 m

Entfernung mit einem Beil herumfuchtelt, stellt keine unmittelbare Bedrohung dar. Aber ein Angreifer, der in drei Schritt Entfernung das Messer zückt, ist eine Lebensgefahr.

Das Schießstand-Training wird den so Angegriffenen kaum auf die Praxis vorbereitet haben. Im Gegenteil. In der Jagd nach Punkten ist selbst im Combatschießen völlig Unrealistisches eingezogen, das man eigentlich mit der Abkehr vom sportlichen Scheibenschießen begraben wollte. So predigte ein amerikanischer Combatschießausbilder, der von vielen für den ›Zar‹ dieser Schießart gehalten wird, daß man sich in der Gefahrensituation auf die Visierung konzentrieren sollte, nachdem man die Waffe in den Anschlag gebracht hatte. Großartig! – Wer bei einer Notwehrsituation die Waffe bis in Augenhöhe hebt, wird kaum mehr als seine um den Waffengriff geballten Fäuste, ein wundervolles ›Sight-picture‹ (den Anblick von Kimme und Korn) und einen äußerst geringen Teil des Gegners sehen – zumeist wird er vor allem die Hände und die Waffe des Gegenüber völlig verdeckt haben. Reaktionen lassen sich nicht mehr beobachten, man konzentriert sich ja auf Kimme und Korn. Jedem, der hier noch Zweifel hat, dem sei es hinter den Spiegel gesteckt – es ist nicht die Visierung, die gefährlich ist

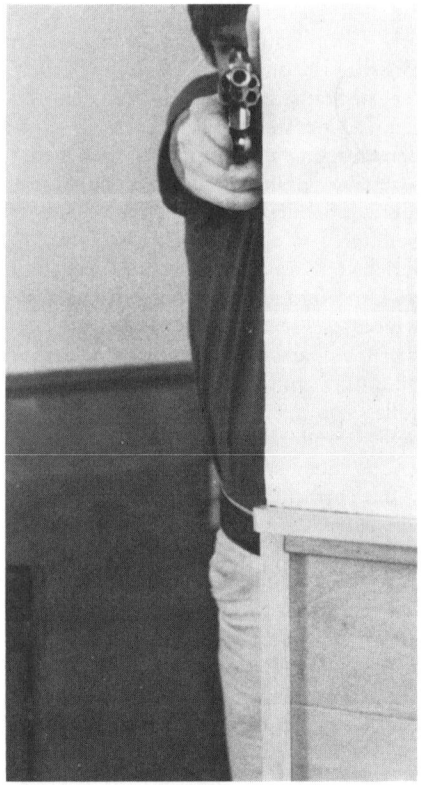

Ansprechen eines Täters innerhalb eines Gebäudes – nur aus der Deckung heraus. So behält man die Initiative. Waffe ist hier zu hoch gehalten, die Faust wird den Blick auf das Gegenüber (und das, was er mit seinen Händen tut) verdecken.

Im offenen Gelände können eine Vielzahl von Szenarios erstellt werden, die das Fahrzeug und anderes Deckungsmaterial einbeziehen und den Schützen zwingen, sich im Anschlag an die Lagen anzupassen.

und dich umbringen wird, sondern der andere Kerl und seine Hände, bzw. das, was er in ihnen hält! Eine der schwierigsten Unternehmungen beim Combattraining von Schützen, die bereits durch das Scheibenschießen verdorben wurden, ist es daher, ihnen beizubringen, die Waffe im beidhändigen Anschlag nicht bis in Augenhöhe, sondern höchstens nur bis unterhalb des Kinns zu bringen, damit sie den Überblick behalten.

Es wird zuviel Munition vergeudet – zuviel geballert! Man ist hierzulande von einem Extrem in das andere gefallen. Vor zehn oder fünfzehn Jahren hat der durchschnittliche Schußwaffenträger – ob Zivilist oder Polizist – kaum mehr als fünfzig Schuß pro Jahr mit jener Waffe abgegeben, die er zu seinem

165

Mit einer solchen Fotodokumentation der Polizei von San Francisco »Wie sieht der Täter den Beamten?« wird deutlich, welche Waffenandrohung mehr Einschüchterung und Erfolg verheißt.

täglichen Schutz trug. Heute werden an einem Übungstag ganze Munitionscontainer leergeschossen. Trainingsmäßig gesehen bringt es keinen Vorteil, aus einer Stellung mehr als zwei Schuß auf ein Ziel abzugeben. Da wird das ›ganze Magazin leergemacht‹, was zwar zumeist nach dem zweiten, dritten Schuß höhere Trefferquoten für die Gesamtwertung erbringt, aber kaum der Realität entspricht. Wer nach dem zweiten Schuß noch nicht getroffen hat, der kann sich ›begraben‹ lassen. Mehrfache Wiederholungen des gleichen Trainingsablaufs, der gleichen Form des Durchgangs führen zwar zu besseren Ergebnissen, aber zu keinen Steigerungen im Sinne eines ›Combat-Vermögens‹. Mechanische Reaktionen setzen ein.

Immer noch ist der Hüftschuß nicht aus der Schießausbildung wegzudenken. Selbst bei fortschrittlichen amerikanischen Lehrgängen beginnen die Eleven mit dem Schießen aus dem Hüftanschlag aus kurzen Entfernungen – nicht zuletzt, um durch frühe Erfolgserlebnisse eine Motivationssteigerung zu erlangen. Aber wann kommt es in einer tatsächlichen Notwehrsituation schon zu einer Notwendigkeit, die einen Schützen zwingt, schnell aus der Hüfte zu schießen? Nur im Nahbereich unter drei Meter wäre ein solcher Schuß sinnvoll, wäre aber auch ein Ziel kaum zu verfehlen. Die Gefahr liegt eher in einem anderen Bereich – daß im Clinch mit dem Gegenüber der eigene andere Arm getroffen wird oder daß der Angreifer die Möglichkeit der Einwirkung auf die Waffenhand hat (Zugreifen, Treten, Schlagen). Bei jeder größeren Entfernung aber ist es dringend zu empfehlen, die Waffe immer in Brusthöhe, wenn möglich zweihändig, in den Anschlag zu bringen. Die Trefferwahrscheinlichkeit erhöht sich, je weiter die Waffe in den Sichtkreis des auf den Angreifer gerichteten Blickes gehoben wird. Die instinktive Deutleistung wird verstärkt, und bei einer Waffendrohung ist das Ansprechen mit hochgehaltener Waffe wesentlich eindrucksvoller als eine Mündung, die in Bauch- oder Hüftnähe ›versteckt‹ gehalten wird.

Zuviel Hüftschießen, besonders am Anfang der Ausbildung, verleitet den Schüler zur überschnellen Reaktion im Ernstfall. Weil die Situation so bedrohend ist, weil alles im Innern des Betroffenen danach schreit, schnell und jetzt zu reagieren, werden dann Schnappschüsse aus der Hüfte abgegeben – die meist ins Leere gehen. Der Anfänger sollte zuerst den Weaverschuß in Brusthöhe üben. Erst zu einem viel späteren Zeitpunkt als üblich sollte er den Nahschuß einhändig aus der Hüfte trainieren.

Die ›Hohe Schule‹ des praxisnahen Combatschießen kann nur in Übungsdurchgängen erfolgen, deren Inhalt den Trainierenden ständig vor neue Proble-

Die ›Hogan's Alley‹ des Sheriff Department von Los Angeles, in die man selbst den Streifenwagen hineinfahren kann.

me stellt und die der Realität von ›Schießen-Nicht-Schießen?‹ entspricht. Ein solcher Konfrontationsablauf mit dem Schwerpunkt auf Freund-Feind-Erkennung, die dem Schützen noch andere Reaktionen als nur ›Ziehen-Schießen‹ abverlangen, kann natürlich nicht auf einem herkömmlichen Schießstand erfolgen. Auch ein Schießkino kann hier nur vorbereitende Ausbildungsphasen abdecken. Die räumliche Schießanlage, ähnlich einem ›Combat-Keller‹ oder einer ›Hogan's Alley‹, in der Deckungen, Türen und Einrichtungsgegenstände eine Straße oder eine Wohnung simulieren, kommt der Realität nahe. Hier kann auch scharf geschossen werden, und Täter tauchen nicht nur frontal vor dem Auszubildenden, sondern auch von der Seite auf.

Die Einrichtung eines solchen räumlichen Schießstandes ist aber nur den wenigsten Institutionen möglich. Eine gut ausgerüstete Anlage mit verschiedenen Zwischenräumen, Türen, einem 90°- oder gar 180°-Schießbereich, mit Lautsprecheranlagen und Simulatoren anderer Art verlangt nicht nur ein entsprechend großes Gebäude, sondern auch finanzielle Aufwendungen in einer Höhe, die selbst regionale Polizeibehörden, geschweige denn ein privater Combatclub, aufbringen können. So haben nur entsprechende Spezialeinheiten oder

Die Kellerschießanlage der GSG 9 gleicht in vieler Hinsicht den normalen Schießständen der deutschen Polizei.

Der Zielschuß 25 m wird nur aus der Deckung geschossen, in den Anschlag wird aus der Bewegung ›hineingegangen‹ und unter Zeitdruck geübt.

Wo man durch Bevölkerungsdichte und Geländebebauung auf den Schießstand beschränkt ist, versucht man das Beste daraus zu machen. Mit viel Energie hat dieses SEK alle Möglichkeiten eines normalen Schießstandes ausgenutzt. Der Sonderwagen wird in eine Feuerübung (»Bergung von Verletzten unter Amokschützen-Bedrohung«) einbezogen, tragbare Wände- und Türelemente sollen Wohnungen simulieren. Man beachte die weißen ›Geisel‹-Scheiben neben den Zielen.

große Institutionen, wie der britische ›Special Air Service‹ mit seinem ›Killing House‹, die GSG 9 mit ihrer Combat-schießanlage oder die FBI-Akademie in Quantico/Virginia solche Einrichtungen. Es gibt verschiedene Möglichkeiten, sich zu behelfen. Eine westdeutsche Spezialeinheit, der für längere Übungszwecke nur ein Armee-Schießstand zur Verfügung steht, hat sich z. B. eine Reihe tragbarer Wände und Türelemente gebaut, die vor Ort einen Wohnungsteil simulieren können und nach dem Baukastenprinzip zusammengestellt wer-

den. Die GSG 9 übte lange Jahre in einem ausgedienten Munitionsdepot, dessen bunkerähnliche Arsenalräume genügend Sicherheit beim scharfen Schuß boten. Andere Verbände bedienen sich leerstehender Häuser oder Fabrikanlagen, wobei oft durch die Gefährdung umliegender Wohngebiete das scharfe Schießen unterbleiben muß.

Das Hauptproblem liegt in der Sicherheitsfrage, die durch die hohe Auftreff- und Durchschlagsenergie combatgerechter Munition entsteht. Beim Üben innerhalb eines Kellers, einer Wohnung

oder einem Geländestück ist die Sicherheitsgrenze für 9 mm Para-Patronen z. B. bei über 3 km zu erstellen. Fast jede Revolver- und Pistolenpatrone – von 7,65 mm aufwärts – durchschlägt Türen und Rabitz-Zwischenwände. Querschläger, Geschoß- und Steinsplitter bilden weitere Gefahren, die den Schützen selbst und etwaige Beobachter betreffen. An einer Räumlichkeit, einem Keller, einer Wohnung, ja oft einem ganzen Gebäudekomplex mangelt es nur selten – das läßt sich finden und innerhalb kurzer Zeit durch Aufstellen

>Combat<-Schießübung, wie sie nach 08/15-Schema bei den meisten Polizeien der Bundesrepublik abläuft – auf Ring- und Täterscheibe, die kaum Bedrohung signalisiert.

von Scheiben in eine Übungsanlage verwandeln. Aber selbst die Bundeswehr würde ihre sorgsam aufgebaute Häuserkampfanlage in Hammelburg nicht für Übungsdurchgänge im scharfen Schuß bereitstellen – zu schnell wären die Gebäude in unbrauchbare Siebe verwandelt.

Abhilfe bietet nur >Plastik-Trainingsmunition (PT)<, da das Üben mit Platzpatronen zwar viel Spaß und Lärm macht, aber kaum eine Erfolgskontrolle der Trefferlagen erlaubt. Plastikgeschosse haben einen geringeren Sicherheitsradius (Gecos 9 mm Para PT: max. 150 m), durchschlagen keine Wände und verringern die Querschläger-Gefahr. Treffergenaues Schießen für Faustfeuerwaffen läßt sich damit für Schußentfernungen bis zu 15 m gestalten.

Dieses Neuland betrat ursprünglich die Firma Speer mit ihren Plastikgeschossen für Revolverpatronen, die im Kaliber .38 mit einer wiederladbaren Hülse vertrieben wurde. Als Treibmittel wurden handelsübliche Zündhütchen in eine entsprechende Bohrung im Stoßboden der Hülse eingesetzt und nach Gebrauch ausgewechselt. Hülsen und Geschoß ließen sich mehrfach verwenden –

der Schuß kostete also nur den Preis des Zündhütchens und war damit billiger als Munition für Einsteckläufchen (die immer noch eine beliebte Alternative für das Heimtraining darstellen). Die Speer-Munition war bis auf acht Meter treffergenau und hatte genügend Energie, ein Loch in das Scheibenmaterial zu stanzen.

Allerdings war Speer-Munition nur für Revolver erhältlich, und es sollte Jahre dauern, bis eine brauchbare Plastikmunition auf den Markt kam, die auch für andere Waffenarten, u. a. auch Maschinenpistolen und Gewehre, verwendbar ist.

Die von Geco vertriebene PT-Munition besteht aus einer blauen Plastikhülse mit Alu-Stoßbodenstück und einem Geschoß (9 mm Para: Gewicht 0,42 g!), das von der Fertigung her mit der Hülse verbunden ist. Entlang von Sollbruchstellen am Hülsenhals reißt das Geschoß beim Abschuß und verhält sich für die Dauer seines kurzen Fluges wie ein normales Projektil – mit dem Unterschied, daß es relativ schnell an Fluggeschwindigkeit und Auftreffenergie verliert: Aus der P 6 hat das Geschoß eine Anfangsgeschwindigkeit von 680 m/s und

eine Höchstflugweite von nur 125 m. Trotzdem, und das dürfte aus den oben angegebenen Werten ersichtlich sein, ist die PT-Munition beim Schießen auf Menschen lebensgefährlich. Beim Üben in Kellerräumen und ähnlichen engen Verhältnissen sollte daher auch immer ein Augenschutz (Schießbrille) getragen werden, da Abpraller und Querschläger hier durchaus noch schwere Verletzungen bewirken können!

Die PT-Munition kann aus jeder Waffe ohne Veränderung geschossen werden – nur: Ihre Energie reicht nicht aus, um den Repetiervorgang auszuführen. Während Revolverschützen hier wieder im Vorteil sind, müssen Pistolenbewehrte entweder mit der Hand nachladen oder sich zum Ankauf eines ganzen PT-Systems entschließen. Für die Polizeidienststellen in der Bundesrepublik, die mit der P 6 ausgerüstet sind oder werden, hat die Firma Sauer & Sohn ein Austauschsystem entwickelt, das aus Verschlußstück, Speziallauf, schwacher Schließfeder und einem besonderen Verschlußhaltehebel besteht. Mit wenigen Handgriffen wird der PT-Satz mit dem üblichen Verschlußstück ausgetauscht. Die Waffe schießt halbautomatisch und verhält sich in der Hand des Schützen wie beim Schuß mit der normalen Munition. Der Mündungsknall ist ähnlich laut, das Rückstoßgefühl wird trotz des einfachen Masseverschlusses des PT-Systems durch ein beweglich gelagertes Patronenlager simuliert. Auch für andere Waffen, für die HK MPi 5 und die Walther P 5, ist ein solches System in der Entwicklung.

Plastik-Trainingsmunition, die rund 15% billiger als normale Patronen ist, bietet eine echte Alternative zu den bisherigen Heimtrainingsversuchen mit Einsteckläufen, Wachsgeschossen und Luftdruckwaffen. Für die realitätsnahe Ausbildung eröffnet sie völlig neue Möglichkeiten des Trainings unter ein-

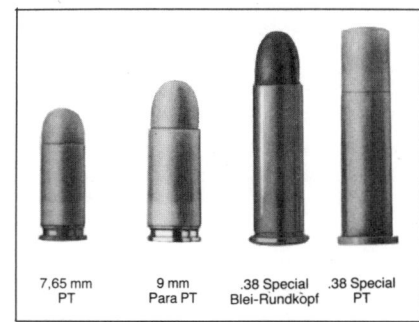

7,65 mm PT   9 mm Para PT   .38 Special Blei-Rundköpf   .38 Special PT

PT-Plastik-Trainingsmunition von Geco hier im Vergleich mit einer .38 Spl.

	V₀ (m/sec)	V₁₀	V₂₅	E₀ (J)	E₁₀	E₂₅
9 mm Parabellum, Lauflänge 12,5 cm	1000	410	200	210	35	8
.38 Special, aus 4″-Lauf	800	280	100	130	16	2

satzbezogenen Gesichtspunkten. Das PT-System, das bei der Polizei seit 1983 zum Einsatz kommt, ermöglicht eine Intensivierung der Ausbildung, unabhängig von Schießständen und teuren Combatanlagen, deren weiten Rahmen es erst einmal auszuschöpfen und mit Trainingskonzepten anzufüllen gilt.

Der zivile Combatschütze hat in der PT-Alternative, sei sie nun von Speer, Geco oder gar in Heimarbeit mit alten Hülsen und Geschossen aus der Gießkokille gefertigt, eine Möglichkeit in bisher begrenzte Bereiche des Combatschießens vorzustoßen, die einem Club oder Privatman rein finanziell verschlossen blieben. Besonders aber unter dem Sicherheitsaspekt ist PT-Munition gefahrloser als KK-, Zimmerstutzen-Flobert oder Luftgewehrkugeln.

Rollenspiel: Zwei Beamte nähern sich einem Bungalow nach einer Meldung wegen ruhestörenden Lärms. Aus dem Innern sind streitende Stimmen zu hören. Man beachte den Abstand der Polizisten voneinander und die Position beim Klopfen an der Tür.

Rollenspiel

Combatschießen als einsatzbezogenes Training für den Verteidigungsfall betrieben ist kein Sport im Sinne üblicher, höchstleistungsgewinnender Wettkampfarten. In der Gefahrensituation muß der Betroffene mehrere körperliche und geistige Funktionen koordinieren, selbständig Wahrnehmungen in eigenes taktisch richtiges und der Situation angepaßtes Handeln umsetzen. Er wird keine oder nur wenig Vorwarnzeit erhalten, um seine Kräfte, seine Aufmerksamkeit und Konzentration zu mobilisieren. Seine Reaktion muß ›aus dem Stand heraus‹ eine Höchstleistungsgrenze erreichen. Das Ziel ist keine Punktzahl, einen zweiten Versuch wird es nicht geben. Ziel der Ausbildung muß daher sein, eine jederzeit wirkungsvolle, flexible Aktionsfähigkeit zu schulen, die auf die Erkenntnisse aus einer individuell spezifischen Situationsanalyse und aus taktischen Erfahrungen beruhen, d. h., der Combatschütze muß sich vor dem Training überlegen, in welcher Umgebung, unter welchen Umständen und Zusammenhängen eine Bedrohung seiner Person erfolgen kann, die ihn zwingt, von der Schußwaffe zu seiner Verteidigung Gebrauch zu machen. Diese Faktoren sind unterschiedlicher Art und werden das anzustrebende Training bestimmen.

Ein Beispiel: Jemand, der das Combatschießen für die Verteidigung auf seiner entlegenen Farm erlernen will, muß völlig andere Handlungs- und Aktionsabläufe trainieren als ein Streifenpolizist der Autobahnpolizei, dessen Gefahren-

bereich völlig unterschiedlich gestaltet ist. Beide werden schießen lernen, aber die Formen der Eigensicherung, der taktischen Maßnahmen im täglichen Gebrauch und im Moment des Angriffs sind durch die äußeren Umstände völlig unterschiedlich gestaltet.

Diese Warnung muß stets bedacht werden, damit das Rollenspiel nicht in eine Wildwest-Show abgeleitet wird, in der alle Beteiligten nur beweisen wollen, was sie ›für clevere Bürschchen‹ sind.

Das Szenario ist auf die Einsatzrealität ausgerichtet, es kann sich an einem spezifischen Fall festmachen, der nachvollzogen wird, um aus der Rekonstruktion Aufschlüsse über Fehlverhalten und Alternativen zu ermitteln. Es kann aber auch ein ›Schema-F‹-Szenario sein, das sich an den häufigen (um nicht zu sagen typischen) Konfrontationsfällen mißt: Für den Streifenpolizisten – die Schlichtung eines Streits zwischen Ehepartnern oder Mietparteien, wie er zum täglichen Allerlei des Dienstes gehört und sich schnell zu einem tragischen Zwischenfall entwickeln kann. (Über zwei Drittel aller amerikanischen Beamten werden bei einem solchen Einsatz verletzt oder getötet!) Für den Sicherheitsmann – die Überprüfung von Fahrzeuginsassen, die am Tor der Anlage Einlaß fordern und ihn in ein Gespräch verwickeln. Für den Jäger – eine Begegnung im Wald, ein Radler mit prall gefülltem Rucksack, der sich als Wilderer herausstellt usw. usw. Wie soll sich z. B. ein Waffen-

scheinbesitzer verhalten, der bei einem Spaziergang Zeuge einer Messerstecherei, eines Überfalls wird? Die Konfrontation ist eingebettet in einem längeren Spielablauf, sie kann sich ›anmelden‹, d. h., bestimmte Gefahrensignale werden gegeben, die der Übende erkennen sollte, wobei er bei richtigem Handeln natürlich die Entwicklung des Szenarios mitgestaltet – es muß nicht zum Schußwechsel kommen! Ziel der Combatschießausbildung ist der Waffenträger, der eine Situation so zu beherrschen lernt, daß er mit einem geringstmöglichen Gewaltaufwand die Gefahr abwehrt. Das Spiel kann jederzeit unterbrochen werden, um dem Ausbilder oder Beobachtern die Möglichkeit zu geben, Erläuterungen, Hinweise, Tips folgen zu lassen.

Schießstandübungen können nur die Grundbegriffe des Combatschießens einstudieren – das Ziehen, Anschlagen, Schießen und Treffen, das Bedienen der jeweiligen Waffe und die Fertigkeiten des Ladens und Nachladens. Durch Aufbauen von Deckungsmaterial, durch unterschiedliche Scheiben, durch die Vorgabe von Szenarios können auf einem Schießstand in bedingtem Ausmaß und auf einer Combatschießanlage in weiterem Maße ganze Handlungsabläufe simuliert werden. Diese Szenen laufen aber nach einem bestimmten vorgeordneten Muster ab. Sie haben je nach Umsetzen der Anlage, je nach den technischen Möglichkeiten viele Variation –

Einsatzerprobung bei einer Spezialeinheit: Der ›Geiseltäter‹ wurde mit einer Kamera ausgerüstet und sollte in dem Moment sein Bild schießen, wo er das Klicken des Hahnes hörte. Die Aufnahme zeigt deutlich den ›Treffer‹ – die Waffe war im Moment des Schusses auf den Täter gerichtet. Neben dem Problem des Abseilens und Einschwingens auf das Fenster mußte der Täter und seine Position im Raum erkannt und erfaßt werden.

Ein in die Enge getriebener Täter droht mit seinem Selbstmord. Wie ist zu verfahren? Der Beamte handelt vorerst richtig. Während er auf den Suizid-Kandidaten einredet, mit der linken Hand beschwichtigende (und ablenkende) Bewegungen macht, schiebt er sich langsam rückwärts in den Deckungsbereich der Tür. Gleichzeitig wendet er seinen Körper so, daß seine Waffenhand das Holster freimachen kann, ohne sofort beobachtet zu werden.

aber es sind keine realitätsnahen Ereignisse, da der Schütze in einem vorgewarnten Zustand auf den Stand oder in den Combatkeller tritt; sein Körper kann sich durch Adrenalinzufuhr auf das Erbringen einer Höchstleistung einstellen, sein Kopf wird sich auf die Tatsache konzentrieren, daß er gleich zur Waffe greifen wird. Wesentliches Manko der Schießanlage – sie schießt nicht zurück, sie handelt nicht selbständig, sie ist nicht Subjekt, sondern Objekt des Aktionsablaufes – und von daher ist der Rahmen der Variationsmöglichkeiten gesetzt.

Das Rollenspiel hat alle diese Nachteile nicht. Das Gegenüber des Combatschützen ist eine tatsächliche Person, keine Scheibe oder Puppe. Dieser Partner im Rollenspiel handelt entsprechend der Reaktionen des Schützen, er versucht dessen Maßnahmen zu unterlaufen, zu sabotieren und selbst zum Ziel zu kommen. Natürlich, weil der Auszu-

bildende immer dem Ausbilder und/oder dem Partner im Rollenspiel an Erfahrungen unterlegen ist, wird sich die Szene in einem festgesetzten Rahmen bewegen. Dieser Rahmen ist das Lernziel – es ist nicht Ziel, den ›Azubi‹ auszutricksen, sondern ihn um wertvolle (und für ihn einseh- und damit umsetzbare) Erfahrungen zu bereichern. Nicht das Können des Ausbilders oder des Rollenspielpartners steht auf dem Prüfstand, er braucht sich nicht zu beweisen, sondern gemeinsam soll ein Handlungsablauf erstellt und im Nachhinein ausgewertet werden, der bestimmte Lehren in sich birgt. Der Schütze soll für etwaige Bedrohungssituationen konditioniert werden.

Im Rollenspiel kommt es nicht darauf an, zu beweisen, daß der oder die Spielteilnehmer ›totgeschossen‹ wurden. Im Prinzip ist bei kleineren Spielen mit wenigen Partnern das Schießen mit Platzpatronen (Vorsicht!), Zündhütchen,

Wachs- oder Filzpfropfen (Augen- und Gesichtsschutz!) unnötig – wichtig ist die Gesamtsituation des Schußwaffeneinsatzes. Schießen und Treffen kann auch auf dem Schießstand gelehrt werden.

Im übrigen gilt bei Szenarios und Rollenspielen das gleiche wie im ganzen Combatschießen – es ist relativ leicht, jemandem den instinktiven, schnellen Schußwaffengebrauch beizubringen – dreimal soviel Zeit aber braucht man, ihm zu zeigen, wann und wie nicht geschossen wird!

Das Rollenspiel vereinigt die Elemente von Waffenbenutzung, Eigensicherung, taktisches Handeln und Analysieren, angewandte Psychologie in der Konfrontation und andere Ausbildungselemente (z. B. Durchführung einer Fahrzeugkontrolle, einer Personenfeststellung etc.). Es bringt z. B. auch die körperliche Selbstverteidigung ein und ist daher eine wesentliche Unterrichtsme-

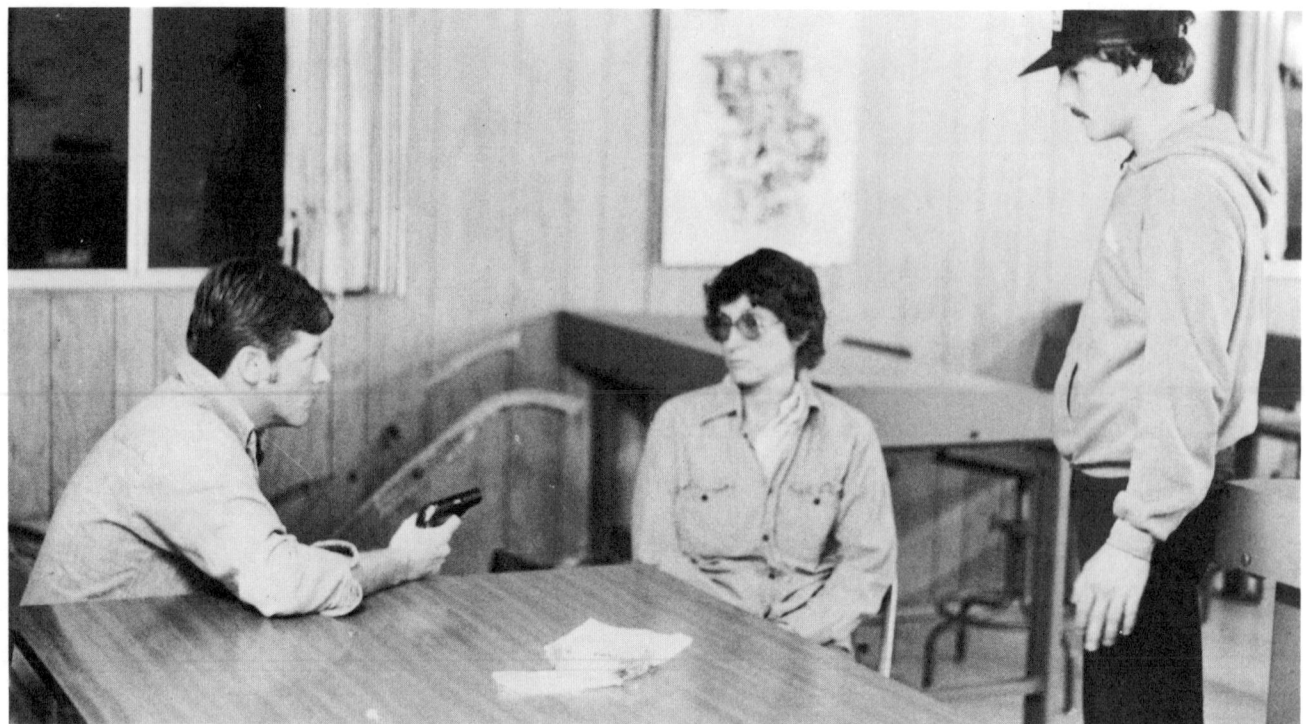

Ups! Nachdem der Beamte den Ehestreit soweit geschlichtet glaubte, weil sich beide Ehepartner an einen Tisch gesetzt haben, zieht der Mann nun eine Pistole, die in einer Zeitung auf dem Tisch verborgen war. John-Wayne-Methoden sind hier fehl am Platz, hier bedarf es eindringlichen Redens.

Rollenspiele geben die Möglichkeit, taktisches Verhalten, Einfühlungsvermögen und die Früherkennung von Gefahrensignalen zu erlernen. Hier ist der Beamte im Gespräch mit dem ›polizeilichen Gegenüber‹ – Körperhaltung, Gesichtsausdruck und Redeweise sind Signale, die mehr aussagen als die gesprochenen Worte und frühzeitig Warnung vor einer sich entwickelnden Gefahreneskalation sein können. Aber ›Straßen-Psychologie‹ ist immer noch kein Fach an deutschen Polizeischulen. In dem Hemd über dem Stuhl rechts ist eine Schußwaffe verborgen, der Aschenbecher auf dem Tisch, der heiße Kaffee in der Kanne hinter dem Beamten können zu Waffen in einem tätlichen Angriff werden.

thode. In dem folgenden Kapitel, das ursprünglich als Artikel für die Gewerkschaftzeitung der GdP ›Die Polizei‹ entstand, beschreibt ein Praktiker das Problem der polizeilichen Schießausbildung und die immer noch vernachlässigte Eigensicherung im Polizeivollzugsdienst. Bernd Pokojewski kann auf eine lange Erfahrung im praktischen Dienst an der vordersten Front der Kriminalitätsbekämpfung zurückblicken und ist gleichzeitig ausbildend tätig gewesen. Seine Analyse deutscher Polizeiausbildung, seine Vorschläge und Hinweise sind nicht nur für Polizisten aktuell, sondern geben auch dem zivilen Combatschützen interessante Anregungen.

Eigensicherung und Schießausbildung – eine Ausbildungseinheit?

Eine kritische Bestandsaufnahme mit einem Lösungsvorschlag

von Bernd Pokojewski, PP Frankfurt

Der Polizeivollzugsbeamte wird in der Aus- und Fortbildung für den praktischen Dienst unter anderem auf der Grundlage der beiden für ihn wichtigen Dienstvorschriften über die Eigensicherung (PDC 371) und die Schießausbildung (PDV 211) vorbereitet.

Die ihm dabei vermittelten Fähigkeiten und Kenntnisse sollen ihm helfen, kritische Situationen beim Zusammentreffen mit verdächtigen Personen unbe-

schadet zu überstehen. Insbesondere soll er in der Lage sein, sein Gegenüber so sicher und konsequent unter Kontrolle zu bringen, daß eine Eskalation, sprich massive Gewaltanwendung, von vornherein vermieden wird. Ferner soll er durch entsprechende Aus- und Fortbildung in die Lage versetzt werden, einen bereits begonnenen Angriff jeder Art gegen seine Person wirkungsvoll und schnell zu beenden.

Wie steht es nun um die beiden Dienstvorschriften? Werden sie als Grundlage einer zu fordernden praxisnahen Aus- und Fortbildung dieser Anordnung gerecht?

Der Verfasser unterzieht wesentliche Teile dieser Vorschriften einer kritischen Betrachtung, er zeigt aber auch einen Weg, wie nach seiner Auffassung diesem Problem beizukommen ist.

Die »Eigensicherung im Polizeidienst« (PDV 371)

Diese 1973 erlassene Polizeidienstvorschrift gliedert sich in drei Abschnitte

- Eigensicherung im Außendienst
- Eigensicherung in Dienststellen
- Eigensicherung bei sonstigen Anlässen

Gegenstand dieser Betrachtung soll lediglich der erste Abschnitt sein. Zum Thema des zweiten Abschnittes wird auf eine interessante Veröffentlichung in einer Fachzeitung hingewiesen. Unter der Überschrift »Eigensicherung der Polizei – das Problem einmal anders gesehen« befaßt sich der Autor[1] mit der Problematik der Eigensicherung in Dienstgebäuden.

Er weist unter anderem auf den engen Zusammenhang von baulichen Gegebenheiten und der Eigensicherung in Dienstgebäuden hin.

Schon 1973 gab man sich bei verschiedenen Polizeibehörden nicht mit der vorliegenden PDV 371 zufrieden. Entweder wurden offenkundig fehlerhafte Teile nicht beachtet und nach eigenem Gutdünken, nämlich gesundem Polizistenverstand, ersetzt oder wie in Berlin mittels einer positiven Initiative durch eine eigene Loseblattsammlung ›Eigensicherung‹ ergänzt. Einige besonders

krasse Mängel in dem Abschnitt »Eigensicherung im Außendienst« stellen sich wie folgt dar:
– In der PDV (Seite 11) wird ausgeführt: »Schreiten mehrere Beamte gegen Rechtsbrecher oder bei ungeklärter Lage ein, muß mindestens einer sichern…«
Die Abbildung dazu zeigt einen Verdächtigen, der zur Nachtzeit von zwei Beamten festgenommen wird. Dabei streckt er willig seine linke Hand einem Beamten entgegen. Dieser wiederum hält sie fast ›liebevoll‹ mit beiden Händen fest und will offensichtlich die Handfessel anlegen. Im Hintergrund ist zu erkennen, daß der zweite Beamte mit der Dienstwaffe im Anschlag den ersten Beamten sichert.

Naiver und praxisfremder kann man das Zusammentreffen mit einem augenscheinlich gefährlichen Verdächtigen (Gebrauch der Handfessel und gezogene Dienstwaffe bei den einschreitenden Beamten) nicht darstellen.
– In dieser Vorschrift (Seite 20) steht auch folgender Satz: »Ein unnötiger Aufenthalt an Orten, an denen erfahrungsgemäß Gefahren drohen können, ist zu vermeiden.«
Diese Aussage ist einer der markanten Schwachstellen dieser Dienstvorschrift – fast typisch für die ganze Konzeption.

Wer sonst als die Vollzugspolizei soll aus den Orten, »an denen erfahrungsgemäß Gefahren drohen können…« Orte machen, an denen sich jeder Bürger jederzeit aufhalten kann, ohne daß er permanent an Leib und Leben gefährdet ist? Sollte es tatsächlich rechtsfreie Bereiche geben, welche die Vollzugspolizei meiden sollte?
– Eine Abbildung (Seite 45) zeigt einen auf dem Rücken gefesselten Verdächtigen – dahinter geht ein Polizeibeamter mit gezogener (!) Dienstwaffe. Soll der Beamte etwa von der Schußwaffe Gebrauch machen, wenn der Gefangene flieht oder mit körperlicher Gewalt angreift?
Die Spitze der naiv-gefährlichen Darstellungen in dieser Vorschrift sind die Abbildungen auf den Seiten 50 und 51. Es geht hierbei um den Transport gefährlicher Gefangener in Kraftfahrzeugen.
– In einer Abbildung wird ein ›gefährlicher Gefangener‹ auf dem Rücksitz eines Dienstkraftfahrzeuges gezeigt. Ein Beamter sitzt hinter dem Fahrer und hält mit der rechten Hand einen Teil der Handfessel (›Achter‹) fest, während der andere Teil um das linke Handgelenk des Gefangenen geschlossen ist.
– In der anderen Abbildung werden zwei ›gefährliche Gefangene‹ auf dem Rücksitz des Personenkraftwagens

[1] A. Lauton in ›Die Polizei‹ – 12/78.

173

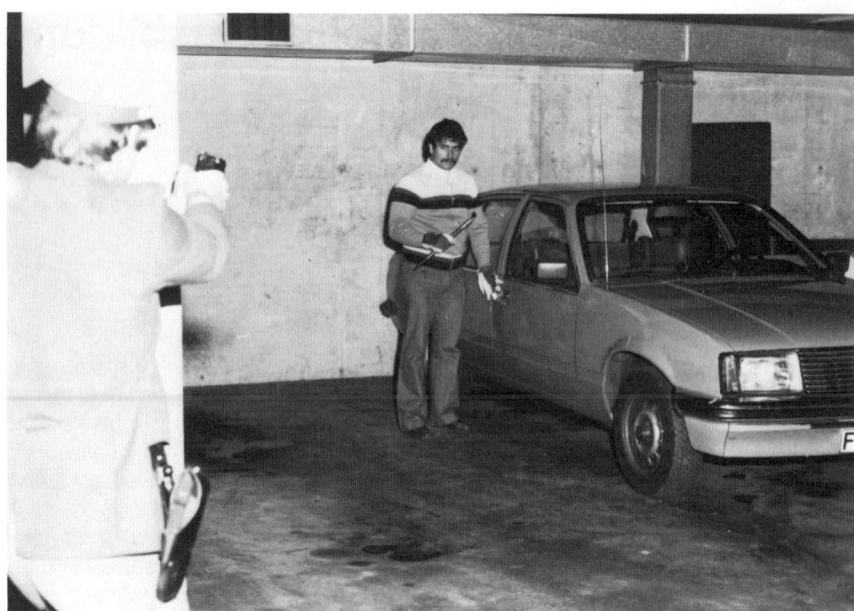

Festnahme eines Autoknackers in einer Tiefgarage – FALSCH! Der Polizeibeamte steht zu nah und unentschlossen am Verdächtigen!

RICHTIG: Aus der Deckung erfolgt der Anruf: »Polizei! Keine Bewegung!«

transportiert. Die Fesselung sieht so aus, daß mit einer Handfessel die Gefangenen am rechten bzw. linken Handgelenk aneinander gefesselt sind. Der auf dem Beifahrersitz befindliche Beamte hält die Gefangenen mit gezogener Dienstwaffe (!) unter Beobachtung.

Es zieht sich wie ein roter Faden durch diesen Abschnitt der PDV: Die gezogene Dienstwaffe als ›Allheilmittel‹ zur Beherrschung kritischer Situationen. An anderer Stelle wird im Detail auf diese Problematik eingegangen.

Damit soll es mit den Negativbeispielen genug sein. Es bleibt zu hoffen, daß die seit mehreren Jahren in Arbeit befindliche Neufassung dieser wichtigen Dienstvorschrift, künftig nur noch ›Leitfaden‹ (LF) genannt, wesentliche Verbesserungen bringt und auf solche naivgefährlichen Darstellungen verzichtet.

Nachfolgend zeigt der Verfasser auf, wie aus seiner Sicht die überwiegende Zahl der Festnahmen abläuft.

Die Festnahme von Verdächtigen

Das unter Kontrolle bringen von Verdächtigen durch Beamte der Vollzugspolizei gliedert sich erfahrungsgemäß in folgende Phasen:

– das Ansprechen
– die Fesselung (falls notwendig)
– die Durchsuchung
– der Transport

Das Ansprechen von Verdächtigen

Dem Ansprechen kommt als erste Phase des Einschreitens besondere Bedeutung zu. Schon hier muß der Beamte deutlich machen, daß er gewillt ist, die Lage unter Kontrolle zu bringen. Dies geschieht durch klar erteilte polizeiliche Verfügungen und – falls es die Umstände erfordern – kombiniert mit einer Körper- und Waffenhaltung, die an der Entschlossenheit des Beamten keine Zweifel aufkommen läßt.

Auch bei einem Einschreiten ohne Waffendrohung empfiehlt es sich, klare Anweisungen zu geben. So können bei einer Festnahme Erklärungen wie »Sie müssen 'mal mitkommen« oder »Wir müssen da was klären« fehl am Platze sein. Es empfiehlt sich dann zunächst ein bestimmtes »Sie sind festgenommen!«

Bei der Bedrohung eines Verdächtigen mit der Dienstwaffe sollte das erste Ansprechen, hier besser Anruf, *niemals* heißen: »Polizei! Hände hoch!« – Warum?

Der Beamte gestattet mit dieser Aufforderung seinem Gegenüber eine Bewegung beider Hände nach oben; dabei kann er nur schwer in jeder Phase dieser Bewegung diese eindeutig als ein Befolgen oder Beginn eines Angriffes deuten – er verliert möglicherweise wertvolle Sekundenbruchteile für seine Entscheidung über einen Schußwaffengebrauch. Diese Gefahr erhöht sich bei schlechten Lichtverhältnissen und ungünstigen Ört-

lichkeiten. Ein erkennbar bewaffneter Verdächtiger oder einer, der entschlossen ist, nach einer verborgenen Waffe zu greifen, wird sich auf seine Art für eine solche ›Genehmigung‹ bedanken. Auch aus rechtlichen Gründen sollte der erste Anruf immer lauten: »Polizei! Keine Bewegung!« (Abb. 2). Ein Nichtbefolgen dieser eindeutigen Verfügung kann aus den oben genannten Gründen eher als Beginn eines Angriffes im Sinne des Notwehrrechtes erkannt werden.

Nach dem aggressiven Aufruf »Polizei! Keine Bewegung!« folgen mit einer gewissen Zeitverzögerung die weiteren Anweisungen für bestimmte Verhaltensweisen, wie z. B. »Waffe fallenlassen!«, »Umdrehen! Hände an die Wand! Füße zurück und spreizen!« oder »Umdrehen! Hände vom Körper wegstrecken!« (Abb. 3).

Dieses Dirigieren in eine für den Verdächtigen ungünstige Position sollte *stets aus einer Deckung* heraus erfolgen. Dabei ist die Waffe beidhändig, etwa in Schulterhöhe schußbereit auf den Verdächtigen gerichtet.

An dieser Stelle sei auf *die* Grundregel der Eigensicherung hingewiesen: Konzentriere Dich bei der Beobachtung eines Verdächtigen stets *auf die Hände*!! Höchste Alarmstufe ist gegeben, wenn die Hände des Gegenübers in irgendeiner Weise verdeckt oder auch nur kurzfristig nicht sichtbar sind (z. B. Personen- und Kfz-Kontrolle, Festnahme in Räumen).

Bedrohung eines Verdächtigen mit gezogener Dienstwaffe – das ›Allheilmittel‹ zur Beherrschung kritischer Situationen?

Was ist zu tun, wenn das ›Allheilmittel‹ – gezogene Dienstwaffe – die erhoffte Wirkung bei dem Delinquenten verfehlt und gleichzeitig die Voraussetzungen für einen Schußwaffengebrauch *nicht* vorliegen?

Wenn also der/die Verdächtige
- eine drohende Haltung einnimmt
- mit körperlicher Gewalt angreift
- gestenreich mit freundlichen Worten auf den Beamten zukommt um ihn möglicherweise zu täuschen oder
- wegen wirklicher oder vorgetäuschter Verständigungsschwierigkeiten (z. B. Ausländer) der polizeilichen Verfügung nicht nachkommt??

Der Verdächtige wird in eine für ihn ungünstige Position dirigiert. Die Hände sind vom Körper weggestreckt!

Ein wichtiger Schritt zur Bewältigung der geschilderten Situationen ist schon dann getan, wenn der Polizeibeamte innerlich darauf vorbereitet ist. Nur dann ist er in der Lage, ohne lange Schrecksekunde und Verblüffung sofort einen Gang zurückzuschalten und sein Gegenüber mit angemessener körperlicher Gewaltanwendung unter Kontrolle zu bringen.
Dies kann z. B. durch einen überraschend und gezielt ausgeführten Fußtritt geschehen (Abb. 4).
An dieser Stelle muß auf die Bedeutung der körperlichen Fitneß des Polizeivollzugsbeamten hingewiesen werden. Es kann als gesicherte Erkenntnis gelten, daß ein durchtrainierter, über Ausdauer und Kraft verfügender Beamter weniger zu Überreaktionen neigt als ein körperlich kaum belastbarer Beamter. Das Ziel der Selbstverteidigung, durch Erlernen praxiserprobter Techniken den Beamten in die Lage zu versetzen, dem Durchschnitt der Bevölkerung leistungsmäßig überlegen zu sein, muß jedem Polizeivollzugsbeamten bewußt gemacht werden.
Die angeführten Beispiele machen deutlich, daß die Grenzen der Anwendung von körperlicher Gewalt und Schußwaffe durchaus fließend sind. Diese Überlegung spielt zum Beispiel auch in extremen Ausnahmesituationen, wie in der nachfolgend geschilderten, eine wichtige Rolle.
So ist es vorgekommen, daß Polizeibeamte mehrere Schüsse auf den Körper ihres Angreifers abgegeben und auch

getroffen haben, ohne daß die erwartete Wirkung, ein Stoppen des Angriffes, eintrat. Der Angreifer setzte vielmehr seinen Angriff mit unverminderter Intensität, z. B. mit einem gefährlichen Gegenstand, wie Messer oder Axt, fort. Auch in solchen Fällen muß der Polizeibeamte um zu Überleben Schreck und Erstaunen über die mangelhafte Wirkung der verwendeten Waffe oder Munition schnell überwinden und sich sofort etwas einfallen lassen (z. B. Zuhilfenahme

eines Stuhles oder anderer Gegenstände, Fußtritte).
Auch auf eine solche Ausnahmesituation sollte der Polizeibeamte durch Training vorbereitet sein. Es ist schließlich keine neue Erkenntnis, daß die Wirkung von Geschossen (Wundschmerz), insbesondere aus Faustfeuerwaffen, bei Menschen durch starke Erregung, extremen Alkoholgenuß oder Drogeneinfluß vermindert oder gar aufgehoben wird.

Die Bedrohung mit der Dienstwaffe zeigt keine Wirkung: Sofortiger gezielter Einsatz von körperlicher Gewalt!

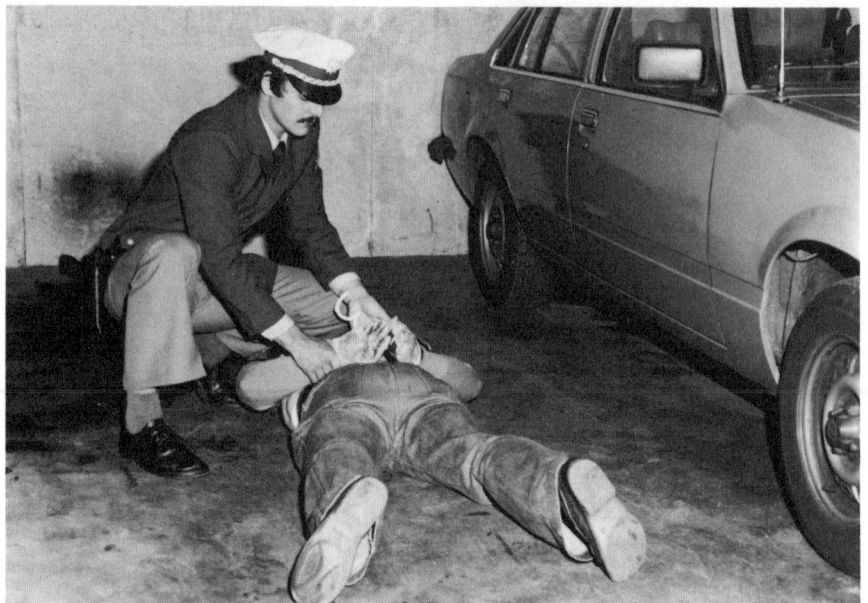

Der auf dem Boden liegende Verdächtige wird gefesselt. Der Beamte geht dabei schräg von der Kopfseite des Verdächtigen an ihn heran – nachdem dieser vorher die Arme auf den Rücken gelegt hat!

Die Fesselung

Dieses Thema wurde bereits ausführlich in der GdP-Monatszeitschrift behandelt[1]. Darin wurden vom Verfasser Fesselungstechniken und Erfahrungswerte ausführlich beschrieben.

_____

[1] ›Eigensicherung: Die Handfessel (Achter) im Polizeidienst‹, GdP-Monatszeitung ›Deutsche Polizei‹ – 3/78.

Der erste Schritt in diesem Bereich der Eigensicherung ist die Ausstattung jedes Polizeivollzugsbeamten mit technisch einwandfreien Handfesseln. Dies bedeutet eine sorgfältige Vorbereitung (Test) der Entscheidung, mit welcher Marke bzw. Typ Handfessel die Polizei ausgerüstet wird.

Ausdrücklich sei nochmals auf den Grundsatz hingewiesen, daß die Fesse-

lung von _gefährlichen_ Verdächtigen _vor_ der körperlichen Durchsuchung erfolgen sollte (Abb. 5).

In solchen Fällen sollte – wenn möglich – auch die Wandposition oder das Stellen an einen Pkw vermieden werden; diese Eigensicherungstechnik bietet dem cleveren und entschlossenen Ganoven zuviel Angriffsmöglichkeiten (z. B. Stoßen mit dem Ellenbogen, Fußtritte). Auch geht bei mehreren Festgenommenen, die nebeneinander stehen, in der Hektik der Festnahme schnell der Überblick verloren; Beweismittel können leichter beiseite geschafft werden. Vielmehr sollten der/die Verdächtige(n) in die für sie besonders ungünstig liegende oder kniende Position dirigiert werden. Hilfsweise empfiehlt sich in der Anfangsphase der Festnahme das Legen des Verdächtigen über die Kofferraum- oder Motorhaube (Abb. 6).

Die Durchsuchung

Bei der Durchsuchung von Verdächtigen ergeben sich immer wieder Überraschungen in bezug auf versteckte Schußwaffen und andere gefährliche Gegenstände (Abb. 7 und 8).

So ist es für den Polizeibeamten von Bedeutung, daß er über einen gefährlichen Trend der letzten Jahre informiert ist und sich darauf einstellt: _Die Zweitbewaffnung_ oder eine kombinierte Ausstattung mit einer Schußwaffe und weiteren gefährlichen Stich- oder Schlagwerkzeugen ist bei der Gegenseite in Mode gekommen. Dies gilt insbesondere für die Rauschgift- und Terroristenszene.

Der Transport

Für den Transport von Verdächtigen gelten die bekannten und bewährten Grundsätze – jedoch nicht so, wie sie in den angesprochenen Abbildungen der jetzigen PDV 371 dargestellt werden. Die gezogene Dienstwaffe beim Transport von Festgenommenen zeugt von Unsicherheit und ist dann allenfalls als ›psychologische Krücke‹ des Beamten zu sehen, der die Situation bis dahin immer noch nicht unter Kontrolle hat. Ein Ausnahmefall liegt z. B. vor, wenn mit einem Befreiungsversuch durch Mittäter gerechnet werden muß.

Die PDV 371 und auch der neue Leitfaden sind in diesem Abschnitt noch in folgenden Punkten ergänzungsbedürftig:

– Es fehlen konkrete Verhaltensregeln und Grundsätze für den Fall des plötzli-

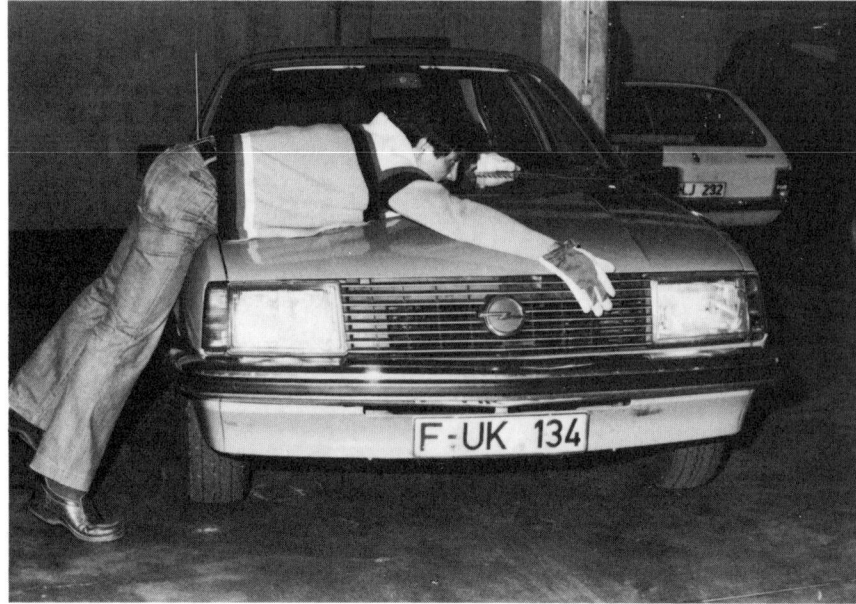

Eine weitere Möglichkeit, einen Verdächtigen in eine für ihn ungünstige Position zu bringen.

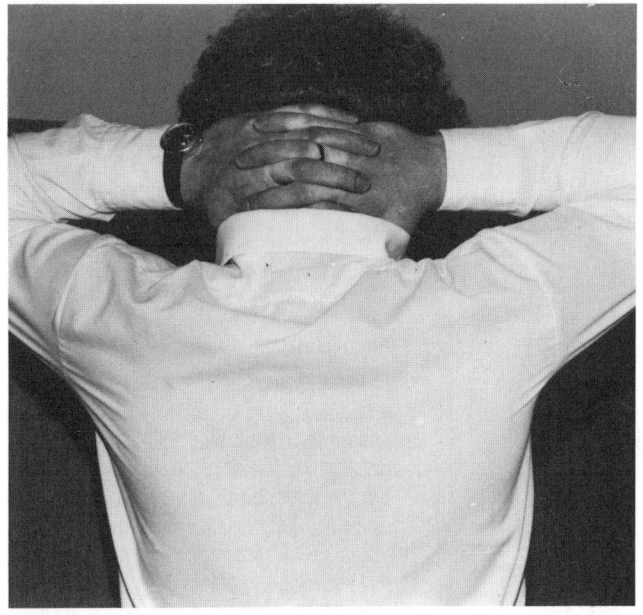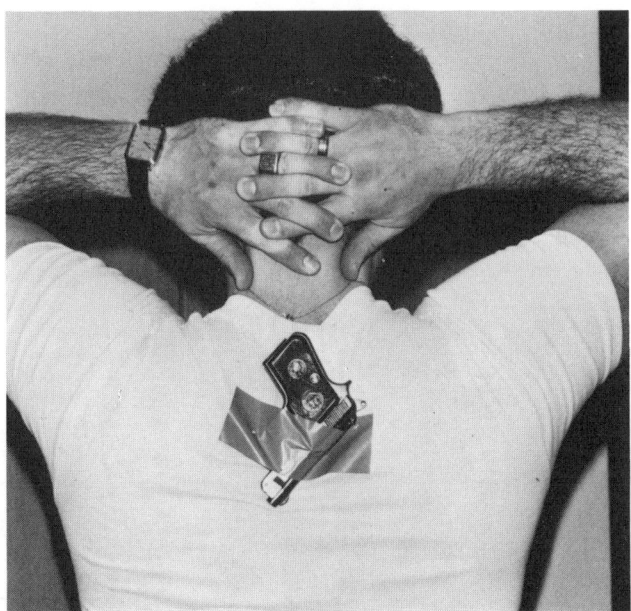

Einen Verdächtigen niemals auffordern, die Hände im Nacken zu verschränken – es könnte die letzte Aufforderung gewesen sein! Hier ist eine scharfe Pistole (Kal. 6,35 mm) an günstiger Stelle plaziert.

chen Aufeinandertreffens von Polizeikräften in Uniform und Zivil, die sich gegenseitig nicht kennen;
– Bei der Kontrolle eines Kraftfahrzeuges wird das Problem des Herangehens und der Position während des Ansprechens des Kfz.-Führers nur oberflächlich und unzureichend behandelt;

– Die Festnahme motorisierter Straftäter wird nicht behandelt. Gemeint sind die Fälle, bei denen entweder bereits vor dem ersten Einschreiten (Anhaltevorgang) bekannt ist, daß eine strafbare Handlung vorliegt (z. B. Funkfahndung, Observation) oder sich während einer Kontrolle Anhaltspunkte für eine strafbare

re Handlung ergeben. Dies gilt sowohl für die herkömmliche deutsche Anhaltetechnik (Streifenfahrzeug *vor* dem zu kontrollierenden Kfz) als auch für die immer häufiger praktizierte amerikanische Methode (Streifenfahrzeug in der Endstellung in hinterer Position).

Die Vorschrift für die Schießausbildung (PDV 211)

Als 1972 die PDV 211 in Kraft trat, waren sich alle Schießausbilder einig: Diese Vorschrift ist ein wichtiger und positiver Schritt in Richtung praxisnahe Schießausbildung bei der Polizei.
Diese Vorschrift brach nicht nur mit einer Reihe überflüssiger Formvorschriften (z. B. Melden des sogenannten Abkommens), sondern ließ auch Elemente einer praxisbezogenen Schießausbildung erkennen (z. B. Schießen unter Zeitdruck, Stellungswechsel, verstärktes Schießen auf Figurenscheiben, 12. Übung). Auch die beiden Ergänzungen in den darauffolgenden Jahren brachten weitere Verbesserungen.
So fand der beidhändige Anschlag verstärkt Eingang in die Ergänzung 1977. Die Erkenntnis, daß diese Schießhaltung für die Polizei optimal ist, hat sich zwischenzeitlich verstärkt. Diese leicht erlernbare und vielseitig verwendbare

Grundhaltung (beidhändig die Waffe mit ausgestreckten Armen in der Körpermitte und in Schulterhöhe) unterstreicht besonders deutlich den engen Zusammenhang von Eigensicherung und Schießausbildung. Sie ermöglicht zum Beispiel beim Vorgehen in Räumen oder im Gelände sofortige Schußbereitschaft, weil die Waffe stets dem Blick folgt. Auch ist sie in leicht abgewandelter Form beim Schießen aus der Deckung anwendbar. Der aus dem Sportschützenbereich übernommene stehend einhändige Anschlag ist praxisfremd und daher bei der polizeilichen Schießausbildung nach der Grundausbildung entbehrlich. Dies gilt ebenso für den in der PDV dargestellten Anschlag beim Schießen aus der Deckung.
Nunmehr sollten Überlegungen angestellt werden, wie die PDV 211 weiter in Richtung einer praxisbezogeneren

Schießausbildung fortgeschrieben werden kann. Gleichzeitig sollten noch einige Fehler und Ungereimtheiten korrigiert werden.

Die Zieldarstellung
Problematisch erscheint dem Verfasser die Darstellung der sogenannten ›Notwehrscheibe‹ (Abb. 9 – links). Bei viel Phantasie kann der Betrachter annehmen, daß die dargestellte Person mit der rechten Hand in die Tasche greift. Tatsache ist also, daß die deutsche Polizei seit 1972 ihre gesamten Notwehrschießübungen auf eine Scheibe schießt, die, bildhaft gesprochen, keinerlei *konkrete* Bedrohung für den Schützen darstellt (Putativnotwehr?). Diese Zieldarstellung der ›Notwehrfigur‹ sollte geändert werden und zwar so, daß ein erkennbar konkreter Angriff dar-

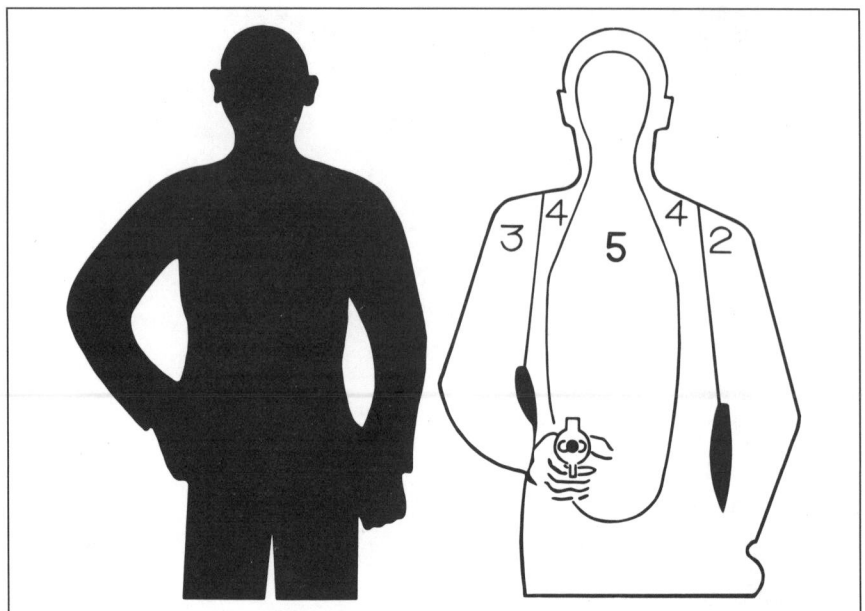

Die Notwehrscheibe der PDV 211 – links – ein konkreter Angriff ist nicht erkennbar! Rechts – ein Beispiel für eine Angreiferscheibe. .

gestellt wird, der unmittelbar bevorsteht oder bereits begonnen hat (z. B. Abb. 10).

Erfahrungsgemäß wird die Schußwaffe auch in zahlreichen Fällen eingesetzt, bei denen der Angreifer mit gefährlichen Gegenständen verschiedenster Art (z. B. Messer aller Art, abgeschlagene Gläser oder Flaschen, Werkzeuge aller Art) Leib und Leben des Polizeibeamten

oder dritter Personen gefährdet. Sollte der Polizeibeamte nicht auch auf diese Art von Angriffen vorbereitet werden? Er sollte lernen, wie er sich gegenüber einem solchen Angreifer bei unterschiedlichen Entfernungen zu verhalten hat (z. B. Ansprechen, Warnschuß, gezielte Schüsse auf den Angreifer). Dazu sind entsprechende Zieldarstellungen notwendig (z. B. Abb. 11 – links). Erneut

wird an diesem Beispiel die fließende Grenze von Eigensicherung und Schießausbildung erkennbar.

Bei einer Fortschreibung der PDV 211 sollten unter der Zielvorstellung einer möglichst praxisnahen Schießausbildung folgende Gesichtspunkte berücksichtigt werden:

– Um das jetzige Stadium des mehr Schießtechnischen zu überwinden, sollten zukünftig unterschiedliche, möglichst realistische Zieldarstellungen (Scheiben) verwendet werden. Der Identifizierung des Zieles, verbunden mit der Fragestellung »Schießen – oder nicht schießen?« sollte mehr Beachtung geschenkt werden (Abb. 12);

– Da es aus Zeitgründen und auch aus finanziellen Erwägungen heraus unmöglich ist, *alle* Polizeivollzugsbeamten der Bundesrepublik gleichmäßig durch eine praxisnahe Schießausbildung zu schleusen, sollte überlegt werden, ob man den Vollzugsbeamten von S und K, die in der täglichen praktischen Verbrechensbekämpfung stehen, eine umfangreichere Schießausbildung zukommen läßt;

– Notwehrübungen sollten auch in der Ausgangsstellung mit der Hand an der Waffe geschossen werden. Hierdurch wird dem Beamten nachhaltig klar gemacht, daß er bei gespannter Aufmerksamkeit, geöffnetem Holster und der Hand an der Waffe gute Chancen hat, auch bei einem plötzlichen und massiven Angriff mittels Schußwaffe oder ge-

Weitere Beispiele für Angreiferscheiben.

Links: Angreifer mit Messer. Rechts: auch Frauen können mit ▶ Maschinenpistolen umgehen!

fährlichem Gegenstand zu überleben (z. B. Kontrolle von Kfz-Insassen oder Fußgänger);
– Die Schießausbildung der deutschen Polizei endet bei der 6-Meter-Marke. Aufgrund von Erfahrungswerten nicht nur des westlichen Auslands weiß man, daß sich über 90 Prozent aller kritischen Auseinandersetzungen *innerhalb* der 6-Meter-Distanz abspielen – hiervon wiederum der überwiegende Teil in der 0–4-Meter-Distanz. Diese Tatsache überrascht nicht, denn es ist offenkundig, daß nahezu alle gefahrenträchtigen Tätigkeiten der Polizei im Außendienst innerhalb dieser Distanzen vollzogen werden (z. B. Festnahmen und Durchsuchungen). Innerhalb der 0–1-Meter-Distanz sind die sich häufenden Situationen einzuordnen, bei denen ein Polizeibeamter mit einem Verdächtigen hautnah kämpfen muß, wenn dieser mit seiner Waffe oder mit der entwendeten Dienstwaffe zu schießen versucht.

Wer glaubt, daß ein Schütze, der auf dem Schießstand eine stehende Scheibe aus 6 Meter Entfernung sicher trifft, auch in einer Top-Streßsituation, verbunden mit Lebensgefahr, jeden Angreifer innerhalb dieser Distanz sicher trifft und kampfunfähig macht, irrt.

Es gibt genügend Beispiele aus Deutschland, die beweisen, daß Polizeibeamte nicht in der Lage waren, ihren Angreifer auch aus nächster Entfernung sicher zu treffen und kampfunfähig zu machen.

Deshalb lautet der Vorschlag, die Notwehrübungen in den 9-M, 6-M und 3-M Distanzen zu schießen. Diese Übungen sollten nach körperlicher Belastung geschossen werden.

Bieten die technischen Einrichtungen die Möglichkeiten, mittels Dreh- oder Klappscheiben verschiedenartige Störer/Unbeteiligte Scheiben zu zeigen, kommt man einer praxisgerechten Schießausbildung schon näher.

Polizei-Schießanlagen und sportliches Schießen bei der Polizei

In engem Zusammenhang mit der Schießausbildung muß naturgemäß das Angebot polizeispezifischer Schießanlagen gesehen werden. Hier zeichnet sich in den letzten Jahren in einigen Bundesländern eine positive Entwicklung ab – jedoch muß nach wie vor die vorgeschriebene Schießausbildung überwiegend auf angemieteten Anlagen von Sportschützenvereinen oder des Militärs

Die US-Firma ATS fertigt eine Reihe von ›Freund/Feind‹-Scheiben, die verschiedene Notwehrsituationen sehr gut bildhaft darstellen. – Zusätzlich kann durch das Aufkleben weiterer Bildsegmente die Aussage der Scheibe variiert werden: Der Farbige mit Schrotflinte wird durch Überkleben des unteren Teils ein Kriminalbeamter, der Pistole *und* Dienstmarke in den Händen hält. Aus der Flasche auf dem rechten Bild kann ein Messer, eine Pistole, ein Knüppel werden usw.

durchgeführt werden. Diese Anlagen entsprechen jedoch nur in geringem Maße den Anforderungen einer praxisgerechten Polizei-Schießausbildung.

Leider scheint es unvermeidbar zu sein, daß es selbst bei Neubauten von Polizei-Schießanlagen zu Fehlinvestitionen kommt. So wurde vor wenigen Jahren an der Hessischen Polizeischule in Wiesbaden mit einem Millionenaufwand eine 50-Meter(!)-Raumschießanlage gebaut. An dieser optisch schönen Anlage hätte sicherlich jeder Sportschützenverein seine wahre Freude – indes schon bei der Konzeption der Anlage war eine Chance vertan worden, eine beispielhafte Polizei-Schießanlage zu schaffen. So wurden z. B. teure und schwere Elektromotoren eingebaut – für welchen Zweck? Um den Sportschützen die

Ein mit einfachsten Mitteln hergestellter wirksamer Teststand zum Schießen/Nicht-Schießen-Training: Der hinter dem Schützen stehende Ausbilder kann über Seilzug ein oder mehrere Scheiben hochziehen, die dann mit entsprechenden Bildern oder Symbolen beklebt sind. Entfernungen, Seiten und Zeitspannen lassen sich beliebig variieren. Dieser im Eigenbau entstandene Stand diente ursprünglich dazu, den Innenraum eines Flugzeuges oder Zuges für eine Spezialeinheit zu simulieren. Sein Anwendungsbereich geht aber viel weiter!

Scheibensilhouette der französischen Anti-Terror-Truppe GIGN: Sie dient sowohl für den schnellen Reaktions- wie auch für den Präzisionsschuß.

Angreiferscheibe, wie sie von der US Armee und der britischen Spezialeinheit ›Special Air Service‹ verwendet wird.

Scheiben zur Trefferauswertung auf die 50-Meter-Marke zu fahren. Trotz offenkundiger Mängel wird diese Anlage nach wie vor in- und ausländischen Besuchergruppen als optimale Polizei-Schießanlage ›verkauft‹.

Negativer Einfluß der Sportschützen in der Polizei wird nicht nur an dem genannten Beispiel deutlich. Der Verfasser steht mit seiner Meinung nicht allein, daß das sportliche Schießen mit einer praxisgerechten Polizei-Schießausbildung nur sehr wenig gemein hat. Die Erfahrungswerte des sportlichen Schießens haben allenfalls in der Grundausbildung der jungen Wachtmeister ihren Stellenwert – wenn es um Waffengewöhnung geht und das Zielen, Atmen und Abziehen in ruhiger Atmosphäre geübt werden muß – danach kann man das sportliche Schießen als Bestandteil der Polizei-Schießausbildung vergessen.

Wesentliche Elemente des sportlichen Schießens und der Polizei-Schießausbildung stehen sich absolut unvereinbar gegenüber – so werden z. B. Kleinkaliber-Sportwaffen verwendet, aus rein sportlichen und statischen Schießhaltungen geschossen, ausschließlich auf Ringscheiben geschossen, spezielles Zubehör verwendet, andere geistige und körperliche Anforderungen an den

Schützen gestellt – die Beispiele ließen sich beliebig fortsetzen.

Seit langen Jahren werden bei der deutschen Polizei mit erheblichem Aufwand Schießwettbewerbe im sportlichen Schießen durchgeführt. Dazu kann die Forderung nur lauten: Wenn schon Schießwettbewerbe durchgeführt werden, dann sollte dies nur mit den unveränderten Gebrauchswaffen der Polizei und mit praxisbezogenen Übungen geschehen. Wer als Polizeibeamter das sportliche Schießen als sein Hobby auserwählt hat, kann sich einem der zahlreichen Sportschützenvereine anschließen. Die Sportschützenlobby in der Polizei wird nicht müde, bei jeder sich bietenden Gelegenheit auf den nach ihrer Meinung bestehenden Zusammenhang ihres Sports und der Polizei-Schießausbildung hinzuweisen. Zitat aus einem Artikel in der hauseigenen Zeitung des Hessischen Innenministeriums: ›... und es ist zweifelsfrei, daß die vielfältigen schießsportlichen Erkenntnisse durch Aus- und Weiterbildungsmaßnahmen und Wettkämpfe auf allen Ebenen bei der Schießausbildung nach der PDV 211 einfließen.‹[1] Worin diese Erkenntnisse im Detail bestehen, wird allerdings nicht ausgeführt.

---

[1] Hessische Polizeirundschau – 7/79.

Die sportlichen Leistungen für sich gesehen stehen hier selbstverständlich nicht zur Diskussion!

Fazit/Forderung

Der meines Erachtens negative Einfluß der Sportschützen in der Polizei bei der Schießausbildung und dem Bau von Polizei-Schießanlagen muß zurückgedrängt werden! Das in den Bundesländern mit erheblichem personellem und finanziellen Aufwand betriebene sportliche Schießen während des Dienstes sollte zugunsten einer intensivierten und praxisbezogeneren Polizei-Schießausbildung *abgeschafft* werden!

Doch Vorsicht ist geboten! Die Sportschützenlobby sitzt fest im Sattel – bis in die Innenministerien. Hier können nur die Abgeordneten der Innenausschüsse der Länderparlamente ein Machtwort sprechen. Nicht nur sie, sondern auch die GdP fordern seit Jahren eine Verbesserung der Schießausbildung hinsichtlich Umfang und Qualität.

Eigensicherungs- und Schießausbildungsseminare

Nach solch massiver Kritik an den derzeitigen Verhältnissen in beiden Bereichen sollte natürlich ein konstruktiver

Beitrag zur Lösung oder zumindest einer wesentlichen Verbesserung des Problems folgen.

Nach Überzeugung des Verfassers kann dieses Ziel durch ein organisatorisch gut vorbereitetes, inhaltlich durchdachtes und von *praxiserfahrenen* Schulungskräften geführtes 2-Wochen-Seminar erreicht werden.

An den Polizeischulen werden eine Reihe von überlangen und mit Theorie beladenen Fortbildungslehrgänge durchgeführt – für den Vollzugsbeamten vor Ort wird in den beiden genannten Bereichen zu wenig getan! Zielgruppen dieses Seminars wären deshalb Beamte des Funk- und Zivilstreifendienstes von S und beispielsweise Beamte der Fahndungs- und Rauschgiftkommissariate bei K. Wenn es dabei organisatorisch möglich ist, sollten jeweils Beamte einer Dienstschicht, besser noch die einzelnen Funk- und Zivilstreifenteams dieses Seminar besuchen.

Etwa Zweidrittel der Seminarzeit sollten dazu dienen, getrennt in den beiden Bereichen die Grundtechniken einzeln und im Team zu erlernen bzw. zu verbessern und häufig zu üben. Erst dann kommt es zu einer Zusammenführung dieser Bereiche bei der praktischen Lösung von Eigensicherungsfällen als Rollenspiel. Dabei sollten dann auch verstärkt rechtliche Überlegungen mit einfließen.

Konkret sollten zunächst folgende Eigensicherungstechniken dargestellt, erläutert und auch bei ungünstigen Lichtverhältnissen geübt werden

– Festnahme von Tatverdächtigen (Ansprechen, Fesselung, Durchsuchung, Transport);
– Kontrolle von Kfz-Insassen / Festnahme motorisierter Tatverdächtiger;
– Eindringen und Durchsuchung von Gebäuden und Wohnungen;
– Verhalten beim Auslösen von Notrufmeldern und bei ungeklärten Lagen;
– Selbstverteidigungstechniken (praxisorientiert).

Themen, die zwangsläufig in Unterrichtsform behandelt werden müßten;
– Einschreiten bei Familienstreitigkeiten und bei Auseinandersetzungen in Gaststätten (Umgang mit alkoholisierten Personen);
– Verhalten bei Einsatz- und Verfolgungsfahrten;
– Einsatz von Beamten in ziviler Kleidung (Identifizierungsablauf, Problematik der rechtmäßigen Dienstausübung);
– Kennenlernen terroristischer Taktiken.

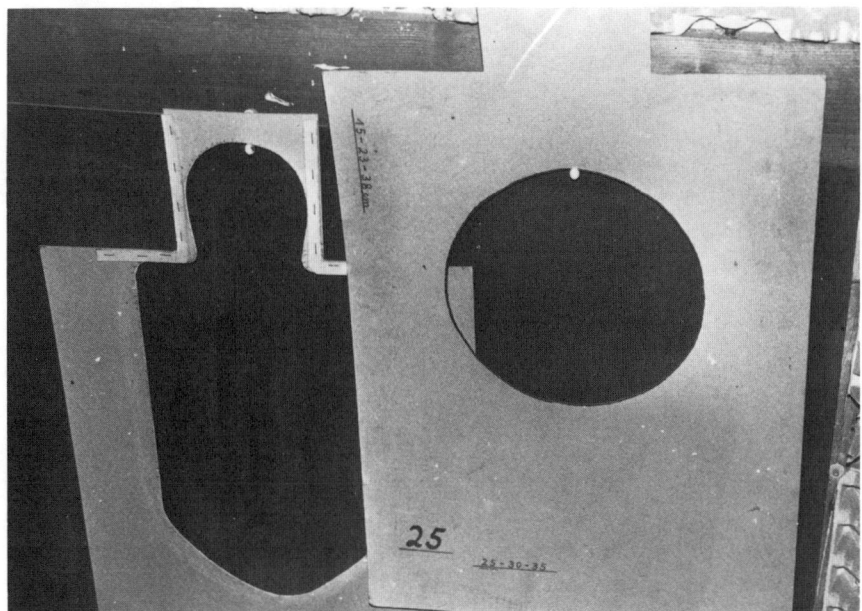

Mit diesen vorgefertigten Schablonen läßt sich zum einen die Trefferkontrolle schneller gestalten sowie auch auf entsprechenden Karton oder auf Bildscheiben Trefferzonen mit Filzstiften einzeichnen.

Eingedenk der Tatsache, daß sich kein Eigensicherungsfall *exakt* wiederholt, liegt das Ziel des ersten Abschnittes darin, eine breite Palette von geeigneten und praxiserprobten Eigensicherungstechniken anzubieten und häufig zu üben. Der Beamte soll dadurch in die Lage versetzt werden, die der jeweiligen Situation angemessene und geeignete Eigensicherungstechnik auszuwählen und *sicher* anzuwenden.

Wichtigste Voraussetzung für eine qualitativ gleichwertige Aus- und Fortbildung bei der gesamten deutschen Polizei mit den genannten Zielvorstellungen sind brauchbare, sprich praxisgerechte Leitfaden und PDV 371 und 211.

Zusätzlich sollte eine zentrale Dienststelle (Polizeiführungsakademie?) mehrmals jährlich einen ›Eigensicherungs-Report‹ herausgeben, der alle Polizeivollzugsbeamte über neue und relevante Verhaltensweisen und Bewaffnung des Gegenübers informiert.

Für die theoretische Vorbereitung und den Unterricht sollten optische Unterrichtshilfen vorbereitet werden (Dia-Serien, Unterlagen über praktische Fälle, Dokumentationen, vorbereitete Folien für Tageslichtschreiber, Video-Filme). Die Anwendung der Videotechnik während des praktischen Teiles ist anzustreben.

Bei der Schießausbildung stünden zunächst folgende praktische Übungen an

– Leistungsstandfeststellung und gegebenenfalls Verbesserung der Leistungen in der Schießtechnik durch das Schießen von Grundübungen (PDV 211);
– Schießen der 12. Übung (PDV 211);
– Schießen unter einsatzmäßigen Bedingungen und nach körperlicher Belastung;
– Situationsschießen mit Zielidentifizierung unter dem Gesichtspunkt »Schießen – oder nicht Schießen?«

Dieser Übungsteil kann auch auf alten, ohne mit entsprechenden Einrichtungen versehenen Schießanlagen geschossen werden. Während der Schütze hinter einer Deckung/Blende steht, werden ein Teil der Angreiferscheiben (mit Schußwaffe) so präpariert, daß die abgebildete Schußwaffe mit neutralem Papier, möglichst gleicher Farbe, abgedeckt wird.

Für Raumschießanlagen eignen sich entsprechende Dia-Serien selbstverständlich besser.

Auch bei der Schießausbildung sollten, soweit bislang nicht geschehen, den Seminarteilnehmern zu folgenden Themen theoretische Kenntnisse vermittelt und bei Bedarf diskutiert werden:

– Wirkung der derzeit verwendeten Polizeimunition auf Hart- und Weichziele (Wundballistik);
– daraus resultierende Konsequenzen für die Eigensicherung (Verhalten gegenüber verletzten Tatverdächtigen);

Rollenspiel: Festnahme Tatverdächtiger in und am PKW, durchgeführt von einem bundesdeutschen SEK – diese Art Ausbildung gehört in alle Polizeibereiche!

- seelische und körperliche Belastungen und Vorgänge beim Schützen vor, während und nach einem Schußwaffengebrauch bzw. Schußwechsel
- psychologische Vorbereitung auf eine solche besondere Streßsituation

Zielsetzung des Seminares

Neben dem sicheren Beherrschen verschiedener praxiserprobter Eigensicherungs- und Selbstverteidigungstechniken soll bei den Teilnehmern
- das ›Gefahrengespür‹ geschult und verbessert werden und
- die ›Streßstabilität‹ in kritischen Situationen erhöht und dadurch die berüchtigte Einsatzhektik abgebaut werden.

Die konsequente Durchführung solcher Seminare auf breiter Basis würde sicherlich dazu beitragen, daß uns zukünftig auf seiten der Polizei *und* des Gegenübers zahlreiche *unnötige* Opfer erspart blieben.

X. Schutzwesten

Wir sind hier doch nicht in den USA, oder?

»... und außerdem ist hier doch nicht Amerika! Ja, wenn wir solche Zustände hätten...«

In verschiedenen Abwandlungen kann man diesen Satz hierzulande immer wieder hören. Der Vergleich mit den ach so schlimmen USA, wo jeder angeblich eine Knarre trägt und man abends nicht mehr auf die Straße gehen kann, wird immer wieder von Personen angeführt, die aus Bequemlichkeit, Besserwisserei oder ähnlichen Beweggründen ihrem Gesprächspartner Übertreibung und Paranoia diagnostizieren wollen. Keine amerikanischen Zustände – die es besser wissen wollen, reden gehörig am Thema vorbei. Tatsächlich hinkt jeder Vergleich mit den USA. Die Bundesrepublik hat rund 60 Millionen Einwohner, die USA viermal soviel. Verbrechen entsteht nicht auf nationaler Ebene oder weil eine Stadt in einem bestimmten Erdteil liegt, sondern aufgrund sozialer und ökonomischer Bedingungen. Vergleiche mit den USA werden von Fernseh- und Filmeindrücken geprägt, von Überzeichnungen in Illustrierten, von isoliert betrachteten Einzelphänomenen: Will man die USA unter kriminologischen Gesichtspunkten zu Vergleichen heranziehen, dann kann man sie einfach nicht mit der Bundesrepublik kontrastieren, sondern müßte ganz Westeuropa als Vergleichswert summieren – so gesehen würde die USA und ihre Kriminalität sogar noch gut wegkommen. Gewalttätige Erscheinungsformen politischer und sozialer Konfliktaustragung, wie wir sie aus Italien, Spanien oder anderen europäischen Staaten kennen, gibt es in der USA in dieser Form und Intensität nicht. Verglichen mit Europa und Pro-Kopf-Werte für die verschiedenen Kriminalitätsformen wie Mord, Totschlag, Raub, Einbruch etc. herangezogen, erscheinen die Vereinigten Staaten plötzlich in einem viel zivilisierteren Bild.
Auf der anderen Seite: Kriminologische Konzentrierungen, wie wir sie in der 8-Millionen-Stadt New York oder in dem Einzugsgebiet von Los Angeles sehen, fördern natürlich ganz bestimmte Erscheinungsformen des Verbrechens – besonders wenn als sozialer Sprengstoff noch Arbeitslosigkeit, Verslumung, Rassenprobleme und ein extremes Wohlstandsgefälle hinzukommen. Der Hinweis auf die weite Verbreitung von Waffen in der Bevölkerung steht auf tönernen Füßen: New York hat die schärfsten Waffengesetze aller US-Staaten, trotzdem ›knallt es dort an allen Ecken‹. Die Schweiz, die eine der höchsten Waffenproliferationen Europas verzeichnet, hat keine außergewöhnliche Kriminalitätsrate. In West-Berlin, das dank einer völlig unsinnigen alliierten Besatzungsgesetzgebung die härtesten Waffenkontrollbestimmungen der westlichen Welt hat und nur noch Japan (an zweiter Stelle) als Konkurrenz zu fürchten hat, kann sich mit den Großstädten der USA durchaus messen – auch in dieser Stadt geschehen jedes Jahr Morde, Raubüberfälle und andere Verbrechen mit Waffengewalt, wobei auf dem Schwarzmarkt der Stadt alles – von der .45 ACP Colt über das M 16 A1 bis zur neuesten Voere 180 American .22er Kugelspritze – erhältlich ist.
Prozentual können sich Städte wie Köln, Berlin oder Frankfurt durchaus mit amerikanischen Großstädten vergleichen. In vieler Hinsicht haben wir ›amerikanische Verhältnisse‹ in der Verbrechensart, in bezug auf ›Qualität‹ und mitunter sogar Quantität durchaus erreicht, bei einzelnen Fällen, so z. B. Vergewaltigungen, sogar überflügelt. In den letzten 10 Jahren ist die jährliche Quantität der hiesigen Delikte von 3 auf 4 Millionen Straftaten gestiegen. In einigen Bereichen, wie Körperverletzungen, haben wir Steigerungsraten über 25% gehabt. Hinzu kommt die geschätzte Dunkelziffer von zehn Millio-

Angehörige der New Yorker Spezialeinheit ›ESU‹ mit Überziehwesten und ihrem ›Türschlüssel‹. Diese Kevlar-Westen können vorne mit Keramik-Verbund oder Stahlplatten verstärkt werden. Nachteilig die auf den Schultern lastende ›Sabberlatz‹-Form dieses älteren Westenmusters.

Deutsche SEK-Beamte beim Üben mit dem schweren Schutzschild der sich bereits bei vielen Einsätzen bewährt hat. Der Schutzschild bietet Torso-Deckung und einen Schutz des Kopfes bis zur Klasse IV. Er ersetzt nicht die persönliche Schutzweste.

nen nicht angezeigter oder entdeckter Straftaten pro Jahr. Die Bundesrepublik, ein Volk von Verbrechern? Nicht unbedingt, da die Mehrzahl der in der Statistik aufkommenden Delikte keine Verbrechen wie Mord, Raub, Totschlag, Vergewaltigung etc. sind – aber trotzdem, unsere Drogenkriminalität kann sich sehen lassen. Gewaltausbrüche, wie sie in deutschen Fußballstadien, bei Demonstrationen von Kernkraftgegnern oder Hausbesetzer entstehen, brauchen den Vergleich mit amerikanischen Rassenkrawallen nicht mehr zu scheuen. Prozentual werden mehr deutsche Frauen als amerikanische vergewaltigt usw. usw. – Wir haben keinen

Grund, uns über die amerikanischen Verhältnisse zu mokieren! Im Gegenteil: Unsere Großstädte wie Frankfurt sind schon in ihrer jetzigen Form schlimm genug – wie aber würden sie aussehen, hätten wir die Zusammenballung amerikanischer Rassen- und Sozialkonflikte? Wie werden sie aussehen, wenn unsere derzeitige wirtschaftliche Talfahrt weiter anhält?

Das Thema ›Schutzwesten‹ wird hierzulande noch recht stiefmütterlich behandelt. Nach einigen spektakulären Vorfällen hat die Polizeigewerkschaft eine bessere Ausrüstung gefordert, ein Pflichtenkatalog entstand, nach dessen Bedingungen Schutzwestenhersteller ih-

re Produkte prüfen lassen konnten – aber viel mehr geschah auch nicht. Die Leser eines deutschen Nachrichtenmagazins mußten sich durch einen Artikel erzählen lassen, daß die neuen amerikanischen Wunderwesten aus Kevlar, einer Chemiefaser des Du Pont-Konzerns, nicht so kugelfest wären, wie das allgemein behaupet würde. Einige Monate später berichtete das gleiche Magazin dann über die ›Wunderfaser Kevlar‹. Getreu nach dem Wechselbad-System dieses Magazins wurde nun das Loblied des unverwüstlichen Westenmaterials gesungen. Der Informationswert beider Artikel: Null. Für Insider brachte der Verriß amerikanischer Leichtwesten nichts Neues, informiert wurde lediglich die ›Gegenseite‹, die nun wußte, daß »Kriminalbeamte und Verfassungsschützer, vor allem bei Zielfahndung und Einsatz vor Ort« solche Westen trügen, durch die ein »Stahlhartkerngeschoß glatt durchmarschiert«.

Keine Weste, ob aus Kevlar, Stahlplatten, Kevlar-Keramikverbund oder anderen Materialien gefertigt, kann dem Träger Unversehrtheit und Überleben garantieren – auf jedes Schutzmittel, bis hin zum $ 1,8-Millionen-Panzer M 1 Abrams, gibt es ein Gegenmittel. Der Pflichtenkatalog der Innenministerkonferenz sieht auch entsprechend vier Schutzklassen vor, die Faustfeuerpatronen ohne und mit Hartkern (I u. II) und Langwaffenprojektile ohne und mit Hartkern (III u. IV) abdeckt. Für den Polizeibeamten des täglichen Streifendienstes ist die Wahrscheinlichkeit, mit Stahlhartkerngeschossen aus Sturmgewehren oder mit KTW-Projektilen aus Faustfeuerwaffen konfrontiert zu werden, verhältnismäßig gering gegenüber der Chance, mit handelsüblichen Bleikerngeschossen, mit KK-Waffen, Jagdschrot, mit Messern, abgebrochenen Flaschen und ähnlich Unangenehmem traktiert zu werden. Bei der Schutzweste ist es ähnlich wie bei der Auswahl der Verteidigungswaffe – sie muß dem Bedürfnis des Trägers entsprechen. Für das Zugriffsteam einer Spezialeinheit, die Schutzwesten offen tragen kann, sind andere Kriterien anzulegen als für das Schutzbedürfnis eines Streifenbeamten, eines konspirativ arbeitenden Kriminalpolizisten oder eines Geldtransporteurs.

Die Beschaffer der Sicherheitsbehörden legen nun Auswahlkriterien an, die eher der Psychose vom ›Feldhaubitzensyndrom‹ als den Realitäten des praktischen Einsatzes auf der Straße entsprechen. Die Mehrzahl der bisher im bundes-

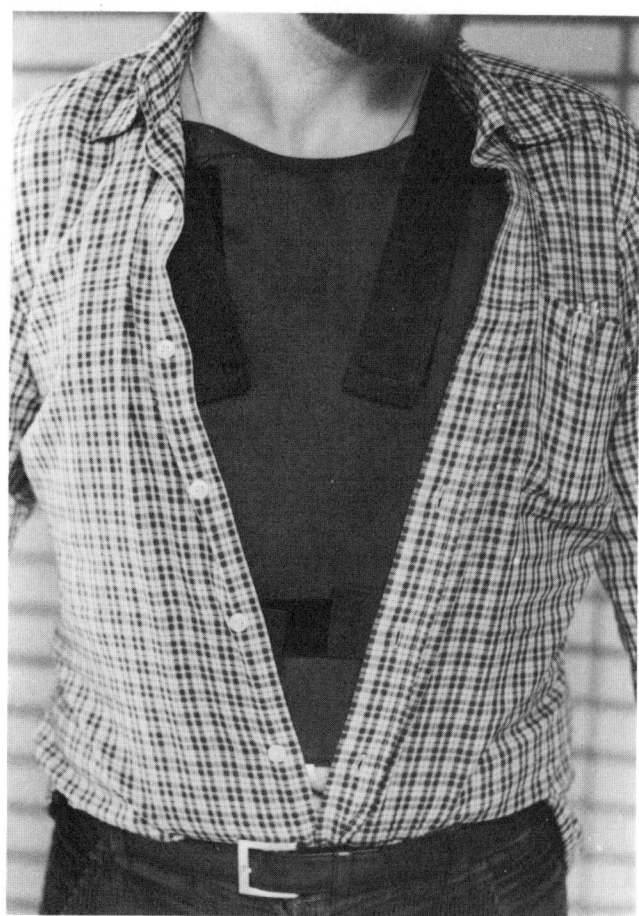

Eine Leichtschutzweste von ›Armour of America‹, wie sie der Verfasser bei der Polizei von San Francisco kennenlernen konnte, hält auch 9 mm VM aus der Pistole aus, eine hier getestete Weste, Grad: Super Armour Hide, erwies sich auch gegen MPi-Beschuß undurchlässig.

Die ›Super Armour Hide‹ kann durch den Einschub von verschieden starken Keramik-Verbund Platten auf die Kategorien II, III und IV verstärkt werden. Die hier gezeigte dünne Platte in Körperform kann noch unter dem Hemd getragen werden und schützt auch gegen KTW-Geschosse. Westen dieser Art sind u. a. bei der französischen Polizei im Gebrauch. ›Armour of America‹ ist von der Münchener Fa. t-star GmbH, Ottostr. 60 i, 8012 Ottobrunn vertreten.

Diese Westen der Fa. Safariland sind bei den Polizeien und SWAT-Teams von Los Angeles im Gebrauch. Safariland und Second Chance wird in der Bundesrepublik u. a. von ICA vertrieben.

185

Kevlar bietet die Möglichkeit, das schützende Westenmaterial flexibel in Kleidungsstücke einzunähen. Hier ein entsprechendes Beispiel, eine gefütterte Jeansjacke von Armour of America, die rundum, auch im Seitenbereich, Schutz der Klasse I bietet.

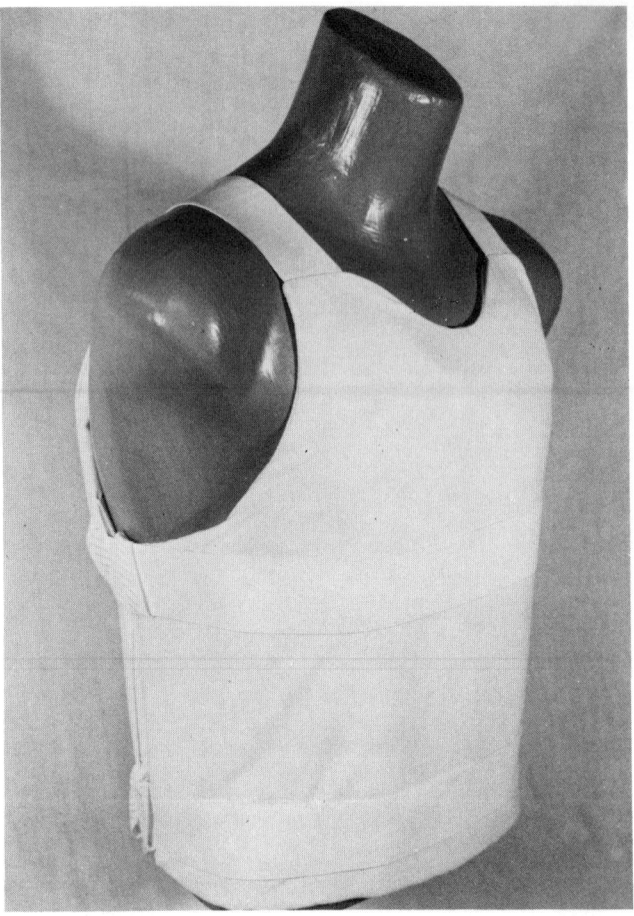

Die Y-Maximum Concealable von Second Chance hat Vorder-, Rücken- und Seitenschutz bis zur 9 mm VM aus der Pistole abgeschossen und wiegt 1,7 kg – hat aber durch die rundherum geschlossene Form den Nachteil, sehr wärmestauend zu wirken.

deutschen Polizeiwesen benutzten Westen sind schwere Brust- und Rückenpanzer, die erst im Einsatzfall angelegt werden und den Mann eher zuviel als zuwenig schützen. Gleichzeitig aber

Während sich Vollmantelgeschosse kaum verformen, zeigen diese Bleiprojektile, rechts drei .38 Spl. ›Scorpion Hydra-Shok‹, links eine .45 ACP TM-HP, extreme Verformungen und das Muster des Kevlar-Gewebes.

verwandeln sie den Träger in eine ungelenke Röhre auf zwei Beinen, die dank Kopfschutz und ähnlichen Zusatzpanzern noch einen eingeschränkten Gesichtskreis besitzen. Bei einer SEK-Übung mit neu gelieferten Westen des Platten-Typs stellte sich sehr schnell heraus, daß die Beamten bei ihrem Einsatz in einem Treppenhaus sich nicht nur gegenseitig den Weg versperrten, sondern auch die Hände für den beidhändigen Anschlag nicht mehr zusammenbringen konnten. Resultat: Im Verlauf der Übung wurden immer mehr und mehr Westen abgelegt.

Die Behörde geht dabei von dem Wunsch aus, ihre Beamten gegen jede nur mögliche Gefährdung zu schützen, sei es durch einen Feuerstoß aus der MPi im Kopfbereich, den der Helm aushalten soll, sei es durch ungünstige Abpraller von der Weste oder durch das viel gefürchtete ›Blunt-Trauma‹, jene stumpfförmige Energieabgabe des gebremsten Geschosses durch die einge-

beulte Weste. Außerdem muß die Weste gegen Feuchtigkeit so geschützt sein, daß sie – ohne ihre Schutzeigenschaft zu verlieren – stundenlang im Wasser eingetaucht bleiben kann. Hinter all diesen Vorbehalten und Vorsichtsmaßnahmen steckt nicht nur reine Fürsorge der Behörde, sondern auch die Angst, irgendein Beamter könnte trotz Weste verletzt oder getötet werden und der Dienstherr sähe sich dann der Regreßforderung des Geschädigten gegenüber. Damit aber manövriert man sich in eine Sackgasse, in der der Durchschnittsbeamte des Streifen- und Fahndungsdienstes noch bis zum Sankt-Nimmerleinstag auf eine brauchbare Schutzweste warten kann. Was bleibt, sind die schweren ›Sabberlätze‹ und Brustpanzer, die ›auf Kammer‹ Schimmel ansetzen und außer bei den Spezialeinheiten nie zum Einsatz angelegt werden.

Zwischenzeitlich aber haben sich nicht wenige Polizisten und auch Zivilisten amerikanische Leichtschutzwesten aus

Kevlar-Gewebe privat beschafft. Die gleiche Entwicklung hat sich auch in den USA vor einigen Jahren vollzogen, wo immer mehr Beamte nicht die Entscheidung des Dienstherrn oder die aufgrund von finanziellen Engpässen verzögerten Westenlieferungen abwarteten und sich selbst ausstatteten. Hunderte von Polizisten haben seitdem Treffer im Torso-Bereich unbeschädigt überstanden – mit Projektilen, die von der .22 l. r. über 9 mm Para VM und .357 Magnum bis zur Schrotflinte reichten. Das Geheimnis hieß ›Leichtschutzweste‹, und alsbald begannen sich Legenden und Märchen um den Kevlar-Stoff zu ranken, aus dem diese Westen geschnidert waren.

Ohne zu tief in die Materie einsteigen zu wollen, ist es an der Zeit, einige Eindrücke zurechtzurücken, die zu diesem Thema entstanden sind:

– Der Grundstoff ›Kevlar‹ wurde bereits 1965 vom Du Pont-Konzern auf der Suche nach neuen, elastischen und widerstandsfähigen Chemiefasern für Stahlgürtelreifen entwickelt. Er ist extrem abriebfest und nicht entzündbar. Die Faser wird, als Gewebe verwoben, in der Industrie zu den verschiedensten Dingen verarbeitet – erst relativ spät erkannte man die Schußfestigkeit des kanariengelben Gewebes. Mit ›ballistischem Nylon‹, das in den Splitterwesten der Vietnam-Ära benutzt wurde, hat Kevlar wenig Ähnlichkeit.

– Je nach Webart und Verbund verschiedener Kevlarschichten miteinander, bzw. auch nach Anzahl der Schichten, ist die Weste widerstandsfähiger und damit schwerer, mehr oder weniger flexibel. Zum sicheren Stoppen eines .38 Spl.-Blei- oder VM-Rundkopfgeschosses reichen bereits sechzehn Kevlarschichten, um aber die 9 mm Para VM aufzuhalten, sind je nach Geschoßgeschwindigkeit (Pistolen- oder MPi-Lauf!) zwischen 21 und 27 Schichten notwendig. Stahlkern oder teflonbeschichtete KTW-Projektile gleiten durch die Maschen des Gewebes hindurch und werden nicht aufgehalten. Auch für die rasanteren, aber schlanken VM-Infanteriegeschosse 7,62 Nato oder .223 genügt eine einfache Kevlar-Weste nicht mehr, hier muß mit starren Platten (zumeist aus Keramikplättchen, die auf Kevlar aufgeklebt wurden) eine Verformung des Geschosses erreicht werden, um es schließlich in der Webschicht der Weste abzufangen. Diese Platten werden zumeist als Einschübe geliefert, um die Weste im Bedarfsfall der Bedrohung anzupassen.

Deutsche SEK-Beamte bei einer Straßensperre: Sowohl der Anhalteposten, wie sein sichernder Kollege sind mit einer Weste der deutschen Firma Val. Mehler, Fulda, ausgerüstet.

– Die amerikanischen Westen der ersten und zweiten Generation bestanden aus 14 bis 21 Schichten Kevlar und entsprachen der in den USA auftretenden Straßenkriminalität, bei dem als Täterwaffen vornehmlich kleinkalibrige (.22 l. r., .32 etc.) Munition bis hin zur .38 Spl. zur Anwendung kamen. Dafür reichten diese dünnen Westen allemal – auch .357 Magnum HP-TM ließen sich damit noch abfangen. Kritisch wurde es nur bei rasanteren Geschossen. Mit der zunehmenden Verbreitung von 9 mm Para-Pistolen in den USA sah man sich auch auf dem Schutzwestensektor gezwungen, aufzurüsten: Mit der Einfuhr europäischer Parabellum-Neufertigungen wie der P 6, der Astra 80 oder der Beretta 92 S wird auch verstärkt europäische 9 mm-Munition in den Vereinigten Staaten verkauft, die etwas stärker als die amerikanische Munition geladen ist. Die amerikanischen Sicherheitsdienste und Polizeien sahen sich sehr bald gezwungen, Westen mit über 20 Kevlar-Schichten und einem Gewicht von drei bis vier Pfund anstelle der leichteren Modelle einzuführen. Mehr Schichten Kevlar, eine engere Verbindung der einzelnen Teile machten die Weste zwar schwerer, weniger flexibler und heißer, aber auch widerstandsfähiger: Der Verfasser hat eine für europäische Munitionsverhältnisse zugeschnit-

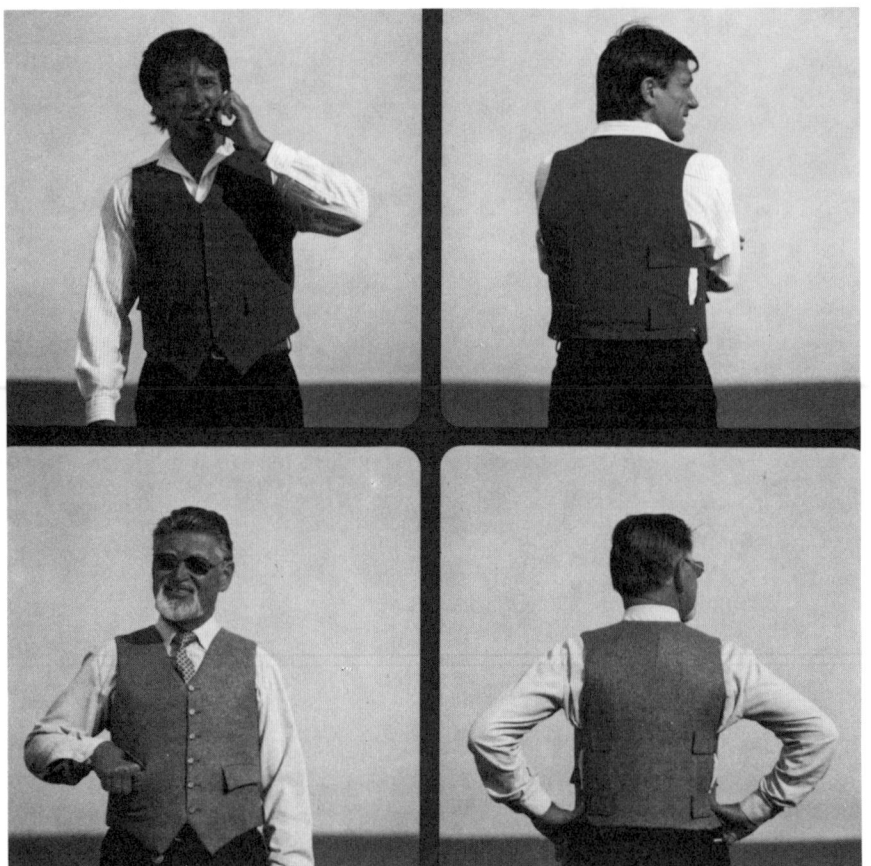

Auch deutsche Firmen können brauchbare Westen fertigen: Val. Mehler in Fulda liefert die verschiedensten Arten von Kevlar- und Keramik-Schutzwesten, so auch dieses Modell ›VIP‹, das als Weste zum Anzug getragen wird.

tene Armour-of-America-Weste aus anderthalb Meter Entfernung mit 9 mm Geco aus der MPi 5 beschossen und keine Durchschläge erreicht. Es ist also durchaus möglich, Kevlar-Westen zum Schutz gegen herkömmliche 9 mm Parabellum VM-Geschosse herzustellen – und sie sind auf dem Markt erhältlich: Second Chance Z-9, Armour of America ›Armour Hide + P‹ und ›Super Armour Hide‹ entsprechen diesen Anforderungen.
– Gerade auf dem Schutzwestensektor sind einige ›Haie‹ am Werk, deren Produkte und deren Form des Vertriebes wenig vertrauenserweckend sind. Das

ursprüngliche Ziel, keine Westen in Ganovenhand gelangen zu lassen, ist schon längst passé. Bekanntlich ist diese ›Gegenseite‹ unbürokratischer als die Behörde und von daher lange vor den Beamten des Gesetzes mit modernster Ausrüstung versehen. So fand man bei der Verhaftung von Mohnhaupt und Schulz im Herbst 1982 nicht nur zwei Schutzwesten ›Second Chance‹ in einem Depot, sondern auch KTW-Patronen in den .45 Gold Cup-Pistolen, die beide Terroristinnen ›cocked and locked‹ mit sich trugen. Bei einer Schießerei im Herbst 1981 im Staat New York hatten sich allerdings einige Mitglieder einer

derartigen Terrorgruppe vertan: Ihre Second Chance-Leichtschutzwesten hätten zwar zur Abwehr von .38 Spl.-Patronen gereicht, aber die Bundesbeamten, mit denen die Bande in ein Feuergefecht geriet, führten bereits 9 mm Para und .357 Magnum-Waffen.
– Die Testverfahren der physikalisch-technischen Untersuchungsanstalten, wie sie im Pflichtenkatalog der ›Klimbim‹ festgelegt sind, schießen zwar mit ihren Anforderungen weit über das Ziel hinaus, bieten aber Gewähr, daß nur beste Ware an den Mann kommt.
Die beste Weste nützt nichts, wenn sie nicht getragen wird. Die schweren Schutzwesten herkömmlicher Art haben leider den Nachteil, daß man sie in den Momenten und Einsatzarten, wo man durch eine Gewaltandrohung überrascht wird, nicht trägt. Der wirklich lebensrettende Faktor der Schutzweste aber kommt zumeist dann zum Tragen, wenn der Angreifer überhaupt nicht sieht, daß sein Opfer mit einer Leichtschutzweste unter der Kleidung ausgestattet ist. Für den täglichen Einsatz im Streifendienst, in der Verbrechensbekämpfung oder beim Schutz gefährdeter Personen müssen Tarn- und Unterziehwesten den Vorrang haben vor Schutzpanzern, die vor allem und jedem schützen. Viele der Polizisten, die 1982 bei ihren Einsätzen erschossen oder schwer verletzt wurden, könnten heute noch leben, wären sie mit handelsüblichen Leichtschutzwesten ausgerüstet gewesen. Es kann ohne Übertreibung gesagt werden, daß über 90% aller Schußwaffenzwischenfälle nur im Bereich der I. Schutzkategorie liegen; auf einen wesentlich höheren Wert kommt man, zählt man die Angriffe mit scharfen oder spitzen Gegenständen hinzu, vor denen selbst die einfachste Kevlar-Weste Schutz bietet.
Die Weste bietet keinen Ersatz für Eigensicherungsmaßnahmen, sie macht ihren Träger nicht unverwundbar – aber sie bietet zusätzliche Chancen, eine plötzlich auftauchende gewaltsame Konfrontation mit einem ›blauen Auge‹ zu überstehen.

Fußgänger niedergeschossen

Würzburg (AP). Bei einer Verfolgungsjagd in Kist im Landkreis Würzburg hat ein Polizeibeamter versehentlich einen Fußgänger niedergeschossen. Nach Angaben der Polizei wollte der Beamte den flüchtenden Fahrer eines Personenwagens mit einem Warnschuß stoppen. Beim Durchladen der Pistole habe sich ein Schuß gelöst, der den Fußgänger ins Gesäß getroffen habe. Der Fahrer des verfolgten Fahrzeugs sei später gestellt worden.

24/11/82

Polizist dreht auf Einbrecherjagd durch

Todesschuß in Schöneberg

Am Montagmorgen gegen 3.25 Uhr fällt in einem Schöneberger Hinterhof ein Schuß. Ein unbewaffneter 18-Jähriger, in den Rücken getroffen, stirbt kurze Zeit später am Ort. Warum ihn ein 26-jähriger Polizeiobermeister erschossen hat, bleibt im Wesentlichen bis zum Abend ungeklärt. Anwohner hatten über Telephon die Polizei alarmiert, weil sie aus dem das angeblich eingebrochen wurde. Rechts der Durchfer Todesschütze kam, links die Ecke mit der Mauer, wo uß erfolgte praktisch aus nächster Nähe.

Im Haus Mansteinstraße 3 befindet sich im Vorderhaus ein kleiner Trödelladen. der vor allem gebrauchte Kleidung ver... Fenster an der Rückfront des Ge...

Hinterhof der Mansteinstraße 3 Geräusche zu hören glaubten, die auf einen Einbruch schließen ließen. Kurz nachdem zwei Funkstreifenwagen mit vier Mann Besatzung eingetroffen waren, fiel der tödliche Schuß.

Foto: Peter Hebler

Mansteinstraße, auf dem der tödliche Schuß fiel: in der ...

Todesschütze beruft sich auf "Notwehr"

Eine maßgeschneiderte Aussage

Gestern wurde der 26-jährige Polizeiobermeister, der am Montagmorgen einen jungen Mann in Schöneberg erschossen hatte, von der Staatsanwaltschaft vernommen. Im Beisein seines Anwalts lieferte er eine Tatversion, die ihn von jeglicher strafrechtlicher Verantwortung für den Tod des 18-jährigen entlasten soll, mit den Fakten und Zeugenberichten aber nur schwer in Einklang zu bringen ist.

Daß der Polizist objektiv nicht hätte schießen dürfen, stand schon kurze Zeit nach dem Tod des als Einbrecher verdächtigten jungen Mannes fest. Deswegen berief sich der Schütze gestern auch auf einen Irrtum und eine "Notwehrsituation" (die berüchtigte "putative", also fälschlich angenommene Notwehr). Nachdem er den jungen Mann aufgefordert habe, stehenzubleiben, habe er in dessen Hand "etwas bemerkt", das er für eine gegen ihn gerichtete Waffe gehalten habe. Daraufhin habe er ungezielt geschossen. Der Erschossene war nach dieser Aussage 2 bis 3 Meter vom Schützen entfernt. In der ersten Stellungnahme der Polizei war von einer Bedrohung durch die eingebildete Waffe (denn tatsächlich hatte nur der Polizist eine) noch nicht die

Rede, danach hatte der Todesschütze nur erzählt, er habe einen Flüchtenden mit dem Schuß aufhalten wollen. Eine derartige Darstellung hätte ihn aber nicht vor der Verurteilung bewahrt, da er - wie gestern schon berichtet - auch einen unbewaffneten flüchtenden Einbrecher nicht niederschießen darf.

Offiziell war gestern noch immer nicht das Ergebnis der angeordneten Obduktion bekannt. Nach unseren Informationen starb der 18-jährige Andreas P. an einem Steckschuß in den Rücken, der innere Blutungen auslöste.

len keine Anzeige wegen Einbruchs stellen und angesichts der Umstände auch nicht die geringfügigen Glasschäden, die entstanden, zur Anzeige bringen. Sie erhoffen sich davon eine rückhaltlose Aufklärung des Vorgangs. Ihrer Meinung nach könnte ein Verzicht auf eine strafrechtliche Verfolgung dieser "Bagatelle" den Weg ebnen für eine Aussage aller denkbaren Tatzeugen der Tötung des jungen Mannes.

Die Polizei teilte auf Anfrage mit, der Todesschütze werde weiterhin im Dienst bleiben. Man sehe keinen Grund, ihn zu beurlauben oder zu suspendieren, solange die staatsanwaltschaftlichen Ermittlungen sich nicht weiter vorangekommen seien.

Hinterhältig

Ein Funkstreifenwagen der Polizei wurde in der Nacht zum Sonnabend in der Yorckstraße in Schöneberg beworfen, die jedoch vor dem Auto auf der Straße zerplatzten und ausbrannten. Die Polizei wurde zu einer Schlägerei alarmiert worden und plötzlich von Unbekannten aus der Höhe der nahe gelegenen S-Bahnbrücke beworfen worden. Die Durchsuchung des stillgelegten S-Bahngeländes nach den Tätern blieb erfolglos.

dpa

SEITE 4 – MITTWOCH, 12. MAI 1982

Polizisten mit Pistole bedroht

Mit seiner eigenen Pistole wurde in der Nacht zu gestern ein Polizeibeamter von der 19-jährigen Angela C. aus Itzehoe auf dem Gelände der besetzten Brauerei in der Königstraße in Zehlendorf bedroht. Bei einem Handgemenge mit der Frau war der Beamte gestürzt. In diesem Moment entriß Angela C. dem Polizisten die Waffe. Erst als der zweite Beamte seine Waffe zog und auf die Frau richtete, gab sie die Waffe zurück. Die festgenommene Frau wurde gestern von einem Vernehmungsrichter wieder auf freien Fuß gesetzt. Die Polizei war wegen ruhestörenden Lärms im Nachbarn der besetzten Brauerei alarmiert.

24/5/81

Zwei Verletzte durch einen Schuß

Nürnberg (AP). Mit nur einem Schuß aus seiner Dienstpistole hat am Sonnabend ein Polizeibeamter in Nürnberg zwei Menschen niedergestreckt und beide schwer verletzt. Nach Mitteilung der Polizei hatte ein 45-jähriger Gastwirt in seinem Lokal einen anderen Polizisten mit einem Messer angegriffen. Um seinen Kollegen zu schützen, habe der erste Beamte geschossen. Die Kugel habe jedoch nicht nur den Wirt, sondern zuvor noch eine 29-jährige Kellnerin getroffen, die sich im Augenblick des Schusses dazwischengeworfen habe.

Schießerei zwischen Polizisten und Einbrechern in Landshut

Landshut (AP). Bei einer Schießerei zwischen Polizisten und Einbrechern ist in einem Gasthaus in Landshut/Niederbayern ein Mann von den Beamten niedergeschossen und schwer verletzt worden. In dem Lokal waren nach einer Serie von Einbrüchen zwei Polizisten zur Observierung eingesetzt worden. Als zwei Einbrecher in die Gaststätte eindrangen, wurden sie von den Polizisten angerufen. Die Täter eröffneten sofort das Feuer, das von den Polizisten erwidert wurde. Einer der Einbrecher wurde schwer verletzt, der zweite entkam.

23/11/82

Der Ex-Chef der GSG 9 soll morgen als Gutachter sagen, daß die Toten ihr Schicksal selbst heraufbeschworen hatten

Mit einem Schuß zwei Polizisten getötet

Von WILHELM HELLMUTH

Hagen

Auf der Anklagebank im Schwurgerichtssaal des Landgerichts im westfälischen Hagen nahm diese Woche ein Student mit Vollbart und randloser Brille Platz. Michael Hahnke zuckt alle 38 Sekunden mit den Mundwinkeln und verkrampft in noch kürzeren Abständen sein Gesicht zu einer entstellten Maske. Er ist überdurchschnittlich intelligent, 27 Jahre alt und sexuell unberührt. „Ich habe noch nie ein Mädchen in den Arm genommen; ich kenne nicht einmal Petting", sagte er zu einem Gutachter.

Oberstaatsanwalt Wolfram Selzer nennt seinen Angeklagten eine tragische Figur und die ihm zur Last gelegte Tat ein tragisches Unglück. Trotzdem stellte er ihn unter die schwerstmögliche Anklage: Doppelmord - begangen an zwei Polizisten.

Michael Hahnke ist der Sohn eines Ingenieurs und dessen Ehefrau aus Iserlohn. Er wurde verwöhnt und verprügelt. Wenn er beim Abschreiben eines Aufsatzes Fehler machte, ohrfeigte ihn die Mutter. Oder der Vater schlug ihn mit einem Elektrokabel.

Michael Hahnke schaffte das Abitur und studierte dann an der Ruhr-Universität in Bochum Elektrotechnik. Doch lieber beschäftigte er sich mit Amateurfunk und mit Waffen. Er kaufte sich zwei Karabiner und zwei Pistolen aus dem Zweiten Weltkrieg und die dazugehörige Munition. Die Waffen waren gemeldet.

Die Mutter quälte ihren Sohn mit Fürsorge. Der 18jährige mußte um 20 Uhr zu Hause sein. Und kam er um diese Zeit heim und wollte seinen Vater umarmen, so ließ ihn dieser zurück mit der Bemerkung: „Das tut ein Mann nicht."

Michael Hahnke zog in ein Studentenheim. Wenn er abends ausging, mußte er seiner Mutter die Telefonnummer der Leute geben, bei denen er zu Gast war. Sie kontrollierte dann, ob ihr Sohn die Wahrheit über seinen Verbleib gesagt hat.

Die Hahnkes bauten ein Haus in Iserlohn. Die daraus resultierende Geldknappheit zerrüttete ohnehin die schwierige Ehe der Hahnkes völlig. Der Ehemann schlug und würgte seine Frau. Michael hielt zu seiner Mutter. Sein Vater nannte ihn eine Memme, einen Feigling. Zweimal mußten die Hahnkes die Polizei rufen, weil sie ihren Streit nicht mehr allein schlichten konnten.

Der Student, der seine Waffen und Munition in seinem Zimmer aufbewahrt hatte, entnahm dem Karabiner das Schloß und brachte sie in den Keller, die Gewehre auf den Dachboden. So wollte er sich davor schützen, daß „hier unbeaufsichtigt einmal ein Blutbad angerichtet wird".

Am 4. September 1981 bastelte Student Hahnke an einem alten Radio herum und ging dann in eine Diskothek. Mit rund 2,03 Promille Alkohol im Blut dachte er über seine familiäre Situation nach, an die Schläge, seine Mutter umzog ihn, an die Zurückweisung durch seinen Vater hielt. In dieser Gemütsverfassung kehrte er ins elterliche Haus in Iserlohn zurück, um vier Uhr morgens. Er ging auf den Dachboden und in den Keller und baute dann auf der Treppe seinen polnischen Karabiner „Radom" zusammen. Er belud ihn mit fünf Büchsenpatronen, Vollmantelgeschosse, die für militärische Zwecke hergestellt worden waren. 16 Patronen steckte er sich in die Hosentasche.

Sein Vater wurde von den nächtlichen Schritten wach. Er kam aus seinem Zimmer und herrschte seinen Sohn an: „Kann man denn hier nie Ruhe haben." Der Sohn antwortete: „Du wirst gleich Ruhe haben."

Von diesem Streitgespräch wurde Frau Hahnke wach. Sie kam aus ihrem Zimmer und fragte ihren Sohn: „Um Gottes willen, was ist denn hier los." Der Sohn antwortete: „Der Alte hat mich wieder fertiggemacht. Er hat mir nicht mehr gefallen." Frau Hahnke sah, wie ihr Sohn den Karabiner in die Hand nahm. Sie rief ihrem Mann zu: „Willi lauf weg." Herr Hahnke rannte aus dem Haus und telefonierte nach der Polizei. Er sagte: „Mein Sohn bedroht mich mit der Waffe." Einsatzbefehl erhielten über Funk der Polizeiobermeister

Manfred Waßer und sein Kollege Polizeihauptwachtmeister Michael Banzke. Beide Beamten waren, wie später festgestellt wurde, leicht angetrunken; Branzke hatte 1,2 Promille Alkohol im Blut. Der Blutalkohol von Waßer konnte nicht mehr genau ermittelt werden.

Die beiden Polizisten fuhren zum Haus der Hahnkes. Frau Hahnke öffnete. Waßer zog sofort seine Pistole und hielt sie Frau Hahnke vors Gesicht. Dann sagte er: „Wo ist der Randalierer."

Der Randalierer saß in der Küche, aß Käsebrote und hatte den Karabiner in der Hand. Hauptwachtmeister Branzke eilte darum wortlos auf die Küchentür zu, deren obere Hälfte mit einem bunten Glas versetzt war. Sein Kollege Waßer ging einen Schritt hinter ihm. Student Michael Hahnke bemerkte den Schatten vor der Tür. Er glaubte, der Vater sei zurückgekommen. Er schoß ins Glas. Beide Polizisten fielen tot um. Eine einzige Kugel hatte zuerst das Herz von Branzke und dann das Herz von Waßer durchbohrt.

Schon in den ersten Tagen der Beweisaufnahme zeichnete sich ab, daß die Mordanklage gegen Michael Hahnke in der Hauptverhandlung kaum gehalten werden kann; zwei Gutachter haben dem Angeklagten erheblich verminderte Schuldfähigkeit zugebilligt; Landesmedizinaldirektor Dr. med. K.-S. Wiedenfeld und der Auffassung, daß die „Fürsorge" der Mutter und das Fehlverhalten des Vaters den tragischen Konflikt vorprogrammiert hätten. Zur Tatzeit hätte er zwar das Unrechtmäßige seines Vorhabens einsehen können. Sein freier Wille sei aber durch Erregung, Vaterhaß und Alkohol beeinträchtigt gewesen.

Die Verteidigung, Rechtsanwalt Rolf Bossi aus München und Dr. Günther Reinisch aus Hagen, wollen das Gericht obendrein davon überzeugen, daß die beiden Polizisten durch unüberlegtes Vorgehen ihr tödliches Schicksal selbst heraufbeschworen hätten. Der ehemalige Leiter der Spezialtruppe GSG 9 Ulrich K. Wegener wird morgen auf Antrag der Verteidigung als Gutachter gehört. In dem Antrag heißt es: „Die getöteten Beamten hatten bei ihrem Vorgehen die primitivsten polizeitaktischen Erwägungen außer acht gelassen."

Ein Namensvetter des Helden von Mogadischu, der Psychologie-Professor Dr. med. Hermann Wegener von der Universität Kiel, hat den Angeklagten in dem Verfahren nach seinem schönsten Lebenserlebnis befragt. Er antwortete: „Weihnachten 76 war die Familie wieder heillos zerstritten. Am Heiligen Abend kam ich nach Hause und ganz überraschend hatte jeder zwei Geschenke für die anderen beiden. Wir haben die Geschenke ausgetauscht, uns zusammengesetzt und uns wie Fremde unterhalten, ohne Feindseligkeit, einfach gemütlich. Das ist die schönste Erinnerung an mein Leben."

Kommende Woche wird das Urteil über Michael Hahnke gefällt.

13/10/79

Schußwechsel vor der Festnahme

33jähriger widersetzte sich der Polizei in Kreuzberg mit Waffengewalt

Mit einem Aufgebot von 50 Polizeibeamten und erst nach Abgabe von 17 Schüssen wurde gestern vormittag in der Kreuzberger Forster Straße ein 33jähriger Mann überwältigt, der auf Grund eines vorliegenden Haftbefehls wegen Widerstandes festgenommen werden sollte. Dabei erlitt der später Festgenommene einen Oberschenkeldurchschuß.

Nach Mitteilung der Schußwaffenkommission der Polizei hatten zwei Beamte einer Zivilstreife gestern gegen 9 Uhr 45 den Auftrag, gegen den 33jährigen in seiner Wohnung im Hochparterre in der Forster Straße 49 in Kreuzberg den vorliegenden Haftbefehl zu vollstrecken. Als die Beamten an der Wohnungstür klingelten, öffnete der Gesuchte zunächst, schlug die Tür aber wieder zu, als sie sich als Kriminalpolizisten auswiesen. Die Zivilstreife forderte daraufhin Verstärkung an.

Dann kletterte einer der Beamten von der Straße aus durch ein offenes Fenster in die Wohnung, fand aber die Zimmertür verschlossen. Er kehrte wieder zurück und klingelte erneut an der Wohnungstür. Schließlich wurde die Tür gewaltsam geöffnet. Plötzlich sprang der Gesuchte hervor und drückte aus 1,50 Meter Entfernung mit einer Gaswaffe zweimal in Richtung der Beamten ab. Beim zweiten Mal löste sich ein Schuß und verletzte einen der Männer leicht im Gesicht. Die beiden Polizisten gingen im Treppenhaus in Deckung.

Der Gesuchte feuerte nach Angaben der Polizei weitere Schüsse ab. Die Polizisten gaben dann nach mehrfacher Aufforderung, sich zu ergeben, zwei Warnschüsse ab. Schließlich schossen sie in Richtung der Beine ihres Gegners.

Auf der Straße waren inzwischen weitere Polizeibeamte in Stellung gegangen und hatten Tränengaswurfkörper in die Wohnung geworfen. Der Wohnungsinhaber tauchte danach auf dem Fenstersims auf. In der einen Hand hielt er ein 1,20 Meter langes Schwert, in der anderen eine Schußwaffe. Mit dieser schoß er gezielt in Richtung der Polizisten. Diese erwiderten das Feuer. Insgesamt wurden 17 Schüsse abgefeuert. Der Gesuchte glitt mit einem Oberschenkeldurchschuß von dem Fenstersims auf die Straße und wurde gefaßt. Er hatte drei nicht waffen- und erwerbsscheinpflichtige Waffen bei sich sowie zwei Stilette.

Ein Farbiger starb nach Schuß aus der Pistole

Polizeibeamter schoß auf Angreifer

LF. — Ein unbekannter, etwa 19 Jahre alter Farbiger ist in der Nacht zum Dienstag von einem Angehörigen der Mordkommission der Frankfurter Kriminalpolizei am Karlsplatz nahe dem „Drive Inn" erschossen worden. Der bis Dienstagabend noch nicht identifizierte Mann hatte einen 29jährigen aus Gambia mit dem Messer in der Hand verfolgt, der vor ihm flüchten wollte. In dem Augenblick erschien — nach Darstellung der Staatsanwaltschaft — die Doppelstreife der Kripo und rief dem Unbekannten in deutscher und englischer Sprache zu: „Deutsche Polizei, stehenbleiben."

Der Farbige soll sich blitzschnell umgedreht und gegen eine Beamten einen „stechenden Schlag" geführt haben. Die Antwort waren zwei Kugeln vom Kaliber neun Millimeter, von denen eine nach dem Obduktionsbefund tödlich wär. Der Afrikaner starb um 2.40 Uhr in einer Klinik.

„Wir gehen nach dem Obduktionsergebnis und den bisherigen Ermittlungen von Notwehr aus", erklärte Oberstaatsanwalt Reinhard Rochus, Pressesprecher der Staatsanwaltschaft. Er räumte ein, daß die Vorgänge noch im dunkeln liegen, insbesondere was die vorausgegangenen Auseinandersetzungen zwischen dem Mann aus Gambia und dem unbekannten Verfolger betrifft. Zwischen den beiden Farbigen war es schon um 0.30 Uhr zu einem Streit gekommen, den die Besatzung eines Funkstreifenwagens zunächst geschlichtet hatte.

Nach der Abfahrt der Streife kam es erneut zu tätlichen Auseinandersetzungen, in deren Verlauf der Unbekannte ein Messer zückte und auf den Gambianer einzustechen versuchte. Als der Verfolger den Gambianer erreicht hatte und nun erneut versuchte, auf ihn einzustechen, erschien die Kripo-Streife auf der Bildfläche.

Der eine Schuß war in den rechten Unterarm gegangen und am Ellenbogen wieder ausgetreten. Dies lasse nach Ansicht der Gerichtsmediziner den Schluß zu, daß der Unbekannte die Arme nicht hochgenommen hatte, um sich zu ergeben, sagte der Oberstaatsanwalt. Der andere Schuß ging von der linken Brustpartie über die Brusthöhle ins ...chfell. Die Kugel drang in die

[redacted]

... etwa kein Mord?

24/11/82 "taz"

Am Montagmorgen machte ich mich auf, um einen polizeilichen Todesschuß nachzuprüfen. In Berlin-Schöneberg starb ein 18Jähriger. Nach Gesprächen mit Augenzeugen, nach den nichtssagenden offiziellen Stellungnahmen fand ich mich schockiert über diesen Tod und die amtlichen Reaktionen darauf, vor der Schreibmaschine wieder.

Es gibt nach solchen Schüssen schuldige, verantwortliche Schützen, auch wenn sie hinterher von Gericht freigesprochen werden. Dennoch habe ich mich in einer kurzen Diskussion mit einer Redakteurin geweigert, dafür den Begriff „Mord" zu verwenden. Mördern unterstelle ich den Willen diese Tötungsabsicht habe.

Dem Schützen in Schöneberg kann ich dies nicht einmal unterstellen. Ich weiß nur, daß er mit einer tödlichen Waffe nicht umgehen kann oder sollte.

Für mich ist die Tatsache, daß in der taz der Bericht hinter meinem Rücken dann doch als „Polizeimord" angekündigt wurde, Ausdruck der Unfähigkeit mancher Leute, differenzierte, um Präzision bemühte Berichterstattung auch nur zu ertragen. In der deutschen Sprache gibt es glücklicherweise abgestufte Begriffe für das Maß an Verantwortung und Schuld eines Menschen, der tötete - auch ein Polizist hat ein Recht darauf. Wenn die Medien ihn durch

15/6/82

Kriminalbeamter im Dienstauto erschossen

Siegen (dpa). Auf der Fahrt zum Polizeirevier hat ein nach einem Überfall festgenommener Mann im nordrhein-westfälischen Siegen den 37jährigen Kriminalhauptmeister Albert Weber aus Dillenburg/Hessen erschossen.

Der vorbestrafte 28jährige Edgar Triesch hatte am Morgen eine Frau um 2000 DM beraubt. Wenige Stunden später hatten zwei Kriminalbeamte ihn festgenommen, um das Kennzeichen des zur Flucht benutzten Motorrads zu überprüfen. Die beiden Beamten hatten ihn durchsucht und dabei ein Pistolenmagazin, aber keine Waffe gefunden. Sie fesselten ihn mit Handschellen und setzten ihn auf den Rücksitz ihres Wagens. Während der Fahrt zur Polizeiwache forderte Triesch die beiden Beamten plötzlich mit vorgehaltener Pistole auf, den Kurs zu ändern und ihre Waffen abzugeben. Dann fielen in dem Wagen drei Schüsse. Schwer getroffen sprang Weber noch aus dem Wagen, brach dann aber tot auf der Straße zusammen. Triesch erlitt eine Verletzung am Oberarm. Der zweite Kriminalbeamte, der den Wagen gefahren hatte, konnte wegen eines Schocks noch nicht vernommen werden.

DER TAGESSPIEGEL 29/10/82

Lebenslänglich wegen Mordes an einem Polizisten bei Banküberfall

„Al Capone von der Pfalz" in Darmstadt verurteilt

Darmstadt (dpa). Wegen der Ermordung eines 31jährigen Polizeibeamten und anderer Straftaten ist am Donnerstag in Darmstadt der als „Al Capone von der Pfalz" bekanntgewordene Bernhard Kimmel zu einer lebenslänglichen Freiheitsstrafe verurteilt ...orden. Das Landgericht folgte damit dem ...rafantrag der Anklagevertretung.

Die Staatsanwaltschaft hatte dem 46 Jahre ...lten Angeklagten vorgeworfen, er habe im ...Dezember 1981 bei einem mißglückten Bankeinbruch in Bensheim (Hessen) einen Polizisten erschossen und einen anderen mit einer Handgranate schwer verletzt zu haben. Der 26jährige Beamte ist heute querschnittgelähmt. Die 26jährige Freundin des ehemaligen Bandenchefs und sein 40jähriger Komplize erhielten Freiheitsstrafen von zehn Monaten und drei Jahren Haft wegen versuchten Diebstahls. Sie sollen Kimmel bei dem von der Polizei vereitelten Bankeinbruch geholfen haben.

Das Gericht kam entgegen den Beteuerun... Kimmels zu dem Schluß, daß der Angeklagte gezielt auf den Polizisten geschossen habe. Kimmels Anwalt hatte den tödlichen Schuß dagegen als „bedauerlichen Zufall" gewertet. Kimmel sei wohl ein Verbrecher, aber kein Mörder. Er habe vor dem tödlichen Schuß dreimal über den Kopf des Beamten hinweggeschossen. Während der Urteilsbegründung brach Kimmel in Tränen aus und klammerte sich hilfesuchend an seinen Anwalt.

Der in der Schweiz geborene und in Lambrecht in der Pfalz aufgewachsene Kimmel hatte in den 50er Jahren mit einer Serie von rund 100 Einbrüchen, Raubüberfällen und Brandstiftungen für Schlagzeilen gesorgt. In dieser Zeit bekam er den Beinamen „Al Capone von der Pfalz". Wie er selbst sagte, besaß er schon „von Kindesbeinen an Waffen". Er habe aber „nicht töten" wollen, sondern habe sich als „edler Räuber" nach Schinderhann... Art gefühlt. In den Jahren 1962/63 war... mel zu insgesamt 14 Jahren Haft ... worden. Wegen guter Führung ... doch nur sieben Jahre davon ab...

16/9/82 Berlin

Ruhestörer schoß auf Polizisten

Mit einem Revolver schoß in der Nacht zu gestern ein 35jähriger Mieter in einem Haus in der Tiergartener Stromstraße auf zwei Polizisten. Bei einem anschließenden Handgemenge löste sich ein zweiter Schuß, der ebenfalls niemanden verletzte. Der Mann, der zuvor mehrfach in dem Haus randaliert hatte, konnte schließlich überwältigt und festgenommen werden. Bei ihm wurde eine Blutentnahme angeordnet. (Tsp)

13/11/82

Schuß aus Dienstpistole

Polizist schwebt in Lebensgefahr

GELNHAUSEN. Ein Sondereinsatz in der Nacht zum Freitag, der Einbrechern und Autoknackern in Gelnhausen galt, endete gegen 1.45 Uhr früh für einen 28jährigen Kripo-Beamten mit lebensgefährlichen Bauchverletzungen. Vor der Jugendherberge in Gelnhausen hatte der Polizist einen 42jährigen Autoknacker gestellt. Bei einem Handgemenge löste sich ein Schuß aus der Dienstwaffe des Polizisten, der schwer verletzt zusammenbrach. Der geflüchtete Autoknacker konnte erst eine Stunde nach dem Vorfall aufgegriffen werden.

Der Beamte schwebt auch nach einer mehrstündigen Operation noch in Lebensgefahr. Während der Operation benötigten die Ärzte literweise Spenderblut. Ein Aufruf im Hessischen Rundfunk fand noch in der Nacht eine große Resonanz. Über 30 Polizeibeamte aus ganz Hessen und auch aus Rheinland-Pfalz fanden sich im Krankenhaus ein, um für ihren Kollegen Blut zu spenden.

Die Ermittlungen über den Fall sind noch nicht [illegible]. gsa

Anschlag auf Polizeibeamte

Haart (ddp). Einen Sprengstoffanschlag auf zwei Polizeibeamte beginnen bisher unbekannte Täter in der Nacht zum Sonnabend in Haart im bayerischen Landkreis Weissenburg-Gunzenhausen. Wie die Polizei mitteilte, waren die Beamten telefonisch wegen eines angeblichen Verkehrsunfalls zu einer Landstraße gerufen worden. Dort fanden sie etwas abseits der Straße einen Personenwagen, dessen Motorhaube leicht geöffnet war. Als die zwei Polizisten die Motorhaube ganz öffnen wollten, explodierte ein Sprengkörper. Die Beamten blieben aber unverletzt. Der Wagen wurde leicht beschädigt. 24/5/81

Hessische Polizeischau 4/1980

1979 schoß Hessens Polizei 104mal

1979 hat Hessens Polizei in 104 Fällen geschossen (1978: 69mal). Dabei wurden 51mal gezielte Schüsse zum Töten ausgebrochener, kranker oder verletzter Tiere (beispielsweise nach Verkehrsunfällen) abgegeben, in 23 Fällen galt der polizeiliche Schußwaffengebrauch Kraftfahrzeugen und Kraftfahrzeugreifen. An dritter Stelle in der vom Hessischen Innenministerium geführten Schußwaffengebrauchsübersicht stehen die Warnschüsse, von denen wie im Jahr zuvor 15 abgegeben wurden. In 9 Fällen galten die Schüsse Menschen (1978: 4), einmal wurde ein sogenannter Signalschuß abgegeben. Diese Zahlen zeigen nach Auffassung von Innenminister Ekkehard Gries, daß die hessische Polizei wie schon in den Jahren zuvor sehr große Zurückhaltung beim Einsatz der dienstlichen Schußwaffe übte. Dies werde besonders deutlich bei einem Vergleich mit der Verwendung von Schußwaffen im verbrecherischen Geschehen. 1979 seien nach den polizeilichen Feststellungen in 1165 Fällen bei der Begehung von Straftaten Schußwaffen mitgeführt und 758mal sei von Rechtsbrechern geschossen worden. Gegenüber 1978 habe sich damit bei „Mitgeführt" eine Zunahme um 3,3 % und bei „Geschossen" sogar um 7,8 % ergeben. Das Risiko von Polizeibeamten, bei der Verbrechensbekämpfung einem bewaffneten Straftäter gegenüberzustehen, habe sich also nicht verringert.

Durch den polizeilichen Schußwaffengebrauch wurden in Hessen im vergangenen Jahr 13 Straftäter verletzt. In einem Fall wurde ein unbeteiligter Bürger getroffen. 56 Straftäter konnten festgenommen werden. Während der polizeiliche Schußwaffengebrauch für keinen der Getroffenen tödliche Folgen hatte, verlor ein Polizeibeamter – Polizeiobermeister Harald Klaas, Polizei Offenbach – nach den Schüssen eines Einbrechers sein Leben. In 22 Fällen versuchten Rechtsbrecher, Polizeibeamte zu töten, dabei wurden in 13 Fällen Schuß- oder Stichwaffen verwendet, und in 9 Fällen wurde mit Kraftfahrzeugen, Eisenstangen und Zaunlatten gegen Polizeibeamte vorgegangen. 92mal schoß die Schutz-, 11mal die Kriminalpolizei, einmal ein Zollbeamter.

XI. Die Realität des Schußwaffeneinsatzes

Das Thema ›Combatschießen‹ hängt nicht im luftleeren Raum, es ist keine unbelastete Sportdisziplin. Man muß sich von Zeit zu Zeit zurückerinnern, daß wir es dabei mit einer tödlichen und verhängnisvollen Angelegenheit zu tun haben. Hört man sich auf Schießständen und in Unterrichtsräumen um, fällt auf, wieviel zu diesem Thema von selbsternannten Spezialisten, von Ausbildern und Vorgesetzten ›gekraftmeiert‹ wird. Was dabei zum Thema Schußwaffengebrauch oft zur Sprache gebracht wird, hat selten genug so wenig Bezug zur tatsächlichen Realität wie die oft nebulösen Vorstellungen der angehenden Schußwaffenträger. Selten ist Schußwaffengebrauch ein so klarer, eindeutiger Notwehrfall wie die Lehrbeispiele im Klassenzimmer.

Die geschliffenen, aber doch so wenig eindeutig aussagekräftigen Floskeln von Notwehrparagraphen und Dienstvorschriften sind wenig befriedigend. Im Ernstfall werden sie zum Strick, an dem man den Schuldigen im übertragenen Sinne aufhängt, aber wie wenig sie tatsächlich für die Praxis umsetzbare Anhaltspunkte geben, zeigt sich bei jeder polizeilichen Unterrichtsstunde zu diesem Thema. Der kalte, in den Amtsstuben der Ministerien verfaßte Gesetzestext kann und will nicht in Bezug stehen zur Praxis auf der Straße, er gibt keine Hilfen für den Beamten, der nachts hinter einem Tatverdächtigen her über dunkle Hinterhöfe, durch urinstinkende Treppenhäuser und Abfallhaufen herhasten muß. Der Geschäftsmann, der nach Feierabend aus seinem Laden tritt und in der Nähe seines parkenden Pkw zwei verdächtige Gestalten herumlungern sieht; der Hausbesitzer, der es nachts an seiner Küchentür herumwerkeln hört, der Jäger, der in seiner Jagdhütte einen Einbrecher überrascht – sie alle können sich auch plötzlich als Angeklagte in einem schwerwiegenden Verfahren wiederfinden.

Die Vorstellungen, die man zu Anfang als Schußwaffenträger von einer möglichen Situation hat, in der man von der Waffe Gebrauch machen wird, sind eher idealistischer und heroischer Natur. Man sieht sich als Helfer in der Not, als jemand, der in einer ernsthaften Bedrohung die Situation beherrscht, als Mann, der seinen Mann steht...

Die Wirklichkeit sieht anders aus: Man ist nicht agierendes Subjekt in einer solchen Situation, sondern Objekt, Opfer der Umstände – eine Konfrontation eskaliert, plötzlich sieht man sich angegriffen, man ist vielleicht schon verletzt, der Partner liegt am Boden, wehrlos. Der Einsatz der Schußwaffe soll retten, was noch zu retten ist, soll in einer bereits ausweglosen Situation das Blatt noch wenden. Kein Studium der Notwehrgesetz-Kommentare hat einen auf diese Situation vorbereitet, keine Unterrichtsstunde auf der Polizeischule hat den jetzt passierenden Fall vorausgeahnt, man ist überrascht, handelt nur noch instinktiv aus einem Selbsterhaltungstrieb heraus. Diese Handlung hat nichts Heldenhaftes an sich, sie wird zu einem erbärmlichen, schmutzigen Kampf ums Überleben, in der man nur noch hofft, mit einem blauen Auge davonzukommen.

Oder auf der anderen Seite: Überreaktion, Putativnotwehr? Nach einer wilden Verfolgungsfahrt stellt eine Funkstreife einen Autofahrer, der aus einer Fahrzeugkontrolle geflüchtet ist. Der Beamte steht mit gezogener Pistole auf der Fahrerseite und fordert den Verdächtigen auf, den Motor abzustellen, die Tür zu öffnen und auszusteigen. Nichts von alledem geschieht. Der Fahrer greift in die Tasche, unter den Sitz – der Beamte denkt, gleich kommt der mit der Knarre hoch! Schießt. Kopfschuß, tot! Nach mehreren Einbrüchen in einem gutsituierten Wohnviertel schläft ein Privatmann nur noch mit der Pistole neben dem Bett. Als er mitten in der Nacht durch Geräusche an der Wohnungstür geweckt wird, schießt er ohne zu zögern durch die geschlossene Zimmertür – und trifft seine Tochter, die zu spät von der Disco nach Hause kam. Wie ein Allgemeinplatz klingt da der

Spruch des Ausbilders: »Die Kugel, die einmal aus dem Lauf, hält keine Kraft der Erde auf!«

Eine bessere Ausbildung, eine verstärkte Schwerpunktlage auf dem Gebiet der Eigensicherung, der ›Straßenpsychologie‹, ein frühzeitiges Erkennen der Warnsignale können Fehlentscheidungen und falsche Handlungsweisen verhindern – aber sie sind keine Garantie gegen eine unglückliche Verkettung von Umständen. Das Führen einer Schußwaffe ist mit der Übernahme von Verantwortung verbunden, ihr Gebrauch wird immer zu Konsequenzen führen, die im besten Falle nur als ›unangenehm‹ eingestuft werden können. Ob amtlicher oder privater Schußwaffenträger, selbst im Fall eines notwehrbedingten und berechtigten Einsatz wird der Schütze sich nach dem Vorfall im Zentrum polizeilicher und juristischer Ermittlungen wiederfinden. Zusätzlich muß er damit rechnen, ›Schlagzeilen zu machen‹. Für die Berichterstattung mancher Zeitungen und Zeitschriften sind Vorkommnisse mit ›schießwütigen Polizisten‹ oder ›Waffennarren‹ ein gefundenes Fressen. Dabei kann der Betroffene noch froh sein, wenn er nicht mit vollem Namen genannt wird. Sich über falsche oder entstellende Berichte aufzuregen, ist angesichts der z. Z. herrschenden meinungspolitischen Machenschaften müßig. Wird ein Polizeibeamter im Dienst verletzt oder getötet, so wird das von verschiedenen ›Journalisten‹ (deren einzige Begegnung mit der Gefahr die alljährliche Presse-Freifahrt auf der Oktoberfest-Achterbahn ist) mit einem Vierspalter auf Seite 7 abgetan, hat aber ein Beamter jemanden unter nicht sofort eindeutigen Umständen angeschossen, so wird oft zum großen Halali geblasen, von ›Todesstrafe durch die Hintertür‹, ›Todesschuß‹ und ›Polizeimord‹ geschrieben. Als im November 1982 ein 26jähriger Obermeister auf einem Berliner Hinterhof einen flüchtenden Einsteigedieb an einer Mauer stellte und ihn in einer vermeintlichen oder tatsächlichen Notwehrsituation erschoß, war das für einige Presseorgane und die ›Alternative Liste‹ im Senat der Startschuß für eine schamlose Kampagne, in der der Tote als Propagandamittel gegen die Polizei, den Innensenator und den Staat schlechthin genommen wurde. Noch bevor überhaupt die Einzelheiten bekannt waren, noch bevor die Ermittlungen der Staatsanwalt abgeschlossen waren, war der Schütze für diese Kreise schuldig gesprochen. Die linksradikale ›Tageszeitung‹ sprach von ›Polizeimord‹.

Nichts bereitet den Schußwaffenträger auf das traumatische Erlebnis des Schußwaffengebrauchs gegen einen Menschen vor. Keine Dienstvorschrift, kein Gesetz sieht die Nachsorge vor, die man auch dem Schützen zuteil werden lassen muß. Die Legitimierung des Schusses durch die Notwehrsituation deckt nicht die nagenden Selbstzweifel ab, bei denen man sich fragt, ob es wirklich notwendig, ob es nicht doch irgendwie vermeidbar war. Die nachfolgenden Ermittlungen und Verhöre, die Presseberichterstattung, die neugierigen Fragen und kraftmeierischen Kommentare ›gutmeinender‹ Kollegen können nur noch weiter dazu beitragen, den Betroffenen in eine tiefe seelische Krise zu stürzen. Auch ohne alle diese von außen kommenden Einflüsse hat der Schütze genug mit der Verarbeitung des Vorgefallenen zu tun. Niemand wird Polizist, weil er sich damit einen Freibrief zum Töten erhofft. Wer bei Verstand ist, wem zumindest ein bißchen humanistischer Bildung zuteil wurde, an dem geht ein so grundlegender Prozeß, wie die Tötung eines anderen Menschen, nicht spurlos vorüber. Das Selbstbild des Betroffenen ändert sich, sein Leben hat einen tiefen Einschnitt erfahren. Er kann versuchen, das Vorgefallene zu verdrängen, es durch markige Sprüche, durch den Aufbau einer harten, äußeren Fassade zu kompensieren. Es wird in den seltensten Fällen gelingen. Die Psychiatrie hat für dieses ›Problem danach‹ den Begriff der ›posttraumatisch-streßbedingten Störungen‹ (post-traumatic-stress disorder, PTSD), die sich in Unkonzentriertheit, Schlaf- und Appetitlosigkeit, Alpträume und ›flash-backs‹, in Kommunikations- und Kontaktstörungen genauso auswirken können, wie bei schweren Fällen im Auftreten chronischer Krankheiten, Depressionen, Eheschwierigkeiten, Potenzstörungen usw. Der alte Spruch, daß Tote zäh sind und immer wiederkehren, hat sich bewahrheitet – es kann Jahre dauern, bis die psychologischen Folgen des Schußwaffenzwischenfalls verarbeitet wurden. Wie schwerwiegend die daraus erwachsenden Probleme sind, hängt nicht zuletzt davon ab, wieweit der Betroffene auf Unterstützung und Verständnis durch Umwelt oder Vorgesetzte trifft.

Ein Schußwechsel kann auch dann zum schwerwiegenden seelischen Problem werden, wenn man selbst verwundet wird. Der Getroffene wird dabei – vielleicht zum ersten Mal – mit seiner eigenen Sterblichkeit konfrontiert. Ein solches Erlebnis, das für die Mehrzahl der Opfer völlig überraschend eintritt, ist schwer zu verkraften. Die lange Rekonvaleszenz-Zeit, die sich zumeist an eine Schußverletzung anschließt, die mögliche Bewegungsbehinderung, die oft auch nach Jahren wiederkehrenden Wund- und Narbenschmerzen, auch als Wetterfühligkeit bekannt, lassen das Geschehene wieder in die Erinnerung treten, verhindern ein Vergessen oder Verdrängen.

Der nachfolgende Beitrag läßt einige dieser Schwierigkeiten des ›danach‹ erkennen. Wir haben ihn hier eingefügt, um dem Leser die Realität einer gewaltsamen Konfrontation einmal vor Augen zu führen, um zum Nachdenken anzuregen. Der aus einer Ausgabe (Nr. 7/1975) einer amerikanischen Fachzeitschrift entnommene Eigenbericht eines Streifenpolizisten aus Chicago stellt nicht den Anspruch, eine spannende ›story‹ zu sein. Hier soll nicht stilistisch wirkungsvoll der Leser unterhalten werden. Es ist der Versuch, mit dem Erlebten fertig zu werden, es in das Mosaik des eigenen Lebens, des Berufes, der Selbstsucht einzupassen. Im Amerikanischen war dieser Bericht mit der Überschrift »Wie ist es, wenn man glaubt Sterben zu müssen« versehen.

Mit einer schweren Schußverletzung übersteht der Streifenpolizist Eugene ›Sonny‹ W. eine nächtliche Schießerei in einem Vorort von Chicago. Was er dabei fühlte und dachte schildert er eindrucksvoll in diesem Beitrag – übersetzt mit freundlicher Genehmigung der Combined Counties Police Association von Bernd Pokojewski.

Es ist 2 Uhr morgens, du heißt Eugene ›Sonny‹ W. und bist auf Streifenfahrt in dem Vorort Harvey. Es ist kein ruhiger Dienst, ein Kollege ist niedergeschossen worden und der Verdächtige soll noch in der Stadt sein – möglicherweise in deinem Streifenbezirk. Sofort erinnerst du dich daran, wie du das letzte Mal von der Dienstwaffe Gebrauch machen mußtest. Du hast es glücklich überstanden, aber um zu Überleben hast du einen Mann niedergeschossen. Du hast in deinen 11 Streifendienstjahren schon zu oft in tödlichen Auseinandersetzungen gestanden als daß es ausgerechnet dich noch einmal erwischen sollte. Damals, als du eine Schrotladung bei den Rassenunruhen ins Gesicht bekamst und noch heute Schrotkugeln oberhalb deines rechten Auges und im Hals stecken. Das passiert nicht noch einmal – wie stehen die Chancen, daß man noch einmal auf dich schießt und auch trifft? Schnell verdrängst du diese Gedanken. Du brauchst sie nicht, um wach zu bleiben, der viele Kaffee hält dich wach genug.

Gerade als dir die Bilder der letzten Schießerei durch den Kopf gehen, kommt eine Stimme über Funk: »Bewaffnet, gesucht wegen versuchten Mordes – Tim Johnson; er hält sich zur Zeit vermutlich im Haus seiner Familie in der 15411 Lincoln Avenue auf. Er ist bewaffnet und gilt als gefährlich!«

Damit bist auch du gemeint ›Sonny‹, spür' ihn auf und nimm ihn fest! Sofort verdoppelt sich dein Herzschlag. Du weißt, daß dieser Mann deinen Kollegen Frank M. von derselben Dienststelle in den Kopf geschossen hat.

Merkwürdigerweise fühlst du keine Angst, nur Wut über das, was er deinem Freund angetan hat. »Ich muß daran denken, aber trotzdem einen kühlen Kopf bewahren – das ist schließlich der Hauptgrund, weshalb ich die beiden Schießereien überlebt habe – man muß auch unter Streß noch denken« – das sagst du zu dir selbst und mit einem tiefen Atemzug sagst du laut: »Ich werd's schon schaffen!«

Als du am Haus ankommst, erkennst du das Auto des Verdächtigen; und die

Chance, daß er im Haus ist, scheint gut zu sein. Weitere Streifenwagen kommen dazu und aus einem steigt der Einsatzleiter, Captain Mike K. Er ruft allen Polizisten zu: »Umstellt das Haus, ich versuche mit zwei Mann die Familie zu überreden, daß er freiwillig herauskommt.« Der Finger des Captain zeigt auf dich. Im Hauseingang wird der Schwager des Gesuchten aufgefordert, mit ihm zu sprechen und zur Aufgabe zu überreden. Einen Moment später kommt er zurück, allein! Er schaut uns mit ängstlichem und schweißgebadetem Gesicht an: »Ich fürchte, die Antwort ist NEIN!«

Du wirst von dem Captain aus dem Haus geschickt, um dich an der Hausabsperrung zu beteiligen.

Außerhalb des Hauses verspürst du einen kurzen Moment Erleichterung und denkst: »Vielleicht kann der Captain ihn doch noch zur Aufgabe überreden!« Plötzlich dringen dumpfe Schläge aus dem Haus – Geräusche, die du nur zu gut kennst – Schüsse!!

In dem Durcheinander kannst du durch die Eingangstür sehen, daß es nicht Tim Johnson ist, der schießt – es ist der Captain. Er schießt im Haus herum, um den Verdächtigen herauszutreiben. Sofort erfüllt dich Zorn – Tränengas hätte es auch getan. Ein Mann neben dir schreit plötzlich laut: »Ich bin getroffen, ich bin getroffen!« Es ist der Streifenpolizist Marshall B. Er hält sich schmerzerfüllt sein Bein, fällt zu Boden und ruft um Hilfe. Ein Kollege eilt zu ihm, um ihm zu helfen. Durch das Fenster hörst du den Captain rufen: »Er ist aus dem Fenster gesprungen, er ist aus dem Fenster gesprungen!«

Du bist überrascht und momentan durcheinander, weil du genau weißt, daß niemand aus dem Fenster gesprungen ist. Aber er ist der Einsatzleiter und du führst nur seine Befehle aus. Du gehst in Richtung Eingangstür – dein Instinkt sagt dir, daß irgendetwas nicht stimmt. Du gehst weiter – aber vorsichtig! Im Haus kannst du einen Schatten erkennen, es ist der Schatten eines Mannes. Die Umrisse der Figur sind kaum wahrnehmbar – aber du kannst etwas in der Hand sehen. Du bewegst dich schnell zur Seite. Plötzlich hörst du einen fürchterlich lauten Knall, lauter als von einem normalen .38er oder einer .45er.

Hilflos haut es dich zurück. – Du weißt, du bist getroffen! Der Streifenwagen scheint Lichtjahre weg zu sein. Vorwärts stolpernd spürst du einen brennenden Stich in der rechten Hand und einen höllischen Schmerz im Innern. Du hast keine Zeit, nach den Wunden zu schauen. Dein Verstand sagt dir, daß du den Streifenwagen erreichen mußt. Dir strömt das Blut aus dem Bauch, diesmal hat es dich erwischt – schwer erwischt!

Alles verschwimmt vor dir, und als du am Streifenwagen ankommst, kannst du gerade noch einen jungen Kollegen erkennen. »He, Kollege, fahr' mich ins Krankenhaus, ich bin schwer getroffen, ich glaub' ich habe nicht mehr viel Zeit!«

»Ich kann meinen Posten nicht verlassen«, antwortet dieses Greenhorn schnell und murmelt entschuldigend: »Ich ... ich kann hier nicht weg, ich habe Befehl hierzubleiben.«

Erstaunt siehst du ihn an und dir wird klar, daß er der einzige ist, der dir das Leben retten kann. Dein Atem wird kürzer und müder, plötzlich aber strafft sich dein Körper und du murmelst hörbar: »Mein Gott, das war's dann wohl!«

Auf einmal beherrscht dich nur noch dein Selbsterhaltungstrieb. Du bist am Sterben und weißt es. »Ich sterbe, verdammt noch mal!!!« brüllst du diesen Anfänger an – aber dem Jungen fällt nichts anderes ein als eine weitere Entschuldigung.

Plötzlich geht dein Arm hoch, dein Revolver zeigt auf ihn, du spannst den Hahn und es gibt keinen Zweifel für dich, daß du hier stirbst, wenn er dich nicht ins Krankenhaus fährt. Mit dem Rücken zu dir sagt er: »Du kannst auf den Krankenwagen warten, ich rufe einen für dich.«

Deine Schmerzen werden schlimmer und du kannst kaum noch sitzen, der Rücksitz ist voller Blut. »Fahr' mich zu dem gottverdammten Krankenhaus, ich sterbe!« Diesmal dreht sich der Junge um und sieht deinen Revolver. Das nächste, was du erkennen kannst, ist die Tatsache, daß du auf dem Weg zum Krankenhaus bist – aber deine Finger und dein Bauch brennen wie Feuer. »Dieser Anfänger scheint über jeden Bordstein und durch jedes Schlagloch in Harvey zu fahren«, denkst du in deinem halbohnmächtigen Zustand.

Endlich, nach einer scheinbar endlos dauernden Fahrt erreichst du die Notaufnahme. Er springt aus dem Auto und hält nach einer Bahre Ausschau.

Deine Schmerzen werden unerträglich und du fühlst dich immer schwächer. »Wenn ich es nur bis 'rein schaffe, habe ich eine gute Chance zu überleben, aber wo ist dieses verdammte Greenhorn?« Nach einigen Minuten kommt er zurück und sagt nur: »Ich konnte keine Bahre finden.« Er dreht sich um und macht sich erneut auf die Suche.

Es steckt nur noch wenig Leben in dir. – Du spürst, daß deine Zeit abläuft. Irgendwie schaffst du es, mit letzter Kraft aus dem Streifenwagen zu klettern und dich stolpernd in Richtung Notaufnahmeraum zu bewegen. Dein Gleichgewicht ist verdammt schlecht und zweimal fällst du hin. Alle Kraft verläßt dich schließlich und du fällst wie ein gefällter Baum zu Boden.

Noch bei Bewußtsein erlebst du wie im Kino deinen Kampf ums Überleben.

Die Schmerzen verlassen dich, deine Verletzungen kümmern dich nicht mehr – ein eurphorisches Gefühl überkommt dich.

Sie heben dich auf eine Bahre, eine Schwester macht die Wunde frei und säubert sie. Der Doktor ist sofort da und spricht dir Mut zu – dein Verstand sagt dir, daß jetzt alles in Ordnung ist.

Eine ältere Schwester flüstert dir mit einem Lächeln zu: »Ich würde für niemanden mitten in der Nacht aufstehen, als ich aber hörte, daß ein Polizist angeschossen ist, bin ich sofort gekommen.« Irgendwie sind diese Worte das Schönste, was du je gehört hast. Sie scheinen alles zu lohnen, was du in diesem Beruf durchmachen mußtest. – Du wirst sie dein Leben lang nicht vergessen!

Aber es sind die letzten Worte, die du aufnimmst, bevor dir der Arzt eine Injektion verpaßt und du in den Operationsraum geschoben wirst.

Einige Monate später, immer noch in Behandlung, sagt ›Sonny‹ Eugene W. mit traurigem Gesicht: »Ich liebe meinen Beruf, wenn die Leute doch nur begreifen würden, was ein Streifenpolizist mitmachen muß – ich glaube, das weiß noch nicht einmal mein Chef! Der hat mir sogar noch Vorwürfe gemacht. Ich kann's nicht glauben – mehr kann ich nicht mehr geben!!! ...

Nach dem Abschluß einer Combatsteinwerfer-Veranstaltung auf der Berliner Martin-Luther-Straße. Im Vordergrund sind mehrere Steine des in Berlin beliebten Kleinsteins Modell 81 der Firma Pflaster & Steig zu sehen, daneben auch ein ›Hide-out PSK‹. Der M 81 zeichnet sich durch eine hohe V_0 und gestreckte Flugbahn aus. Trotz seiner geringen Größe, die ihn als guten ›Back-up‹-Stein erscheinen lassen, läßt er an Mannstoppwirkung und Durchschlagskraft nichts zu wünschen übrig. Er ist besonders für jene Jugendlichen geeignet, denen es noch an Kondition für die Magnumklasse mangelt. Im Hintergrund die Abordnung der Polizei, die ihre Fahrzeuge u. a. als Steinfang zur Verfügung stellte.

XII. Zu guter Letzt: Combatsteinwerfen

Viele Recherchen und Vorarbeiten zu diesem Buch wurden aufgrund der in der Bundesrepublik herrschenden gesetzlichen Bestimmungen nicht hierzulande, sondern in Übersee betrieben. Mit anderen Worten: Die Redaktion hat keine Kosten und Mühen gescheut... Nach Testserien im Nahen Osten, wo u. a. die Bräunungstiefe verschiedener Waffenbrünierung getestet wurde, ging es auch in die USA. Nachdem wir in Kalifornien, in Virginia und anderen Ecken dieses Landes Erfahrungen gesammelt hatten, ging es nach Colorado, wo einige der Redakteure zu Gast beim Herausgeber der amerikanischen Militärzeitschrift ›Gung-Ho‹, Jim Shults, waren. Dort mußten wir erkennen, daß wir mit unseren Untersuchungen über das Combatschießen recht altmodisch waren, die Amerikaner waren uns bereits wieder um einiges voraus. Nach dem Combatschießen hatten sie nun das

Combatsteinwerfen eingeführt. Ein Sport der achtziger Jahre, ein Sport der Superlative – die ultima ratio in bezug auf Mannstop-Wirkung, Terminalballistik und Umweltschutz! Aus den USA zurück, begannen wir die in Deutschland herrschenden Zustände mit ganz anderen Augen zu sehen...

Unser Bericht wurde zuerst im DWJ vom April 1982 abgedruckt, hier nun die ungekürzte Fassung und die Stellungnahme einiger Leser.

Die Zeiten, da Amerika das Land der unbegrenzten Möglichkeiten war, sind augenscheinlich vorüber: Nicht zuletzt im Zuge der jüngsten Attentatswelle ist in den USA wiederum die Diskussion über die Einschränkung des Schußwaffenbesitzes entfacht worden.

Da darunter besonders das weitverbreitete Combatschießen leiden würde, ist

in den USA in jüngster Vergangenheit ein neuer realitätsbezogener Sport auf dem Vormarsch, der im vergangenen Jahr auch breite Anhängerschaften in Teilen der Bundesrepublik und West-Berlin gefunden hat. Dem Autor war es möglich, an einem Vergleichskampf in diesem neuen Sport teilzunehmen: dem Combatsteinwerfen der ›United States Combat Brick Association‹!

Wie der Name bereits sagt, handelt es sich dabei um das zielsichere, einsatzbezogene Werfen von Steinen, wobei in den USA nicht etwa der gewöhnliche Feldstein, sondern der industriell hergestellte Ziegelstein zur Anwendung kommt. Dieser hat im Vergleich zum normalen Naturstein einige überragende Eigenschaften, welche Treffergenauigkeit und Durchschlagskraft, aber auch den allgemeinen Gebrauchswert erhöhen: Näher zu erwähnen wären hier genormte Größen und Gewichtsklas-

Ziehen des Hide-out PSK aus dem Schulterholster.

Zwei unserer Testschützen und Teilnehmer am Colorado-Wettkampf der ›US Combat Brick Association‹ (s. J. Scheer rechts mit dem T-Shirt des Verbandes). Links Shaboom Scharum mit einem von ihm geworfenen Trefferbild, mit dem er sich unter den ersten plazieren konnte!

Ein Combat Brick, Typ Hide-out PSK (Präzisionsstein kurz) zur Reinigung zerlegt.

sen, die es dem Combatwerfer erlauben, die zum Einsatzwurf kommende Energie genau zu taxieren. Gleichzeitig erlauben Größe (Kaliberberechnungen erfolgen nach der Formel Höhe × Breite × Tiefe) und Gewicht Aufschluß auf die Mann-Stop-Power verschiedener Ziegelsteine, die im Amerikanischen als ›Combat Bricks‹ bezeichnet werden. Auch hier zeigt sich in den USA wieder die Vorliebe für große Kaliber, die sich beim Combatschießen in der Vorherrschaft der .45-Patrone und der Magnumklassen ausdrückte.

Gegenüber Schußwaffen haben die ›Combat Bricks‹ einige Vorteile, die auch der weiten Verbreitung dieses Sports förderlich waren:

1. Geringe Kosten in der Anschaffung: Viele angehende Combatsteinwerfer konnten ihre ersten Stücke von Baustellen und Firmen direkt kaufen. Nunmehr haben aber auch Firmen die Popularität dieses neuen Sports berücksichtigt und begannen mit dem Versandhandel. Einzelne kleinere Herstellerbetriebe sind bereits mit Matchmodellen und Customanfertigungen auf dem Markt aufgetreten.

2. Vielseitige Übungsmöglichkeiten: Combatsteinwerfen kann überall geübt werden, im Wald, auf Feldern, in Parks. Mit etwas Vorsicht entfallen die beim Schießen üblichen und hinderlichen Stände mit ihren Seitenbegrenzungen und Sandwällen auf den Geschoßauffang.

3. Geringe Umweltbelastung: Lärm wie der Geschoßknall oder Rauchentwicklung entfallen zum Wohle der Anwohner. Lediglich in den Magnumkategorien entwickelt der Combatstein beim Flug ein zischendes oder wummerndes Geräusch, das aber für den echten Combatsteinwerfer wie Musik klingt.

4. Keine technischen Komplikationen: Im Gegensatz zu bisherigen Schußwaffen hat der Combat Brick keine Siche-

Jim Shults demonstriert das Ziehen eines 15 × 15 × 40 l. s. (long stone) Steinigton High Power aus dem Schulterholster. Man beachte, daß das über der Kleidung getragene Holster auch getarnt ist. Eine Holsterklappe verhindert die Einwirkung von Schmutz oder Feuchtigkeit auf den Combatstein.

rung, die eine Ladehemmung verursachen könnte; einmal aus der Tasche gezogen, ist der Ziegel sofort einsatzbereit! Seine hohe Drohwirkung läßt oft auch den härtesten Angreifer zurückschrecken. Ein Magnumstein des Kalibers 10 × 10 × 30 cm in der Hand eines geübten Combatwerfers, dessen Crouchhaltung und beidhändiger Anschlag Einsatzbereitschaft signalisiert, hat schon Messerhelden und übelste Schläger von ihrem Tun abgehalten. Die Aufhaltekraft ist enorm. Ein Rumpftreffer mit einem Magnumstein hat –

Links: Joseph Scheer mit seinem Steinigton High Power im schulterhohen beidhändigen Anschlag. Nach dem Abwurf dann (rechts) der Griff zum Hide-out Ziegel PSK. Ein Gewehrschütze starrt gebannt auf die ungeheure Mannstopp-Wirkung dieser Doublette.

wie Augenzeugen berichten – wiederholt auch laufende Täter niedergeworfen und kampfunfähig gemacht. Kopftreffer – hier können auf biblische Berichte des König David als Beleg zurückgegriffen werden – sind zumeist mit sofortiger Wirkung tödlich.
Zurück aber zum Wettkampf, der hervorragende Vergleichsmöglichkeiten der verschiedenen Steinarten ergab. Geworfen wurde auf Mann- und Ringscheiben. Genauso wie beim Combatschießen, wo ›der erste Treffer zählt‹, ist auch beim Combatsteinwerfen der schnelle, doch zielsichere Einzelwurf entscheidend. Kopf- und Rumpftreffer erbringen höchste Punkzahlen, Treffer an den Extremitäten die niedrigsten Werte. Geworfen wird nach Zeit, der Combatwerfer kann mit maximal drei Steinen pro Durchgang an den Start treten und muß je nach Wettkampfart bis zu drei Scheiben hintereinander bekämpfen, wobei u. a. hinter Barrikaden Deckung zu

Jim Shults beim Testen der ballistischen Werte des ›Highway Patrol Defender‹: Die Ergebnisse: Umwerfend! Der Chronograph wurde im ersten Anwurf zerschmettert.

Eine Auswahl Combatsteine (v. rechts n. links): Ein Hide-out-Ziegel ›PSK‹ (für Präzisionsstein kurz), daneben zwei 5 × 10 × 20 cm-Magnum-Defender. Fast baugleich mit dem Defender, aber ohne Höhlungen der ›Highway Patrol Defender‹ von Brick & Wesson. In zwei Kalibergrößen wird der S 7 (erkenntlich an den sieben Aussparungen) der Firma Steinigton geliefert: 10 × 10 × 40 long stone (l. s.) und 15 × 15 × 40 l. s. High Power. Außen links vorn der Magnumstein ›Commander‹, dahinter die Customanfertigung für die Großwildjagd: der 25 × 25 × 50 ›Bull‹. Der Bull gewährt beste Ergebnisse und höchste Auftreffenergien.

nehmen ist oder der Stein erst nach einem kurzen Lauf von der Start- zur Wurflinie zum Einsatz kommt. Neben den Instinktivwürfen wird auch eine Präzisionsübung durchgeführt, die den Spreu vom Weizen trennt – oder sollte man besser sagen den Kalk vom Mauerstein? Innerhalb von dreißig Sekunden hat der Combatwerfer drei Steine auf eine 20 Meter entfernte Ringscheibe abzuwerfen.

Neben dem herkömmlichen einhändigen Combatwurf, der besonders noch bei der Benutzung von Kleinsteinen wie dem M 81 der Berliner Firma Pflaster & Steig zu beobachten ist, setzt sich mehr und mehr der zweihändige Wurfanschlag durch, mit dem besonders die Magnumsteine hervorragend kontrollierbar sind. Nur noch selten wird der Unterhandhüftwurf aus dem Handgelenk gesehen, mit dem sich besonders Jim Shults noch in der Siegergruppe plazieren konnte. Die meisten Teilnehmer benutzten den beidhändigen schulterhohen Anschlag, der zu besseren Zielergebnissen, aber auch zu höheren Fluggeschwindigkeiten führt.

Kein Zweifel besteht darüber, daß sich das Combatsteinwerfen auch in deutschen Landen durchsetzen wird. Veranstaltungen größerer Art wurden bereits aus dem Frankfurter, Brockdorfer und Berliner Raum gemeldet, wo sich Hunderte von Mitgliedern alternativer Vereine trafen. Versuche deutscher Politiker, diesen Anhängern des Combatsteinwerfersports gesetzliche Beschränkungen aufzuerlegen, eine Registrierung der in Bürgerhand befindlichen Combatsteine durchzuführen und sogar das Führen von Ziegelsteinen zu untersagen, kann nur als Fortsetzung der bisherigen restriktiven Waffengesetzgebung gewertet werden. In dieser Hinsicht ist jedoch die Haltung der Polizeiorgane erfreulich, die sich nicht davon abhalten ließen, zu den Veranstaltungen im Combatsteinwerfen Beobachter und Abordnungen zu entsenden. Dem Autor erscheint es, als könnte dieser Sport über alle Generationsschranken hinweg tiefe Eindrücke hinterlassen.

Adressen

Verzeichnis von Firmen, die sich besonders auf den Vertrieb von Combatwaffen oder Zubehör spezialisiert haben, bei denen eine Nachfrage lohnt, oder dessen Kataloge man im Hause haben sollte:

Brownells Inc.	Route 2, Box 1, Montezuma, Iowa 50171 (USA)	– das größte Versandhaus für Waffen, Werkzeug und Zubehör. Sehr guter Katalog!
Helmut Hofman	Postfach 60, 8744 Mellrichstadt, Bayern	– Importeur von Remington Riot guns, Wiederladegeräte, Munition. Katalog: ›Die Waffe‹
Dynamit Nobel	Verkaufsabt. Munition, 5120 Troisdorf	– Geco-Munition, PT-Trainingsmunition
Frankonia Jagd	Hauptgeschäft Würzburg, Postfach 6780, Randersackerer Straße 3–6, 8700 Würzburg	– Ruger, Steyr GB, versch. Faustfeuerwaffen, Griffe, Munition. Katalog jährl.
Rolf B. Fischlein	Mainzer Landstraße 27–31, 6000 Frankfurt 1	– Importeur amer. Faustfeuerwaffen, Custom-Modifikationen, bes. Colt, S & W, Dan Wesson
CDS-Ehrenreich	Holnstein Nr. 28/29, 8459 Neukirchen	– Faustfeuerwaffen, Flinten, Zubehör, gute Sonderangebote und gebrauchte Stücke. Katalog
Engels	Kaiserstraße 39, 6000 Frankfurt 1	– Faustfeuerwaffen und Zubehör, ständiger Vorrat amer. Modelle, Manurhin, Korth, SIG
Kettner	Postfach 101165, 5000 Köln 1	– Jagdwaffen, Flinten, Faustfeuerwaffen, Gummi-Schrot, Munition und Holster. Katalog
Johannsen	Haart 49, 2350 Neumünster 1	– Wiederlade-Zubehör und Gerät. Katalog
ICA	Postfach 31, 7129 Auenstein	– Spezialist für Combatwaffen und Zubehör, auch ausgefallene amer. Erzeugnisse am Lager. Katalog
Mayer AG	Steinenvorstadt 65, CH-4051 Basel	– Faustfeuerwaffen, Holster, Flinten, eigene Werkstatt, Customumbauten und Teile
Neumann	Hindenburgstraße 3, 8506 Langenzenn	– Dan Wesson Mag-Na-Port, Safari Arms Teile, Custom-Zubehör, Holster und Griffe. Katalog
Peter M. Busch	Karwinkel 12, 8706 Höchberg	– Faustfeuerwaffen und Zubehör, günstige Angebote aus Behördenbeständen
Sander/Visser	Lutherstraße 14, 4100 Duisburg 1	– Wiederladegerät und Zubehör, Faustfeuerwaffen, Custom-Umbauten und Teile. Katalog
Joh.-Springers Erben	Josefsgasse 10, A-Wien 8	– Waffen und Holster (Safariland), Munition
H. + A. Sander	Königstraße 1, 4100 Duisburg-Mitte	– Faustfeuerwaffen, amer. Modelle, Safari Arms, Custom-Umbauten
Swiss Firearms Trade	Postfach 9013, CH-8050 Zürich	– Zubehör für Flinten usw., amer. Fachliteratur

Außerdem zwei Adressen bzw. Zeitschriften, die man immer parat haben sollte:

Deutsches Waffen Journal, Postfach 340, 7170 Schwäbisch Hall
Schweizer Waffen-Magazin, Dietzinger Straße 3, CH-8036 Zürich

56366

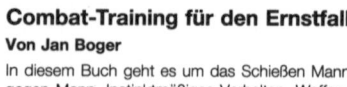